高等职业教育网络安全系列教材

信息安全基础

（第2版）

胡国胜　张迎春　宋国徽　编著

电子工业出版社
Publishing House of Electronics Industry
北京·BEIJING

内 容 简 介

本书是信息安全与管理、计算机网络技术专业的入门教材。作者根据高职学生的特点及专业培养目标，通过案例和故事引出信息安全概念，诠释信息安全内涵，通过实际操作让学生初步掌握必备的安全技术和技能。本书共 14 章，内容包括信息与信息安全认识、物理安全与信息安全风险评估、经典信息加密方法、信息加密应用、信息隐藏技术与数字水印的制作、黑客与系统嗅探、黑客攻击技术、攻击防范技术、计算机病毒防治、操作系统安全管理、无线局域网安全与管理、数据备份与恢复、信息安全新领域、信息安全法律法规案例分析。

本书融知识性与趣味性于一体，以案例、故事和实验为载体，理论联系实际，帮助学生全面掌握信息安全基础知识，易学易用。本书可以作为高职高专计算机信息类专业的教材，也可以作为企事业单位网络信息系统管理人员的技术参考用书。

未经许可，不得以任何方式复制或抄袭本书之部分或全部内容。
版权所有，侵权必究。

图书在版编目（CIP）数据

信息安全基础 / 胡国胜，张迎春，宋国徽编著. —2 版. —北京：电子工业出版社，2019.11
高等职业教育网络安全系列规划教材
ISBN 978-7-121-35948-4

Ⅰ. ①信… Ⅱ. ①胡… ②张… ③宋… Ⅲ. ①信息安全－高等职业教育－教材 Ⅳ. ①G203

中国版本图书馆 CIP 数据核字（2019）第 011657 号

策划编辑：徐建军
责任编辑：韩玉宏
印　　刷：北京捷迅佳彩印刷有限公司
装　　订：北京捷迅佳彩印刷有限公司
出版发行：电子工业出版社
　　　　　北京市海淀区万寿路 173 信箱　邮编 100036
开　　本：787×1 092　1/16　印张：17.75　字数：454.4 千字
版　　次：2011 年 3 月第 1 版
　　　　　2019 年 11 月第 2 版
印　　次：2025 年 2 月第 12 次印刷
定　　价：53.00 元

凡所购买电子工业出版社图书有缺损问题，请向购买书店调换。若书店售缺，请与本社发行部联系，联系及邮购电话：(010) 88254888，88258888。
质量投诉请发邮件至 zlts@phei.com.cn，盗版侵权举报请发邮件至 dbqq@phei.com.cn。
本书咨询联系方式：(010) 88254570，xujj@phei.com.cn。

前　言

随着计算机技术、网络技术、云计算技术、大数据技术和智能工业的发展，人们在享受信息技术带来便利的同时，也面临着智能设备安全、个人隐私安全、数据安全、工业控制安全等方面的威胁。信息安全已经成为世界性的现实问题，已影响到政治、经济、军事、文化和意识形态等领域，甚至威胁到国家安全。信息安全也是保护个人隐私和保证社会安定的必要前提。因此，自 2003 年起，我国已有超过 300 所高职高专院校为适应社会发展对信息安全人才的需要而开设了急需专业——信息安全技术专业。

当前，该专业的入门高职教材不多。很多院校用网络安全技术教材作为该专业的入门教材，而实际上，网络安全技术只是信息安全的一部分，很多同学在学完专业课后还没有弄明白信息的概念和信息安全的内涵。另外，网络安全技术教材重技术轻管理，重技能轻素质，重应用轻思维。当前形势下，要求教师在传授知识和技能的同时，要注重培养学生增强信息安全管理意识，提高职业道德和职业素养，增强法律意识，提高分析问题、解决问题的能力，这些对信息安全相关专业学生尤其重要。很多黑客受到利益的驱使，加之缺少法律意识，最终走上犯罪道路。因此，我们有义务培养学生学会利用相关法律法规条文解读现实案例，增强法律意识。

鉴于此，2011 年，我们在电子工业出版社的支持下出版了高职信息安全技术专业（现改为信息安全与管理专业）第一部入门教材——《信息安全基础》。该书全面介绍了信息与信息安全知识、物理安全和安全评估、基本加密和解密的方法、网络的攻防技术和工具、信息隐藏和数字水印操作方法、操作系统安全管理、无线局域网安全与管理、云安全与信息安全法律法规等内容。随着时间的推移，第 1 版教材的内容、案例和实训环境渐渐陈旧。考虑到安全技术发展迅速，各种应用和威胁不断出现，因此，在第 1 版的基础上，我们更新了案例、安全技术和安全工具，增加了 Web 应用安全和工业控制系统安全等方面的内容。

本书由胡国胜、张迎春、宋国徽共同完成，范晓燕、蔡军英、鲁家皓参与书中部分图表的制作和校对工作。上海农林职业技术学院孙修东老师对本书的改版提出宝贵意见，书中的案例得到上海豌豆信息技术有限公司的大力支持，在此一并表示感谢。

在本书的编著过程中，作者参考了本书最后所列参考文献中的内容，并部分引用，在此对其作者表示衷心感谢。

为了方便教师教学，本书配有电子教学课件，请有需要的教师登录华信教育资源网（www.hxedu.com.cn）免费注册后进行下载，如有问题可在网站留言板留言或与电子工业出版社联系（E-mail：xujj@phei.com.cn），也可以与作者联系（E-mail：jamhu8@sohu.com）。

信息技术、安全技术发展迅速，本书内容较难与当前正发生的安全问题全面适应，书中难免存在疏漏和不足之处，希望同行专家和读者给予批评和指正。

编著者

目录 Contents

第1章 信息与信息安全认识 (1)
- 1.1 现实中的安全问题 (2)
  - 1.1.1 奥巴马的决定 (2)
  - 1.1.2 两个事件 (3)
  - 1.1.3 两个案例 (4)
  - 1.1.4 3个故事 (5)
  - 1.1.5 6个困惑 (6)
- 1.2 区分信息、消息、数据、信号与通信 (7)
  - 1.2.1 信息、消息、数据与信号的区别 (7)
  - 1.2.2 信号与通信的关系 (8)
- 1.3 信息安全的内涵 (9)
  - 1.3.1 从电影《碟中谍》认识信息安全 (9)
  - 1.3.2 什么是信息安全 (10)
  - 1.3.3 信息安全的发展过程 (12)
- 1.4 网络脆弱性分析 (15)
- 1.5 信息安全威胁分析 (16)
- 1.6 信息安全模型 (17)

第2章 物理安全与信息安全风险评估 (19)
- 2.1 安全管理的重要性 (20)
- 2.2 物理安全涉及的内容和标准 (21)
  - 2.2.1 机房与设施安全 (21)
  - 2.2.2 防火安全 (25)
  - 2.2.3 电磁泄漏 (26)
- 2.3 开展风险管理 (28)
  - 2.3.1 风险识别 (29)
  - 2.3.2 风险评估 (31)
  - 2.3.3 风险控制策略 (36)

第 3 章 经典信息加密方法 (39)

3.1 从 Enigma 密码机认识密码 (40)
3.2 初识密码学 (41)
3.2.1 从密码的起源了解密码 (41)
3.2.2 从基本概念了解密码 (45)
3.2.3 古典密码体系的演化 (48)
3.2.4 对称密码算法的精粹 (52)
3.2.5 非对称密码算法的神奇 (59)
3.2.6 混合密码体系 (62)
3.2.7 统计分析法 (63)

第 4 章 信息加密应用 (65)

4.1 两个案例 (66)
4.2 认识散列函数 (67)
4.2.1 散列函数 (67)
4.2.2 散列函数的应用——MD5 (69)
4.3 PGP 加密与使用 (71)
4.3.1 PGP 的工作原理 (71)
4.3.2 PGP 软件包的使用 (73)
4.3.3 创建并导出密钥 (74)
4.3.4 文件的加密与解密 (76)
4.3.5 使用 PGP 销毁秘密文件 (78)
4.3.6 PGP 电子邮件加密与签名、解密与验证签名 (78)
4.4 电子签名 (80)
4.5 数字签名 (81)
4.6 认证机构 CA (82)
4.7 数字证书 (83)
4.7.1 数字证书的地位和结构 (83)
4.7.2 数字证书的作用 (83)
4.7.3 Windows 10 中的证书 (84)
4.7.4 数字时间戳服务（DTS） (85)
4.8 认证技术 (86)

第 5 章 信息隐藏技术与数字水印的制作 (88)

5.1 两个故事 (89)
5.2 信息隐藏技术 (91)
5.2.1 隐写术 (91)
5.2.2 数字水印 (92)
5.3 信息隐藏基本模型和潜信道 (94)
5.3.1 信息隐藏基本模型 (94)
5.3.2 潜信道 (94)
5.4 数字水印的制作 (94)

5.4.1　图片水印的制作 ……………………………………………………………（94）
　　　5.4.2　视频水印的制作 ……………………………………………………………（99）
　　　5.4.3　音频隐形水印的制作 ………………………………………………………（101）

第6章　黑客与系统嗅探 （102）

6.1　一个案例 ………………………………………………………………………………（102）
6.2　OSI 参考模型 …………………………………………………………………………（103）
6.3　TCP/IP 参考模型与 OSI 参考模型的关系 …………………………………………（104）
6.4　网络扫描 ………………………………………………………………………………（105）
　　6.4.1　黑客 ……………………………………………………………………………（105）
　　6.4.2　渗透测试步骤 …………………………………………………………………（107）
6.5　实施攻击的前期准备 …………………………………………………………………（109）
　　6.5.1　收集网络信息 …………………………………………………………………（109）
　　6.5.2　进行网络扫描 …………………………………………………………………（115）
　　6.5.3　进行网络监听 …………………………………………………………………（121）

第7章　黑客攻击技术 （130）

7.1　从案例认识黑客逐利本性及危害性 …………………………………………………（130）
7.2　黑客攻击的一般步骤 …………………………………………………………………（131）
7.3　黑客如何实施攻击 ……………………………………………………………………（132）
　　7.3.1　口令破解攻击 …………………………………………………………………（132）
　　7.3.2　缓冲区溢出攻击 ………………………………………………………………（138）
　　7.3.3　欺骗攻击 ………………………………………………………………………（141）
　　7.3.4　DoS/DDoS 攻击 ………………………………………………………………（144）
　　7.3.5　SQL 注入攻击 …………………………………………………………………（146）
　　7.3.6　网络蠕虫攻击 …………………………………………………………………（148）
　　7.3.7　木马攻击 ………………………………………………………………………（149）

第8章　攻击防范技术 （152）

8.1　两个案例 ………………………………………………………………………………（152）
8.2　防火墙 …………………………………………………………………………………（153）
　　8.2.1　认识防火墙 ……………………………………………………………………（153）
　　8.2.2　防火墙技术 ……………………………………………………………………（157）
　　8.2.3　防火墙的体系结构 ……………………………………………………………（162）
　　8.2.4　Windows 自带防火墙配置 ……………………………………………………（164）
8.3　入侵检测技术 …………………………………………………………………………（167）
8.4　VPN 技术 ………………………………………………………………………………（170）
　　8.4.1　认识 VPN ………………………………………………………………………（170）
　　8.4.2　VPN 组建实例 …………………………………………………………………（172）
8.5　"蜜罐"与"蜜罐"技术 ………………………………………………………………（185）
　　8.5.1　"蜜罐"与"蜜罐"技术定义 ………………………………………………（185）
　　8.5.2　"蜜罐"技术简介 ……………………………………………………………（186）
　　8.5.3　"蜜罐"技术的发展 …………………………………………………………（187）

　　　　　　8.5.4 "蜜罐"的应用 ………………………………………………………（187）
第 9 章　计算机病毒防治 ……………………………………………………………（189）
　9.1　笑话与事实 ……………………………………………………………………（189）
　9.2　认识计算机病毒 ………………………………………………………………（191）
　　　9.2.1　了解计算机病毒的起源和发展 ………………………………………（191）
　　　9.2.2　计算机病毒的发展趋势 ………………………………………………（194）
　　　9.2.3　计算机病毒的特征和分类 ……………………………………………（195）
　9.3　从计算机病毒命名看其特性 …………………………………………………（196）
　9.4　典型计算机病毒的分析与消除 ………………………………………………（198）
　9.5　认识恶意代码 …………………………………………………………………（204）
第 10 章　操作系统安全管理 ………………………………………………………（208）
　10.1　操作系统入门 ………………………………………………………………（208）
　　　10.1.1　混沌初开 ………………………………………………………………（208）
　　　10.1.2　Windows 的精彩世界 ………………………………………………（209）
　　　10.1.3　Linux 的自由天地 …………………………………………………（211）
　10.2　系统安全始于安装 …………………………………………………………（212）
　10.3　Linux 系统安全 ……………………………………………………………（213）
　　　10.3.1　引导系统时——GRUB 加密 …………………………………………（213）
　　　10.3.2　进入系统时——身份认证 ……………………………………………（214）
　　　10.3.3　使用系统时——权限设置 ……………………………………………（216）
　　　10.3.4　网络通信时——数据加密 ……………………………………………（216）
　　　10.3.5　提供服务时——访问控制 ……………………………………………（217）
　　　10.3.6　贯穿始终的安全分析 …………………………………………………（217）
　10.4　Windows 系统安全 …………………………………………………………（218）
　　　10.4.1　保护 Windows 系统安全的基本措施 ………………………………（218）
　　　10.4.2　使用 MBSA 检查系统漏洞 …………………………………………（221）
　　　10.4.3　综合案例 ………………………………………………………………（223）
第 11 章　无线局域网安全与管理 …………………………………………………（227）
　11.1　无线局域网 …………………………………………………………………（228）
　11.2　无线局域网典型设备 ………………………………………………………（229）
　11.3　无线局域网的安全威胁及安全技术 ………………………………………（231）
　11.4　无线网络攻击方法 …………………………………………………………（235）
　　　11.4.1　方法与过程 ……………………………………………………………（235）
　　　11.4.2　空中传播的病毒 ………………………………………………………（236）
　11.5　无线局域网安全防护措施 …………………………………………………（237）
　11.6　无线局域网安全管理实例 …………………………………………………（241）
第 12 章　数据备份与恢复 …………………………………………………………（244）
　12.1　初识数据备份与恢复 ………………………………………………………（245）
　12.2　Windows 数据备份典型方法 ………………………………………………（245）
　　　12.2.1　备份系统文件 …………………………………………………………（245）

12.2.2 备份注册表文件 …………………………………………………………………………（246）
12.2.3 制作系统的启动盘 ………………………………………………………………………（247）
12.2.4 备份整个系统数据 ………………………………………………………………………（247）
12.2.5 创建系统还原点 …………………………………………………………………………（248）
12.2.6 恢复上一次正确配置 ……………………………………………………………………（248）
12.2.7 返回驱动程序 ……………………………………………………………………………（248）
12.2.8 设置硬件配置文件 ………………………………………………………………………（248）
12.2.9 一键还原 …………………………………………………………………………………（249）
12.3 巧用数据恢复软件 ……………………………………………………………………………（249）

第13章 信息安全新领域

13.1 从"心脏滴血"漏洞看 Web 应用安全 ……………………………………………………（251）
13.2 Web 应用安全 …………………………………………………………………………………（252）
13.3 云计算技术 ……………………………………………………………………………………（256）
13.4 云计算安全 ……………………………………………………………………………………（258）
13.5 工业控制系统安全 ……………………………………………………………………………（259）

第14章 信息安全法律法规案例分析

14.1 《网络安全法》 ………………………………………………………………………………（262）
14.2 信息安全中的法律问题 ………………………………………………………………………（264）
　　14.2.1 何为犯罪 …………………………………………………………………………………（264）
　　14.2.2 民事问题 …………………………………………………………………………………（266）
　　14.2.3 刑事问题 …………………………………………………………………………………（267）
14.3 案例分析 ………………………………………………………………………………………（267）

参考文献 ……………………………………………………………………………………………（269）

第 1 章

信息与信息安全认识

> 无恃其不来,恃吾有以待也;无恃其不攻,恃吾有所不可攻也。
> ——《孙子兵法》
> 一人之事,不泄于二人;明日所行,不泄于今日。
> ——《兵经百言》

信息安全自古就受到智者、军事家和政治家的重视。随着社会信息化程度的提高,信息安全与人们生活已息息相关,同时面临诸多挑战。无论是个人计算机、智能手机、卫星导航、精确制导武器、网络安全,还是个人、家庭、企业、事业、政府都回避不了信息安全。信息安全甚至关系到国家的安全。

信息安全涉及的领域很广,主要包括数学、物理、微电子、通信、计算机等,有着系统的技术体系和丰富的科学内涵,初学者要准确、全面地把握信息安全的概念并非易事。

本章的主要目的是使学生正确区别信息、消息、信号等基本概念,理解通信系统的基本模型,正确认识信息安全的内涵及发展过程,了解网络面临的信息安全威胁及信息安全模型。

20 世纪 90 年代以来,我国的信息产业持续高速发展,已经成为国民经济第一支柱产业。中国互联网络信息中心(CNNIC)发布的第 42 次《中国互联网络发展状况统计报告》显示,截至 2018 年 6 月,我国网民规模达 8.02 亿,互联网普及率为 57.7%;2018 年上半年新增网民 2968 万人,较 2017 年年末增长 3.8%;我国手机网民规模达 7.88 亿,网民通过手机接入互联网的比例高达 98.3%。我国互联网理财使用率由 2017 年年末的 16.7%提升至 2018 年 6 月的 21.0%,互联网理财用户增加 3974 万,半年增长率达 30.9%。手机网民中使用移动支付的比例达 71.9%。分别有 30.6%、43.2%和 37.3%的网民使用过共享单车、预约出租车、预约专车/快车,用户规模较 2017 年年末分别增长了 11.0%、20.8%和 26.5%。在"互联网+"大背景下,政府、金融、外贸、海关、税务、科技、教育等近千个部门实现互联网信息化系统;电子商务、互联网教育、互联网医疗已经改变了我们习惯已久的生活方式。在全球范围内电子商务发展日趋成熟的情况下,电子政务又成为新的发展热点,并且各地政府机构在智慧城市建设方面全力起航。截至 2018 年 6 月,我国在线政务服务用户规模达到 4.70 亿,占总体网民的 58.6%,有

42.1%的网民通过支付宝或微信城市服务平台获得政务服务。构筑安全、便捷、畅通的数字化政务空间，是我国电子政务建设的主要目标。我国启动"互联网+"计划，传统IT技术、互联网和移动互联网技术在各个行业技术改造和结构调整中发挥了非常重要的作用，以信息化带动工业化，实现社会生产率快速提高。

信息技术在带给人们前所未有的便利和巨大效益的同时，也使人们面临信息安全方面的巨大挑战。在网络空间世界内，每个个人、团体、国家都可以自由表述自己的观点，实施自己的行为。恐怖分子、犯罪集团也在利用网络组织和实施恐怖、犯罪活动。黑客组织直接以网络空间为目标进行恶性攻击，敌对势力对意识形态领域的渗透和对政府、军队秘密信息的窃取，给国家主权、国家安全和社会稳定带来极大的威胁。更令人担忧的是，我国互联网化规模的高速发展建立在大规模引进国外新兴信息技术的基础之上，我国信息化产品自主化水平还很低，在计算机和公用网络的软硬件技术方面，只在计算机等低端产品上有数量优势，而中央处理器和操作系统几乎完全建立在美国公司产品的基础上，在大型设备和通信设备方面，运行在其上的系统软件、支撑软件也大多数是国外的产品，一旦我们所依赖的国外核心技术得不到保证，或存在严重的安全隐患，势必对我国的信息安全和国家安全造成严重的后果。

信息安全自古以来一直受到人们的重视。我国春秋时代的军事家孙武（约公元前545年—约公元前470年）在《孙子兵法》中写道："能而示之不能，用而示之不用，近而示之远，远而示之近。"这体现了孙武对军事信息保密的重视。古罗马统治者Caesar（恺撒，公元前102年—公元前44年）曾使用字符替换的方法传递情报。本章从美国前总统奥巴马的决定、斯诺登事件、乌克兰断电事件、3个经典故事和一些困惑说起，引入信息安全的定义、信息安全的发展过程、信息安全威胁及信息安全模型。

1.1 现实中的安全问题

2014年2月27日，中央网络安全和信息化领导小组成立，这代表着网络安全已经成为国家安全的重要组成部分。2017年6月1日《中华人民共和国网络安全法》正式颁布，信息安全已经深入社会生活的各个领域。为了更好地理解信息安全的重要性，我们从一些典型的事件、案例、故事和困惑入手。

1.1.1 奥巴马的决定

奥巴马（Obama）关注网络安全，招募青年才俊组建"黑客"部队。据《纽约时报》2009年5月31日报道，美国政府日益重视计算机网络安全，奥巴马认为来自网络空间的威胁已经成为美国面临的最严重的经济和军事威胁之一。由于美国当前仍未脱离金融危机困境，诺斯洛普·格鲁门公司（Northrop Grumman）、美国通用动力公司（General Dynamics）、洛克希德·马丁公司（Lockheed Martin）及雷神公司（Raytheon Company）等美国军方和情报机构、国防承包商，更容易招揽到过去向往硅谷高科技公司的年轻网络天才。五角大楼也已经招募数千名"黑客士兵"，网络战已经被纳入美国战争规划中。

在大多数企业不断裁员"瘦身"之际，这些国防承包商却迅速行动起来，通过并购小型高科技公司、资助学院研究计划和刊登广告征求"网络忍者"等手段，招聘20岁出头的网络天才，以加强美国的信息战能力。这些年轻人在肯尼迪航天中心和五角大楼的机密实验室中，边听震耳欲聋的摇滚乐，边探测国家网络的安全漏洞，并研发计算机网络防护软件，阻止各种入侵攻击，或反击敌对国家的网络攻击，他们被称为"黑客战士"。

诺斯洛普·格鲁门、通用动力及雷神公司主要研究先发制人的主动出击型信息战，找出其他国家计算机网络系统的安全弱点，并研发软件工具以瘫痪敌方系统或窃取其中机密信息。雷神公司还在设计一种名为"蜜罐"（Honeypot）的数码陷阱，以伪装成国防部网站等引诱黑客上钩，然后解析黑客发动攻击的软件程序码，以阻挡黑客入侵。

据军方情报机构人员估计，目前美国军方有 3000～5000 名信息安全专家，另有 50 000～70 000 名官兵参与一般的计算机相关任务。若再加上电子战等领域的专家，美军信息战部队总人数已超过 88 700 人。

《纽约时报》报道，奥巴马签署一份密令，成立军方网络司令部。这一举动表明，美国认为随着自己武装库中计算机武器不断增加，美国必须制定战略，如何在未来各种可能的冲突中使用它们，不管是将它们作为威慑力量还是与常规武器一起使用。美国官员尚未说明是否会主动发起网络进攻，但他们认为网络战可以与常规战争相提并论。

1.1.2 两个事件

事件 1 斯诺登事件

2013 年 6 月，前美国中央情报局（Central Intelligence Agency，CIA）职员爱德华·斯诺登将两份绝密资料交给英国《卫报》和美国《华盛顿邮报》，并告之媒体何时发表。按照设定的计划，2013 年 6 月 5 日，英国《卫报》先扔出了第一颗舆论炸弹：美国国家安全局有一项代号为"棱镜"的秘密项目，要求电信巨头威瑞森公司必须每天上交数百万用户的通话记录。6 月 6 日，美国《华盛顿邮报》称，过去 6 年间，美国国家安全局和联邦调查局通过进入微软、谷歌、苹果、雅虎等九大网络巨头的服务器，监控美国公民的电子邮件、聊天记录、视频及照片等秘密资料。美国舆论随之哗然。

美国决策者意识到，互联网在越来越多的国际事件上可以成为达到美国政治目的、塑造美国全球领导力的有效工具。2011 年，以"脸书"（Facebook）和"推特"（Twitter）为代表的新媒体，贯穿埃及危机从酝酿、爆发、升级到转折的全过程，成为事件发展的"催化剂"及反对派力量的"放大器"。同样，类似的事件也在突尼斯和伊朗等国都上演过。如今，以谷歌为首的美国 IT 巨头一方面标榜网络自由，反对其他国家的政府监管本国的互联网；另一方面又与美国政府负责监听的机构结盟，这无形之中就把自己献到祭坛上去了。

这项代号为"棱镜"（PRISM）的高度机密行动此前从未对外公开。《华盛顿邮报》获得的文件显示，美国总统的日常简报内容部分来源于此项目，该工具被称作获得此类信息的最全面方式。一份文件指出，美国国家安全局的报告越来越依赖"棱镜"项目。该项目是其原始材料的主要来源。报道刊出后外界哗然。保护公民隐私组织对此予以强烈谴责，表示不管奥巴马政府如何以反恐之名进行申辩，不管多少国会议员或政府部门支持监视民众，这些项目都侵犯了公民的基本权利。

这是一起美国有史以来最大的监控事件，其侵犯的人群之广、程度之深让人咋舌。

事件 2 乌克兰断电事件

2015 年的平安夜注定让乌克兰伊万诺弗兰科夫斯克地区电力部门官员不"平安"。节日前夕当地时间 12:23 当地城市电力设施突然不能正常工作，用户居民家中停电，城市陷入恐慌当中，损失惨重。据相关研究人员证实，此事件是典型的由黑客组织利用技术制造的高级 APT 攻击事件，黑客利用欺骗手段让电力公司员工下载了一款恶意软件 BlackEnergy（黑暗力量）。该恶意软件最早可追溯到 2007 年，由俄罗斯地下黑客组织开发并广泛使用，包括用来"刺探"全球各国的电力公司。当天，黑客攻击了约 60 座变电站。黑客首先操作恶意软件将电力公司的主控计算机与变电站断连，随后又在系统中植入计算机病毒，让计算机系统全体瘫痪。与此同时，黑客还对电力公司的电话通信进行了 DDoS（Distributed Denial of Service，分布式拒绝服务）干扰，导致受到停电影响的居民无法和电力公司进行联系。

时隔一年后，2016 年 12 月 17 日黑客再次通过攻击乌克兰的国家电力部门致使其发生了又一次的大规模停电事件，本次停电持续了大约 30min。

乌克兰断电事件后，全球各国对电力、能源、交通等国家关键基础设施的安全保障工作进一步加强，原来在好莱坞电影上看到的片段，已经成为真实案件。

1.1.3　两个案例

案例 1　GSM 通信密钥被破解，全球 30 亿手机用户恐遭窃听

GSM（Global System for Mobile Communications，全球移动通信系统）是全球应用最广泛的一种移动通信标准。按这种标准的推广者、代表将近 800 家移动运营商利益的 GSM 协会说法，全球超过 212 个国家及地区的 30 多亿用户使用应用这一标准的移动电话，占到全球移动电话市场份额的 80%。为确保用户语音通信秘密性，GSM 使用分别由 64 位和 128 位二进制码组成的 A5/1 和 A5/2 串流密码进行加密。不幸的是，德国计算机高手卡斯滕·诺尔在 2009 年 12 月 30 日闭幕的"电脑捣乱者俱乐部"年会期间宣布，他与一些密码破译行家联手破解了 GSM 的加密算法，破解代码已经上传至文件共享网站供下载。破解 GSM 算法的计划由 24 人独立进行，这些人成功还原了 GSM 加密算法的密码本，数据量相当于 2TB 之巨（1TB=1024GB）。

新华社报道，卡斯滕·诺尔 2009 年 12 月 29 日接受美联社记者采访时说，利用破解代码、一台高端个人计算机、一部无线电接收装置或一些计算机软件即可截获移动电话用户的语音通话信息。《金融时报》报道，他原本打算于 2009 年 12 月 30 日在年会上演示破解代码的具体用法，但因这一做法的合法性存疑而被迫推迟。英国《金融时报》称，这一破解举动可能对全球 80%移动电话通信构成安全隐患，令全球 30 多亿移动电话用户置身语音通话遭窃听的风险中。

案例 2　美国 CIA 局长遭受社会工程攻击

CIA 是世界四大情报机构之一，总部位于美国弗吉尼亚州兰利。早在 1939 年，罗斯福总统发布秘密指示，将全部谍报工作、反谍报工作和对敌破坏工作交给联邦调查局和陆、海军情报部。同时，他还授权联邦调查局在拉丁美洲针对轴心国间谍开展反情报和安全工作。应该说 CIA 反信息收集和反网络攻击能力很强，然而，2015 年 10 月，美国 CIA 局长约翰·布伦南（John Brennan）的电子邮箱遭受攻击，电子邮箱密码被篡改，并且电子邮箱内的多份机密报告被曝光。随后黑客组织 CWA 宣布对本次事件负责，根据《纽约时报》报道，黑客是一名高中生，他和同学一起制造了这次攻击。

本次攻击采用了被称为"社会工程学"的黑客攻击手法，黑客通过搜索引擎和社会工程调查技术，获取到约翰·布伦南的手机号码，得知其是运营商 Verizon 的客户，于是冒充 Verizon

技术员向运营商索要约翰·布伦南的详细信息。在得到约翰·布伦南的账号、4位数的手机PIN码、备份的手机号码、美国在线电子邮箱地址及银行卡的后4位数字后，使用这些信息成功重置了布伦南美国在线邮箱的登录密码。

而除了约翰·布伦南，这几位少年还黑掉了国土安全部长Jeh Johnson的康卡斯特账号。（2015年10月20日《纽约时报》）

1.1.4 3个故事

故事1 周幽王烽火戏诸侯

周幽王是公元前8世纪周朝末代君王，终日昏庸无道，不理朝政。有一天，周幽王带着爱妃褒姒来到骊山烽火台游玩，为博褒姒欢心，周幽王下令点燃烽火，各地附属于周朝的诸侯以为国都受到进攻，纷纷率兵前来救援。然而当他们匆忙赶到骊山脚下时，却看见周幽王正和妃子在高台上饮酒作乐，根本就没有什么敌人，才知道自己被愚弄了。诸侯们悻悻地率领军队返回。褒姒看到诸侯们被戏弄得一脸狼狈，觉得好玩，忍不住微微一笑。周幽王一见爱妃笑了，心里痛快。等诸侯们退走以后，周幽王再次命令点燃烽火，诸侯们又急匆匆地带着军队赶来了。周幽王和褒姒在烽火台上见诸侯们纷纷上当一起哈哈大笑。周而复始，戏耍诸侯。过了不久，他国发兵攻打周朝，周幽王赶紧下令点燃烽火。可是诸侯们已经不再相信周幽王，没有一个前来救援。很快，周朝的国都被攻破，周幽王被杀死，周朝灭亡了。故事的道理与应用广泛的拒绝服务攻击几乎一样。

故事2 "蜜罐"（Honeypot）计划

时年27岁的俄罗斯车里雅宾斯克人瓦西里·戈尔什科夫，被美国FBI运用"蜜罐技术"虚构公司网站，以谈生意为名，成功诱捕。他被指控利用计算机网络欺诈达20次。瓦西里·戈尔什科夫被判刑3年，还得赔偿西雅图Speakeasy Network公司和加利福尼亚PayPal of Palo Alto公司69万美元，以补偿他借助互联网犯罪给这两家公司造成的损失。他在车里雅宾斯克用自己的计算机上网时，找到了业务系统有薄弱环节的美国公司，入网后盗取了重要的信息。根据FBI掌握的情况，有黑客还盗取了几十个信用卡号。美国情报机构证实，受损失的除了上述两家公司以外，还有CTF公司等商业机构。2000年11月10日，在"会谈"结束后，瓦西里·戈尔什科夫立刻被逮捕。（2002年10月5日俄罗斯《晨报》）

故事3 "震荡波"诞生

2004年4月29日，位于德国北部罗滕堡镇、人口仅为920人、名叫沃芬森（Waffensen）的小村里，有一个名叫斯温顿·雅尚（Swinton Yesun）的孩子，住在一所平凡的房子里，如图1-1所示。

孩子的母亲叫韦罗妮卡（Veronika），经营了一个门面不算大的、以计算机维护修理为主的计算机服务部。4月29日这一天是斯温顿·雅尚18岁的生日。几天前，为了庆祝自己的生日，斯温顿·雅尚从网上下载了一些代码，修改后将它放到了互联网上面。

图1-1 德国沃芬森村的一所房子

第二天，这些代码开始在互联网上以一种"神不知鬼不觉"的特殊方式传遍全球。"中招"后，计算机开始反复自动关机、重启，网络资源基本上被程序消耗，系统运行极其缓慢。

这就是全球臭名昭著的"震荡波"蠕虫（Worm.Sasser）病毒。据不完全统计，"震荡波"自 2004 年 5 月 1 日开始传播以来，全球约有 1800 万台计算机感染了这一病毒。

2004 年 5 月 3 日，"震荡波"病毒出现了第一个发作高峰，当天先后出现了 B、C、D 3 个变种，全中国有数以十万计的计算机感染了这一病毒。微软公司悬赏 25 万美元查找元凶！

在我国，"五一"长假后的第一天，"震荡波"病毒的第二个高峰汹涌而来。仅 5 月 8 日上午 9～10 时的短短一个小时内，国内某安全公司就接到用户的求助电话 2815 个，且 30%为企业局域网用户，其中不乏大型企业局域网、机场、政府部门、银行等重要单位。5 月 9 日，"震荡波"病毒疫情依然没有得到缓解。

开始有报道说是一个俄罗斯人编写了这种病毒，因为该病毒始作俑者在编写这个病毒的过程中，加了一段俄语。

5 月 7 日，斯温顿·雅尚的同学将其告发，斯温顿·雅尚被警察逮捕。

其实，这个孩子在最开始并不是为了编写出一种病毒来危害别人，而是为了消除和对付"我的末日"（MyDoom）和"贝果"（Bagle）等计算机病毒。谁知，在编写杀毒程序的过程中，他设计出一种名为"网络天空 A"（Net-sky）的计算机病毒变体。在朋友的鼓动下，他对"网络天空 A"进行了改动，最后形成了现在的"震荡波"病毒程序。

最后，由于斯温顿·雅尚在传播该病毒的时候不到 18 岁，所以没有受到过重的惩罚。据说后来他成了一名反病毒专家。

1.1.5　6 个困惑

在使用计算机时，经常会遇到各种各样的安全困惑，例如：

1）现在市面上的杀毒软件这么多，国外的有卡巴斯基、赛门铁克、McAfee 等，国内的有 360、金山、瑞星等，究竟哪一款杀毒软件查杀计算机病毒的效果会更好一些呢？

2）为什么 U 盘里经常会出现 autorun.inf、RECYCLER、RavMonE.exe 等计算机病毒文件呢？如何防止这些计算机病毒的传染与发作呢？图 1-2 所示为 U 盘病毒。

3）为什么计算机硬盘里经常会出现一个名为"runauto.."的计算机病毒文件夹，并且无法删除？

4）为什么桌面上会自动出现图 1-3 所示的"淘宝网特卖"图标？当删除它时，会弹出图 1-4 和图 1-5 所示的消息框。

图 1-2　U 盘病毒

图 1-3　"淘宝网特卖"图标

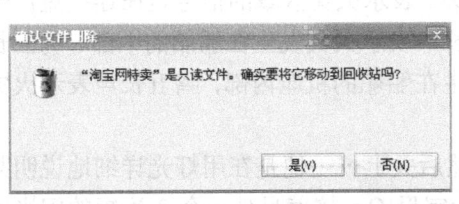
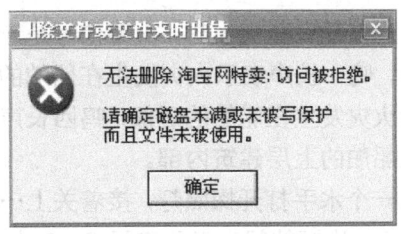

图1-4　显示"只读"属性消息框　　　　　图1-5　显示"无法删除"消息框

5）为什么计算机桌面上存在图1-6所示的两个"我的文档"文件夹？

图1-6　桌面出现两个"我的文档"文件夹

6）是否存在一劳永逸的信息安全解决和实施方案？

诸如此类的一系列安全问题，经常困扰着使用计算机的人们。

1.2　区分信息、消息、数据、信号与通信

1.2.1　信息、消息、数据与信号的区别

例1　经济数据

2018年8月9日，国家统计局发布数据显示，7月份，全国居民消费价格指数（Consumer Price Index，CPI）同比上涨2.1%，涨幅比6月份扩大0.2个百分点。CPI同比涨幅在连续3个月处于"1时代"后重新回到"2时代"，暗示我国面临通胀压力风险。

例2　船舶通信

船舶上使用信号旗进行通信至今已有400多年的历史。信号旗通信的优点是十分简便，因此，即使当今现代通信技术相当发达，这种简易的通信方式仍被保留下来，成为近程通信的一种重要方式，如图1-7所示。悬挂单面旗表示最紧急、最重要或最常用的内容。例如，悬挂A字母旗，传递的信息是"我船下面有潜水员，请慢速远离我船"；悬挂O字母旗，表示"有人落水"；悬挂W字母旗，表示"我船需要医疗援助"，等等。

图1-7　信号旗

当船舶发生火灾时，火警信号是连续短声一分钟。表示火警区域的信号是在连续短声一分钟后，鸣一长声表示火灾发生在船舶的前部，鸣二长声表示火灾发生在船舶的中部，鸣三长声表示火灾发生在船舶的后部，鸣四长声表示火灾发生在船舶的机舱内部，鸣五长声表示火灾发生在船舶的上层建筑内部。

一个水手打开探照灯，接着关上……再打开，然后关上……他是在用灯光详细地说明某种信息。3 次短的闪光表示字母 S，3 次长的闪光表示字母 O，接着另外一个 3 次短的闪光表示字母 S。SOS 是求救信号。

例 3　古代烽火

人们所说的狼烟四起（光信号），它所蕴含的信息是"外敌入侵"。

"烽火"，即古代边防报警的信号［白天放烟叫"烽（fēng）"，夜间举火叫"燧（suì）"］。烽火台又称烽燧，俗称烽堠（hòu）、烟墩，是古时用于点燃烟火传递重要消息的高台，系古代重要军事防御设施，是最古老但行之有效的"土电报"。烽火台是为防止敌人入侵而建的，遇有敌情发生，则白天施烟，夜间点火，台台相连，传递信息。

从上面例子可以很容易地区分信息、消息和信号。
- 信息是指消息所包含的有意义的内容。
- 消息是指信息的载体。
- 消息又是以具体信号形式表现出来的。

不同形式的消息，可以包含相同的信息。例如，分别用语音和文字发布的新闻，所含信息内容相同。

消息可分为离散消息和连续消息。离散消息是指消息中元素之间的差异明显、状态分散，如文字、符号和数字。连续消息是指消息的数目有无穷多个，相邻元素的差异很小，如语音和连续图像。

信号可以分为连续时间信号和离散时间信号。

1.2.2　信号与通信的关系

信号（Signal）具有能量，是某种具体的物理量。信号的变化反映了其所携带的信息的变化。

实现信号从一方传递到另一方的过程，称为通信（Communication）。例如，在两台计算机之间传递一封电子邮件，就属于一次通信。

实现信息传递所需的设备、技术和传输介质的总和称为通信系统。任何通信系统都要完成从一方到另一方信息的传递和交换，在这样一个总的目的下可以把通信系统概括为一个统一的模型，即通信系统由信源、发送设备、信道、接收设备和信宿 5 个部分组成，如图 1-8 所示。无线通信模型示意图如图 1-9 所示。

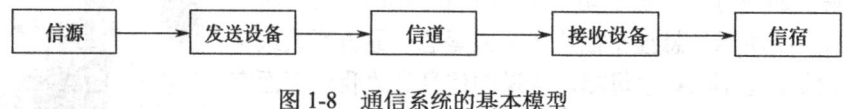

图 1-8　通信系统的基本模型

1）信源（Information Source）又称为信息源或信息发送者，是信息的产生地。在人与人之间通信时，信源是指发出信息的这个人；在计算机与计算机通信的情况下，信源是指产生信息的这台计算机。

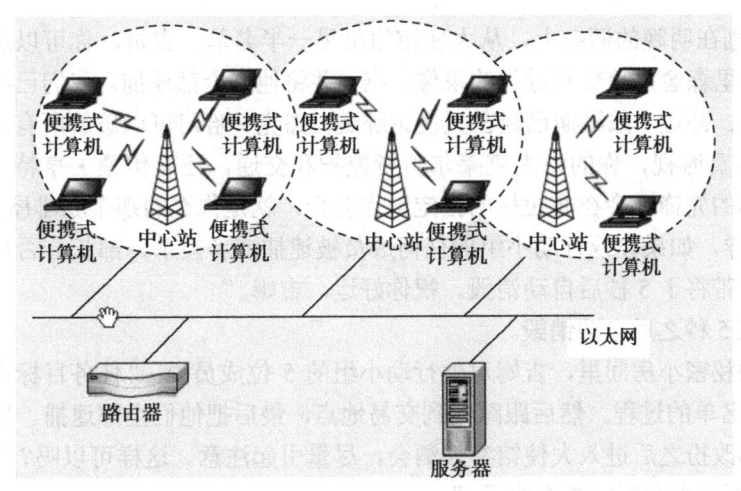

图 1-9 无线通信模型示意图

2)发送设备（Transmitter）的基本功能是将信源发出的信息转换成适合在信道中传输的信号。例如，在电话通信过程中，电话的送话器就属于发送设备，它将人们发出的语音信息转换成能够在双绞线介质中传递的模拟信号。

3)从发送设备到接收设备之间信号传递所经过的介质称为信道（Transmission Channel）。传输信号的信道可以分为两种：一种是有线信道，如在实际通信中使用的电话线、光纤、同轴电缆等；另一种是无线信道，如手机使用的无线电波等。

4)接收设备（Receiver）是接收端各种设备的总称，其功能与发送设备的功能正好相反。接收设备的主要任务是从接收到的信号中正确恢复出原始信号，如解调、译码等。

5)信宿（Information Host）又称为受信者或信息的接收者，是信息传输的终点，其作用是将信号转换（还原）成原始的消息。

在信号的传输过程中，通信设备和通信介质必然会受到来自内外各方面的电磁干扰，电磁干扰可以与原有信号产生叠加或者减弱原有信号的能量，这样可能会导致原有信号到达接收端之后不能还原成与发送端一致的信息。由于这种外界的电磁干扰会影响正常的通信，因此将这些外界的破坏现象统称为干扰，即噪声。

1.3 信息安全的内涵

1.3.1 从电影《碟中谍》认识信息安全

从电影《碟中谍》（Mission: Impossible）说起。在飞机上，一位美丽的空姐向吉姆·费尔普斯（Jim Phelps）推荐了一盒乌克兰电影的磁带，里面含有美国政府给他及小组下达的指示：

"早上好，费尔普斯先生，你现在看见的这个人是亚历山大·葛里森——我国驻布拉格大使馆馆员，也是一个叛徒。他盗取了中央情报局 NOC 名单的一半，这是一份记录了所有在东欧工作的秘密特工的资料。

"出于安全原因，NOC 名单是分成两份的，葛里森手里的那部分记录了特工代号，但是没有另一半，它是没有任何价值的，另一半记录了和特工代号匹配的真实姓名。

"葛里森计划在明晚的酒会上，从大使馆偷出另一半名单。吉姆，你可以选择是否接下这个任务：拿到葛里森偷窃和交易过程的录像证据，并将他们全部逮捕。我们已经派出了由你手下组成的行动组：莎拉·戴维斯已经在大使馆卧底，杰克·哈门可以破解所有的安全系统，汉娜·威廉斯会负责监视，你的太太克莱尔负责掩护和交通，还有伊桑·亨特（Ethan Hunt）和往常一样做你的先锋，会在布拉格的指定地点会合，就是你选的那个咖啡屋里。

"像往常一样，如果你或行动小组的任何成员被逮捕或者被杀，部长会否认对你们这次行动知情。这盘磁带将于 5 秒后自动消毁。祝你好运，吉姆。"

这盘磁带在 5 秒之后自动销毁。

在布拉格的秘密小房间里，吉姆对他行动小组的 5 位成员说："任务目标很简单，拍下葛里森偷取 NOC 名单的过程。然后跟踪他到交易地点，最后把他们全部逮捕。现在说一下行动计划：伊桑，你改扮之后进入大使馆参加酒会，尽量引起注意。这样可以吗？"

伊桑说："不会再有更好的方式了。"

吉姆说："莎拉，你也参加酒会，作为大使馆的华盛顿来宾的联络员，和伊桑接触，你跟他一起行动。"

莎拉说："我没有酒会上穿戴的。"

吉姆说："哦，我相信你会弄到的。你要在葛里森身上做一个记号，然后告诉汉娜他的位置。汉娜，你要在酒会期间一直监视他，找一个有利的位置然后盯住他。"

"没问题。"汉娜应承着。

吉姆说："杰克，指纹识别系统，进入电梯前要通过这个。"

杰克说："所以我估计我是没有机会穿礼服了。"

吉姆说："开启，关闭，然后离开。不要留下任何痕迹。克莱尔，你在外面的车内掩护。葛里森出来之后汉娜会和你在一起，你们两个在那里监视他，一旦出现了差错，我会呼叫终止任务，所有人立即离开，凌晨 4 点在这里会合，还有什么问题吗？"

……

莎拉在杰克的帮助下，顺利通过指纹识别系统进入大使馆唯一的管制区。

该案例基本反映出信息安全的 3 个基本方面。

1）信息安全管理。行动小组的负责人和 5 名特工人选的安排及为了潜入大使馆唯一的管制区而根据各自的特长进行的分工属于管理问题。莎拉利用议员通往大使馆里唯一的管制区，并在杰克的帮助下通过保安系统，这里大使馆的安全管理存在严重问题。

2）信息安全技术。信息安全专家杰克擅长破解指纹识别系统，正是他成功入侵大使馆的计算机系统，帮助莎拉顺利进入大使馆唯一的管制区。这属于信息安全技术范畴。

3）信息安全法律法规。事先上级约定和往常一样，如果吉姆或行动小组的任何成员被逮捕或者被杀，则部长会否认对他们这次行动知情，这说明他们生命没有任何保障。这相当于信息安全法律法规。

所以，信息安全包含信息安全管理、信息安全技术和信息安全法律法规 3 个方面。本书的结构正是按照这个思路分成 3 个部分：信息安全管理、信息安全技术和信息安全法律法规。

1.3.2　什么是信息安全

信息安全本身涉及的范围很广，大到国家军事、政治等机密安全，小到防止商业机密泄露，防范青少年对不良信息的浏览及个人信息的泄露等。网络环境下的信息安全体系是保证信息安全的关键，包括计算机安全操作系统、各种安全协议、安全机制（数字签名、信息认证、数据加密等），以及安全系统，其中任何一个安全漏洞都会威胁全局安全。

信息安全一般可以通过7个基本属性来定义。

1）可用性（Availability）。可用性是指信息可被合法用户访问并能按要求顺序使用的特性，即在需要时就可以取用所需的信息。即使在突发事件下，如网络攻击、计算机病毒感染、系统崩溃、战争破坏、自然灾害等，依然能够保障数据和服务的正常使用。对可用性的攻击就是阻断信息的可用性，破坏网络和有关系统的正常运行。

2）机密性（Confidentiality）。机密性能够确保敏感或机密数据的传输和存储不遭受非授权的个人和实体的浏览或使用，甚至可以做到不暴露保密通信的事实。军用信息的安全尤其注重信息的保密性（相比较而言，商用信息则更注重于信息的完整性）。对于传输信息的保护，主要采用密码技术。而对于存储信息的保护，则可采用密码或访问控制技术。

3）完整性（Integrity）。完整性能够保障被传输、接收或存储的数据是未被篡改、未被破坏、未被插入、未延迟、未乱序和未丢失的，在被篡改的情况下能够发现篡改的事实或者篡改的位置。对军用信息来讲，完整性被破坏可能就意味着延误战机、自相残杀或闲置战斗力。例如，在第二次世界大战期间，因为德国密码系统被英国情报部门破译，德国战机就接受错误指令，在一段时间内很少能命中盟军目标，甚至降落在英国机场。破坏信息的完整性是对信息安全发动攻击的最终目的。

4）不可抵赖性（Non-repudiation）。不可抵赖性能够保证信息系统的操作者或信息的处理者不能抵赖其行为或者处理结果，这可以防止参与某次操作或通信的一方事后抵赖该事件曾发生过。不可抵赖性可以防止抵赖，是交易中非常重要的环节，如电子商务中电子合同和电子邮件。人们为了自身的利益可能会抵赖曾发送过消息或接收过特定消息。因此，当消息发出后，接收方需要有向他人证实该消息确定是从所声称的发送方发出的能力。与此类似，发送方也需要有向他人证实该消息确实由所声称的接收方收到的能力。

5）真实性（Authenticity）。真实性也称可认证性，能够确保实体（如人、进程或系统）身份或信息、信息来源的真实性，特别是身份识别。在网上从事交易时，一方很难确定对方的身份，正如比尔·盖茨所说，"在网上，没人知道你是条狗"（见图1-10），因而对交易安全带来威胁，因此，身份识别是网络信息安全中最为基本和重要的一种保护，主要是对进行访问的主体或参与通信的各方的身份进行识别。它是其他所有安全保护的基础，没有身份识别，其他安全服务就很难实现。身份识别主要有两种：一种是对对等实体识别，另一种是对数据原发方鉴别。前者仅仅是身份识别，不涉及业务数据的传递，后者通常和数据的完整性联系在一起。

图1-10　"在网上，没人知道你是条狗"
（选自1993年美国《纽约客》杂志）

6）可控性（Controllability）。可控性能够保证掌握和控制信息与信息系统的基本情况，可对信息和信息系统的使用实施可靠的授权、审计、责任认定、传播源追踪和监管等控制。"密钥托管""密钥恢复"等措施就是实现信息安全可控性的例子。可控性实际上是信息安全的出发点和归宿，能够限制和控制主体对系统或数据的访问。这种访问可能是通过网络进行的,也可能是直接通过控制台操作进行的。可控性注重的是事先防护,避免非授权用户的登录、阅读、修改、执行等非法操作。可控性通常关注的是系统之间的交互或运行规则,机密性、完整性通常关注的是数据的安全保护。机密性、完整性通常还能为可控性提供强健的服务。

7)合法性(Legitimacy)。从事信息活动,特别是互联网信息活动,必须符合相应的法律法规。

信息安全的内在含义就是指采取一切可能的方法和手段,千方百计保护信息的上述"七性"的安全。

1.3.3 信息安全的发展过程

信息安全自古以来就受到人们的关注,但在不同的发展时期,信息安全的侧重点和控制方式是不同的。例如,过去人们关心最多的是信息保密和信息传输途径的保密,即侧重于信息安全技术的开发。但随着时间和科技的发展,人们发现信息安全管理和相关法律法规的完善相比安全技术更为重要。例如,为防范和处置木马(Trojan)和僵尸网络(BotNet)引发的网络安全隐患,净化公共互联网环境,维护我国公共互联网安全,国家工业和信息化部制定并发布了《木马和僵尸网络监测与处置机制》,并要求各相关单位自2009年6月1日起实施。该文件提到"对于涉嫌犯罪的木马和僵尸网络事件,应报请公安机关依法调查处理"。为依法惩治利用互联网和移动通信终端制作、复制、出版、贩卖、传播淫秽电子信息,通过声讯台传播淫秽语音信息等犯罪活动,维护公共网络和通信的正常秩序,保障公众的合法权益,2004年9月1日最高人民法院审判委员会第1323次会议、2004年9月2日最高人民检察院第十届检察委员会第26次会议通过《最高人民法院、最高人民检察院关于办理利用互联网、移动通讯终端、声讯台制作、复制、出版、贩卖、传播淫秽电子信息刑事案件具体应用法律若干问题的解释(一)》。2010年1月18日最高人民法院审判委员会第1483次会议、2010年1月14日最高人民检察院第十一届检察委员会第28次会议通过《最高人民法院、最高人民检察院关于办理利用互联网、移动通讯终端、声讯台制作、复制、出版、贩卖、传播淫秽电子信息刑事案件具体应用法律若干问题的解释(二)》。这些法律法规的出台使网络信息安全管理有法可依。

本书谈论的信息安全发展过程主要从安全技术角度考虑。

信息安全技术是指保障信息安全的技术,具体来说,它包括对信息的伪装、验证及对信息系统的保护等方面。虽然信息安全技术由来已久,但仅在第二次世界大战以后它才获得了长足的发展,由主要依靠经验、技艺逐步转变为主要依靠科学,因此信息安全是一个古老而又年轻的科学技术领域。纵观它的发展,可以将其划分为以下4个阶段。

1. 通信安全发展时期

从古代至20世纪60年代中期,人们关心的是信息在传输中的机密性。最初,人们仅以实物或特殊符号传递机密信息,后来出现了一些朴素的信息伪装方法。

在我国北宋年间,曾公亮(999—1078年)与丁度(990—1053年)合著的《武经总要》反映了北宋军队对军令的伪装方法,按现在的观点,它综合了基于密码本的加密和基于文本的信息隐藏:先将40条军令全部编号并汇成码本,以40字诗对应位置上的文字代表相应编号,在通信中,代表某编号的文字被隐藏在一个普通文件中,但接收方知道它的位置,这样可以通过查找该字在 40 字诗中的位置获得编号,再通过码本获得军令。

在古代欧洲,代替密码和隐写术得到了较多的研究和使用。德国学者 Trithemius（1462—1516 年）于 1518 年出版的《多表加密》(*Polygraphia*)记载了当时欧洲的多表加密方法,该书被认为是密码学最早的专著,它反映了当时欧洲在代替密码的研究上已经从单表、单字符代替发展到了多表、多字符代替。Trithemius 于 1499 年还完成了世界上第一部信息隐藏的专著——《隐写术》(*Steganographia*),但该书于 1606 年才得以出版,它记载了古代欧洲人在文本中进行信息隐藏的方法。

19 世纪 40 年代发明电报后,安全通信主要面向保护电文的机密性,密码技术成为获得机密性的核心技术。在第二次世界大战中,各发达国家均研制了自己的密码算法和密码机,如德国的 Enigma 密码机（恩尼格玛密码机,又译哑谜机或谜,见图 1-11）、日本的 PURPLE 密码机与美国的 ECM 密码机。但当时的密码技术并未摆脱主要依靠经验的设计方法,而且在技术上没有安全的密钥或码本分发方法,因此第二次世界大战中有大量的密码通信被破解。

图 1-11　德国军用三转子 Enigma 密码机

以上密码统称为古典密码。

1949 年,Shannon 发表论文《保密系统的信息理论》,提出了著名的 Shannon 保密通信模型,明确了密码设计者需要考虑的问题,并用信息论阐述了保密通信的原则,这为对称密码学建立了理论基础,从此密码学发展成为一门科学。

2. 计算机安全发展时期

计算机安全发展时期跨越 20 世纪 60 年代中期至 80 年代中期。计算机的出现是 20 世纪的重大事件,它深刻改变了人类处理和使用信息的方法,也使信息安全包括计算机的安全和信息系统的安全。20 世纪 60 年代出现了多用户操作系统,由于需要解决安全共享问题,人们对信息安全的关注扩大为"机密性、访问控制与认证",但也逐渐注意到可用性。1965—1969 年,美国军方和科研机构组织开展了有关操作系统安全的研究。1972 年,Anderson 提出了计算机安全涉及的主要问题与模型;在这个时期,研究人员还提出了一些访问控制策略和安全模型。进入 20 世纪 80 年代后,基于密码技术的发展,人们在计算机安全方面开始了标准化和商业应用的进程。1985 年,美国国防部发布了可信计算机系统评估准则（Trusted Computer System Evaluation Criteria,TCSEC）,推进了计算机安全的标准化和等级测评。在这种情况下,人们逐渐认识到保护计算机系统的重要性,Anderson 最早提出了入侵检测系统（IDS）的概念,并详细阐述了主机入侵检测的概念和架构,这标志着人们已经关注利用技术手段获得可用性。

在密码学方面,Diffie 和 Hellman 于 1976 年发表了论文《密码编码学新方向》,指出在通信双方之间不直接传输加密密钥的保密通信是可能的,并提出了公钥加密的设想;美国国家标准与技术研究院（National Institute of Standards and Technology,NIST）于 1977 年首次通过公开征集的方法制定了当时应用中急需的数据加密标准（Data Encryption Standard,DES）,推动了分组密码的发展。这两个事件标志着现代密码学的诞生。

1978 年,Rivest、Shamir 与 Adleman 设计了著名的 RSA 公钥密码算法,实现了 Diffie 和 Hellman 提出的公钥思想,使数字签名和基于公钥的认证成为可能。

3. 信息安全发展时期

随着信息技术应用越来越广泛和网络的普及，20 世纪 80 年代中期至 90 年代中期，人们所关注的问题扩大到信息安全的 7 个基本属性（详见 1.3.2 节）。在这一时期，密码学、安全协议、计算机安全、安全评估和网络安全技术得到了较大发展，尤其是互联网的应用和发展大大促进了信息安全技术的发展与应用，因此这个时期也可以称为网络安全发展时期。在这一时期，标准化组织与产业界制定了大量的算法标准和实用协议，如数字签名标准（Digital Signature Standard，DSS）、Internet 安全协议（Internet Protocol Security，IPSec）、安全套接字层（Secure Socket Layer，SSL）协议等。自美国国防部发布 TCSEC 起，世界各国根据自己的实际情况相继发布了一系列安全评估准则和标准：英、法、德、荷四国于 20 世纪 90 年代初发布了信息技术安全评估准则（Information Technology Security Evaluation Criteria，ITSEC），加拿大于 1993 年发布了可信计算机产品评价准则（Canadian Trusted Computer Product Evaluation Criteria，CTCPEC），加拿大、法国、德国、荷兰、英国、美国于 20 世纪 90 年代中期提出了信息技术安全性评估通用准则（Common Criteria，CC）。随着计算机网络的发展，这一时期的网络攻击事件逐渐增多，传统的安全保密措施难以抵御计算机黑客入侵及有组织的网络攻击，学术界和产业界先后提出了基于网络的入侵检测、分布式入侵检测、防火墙（Firewall）等网络系统防护技术。1989 年，美国国防部资助 Carnegie Mellon 大学建立了世界上第一个计算机应急小组及协调中心（Computer Emergency Response Team/Coordination Center，CERT/CC），标志着信息安全从被动防护阶段过渡到主动防护阶段。

4. 信息安全保障发展时期

20 世纪 90 年代中期以来，随着信息安全受到各国的高度重视，以及信息技术本身的发展，人们更加关注信息安全的整体发展及在新型应用下的安全问题。人们也开始深刻认识到安全是建立在过程基础上的，包括"预警、保护、检测、响应、恢复、反击"整个过程，信息安全的发展也越来越多地与国家战略结合在一起。

欧洲委员会从信息社会技术（Information Society Technology，IST）规划中出资 33 亿欧元，启动了"新欧洲签名、完整性与加密计划（New European Schemes for Signature, Integrity, and Encryption，NESSIE）"，对分组密码、流密码、Hash 函数、消息认证码、非对称加密、数字签名等进行了广泛征集；日本、韩国等国家也先后启动了类似的计划；美国的 NIST 先后组织制定、颁布了一系列信息安全标准，并且高级加密标准（Advanced Encryption Standard，AES）取代 DES 成为新的分组密码标准；我国也先后颁布了一系列信息安全相关标准，并于 2004 年 8 月颁布了《中华人民共和国电子签名法》。

在电子商务和电子政务等应用的推动下，公钥基础设施（Public Key Infrastructure，PKI）逐渐成为国民经济的基础，它为需要密码技术的应用提供支撑。

为了保护日益庞大和重要的网络和信息系统，信息安全保障的重要性被提到空前的高度，1995 年美国国防部提出了"防护-检测-响应"的动态安全模型，即 PDR 模型，后来增加了"恢复"（Recovery），成为 PDR^2（Protection, Detection, Response, Recovery）模型，再后来又增加了"策略"（Policy），成为 P^2DR^2 模型，如图 1-12 所示。

1998 年 10 月，美国 NSA 颁布了信息保障技术框架（Information Assurance Technical Framework，IATF），以后又分别于 1999 年、2000 年和 2002 年颁布了改进的版本；自 2001 年的"9·11"事件以来，美国政府以"国土安全战略"为指导，出台了一系列信息安全保障策略，将信息安全保障体系纳入国家战略中，如 2003 年 2 月通过了《网络空间安全国家战略》。

其他一些国家也高度重视信息安全保障机制：2013 年，日本提出了《日本保护国民信息安全战略》，以防止遭到信息武器的突袭和对国内信息网络的突发事件保持警惕；俄罗斯发表了《国家信息安全学说》，成立了国家信息安全与信息对抗领导机构，组建了特种信息战部队。在我国，国家信息化领导小组早于 2003 年出台了《国家信息化领导小组关于加强信息安全保障工作的意见》（中办发［2003］27 号文），这是我国信息安全领域的指导性和纲领性文件；2017 年正式颁布的《中华人民共和国网络安全法》成为我国信息化领域的最高安全保障。

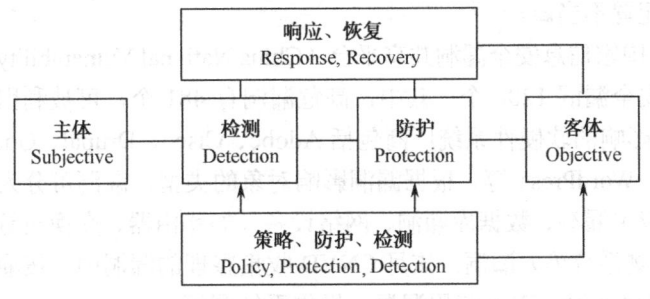

图 1-12　P^2DR^2 动态安全模型

网络安全不是一个目标，而是一个动态过程。这是因为制约安全的因素都是动态变化的，必须通过一个动态的过程来保证安全。例如，2006 年前，Windows 操作系统公布的安全漏洞被各类计算机病毒利用是最常见的攻击技术，但随着互联网、移动互联网等技术的发展，针对 Web 应用、智能手机 APP 的攻击技术已经非常成熟，黑客攻击目标已经从传统操作系统层面的攻击向承载海量数据的互联网业务系统的攻击进行转变。

国家互联网应急中心（National Internet Emergency Center，CNCERT）统计报告显示，2018 年 12 月，境内感染网络病毒的终端数为近 78 万个；境内被篡改网站数量为 1376 个，其中被篡改政府网站数量为 80 个；境内被植入后门的网站数量为 2317 个，其中政府网站有 34 个；针对境内网站的仿冒页面数量为 5324 个。2018 年 12 月，CNCERT 收到国内外通过电子邮件、热线电话、网站提交、传真等方式报告的网络安全事件 8237 件（合并了通过不同方式报告的同一网络安全事件，且不包括扫描和垃圾邮件类事件），其中来自国外的事件报告有 47 件。在 8237 件事件报告中，排名前 3 位的安全事件分别是漏洞、网页仿冒、恶意程序。安全是相对的。所谓安全，是根据客户的实际情况，在实用和安全之间找一个平衡点。

1.4　网络脆弱性分析

网络脆弱性（Network Vulnerability）主要由以下 3 个方面引起。

1. 开放性的网络环境

正如一句非常经典的语句所说："互联网（Internet）的美妙之处在于你和每个人都能互相连接，互联网的可怕之处在于每个人都能和你互相连接。"

互联网是跨国界的，某些法律也受到了挑战，网络安全面临的是一个国际化的挑战。

我国有些专家从 2002 年就提出了"网络实名制"，但是社会趋于多元化及网络的开放性，不同的国家情况有所不同，而且"网络实名制"本身难以同网络时代相适应，可操作性差。因此，在现实中很难做到真正的"网络实名制"。

2. 协议本身的缺陷

网络传输离不开通信协议，而这些协议也有不同层次、不同方面的漏洞。例如，针对 TCP/IP 等协议的攻击非常多。

3. 操作系统的漏洞

网络离不开操作系统，操作系统的安全性对网络安全同样有非常重要的影响，很多网络攻击方法都是从寻找操作系统的缺陷入手的。操作系统的缺陷有操作系统程序的源代码存在 Bug 和操作系统程序的配置不当。

2018 年 12 月，国家信息安全漏洞共享平台（China National Vulnerability Database，CNVD）收集整理信息系统安全漏洞 1206 个。其中，高危漏洞有 481 个，可被利用来实施远程攻击的漏洞有 1067 个。受影响的软硬件系统厂商包括 Adobe、Cisco、Drupal、Google、IBM、Linux、Microsoft、Mozilla、WordPress 等。根据漏洞影响对象的类型，漏洞可分为操作系统漏洞、应用程序漏洞、Web 应用漏洞、数据库漏洞、网络设备（如路由器、交换机等）漏洞和安全产品（如防火墙、入侵检测系统等）漏洞。该月 CNVD 收集整理的漏洞中，按漏洞类型分布排名前 3 位的分别是应用程序漏洞、Web 应用漏洞、操作系统漏洞。

仅 2019 年 1 月 21 日到 27 日一周时间内，CNVD 共收录通用软硬件漏洞 218 个。其中，高危漏洞 95 个（约占 43.58%），中危漏洞 106 个（约占 48.62%），低危漏洞 17 个（约占 7.8%）。

1.5 信息安全威胁分析

所谓信息安全威胁，是指某人、物、事件、方法或概念等因素对某信息资源或系统的安全使用可能造成的危害。一般把可能威胁信息安全的行为称为攻击。现实中，常见的信息安全威胁有以下几类。

1）信息泄露：信息被泄露给未授权的实体（如人、进程或系统）。泄露的形式主要包括窃听、截收、侧信道攻击和人员疏忽等。

2）篡改：攻击者可能改动原来的信息内容，但信息的使用者并不能识别出被篡改的事实。

3）重放：攻击者可能截获并存储合法的通信数据，然后出于非法目的重新发送它们，而接收者可能仍然进行正常的受理，从而被攻击者所利用。

4）假冒：一个人或系统谎称是另一个人或系统，但信息系统或其管理者可能并不能识别，这可能使得谎称者获得了不该获得的权限。

5）否认：参与某次通信或信息处理的一方事后可能否认这次通信或相关的信息处理曾经发生过，这可能使得这类通信或信息处理的参与者不承担应有的责任。

6）非授权使用：信息资源被某个未授权的人或系统使用，也包括被越权使用的情况。

7）网络与系统攻击：攻击者可能利用网络与主机系统存在的设计或实现上的漏洞进行恶意的入侵和破坏，或者攻击者仅通过对某一信息服务资源进行超负荷的使用或干扰，使系统不能正常工作，后面一类攻击一般称为拒绝服务（DoS）攻击。

8）恶意代码：有意破坏计算机系统、窃取机密或隐蔽地接受远程控制的程序，主要包括木马（Trojan）、后门（Backdoor）、蠕虫（Worm）、僵尸网络（BotNet）等。

9）灾害、故障与人为破坏：信息系统也可能由于自然灾害、系统故障或人为破坏而遭到损坏。

也可以将信息安全威胁进一步概括为以下 4 类。
- 暴露（Disclosure）：对信息可以进行非授权访问，主要来自信息泄露的威胁。
- 欺骗（Deception）：使信息系统接收错误的数据或做出错误的判断，包括来自篡改、重放、假冒、否认等的威胁。
- 打扰（Disruption）：干扰或打断信息系统的执行，主要包括来自网络与系统攻击及灾害、故障与人为破坏的威胁。
- 占用（Usurpation）：非授权使用信息资源或系统，包括来自非授权使用的威胁。

类似地，恶意代码依照其意图不同可以划归到不同的类别中去。还可以根据攻击是否对数据的正常使用产生影响，将威胁分为主动攻击（Active Attack）和被动攻击（Passive Attack）两类。主动攻击通过对数据的篡改或插入新的数据，或对网络设施进行更改，产生实时的破坏，容易被发现；而被动攻击一般指仅对安全通信和存储数据的窃听、截收和分析，它并不篡改受保护的数据，也不插入新的数据。被动攻击具有潜在的危害性，难以觉察。

1.6 信息安全模型

信息安全模型有时称为威胁模型或敌手模型。当前有很多信息安全模型，主要包括以下几种。

1) Shannon 提出的保密通信系统的模型，该模型描述了保密通信的收发双方通过安全信道获得密钥、通过可被窃听的线路传递密文的场景，确定了收发双方和密码分析者的基本关系和所处的技术环境。

2) Simmons 面向认证系统提出的无仲裁认证模型，它描述了认证方和被认证方通过安全信道获得密钥、通过可被窃听的线路传递认证消息的场景。

3) Dolve 和 Yao 针对一般信息安全系统提出的 Dolve-Yao 威胁模型，它定义了攻击者在网络和系统中的攻击能力，被密码协议的设计者广泛采用。

随着密码技术研究的深入，很多学者认为密码系统的设计者应该将攻击者的能力估计得更高一些，如攻击者可能有控制加密设备或在一定程度上接近、欺骗加密操作人员的能力。

当前，一个单位使用的网络一般包括内部网和外部网（公用网）两个部分。图 1-13 所示为面向网络环境的信息安全模型，信息系统的基本组成包括网络连接设施、内部和外部主机系统、系统用户和管理者、主机内的信息安全构件、专设网络防护设施和信息安全机构。其中，主机内的信息安全构件主要指与信息安全相关的模块；网络防护设施主要包括防火墙（Firewall）、入侵检测系统（IDS）或病毒网关（Virus Gateway）等保障可用性和可控性的设备；信息安全机构是专门负责实施安全措施的机构，它可以是由第三方或单位自行设立的，主要用于完成密钥生成、分发与管理等功能。在该模型下获得信息安全的一个重要前提是：用户和管理者与信息安全机构之间的信道不会被攻击者截获，但是，攻击者可以在内部或外部通信网中的任何一点上截获数据或进行消息收发，也可能从一台控制的计算机上发动网络攻击，也可以基于在一个系统中的账号发动系统攻击，等等。信息安全的实施者主要通过以上信息安全构件组成的系统抵御攻击。当然，对管理者和用户需要建立工作制度以保障信息安全技术的实施。

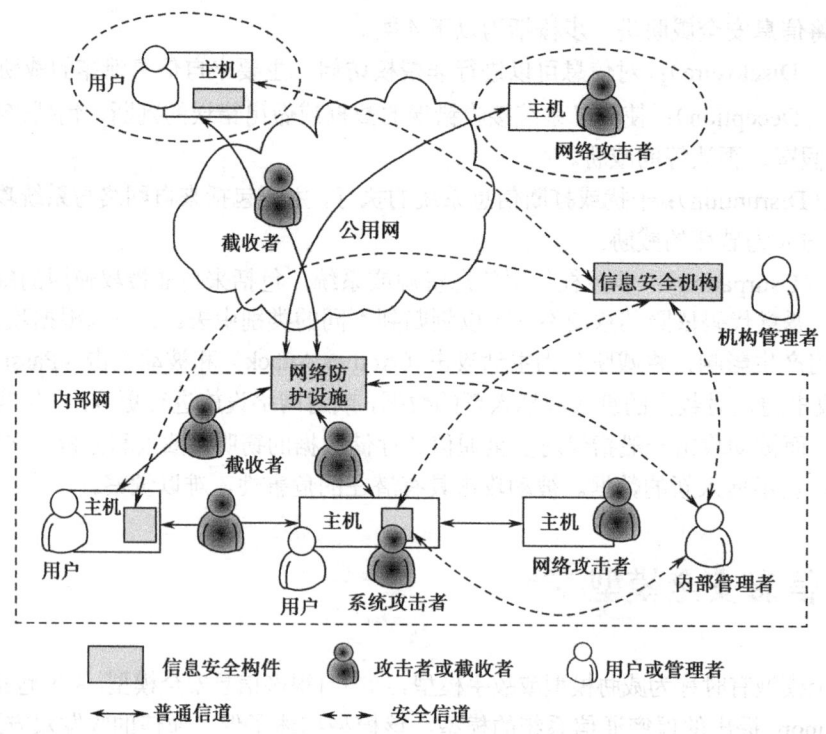

图 1-13 面向网络环境的信息安全模型

第2章

物理安全与信息安全风险评估

天道酬勤，地道酬善，人道酬诚。

——《尚书》

子曰："《诗》三百，一言以蔽之，曰：'思无邪。'"

——《论语》

信息安全管理把分散的技术和人为因素通过政策或规则协调、整合为一体，是获得信息安全保障能力的重要手段，因此也是构建信息安全体系不可忽视的重要因素。信息安全管理的相关内容很多，本章主要培养学生认识信息安全管理的重要性及物理安全、信息安全管理应急机制等。

本章的主要目的是使学生通过对案例与事件的学习初步认识到物理安全、信息安全管理、信息安全风险评估的重要性；熟练掌握如何开展物理安全工作，从机房安全等级、机房的场地环境选择、机房组成及面积、机房的环境条件、电源和通信线路安全等方面考虑机房建设；增强风险管理意识；熟练掌握风险控制策略和风险评估方法。

长期以来，人们偏重于依靠技术保障信息安全，从早期的加密技术、数据备份、计算机病毒防护到近期网络环境下的防火墙、入侵检测和身份认证等。厂商在安全技术和产品的研发上不遗余力，新的技术和产品不断涌现；消费者更加相信安全产品，把仅有的预算也都投入到安全产品的采购上，重建设轻防护、重使用轻管理、重防外轻防内的现象普遍存在。但事实上仅仅依靠技术和产品保障信息安全的愿望往往难尽如人意，许多复杂、多变的安全威胁和隐患靠产品是无法消除的。"三分技术，七分管理"这个在其他领域总结出来的实践经验和原则，在信息安全领域也同样适用。据有关部门统计，在所有的计算机安全事件中，约52%是人为因素造成的，25%由火灾、水灾等自然灾害引起，技术错误占10%，组织内部人员作案占10%，仅有3%左右是由外部不法人员的攻击造成的。简单归类，属于管理方面的原因比例高达70%以上，而这些安全问题中的95%是可以通过科学的信息安全管理来避免的。因此，管理已成为信息安全保障能力的重要基础。

2.1 安全管理的重要性

安全是一个整体，完整的安全解决方案不仅包括网络安全、系统安全和应用安全等技术手段，而且需要以人为核心的策略和管理支持。信息安全至关重要的往往不是技术手段，而是人占主导的管理手段。

这里需要谈到安全遵循的"木桶原理"，即一个木桶的容积取决于最短的一块木板，一个系统的安全强度取决于最薄弱环节的安全强度。无论采用了多么先进的技术设备，只要安全管理上有漏洞，那么这个系统的安全一样没有保障。例如，设置电子邮箱密码太简单，非常容易遭黑客攻击。美国密码管理安全公司 SplashData 发布的 2017 年的"年度最弱密码"榜单上，"123456" 依旧稳坐榜单第一位，它在 2013—2016 年间都是第一位。连续 4 年卫冕亚军的是"password"。此外，"123456" 和 "password" 这两个密码还有 6 种相关变体，合计占了排行榜前 25 名中的 8 位。除了以上两个密码的变体，能进入排行榜前十的还有基于键盘键位的"qwerty"、情景感十足的"letmein"，以及"football"和"iloveyou"，这无异于告诉黑客：攻击我吧。

事实上，在现实生活中，信息安全问题并不仅出现在技术上，更多出现在安全管理方面。

案例 1 "消失"的报警器

某军事基地四周有铁丝网和运动传感器保护，攻击者带上一只兔子，将它扔到铁丝网上，然后离去。运动传感器报警，卫兵做出反应，没有发现异常就返回了哨所。攻击者又如法来了一遍，卫兵再次做出反应。这样经过几个晚上之后，卫兵关掉了运动传感器。攻击者驾着吉普车直闯铁丝网。这种事在该军事基地发生过多次。几个美军基地也曾做过类似试验，结果都惊人的一致。

据称，苏联驻华盛顿大使馆遭到过类似的攻击。有人向窗户发射了一粒薄荷糖（一粒糖丸），震动触发了报警器，但糖丸碎掉了，大使馆人员找不到报警器报警的原因。随后又一粒，同样不知原因。最后报警器经过修改，也不再报警了。

案例 2 美国大半个互联网下线事件

2016 年 10 月 21 日，提供动态 DNS 服务的 Dyn DNS 遭到了大规模 DDoS 攻击，攻击主要影响其位于美国东区的服务。

此次攻击导致许多使用 Dyn DNS 服务的网站遭遇访问问题，其中包括 GitHub、Twitter、Airbnb、Reddit、FreshBooks、Heroku、SoundCloud、Spotify 和 Shopify。攻击导致这些网站一度瘫痪，Twitter 甚至出现了近 24 小时零访问的局面。

10 月 27 日，Dyn 产品部门执行副总裁 Scott Hilton 签发了一份声明表示，Dyn 识别出了大约 10 万个向该公司发动恶意流量攻击的来源，而它们全都指向被 Mirai 恶意软件感染和控制的设备。

Scott Hilton 还深入剖析了本轮攻击的技术细节，称攻击者利用 DNS TCP 和 UDP 数据包发起了攻击。尽管手段并不成熟，但一开始就成功打破了 Dyn 的防护，并对其内部系统造成了严重破坏。该公司并未披露本次攻击的确切规模，外界估计它可能大大超过了针对 OVH 的那次 DDoS 攻击（峰值达到了 1.1Tb/s，这也是迄今所知最大的一次 DDoS 攻击）。

案例 3　网络诈骗案

腾讯守护者计划发布的《2018 年第一季度反电信网络诈骗大数据报告》指出："2018 年第一季度，诈骗电话拨打次数同比下降 77.9%，收到诈骗短信人数同比下降 75.3%，电信网络诈骗涉案金额同比下降 28.3%。"报告显示，2018 年第一季度诈骗热度指数为 51，相比 2017 年 4 个季度的 59、57、58、56，下降幅度很大。

值得注意的是，第一季度包含农历春节，年底"钱荒"作为诱因之一，导致影响金融安全类诈骗增多。

在诈骗短信类型中，最大类型依然是非法贷款，占比高达 61.5%。相比 2017 年第一季度占比的 42.3%，增加了 19.2 个百分点。非法贷款既包含以贷款为由头的诈骗，也包含不合规的民间贷、校园贷、现金贷等，存在金融风险。

在短信、电话、网络及其他诈骗类型中，网络诈骗季度占比从 66.9% 提升到 73.2%。细分类型中，与交易紧密相关的网购占比近一半；以非法募集资金进行诈骗的网上商业投资占比超过 10%，排名第三。

据介绍，从诈骗电话、诈骗短信、病毒感染数量 3 个方面来看，都进入 TOP10 的省份有 5 个，分别为广东、山东、江苏、四川、河南，相比前一个季度减少了两个省份。同时，广东依旧是 3 个方面排名都排第一的大省，但所占比例均有一定下降，病毒感染数量占比已经下降低于 9.8%。可以看出，整体诈骗的分散度越来越高。

2.2　物理安全涉及的内容和标准

保证计算机信息系统各种设备的物理安全是保障整个信息系统安全的前提。物理安全是保护计算机网络设备、设施及其他媒体免遭地震、水灾、火灾等环境事故、人为操作失误及各种计算机犯罪行为导致的破坏过程。

2.2.1　机房与设施安全

为确保计算机硬件和计算机中信息的安全，机房安全是重要的因素。设施安全就是对放置计算机系统的空间进行细致周密的规划，确保计算机设备的安全。对计算机系统加以物理上的保护，尽量避免可能存在的安全隐患。

1. 机房安全等级

为了对信息提供足够的保护，而又不浪费资源，应该根据计算机机房的安全需求对机房划分不同的安全等级。相应的机房场地应提供相应的安全保护。根据《计算机场地安全要求》（GB/T 9361—2011），计算机机房的安全等级分为 A、B、C 3 个基本类型，如表 2-1 所示。

表 2-1　计算机机房的安全等级及要求

安 全 项 目	安 全 类 别		
	C 类安全机房	B 类安全机房	A 类安全机房
场地选择	–	+	+
防火	+	+	+

续表

安全项目	安全类别		
	C类安全机房	B类安全机房	A类安全机房
内部装修	−	+	*
供配电系统	+	+	*
空调系统	+	+	*
火灾报警及消防措施	+	+	*
防水	−	+	*
防静电	−	+	*
防雷击	−	+	*
防鼠害	−	+	*
电磁波的防护	−	+	+

注：−—无须要求；+—有要求或增加要求；*—要求。

在具体的机房建设中，根据计算机系统安全的需要，机房安全等级可按某一类执行，也可按某些类综合执行。综合执行是指一个机房内的不同设备可按不同类执行。例如，某机房按照安全要求可对电磁波进行A类防护，对火灾报警及消防设施进行C类防护等。

2. 机房的场地选择

机房的场地选择按以下原则来进行。

（1）地域安全性原则

地域安全性是对机房周围环境的要求。机房应该尽量远离生产或储存具有腐蚀性、易燃、易爆物品的场所（如油料库、液化气站和煤厂等），尽量避开环境污染区（如化工污染区）及容易产生粉尘、油烟和有毒气体的区域（如石灰厂等），尽量避免坐落在雷击区。

（2）地质可靠性原则

地质可靠性是对设置机房建筑物的要求。机房尽可能不要建立在填杂土、淤泥、流沙层及地层断裂的地质区域上，不要建立在地震区，建立在山区的机房应该尽量避开滑坡、泥石流、雪崩和溶洞等地质不牢靠区域，应该尽量避开低洼、潮湿区域。

（3）场地抗干扰原则

机房应该尽量避开或远离无线电干扰源和微波线路的强磁场干扰场所（如广播电视发射塔、雷达站等），应该避开容易产生强电流冲击的场所（如电气化铁路、高压传输线等），应该避开振动源（如冲床、锻床等），应该避开机场、火车站和影剧院等噪声源的环境附近。

（4）机房位置合理原则

机房应该选用水源充足、电源比较稳定可靠、交通通信方便、自然环境清洁的地方，宜设立在大楼的第2、3层，避免设在建筑物的高层及用水设备的下层和隔壁。

3. 机房组成及面积

（1）机房组成

机房一般由主机房、基本工作房间和辅助房间组成。

1）主机房的设备主要由主机及其外部设备、路由器、交换机等骨干网络设备组成（图2-1所示为机房一角）。

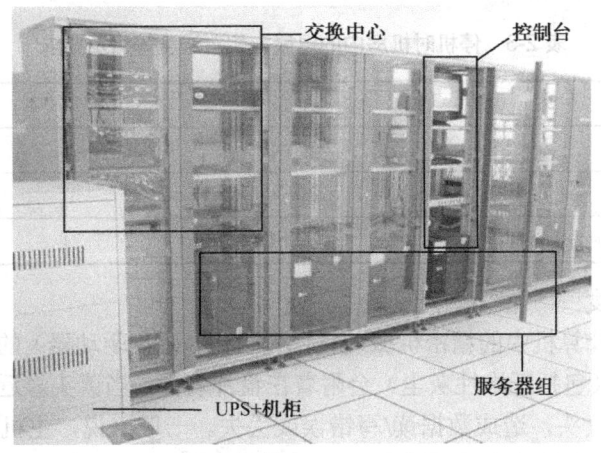

图 2-1 机房一角

2)基本工作房间包括数据录入室、终端室、网络设备室、已记录的媒体存放间和上机准备间。

3)辅助房间包括备件间、未记录的媒体存放间、资料室、仪器室、办公室、维修室、电源室、蓄电池室、发电机室、空调系统用房、灭火钢瓶间、监控室和值班室、储藏室、缓冲间、机房人员休息室等。

以上是基本分类方法,在实际使用中,可按需要自行分类。

(2)机房面积

计算机机房的使用面积应根据计算机设备的外形尺寸及布置确定。

1)可按 $A=(5\sim7)\sum S$ 计算机机房使用面积(m^2),$\sum S$ 指计算机机房内所有设备占地面积的总和(m^2)。

2)计算机机房最小使用面积不得小于 $30m^2$。

3)在此基础上,考虑到今后的发展,应该留有一定的备用面积。

4. 机房的环境条件

(1)温度和相对湿度

温度对磁介质的磁导率影响很大,温度过高或过低都会使磁导率降低,影响磁头读/写的正确性。温度还会使磁盘表面因热胀冷缩而发生变化,造成数据的读/写错误,影响消息的正确性。根据计算机系统对温度、相对湿度要求,将温度、相对湿度分为 A 和 B 两级,分别如表 2-2 和表 2-3 所示。

表 2-2 开机时机房内的温度、相对湿度等级及要求

项 目	A 级		B 级
	夏 季	冬 季	
温度(℃)	21~25	18~22	6~35
相对湿度(%)	45~65		20~80
温度变化率(℃/h)	<5 并不得结露		<10 并不得结露

表 2-3　停机时机房内的温度、相对湿度等级及要求

项目	A 级	B 级
温度（℃）	6～35	6～35
相对湿度（%）	40～70	20～80
温度变化率（℃/h）	<5 并不得结露	<10 并不得结露

（2）空气含尘浓度

空气中的灰尘对计算机中的精密机械装置（如磁盘、磁盘驱动器）的影响很大。在高速旋转过程中，各种灰尘（包括纤维性灰尘）会附着在盘片表面，当读头靠近盘面时，就有可能擦伤盘片表面或者磨损读头，造成数据读/写错误或丢失。一般来说，主机房内尘埃的粒径应小于或等于 0.5μm，尘埃个数应少于或等于 18 000 粒/厘米^2。

（3）噪声

噪声会使机房内工作人员的听觉下降，精神恍惚，动作失误，严重影响工作效率，也会对工作人员的健康造成不利的影响。一般来说，在计算机系统停机的条件下，主机房内的噪声在主操作员位置应小于 68dB。

（4）静电和电磁干扰

由于计算机中的芯片大部分是 MOS 器件，因此静电电压过高会破坏这些 MOS 器件。电磁干扰会使人内分泌失调，危害人的身体健康，同时也会引起计算机设备的信号突变，导致设备工作不正常。一般来说，主机房内无线电干扰场强，在频率为 0.15～1000MHz 时，不应大于 126dB。主机房内磁场干扰环境场强不应大于 800A/m。

（5）接地方式与布线方式

接地技术的引入最初是为了防止电力或电子等设备遭雷击和保护人身安全而采取的保护性措施。随着电子通信和其他数字领域的发展，在接地系统中只考虑防雷和安全已远远不能满足要求。例如，在通信系统中，大量设备之间信号的互联要求各设备都要有一个基准"地"作为信号的参考地。随着电子设备的复杂化，信号频率越来越高，在接地设计中，信号之间的互扰等电磁兼容问题必须特别关注，否则接地不当就会严重影响系统运行的可靠性和稳定性。高速信号的信号回流技术中也引入了"地"的概念。应根据《计算机场地通用规范》（GB/T 2887—2011）中 4 种机房接地方式和《数据中心设计规范》（GB 50174—2017）中接地原则施工。

5. 电源

电源保证计算机系统能正常工作，电源设备落后或电压不稳定，电压过高或过低，都会给计算机造成不同程度的损害。例如，一台商务服务器突然掉电，就会使交易中断，而且可能发生不必要的法律纠纷。

为避免设备断电或发生其他供电方面的问题，供电要符合设备制造商对供电的规定和要求。保持供电不间断的措施包括：

- 设置多条供电线路以防某条供电线路出现故障；
- 配置不间断电源（UPS）；
- 必要时配备备用发电机。

根据 GB/T 2887—2011 标准，电子计算机供电电源质量根据电子计算机的性能、用途和运行方式（是否联网）等情况可划分为 A、B、C 3 个级别，如表 2-4 所示。

表 2-4 供电电源质量分级及要求

供电电源质量分级	A	B	C
稳态电压偏移范围（%）	±5	±10	−15～+10
稳态频率偏移范围（Hz）	±0.2	±0.5	±1
电压波形畸变率（%）	5	7	10
允许断电持续时间（ms）	0～4	4～200	200～1500

在断电情况下，UPS 是大多数计算机系统的备用电源。UPS 分为 4 种类型：备用或后备式 UPS、Ferroresonant 备用 UPS、在线互动式 UPS 和实时在线 UPS。

6. 网络通信线路安全

网络通信线路安全是物理安全应该考虑的重要因素。网络硬件系统的安全隐患主要来源于设计，主要表现为物理安全方面的问题。各种计算机或者网络设备（主机、显示器、电源、交换机和路由器等），除了难以抗拒的自然灾害外，温度、相对湿度、静电和电磁场等也可能造成信息的泄露或失效，甚至危害使用者的健康和生命安全。

2.2.2 防火安全

物理安全重要的原则是保证工作人员和财产安全。对此安全最严重的威胁是火灾。例如，蓝极速网吧火灾和 2006 年 6 月 4 日凌晨一点河南省平顶山市的一个网吧发生火灾，造成重大的人员伤亡。因此，在物理安全中考虑并实施严格的措施来检测和响应火灾是非常必要的。

火灾扑灭系统是以检测和响应火灾、潜在火灾或燃烧情况来进行安全维护的设备。这些设备主要用于对要发生火灾的 3 个必要环境条件进行防范，即温度（燃点）、燃料和氧气。

1. 火灾检测

火灾检测手段有两种：手工和自动。手工火灾检测系统要考虑的是火灾警报本身。手工检测将触发警报直接连接到抑制系统，因此必须小心，因为经常出现错误的警报。机构也应该确保其位置具有适当的安全性，直到确认所有的雇员和访问者都已从建筑物中撤离。在火灾发生人员撤离的混乱期间，攻击者可能很容易溜进办公室，获得敏感信息，作为一个完整的火灾安全计划的一部分，建议指派人员作为地面的监视者。

烟检测系统是最常见的检测潜在危险火灾的方式，是大多数居民区和商业建筑中建筑物标准必需的。烟检测的操作方式有 3 种：第一种，光电传感器执行和检测跨越某区域的红外线，如果该红外线被打断（假定是由烟引起的），则警报或抑制系统就被激活；第二种，电离传感器用于检测房间包含少量的、无害的辐射物质，当燃烧的某些副产品进入该房间时，它们改变了房间导电性的级别，并激活检测器；第三种，空气除尘检测器是很高级的系统，用于高敏感区域，工作方式是通过吸入、过滤空气，并且将之移到一个包含激光束的房间，如果激光束由于烟尘微粒发生转向或折射，则激活系统。

2. 机房的火灾危险

1）机房使用大量的木材、胶合板及塑料板等可燃物进行装修，通风管道使用可燃材料保温，致使建筑物的耐火等级降低。一旦发生火灾，燃烧猛烈，蔓延迅速，释放出大量有毒气体，容易造成人员中毒甚至窒息死亡。

2）机房内电气设备多，线路复杂，致灾因素多。例如，电气设备短路、机房遭遇雷击及照明时间过长，甚至工作人员所穿的衣服产生静电等原因都可能引发火灾。

3）如果机房附近是易燃、易爆气体储存场所，那么易燃、易爆气体很容易泄漏进入机房，可能引发火灾。

4）机房内易燃、易爆物品乱堆乱放，对外来人员管理不严，机房整改时施工现场管理不善等，都可能引发火灾。

3. 防火措施

1）计算机中心应远离散发有害气体及生产或储存具有腐蚀性、易燃、易爆物品的场所，或建于其常年上风方向；不宜设在落雷区、矿区，以及填杂土、淤泥、流沙层、地震活动频繁区和低洼、潮湿的地方；避开有强电磁场、强振动源和强噪声源的地方；保证自然环境清洁、交通运输便利、电力和水源充足。

2）建筑物的耐火等级不应低于二级，要害部位应达到一级；5层以上房间内、地下室不得安装计算机；机房与其他房间要用防火墙分隔封闭，装修装饰要用不燃或阻燃材料；主机房应有两个以上安全出口，门要向外开启。

3）空调系统应与报警控制系统联动控制，风管通过机房的隔墙和楼板处应设防火阀，正常工作最高温度不超过25℃。

4）电缆竖井和管道竖井在穿过楼板时，必须用耐火极限不低于1h的不燃体隔板分开。

5）机房外面应有良好的防雷设施；接地电阻应符合国家标准；直流系统接地与防雷接地之间距离应大于5m；交流与直流线路不得紧贴平行、交叉敷设，更不能短接或混接；机房内宜选用具有防火性能的抗静电地板。

6）可视情况设置火灾自动报警、自动灭火系统，并尽量避开可能招致电磁干扰的区域或设备，同时配套设置消防控制室；设置自动灭火设施的区域，其隔墙和门的耐火极限不应低于1h，吊顶的耐火极限不得低于0.25h。

7）严禁存放腐蚀性物品和易燃、易爆物品；检修时必须先关闭设备电源，再进行作业，并尽量避免使用易燃溶剂；所有工作场所应禁止吸烟和随意动火。

2.2.3 电磁泄漏

计算机主机及其附属电子设备（如视频显示终端、打印机等）在工作时不可避免地会产生电磁波辐射，这些辐射携带有计算机正在进行处理的数据信息，尤其是显示器，其产生的辐射是最容易造成泄密的。使用专门的接收设备将这些电磁辐射波接收下来，经过处理，就可以恢复出原信息。国外计算机应用得比较早，计算机设备的辐射问题早已有研究。在1967年的计算机年会上，美国科学家韦尔博士发表了阐述计算机系统脆弱性的论文，总结了计算机4个方面的脆弱性，即处理器的辐射、通信线路的辐射、转换设备的辐射、输出设备的辐射，这是最早发表的研究计算机辐射安全的论文，但当时没有引起人们的注意。

1983年，瑞典一位科学家发表了一本名叫《泄密的计算机》的小册子，其中再次提到计算机的辐射泄漏问题。1985年，荷兰科学家范·艾克通过改造普通电视机使之能接收特定计算机屏幕发出的信息，制造出能复制计算机信息的范艾克装置，他在第三届计算机通信安全防护大会上公开发表了他的有关计算机视频显示单元电磁辐射的研究报告，并演示其装置。他将装置安装在汽车里，这样就从楼下的街道上，接收到了放置在8层楼上的计算机电磁波的信息，并显示出计算机屏幕上显示图像。他的演示给与会的各国代表以巨大的震撼。据报道，目前在距离微机百米乃至千米的地方，都可以收到并还原微机屏幕上显示的图像。

国外有实验表明，银行计算机上显示的密码指令在马路上就能轻易地被截获。通常窃视这种微弱电磁辐射的方法是：用定向天线对准作为窃视目标的微机所在的方向，搜索信号，然后依靠特殊的办法清除掉无用信号，将所需的图像信号放大，这样微机荧屏上的图像即可原原本本地重现了。令人吃惊的是，利用大型天线和频率分离技术可在更远距离接收信息，即使有屏蔽保护。如果信号线和电源线平行，则在一个大型变电站的范围内也可通过电源插座截获到相关信息。

电磁泄漏发射技术是信息保密技术领域的主要内容之一，国际上称之为 TEMPEST（Transient Electromagnetic Pulse Emanation Surveillance Technology）。美国国家安全局（National Security Agency，NSA）和国防部（Department of Defense，DoD）曾联合研究开发这一项目，主要研究计算机系统和其他电子设备的信息泄露及其对策，研究如何抑制信息处理设备的辐射强度，或者采取有效的技术措施使对手不能接收到辐射的信号或从辐射的信号中难以提取出有用的信号。

计算机电磁辐射泄密问题已经引起了各国家的高度重视，要防止这些信息在空中传播，必须采取防护和抑制电磁辐射泄密的专门技术措施，如干扰技术、屏蔽技术和 TEMPEST。理论分析和实际测量表明，影响计算机电磁辐射强度的因素有功率、频率、距离和屏蔽状况。

1. 防泄漏措施

（1）视频保护（干扰）技术

视频保护（干扰）技术又可分为白噪声干扰技术和相关干扰技术两种。白噪声干扰技术的原理是使用白噪声干扰器发出强于计算机电磁辐射信号的白噪声，掩盖电磁辐射信号，起到阻碍和干扰接收的作用。相关干扰技术的原理是使用相关干扰器发出能自动跟踪计算机电磁辐射信号的相关干扰信号，使电磁辐射信号被扰乱，引起乱数加密的效果，使接收方即使接收到电磁辐射信号也无法解调出信号所携带的真实信息。

（2）屏蔽技术

屏蔽技术的原理是使用导电性能良好的金属网或金属板，造成6个面的屏蔽室或屏蔽笼，将产生电磁辐射的计算机设备包围起来并且良好接地，抑制和阻挡电磁波在空中传播。设计和安装良好的屏蔽室对电磁辐射的屏蔽效果比较好，能达到 60～90dB。如美国研制的高性能的屏蔽室，其屏蔽效果对电场可达 140dB，对微波场可达 120dB，对磁场可达 100dB。屏蔽室的设计安装施工要求相当高，造价非常昂贵，一般二三十平方米场地的屏蔽室的造价即需几十至上百万元，适用于保密等级高的国防军事计算中心、大型军事指挥所、情报机构的计算中心等。

（3）TEMPEST（低辐射技术）

TEMPEST 在设计和生产计算机设备时，就已对可能产生电磁辐射的元器件、集成电路、连接线、显示器等采取了防辐射措施，把电磁辐射抑制到最低。TEMPEST 是美国制定的一套保密标准。使用在重要场合的计算机设备对辐射的要求都极为严格。例如，美国军队在开赴海湾战争前线之前，就将所有的计算机更换成低辐射计算机。国外已能生产出系列化的 TEMPEST 产品，如 TEMPEST 个人计算机、工作站、连接器、打印机、绘图仪、通信终端和视频显示器等。TEMPEST 产品的造价非常高，一台 TEMPEST 设备要比具有同样性能的设备贵 3～4 倍。

2. 我国的 TEMPEST 标准研究

我国的 TEMPEST 标准研究工作开始于 20 世纪 90 年代，经过多年的发展，我国的

TEMPEST 标准也正在逐步系列化、完善化，目前已有以下标准。
- BMB1—1994《电话机电磁泄漏发射限值和测试方法》（机密级）
- BMB2—1998《使用现场的信息设备电磁泄漏发射检查测试方法和安全判据》（绝密级）
- BMB3—1999《处理涉密信息的电磁屏蔽室的技术要求和测试方法》（机密级）
- BMB4—2000《电磁干扰器技术要求和测试方法》（秘密级）
- BMB5—2000《涉密信息设备使用现场的电磁泄漏发射防护要求》（秘密级）
- BMB6—2001《密码设备电磁泄漏发射限值》（机密级）
- BMB7—2001《密码设备电磁泄漏发射测试方法（总则）》（机密级）
- BMB7.1—2001《电话密码机电磁泄漏发射测试方法》（机密级）
- BMB8—2004《国家保密局电磁泄漏发射防护产品检测实验室认可要求》（绝密级）
- BMB19—2006《电磁泄漏发射屏蔽机柜技术要求和测试方法》（秘密级）
- GGBB1—1999《信息设备电磁泄漏发射限值》（秘密级）
- GGBB2—1999《信息设备电磁泄漏发射测试方法》（秘密级）
- BMB9.1—2007《保密会议室移动通信干扰器技术要求和测试方法》（绝密级）
- BMB9.2—2007《保密会议室移动通信干扰器安装使用指南》（绝密级）
- BMB10—2004《涉及国家秘密的计算机网络安全隔离设备的技术要求和测试方法》
- BMB11—2004《涉及国家秘密的计算机信息系统防火墙安全技术要求》
- BMB12—2004《涉及国家秘密的计算机信息系统漏洞扫描产品技术要求》
- BMB13—2004《涉及国家秘密的计算机信息系统入侵检测产品技术要求》
- BMB14—2004《涉及国家秘密的信息系统安全保密测评实验室要求》
- BMB15—2004《涉及国家秘密的信息系统安全审计产品技术要求》
- BMB16—2004《涉及国家秘密的信息系统安全隔离与信息交换产品技术要求》
- BMB17—2006《涉及国家秘密的信息系统分级保护技术要求》
- BMB18—2006《涉及国家秘密的信息系统工程监理规范》
- BMZ1—2000《涉及国家秘密的计算机信息系统保密技术要求》
- BMZ2—2001《涉及国家秘密的计算机信息系统安全保密方案设计指南》
- BMZ3—2001《涉及国家秘密的计算机信息系统安全保密测评指南》
- BMB20—2007《涉及国家秘密的信息系统分级保护管理规范》
- BMB21—2007《涉及国家秘密的载体销毁与信息消除安全保密要求》
- BMB22—2007《涉及国家秘密的信息系统分级保护测评指南》
- BMB23—2008《涉及国家秘密的信息系统分级保护方案设计指南》

2.3 开展风险管理

风险管理是指通过风险识别、风险评估、风险评价，对风险实施有效控制和妥善处理风险所造成的损失，期望达到以最小的成本获得最大安全保障的管理活动。

风险管理是一种动态过程，而不是静态过程。风险管理的流程如图 2-2 所示。

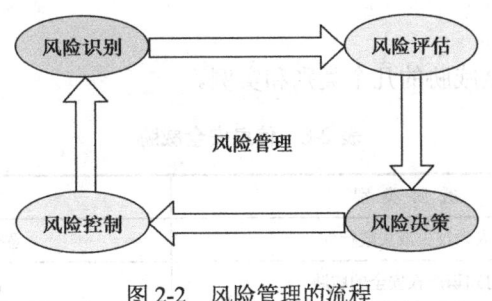

图 2-2 风险管理的流程

2.3.1 风险识别

风险识别是风险管理过程的最初阶段。风险管理策略要求将机构信息资产进行识别、分类和排序。一旦对资产进行了调查，就可以进入威胁识别阶段，必须对每一项资产的境况和环境进行评估。如果一个信息资产存在一处或多处漏洞，则必须能将其识别出来并进行控制，进而限制针对这些漏洞进行攻击所造成的影响。这时便开始了识别和评估信息资产价值的过程。

1. 资产识别和评估

通过准备阶段采集到的信息，组织应该列出一份与信息安全相关的资产清单。实际操作时，组织可以根据商务流程来识别信息资产。循环的过程是从资产的识别开始的，包括机构系统的所有要素，即人员、过程、数据、信息、软件、硬件等要素。然后，更细致地对资产进行分类和归类，并且进行深入的分析。表 2-5 将传统系统成分（人员、过程、数据、软件和硬件）与信息安全管理系统成分进行了比较。

表 2-5 传统系统成分与信息安全管理系统成分的比较

传统系统成分	信息安全管理系统成分	
人员	雇员	信任的雇员、其他职员
	非雇员	信任机构中的人员、陌生人
过程	过程	IT 及商业标准过程、IT 及商业敏感过程
数据	信息	传输、处理、存储
软件	软件	应用程序、操作系统、安全组件
硬件	系统设备与外设	系统及外设安全装置
	网络组件	内联网组件、互联网组件或 DMZ 组件

2. 风险分类

风险分类是为信息安全管理系统的多个目标服务的。在风险识别期间，它们可以用来刺激系统中不同领域的风险思维。风险分级也能通过提供方便的同类风险分组方法，大量降低风险工作的复杂性。

一些机构对表 2-5 所列的种类再进一步细分。例如，互联网组件的种类能够再细分为服务器、网络设备（路由器、集线器和交换机）、保护设备（防火墙和代理服务器）和电缆。其他种类可以依据机构的需求再进一步细分。

还可以增加表现数据灵敏性、安全优先权及对数据进行存储、传输并处理的其他方面的因素。许多机构已建立了分类计划，这种分类的例子有秘密数据、内部数据和公共数据。

3. 威胁识别

表 2-6 给出了信息安全威胁的几个类别和实例。

表 2-6 信息安全威胁

序 号	威胁类别	实 例
1	人为过失或失败行为	意外事故、雇员过失
2	对知识产权安全的威胁	盗版、版权侵害
3	间谍或入侵蓄意行为	未授权访问及数据收集
4	蓄意信息敲诈行为	信息败露勒索
5	蓄意破坏行为	系统或信息破坏
6	蓄意窃取行为	设备或信息非法使用
7	蓄意软件攻击	蠕虫病毒、宏、拒绝服务
8	自然力量	火灾、水灾、地震、闪电
9	服务商服务质量的偏差	电源及 WAN 服务问题
10	技术硬件故障或错误	设备故障
11	技术软件故障或错误	漏洞、代码问题、未知漏洞
12	科技退化	陈旧过时的技术

识别资产面临的威胁后，还应该评估威胁发生的可能性。就威胁本身来说，评估威胁可能性时有两个关键因素需要考虑，一个是威胁源的动机（Motivation）（利益驱使、报复心理、自我价值体现、恶作剧等），另一个是威胁源的能力（Capability）（包括其技能、环境、机会等）。这两个因素决定了不带外部条件时威胁发生的可能性（这里没有考虑弱点被利用的容易程度和现有控制的效力等外部条件）。

4. 漏洞识别

仅有威胁还构不成风险，威胁只有利用了特定的漏洞才可能对资产造成影响，所以单位应该针对每一项需要保护的信息资产，找到可被威胁利用的漏洞。表 2-7 给出了一台假定的 DMZ 路由器漏洞评估。

表 2-7 一台假定的 DMZ 路由器漏洞评估

威 胁	可能存在的漏洞
蓄意软件攻击	Internet 协议易受拒绝服务攻击，如果不采取适当的控制，则外部 IP 指纹识别行为可能泄露敏感信息
人为过失或失败行为	如果发生配置错误，则雇员或承包者会造成中断
技术软件故障或错误	商家提供的路由软件可能会出现硬件故障或中断
技术硬件故障或错误	硬件可能出现故障并造成中断，通常可能发生电源系统故障
服务商服务质量的偏差	如果没有提供合适的电源调节，则故障可能会长时间持续
间谍或入侵蓄意行为	这项信息资产没有本质的价值，但是如果这个设备危及安全，则通过这个设备保护的其他信息资产可能会被攻击
蓄意窃取行为	这项信息资产没有本质的价值，但是如果这个设备危及安全，则通过这个设备保护的其他信息资产可能会被攻击

续表

威　　胁	可能存在的漏洞
蓄意破坏行为	Internet 协议易受拒绝服务攻击，这个设备是毁损或隐蔽破坏的目标
科技退化	如果这项资产没有仔细检查并且定时更新，则它会达不到服务上要求的信号
自然力量	如果没有进行合适的控制，则机构中的所有信息资产容易遭到自然力量的破坏
对知识产权安全的威胁	这项信息资产没有本质的价值，但是如果这个设备危及安全，则通过这个设备保护的其他信息资产可能会被攻击
蓄意信息敲诈行为	这项信息资产没有本质的价值，但是如果这个设备危及安全，则通过这个设备保护的其他信息资产可能会被攻击

一份资产目录及资产漏洞目录清单随之完成，这个目录（识别过程得到的支持文件证据）是下一步——风险评估的起点。

2.3.2 风险评估

风险评估是依据有关信息安全技术与管理标准，对信息系统及由其处理、传输和存储的信息的保密性、完整性和可用性等安全属性进行评价的过程。

风险评估是风险管理过程的第二阶段，它包括风险分析和风险分级。风险分析是将风险数据转换为能更好地帮助决策的形式，风险分级则确保团队成员能够定位首要的项目风险。

在此阶段，项目团队检查风险识别阶段提供的风险项目清单，并对它们进行分级，记录主导风险清单中的次序。

通过主导风险清单，项目团队可以列出"最大风险"，这对特定策略的计划与执行工作很有帮助。项目团队还可以识别哪些风险具有很低的优先级，可以从清单中去除。当项目接近完成和项目环境发生变化时，应该重复风险识别和风险分析的过程，并将改变记入主导风险清单。新的风险可能出现，而旧的风险可能不再拥有很高的优先级，它们可能从清单里去除或"失效"。

风险评估分配给每项具体的信息资产一个风险等级或记号，在估量由每项易受攻击的信息资产引出的相关风险时非常有用，并且在风险控制过程的后来阶段，可促进比较的等级。

1. 风险计算

风险评估就是确定遭遇到冲击商业操作的灾难时的损失的过程。例如，如果一个机构在 Internet 上进行销售或从事商业活动，则当网络服务器出现问题时损失是多大？如果网络中支持订货的部分出故障，或者库存清单控制系统是在网络上运行的，则这对机构生产效率的影响是什么？

灾难的损失可按以下项目进行分解：

- 更换计算机设备的实际费用；
- 生产损失；
- 机会损失；
- 信誉损失。

设备和软件的实际损失很容易计算，只要有一个所有网络组成部分的清单即可。

生产损失可以通过计算与网络有关的产出进行确定。公司应该知道每天完成的工作量及其相应的价值，由网络损失而导致的生产损失可以使用这些信息进行计算。

机会损失是由网络故障造成的销售和市场机构的收入损失。如果订货系统无法正常运转，而系统只能处理它日常销售量的25%，公司就损失了75%的销售量。

信誉损失是最难衡量的。当顾客对公司失去信任，并将他们的业务转到别处时就会产生这种问题。对顾客服务的延误越长或越频繁，信誉损失就越大。

2. 风险评估分析策略及实施流程

在进行风险评估分析之前，每个机构应该已经有了一个风险评估分析策略，而且这个策略的一些重要组成部分（如方法、技术等）都应该已经集成在这个机构的总的安全政策文档之中。

进行风险评估分析所采取的方式应该与被评估的信息系统及其环境相适应，要考虑风险评估的成本，以避免不必要的过高的安全耗费。一般而言，对一个信息系统中所有的组成部分都进行非常详细的安全评估分析是没有必要的。但是对整体进行较浅的、外围的评估分析，对那些对风险非常敏感的部分来说，通常也是不可靠的。因此，必须在这之间做出一个折中的选择。

根据对风险评估分析的深度，有以下4种基本的安全风险评估分析方法。

1）不管系统所面对的具体风险是什么，全部采取一致的、基本的方法进行评估分析，并确定一个安全标准。这对那些对风险非常敏感的部分分析就不够深入了。因此，一般来说，大多数情况下这是不太适合的。

2）采取一种有重点的方式进行评估分析。根据以往经验，注意信息系统中那些可能面临高风险的部分，对这部分重点进行详细的风险评估分析。

3）对信息系统中所有的部分都进行非常翔实的评估分析。这种方法非常耗费人力、物力，对那些对风险不够敏感的部分来说是不合适的，可能会造成风险评估成本过高。

4）先对信息系统中的高风险、关键、敏感部分进行详细的评估分析，然后对其他部分采取基本的评估分析。此方法综合了前面几种方法的优点。

风险评估的实施流程如图2-3所示。

3. 风险评估的种类

风险评估分为手动评估、风险评估工具评估、技术评估和整体评估，具体如下。

（1）手动评估

在各种信息安全风险评估工具出现以前，对信息系统进行安全管理，一切工作都只能手工进行。对安全风险分析人员而言，这些工作包括识别重要资产、安全需求分析、当前安全实践分析、威胁和弱点发现、基于资产的风险分析和评估等。对安全决策者而言，这些工作包括资产估价、安全投资成本及风险效益之间的平衡决策等。对系统管理员而言，这些工作包括基于风险评估的风险管理等。总而言之，其劳动量巨大，容易出现疏漏，而且都是依据各自的经验进行与安全风险相关的工作。

（2）风险评估工具评估

风险评估工具的出现在一定程度上打破了手动评估的局限性。常用的自动化风险评估工具如下。

1）COBRA。COBRA（Consultative, Objective and Bi-functional Risk Analysis）是英国的C&A系统安全公司推出的一套风险分析工具软件，它通过问卷的方式采集和分析数据，并对组织的风险进行定性分析，最终的评估报告包含已识别风险的水平和推荐措施。此外，COBRA还支持基于知识的评估方法，可以将组织的安全现状与ISO 17799标准相比较，从中找出差距，提出弥补措施。COBRA下载页面（http://www.security-risk-analysis.com/cobdown.htm）如图2-4所示。

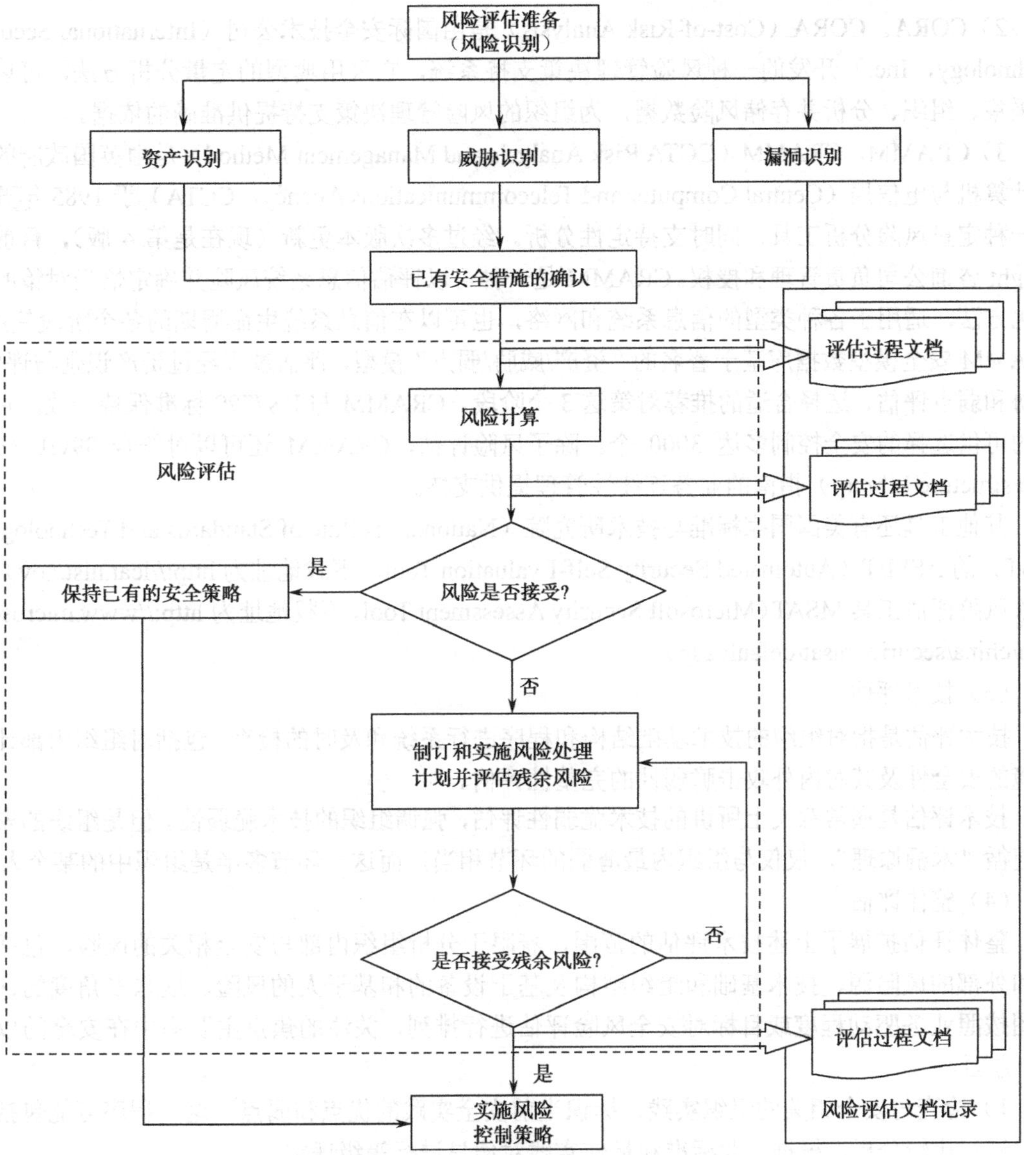

图 2-3 风险评估的实施流程(虚线围成的部分)

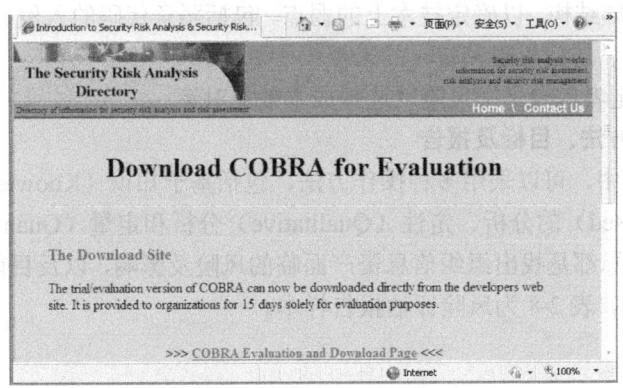

图 2-4 COBRA 下载页面

2）CORA。CORA（Cost-of-Risk Analysis）是由国际安全技术公司（International Security Technology，Inc.）开发的一种风险管理决策支持系统，它采用典型的定量分析方法，可以方便采集、组织、分析并存储风险数据，为组织的风险管理决策支持提供准确的依据。

3）CRAMM。CRAMM（CCTA Risk Analysis and Management Method）是由英国政府的中央计算机与电信局（Central Computer and Telecommunications Agency，CCTA）于 1985 年开发的一种定量风险分析工具，同时支持定性分析。经过多次版本更新（现在是第 4 版），目前由 Insight 咨询公司负责管理和授权。CRAMM 是一种可以评估信息系统风险并确定恰当对策的结构化方法，适用于各种类型的信息系统和网络，也可以在信息系统生命周期的各个阶段使用。CRAMM 安全模型数据库基于著名的"资产/威胁/弱点"模型，评估过程经过资产识别与评价、威胁和弱点评估、选择合适的推荐对策这 3 个阶段。CRAMM 与 BS7799 标准保持一致，它提供的可供选择的安全控制多达 3000 个。除了风险评估，CRAMM 还可以对符合 99vIL（99v Infrastructure Library）指南的业务连续性管理提供支持。

其他工具还有美国国家标准与技术研究院（National Institute of Standards and Technology，NIST）的 ASSET（Automated Security Self-Evaluation Tool，下载地址为 http://icat.nist.gov）和微软风险评估工具 MSAT（Microsoft Security Assessment Tool，下载地址为 http://www.microsoft.com/china/security/msat/default.asp）。

（3）技术评估

技术评估是指对组织的技术基础结构和程序进行系统和及时的检查，包括对组织内部计算环境的安全性及其对内外攻击脆弱性的完整性评估。

技术评估是通常意义上所讲的技术脆弱性评估，强调组织的技术脆弱性。但是组织的安全性遵循"木桶原理"，仅仅与组织内最薄弱的环节相当，而这一环节多半是组织中的某个人。

（4）整体评估

整体评估扩展了上述技术评估的范围，着眼于分析组织内部与安全相关的风险，包括内部和外部的风险源、技术基础和组织结构及基于设备的和基于人的风险。这些多角度的评估试图按照业务驱动程度或目标对安全风险评估进行排列，关注的焦点主要集中在安全的以下 4 个方面。

1）检查与安全相关的组织实践，标识当前安全实践的优点和弱点。这一程序可能包括对信息进行比较分析，根据工业标准和最佳实践对信息进行等级评定。

2）对系统进行技术分析，对政策进行评审，以及对物理安全进行审查。

3）检查 IT 的基础结构，以确定技术上的弱点，包括恶意代码的入侵、数据的破坏或毁灭、信息丢失、拒绝服务、访问权限和特权的未授权变更等。

4）帮助决策制定者综合平衡风险以选择成本效益对策。

4. 风险评估的方法、目标及报告

在风险评估过程中，可以采用多种操作方法，包括基于知识（Knowledge-based）的分析、基于模型（Model-based）的分析、定性（Qualitative）分析和定量（Quantitative）分析。无论采取何种方法，其目标都是找出组织信息资产面临的风险及影响，以及目前的安全水平与组织安全需求之间的差距。表 2-8 为风险评估报告样本。

表 2-8　风险评估报告样本

参加部门：	管理部门、关键业务部门、IT 部门
评估方法：	工具评估、人工评估、定性分析、定量分析等

预期受益：
1. 企业范围内哪些业务系统的信息安全风险最大？ 2. 什么是信息与网络系统中最关键的数据？采取了哪些安全手段？ 3. 业务发展过程中可能会遇到什么安全问题？ 4. 业务系统安全风险的级别是什么？ 5. 安全风险可能导致的损失是多少？ 6. 当前主要的安全威胁是什么？

预期结果：
1. 安全扫描与分析　　6. 网络性能分析 2. 网络健康性分析　　7. 网络安全分析 3. 网络脆弱性分析　　8. 应用系统本身的问题 4. 应用系统风险分析　9. 企业业务系统的当前安全风险级别 5. 安全威胁带来的主要损失

工作流程：
1. 组建安全风险审计小组。成员包含管理机构、IT 机构、各关键业务单位熟悉相关业务的人员 2. 准备文档。需准备的文档包括当前组织机构图、列出当前使用的业务软件和办公软件的文档、网络框架图、列出关键网络应用的文档、列出公司的主要产品和服务的文档、公司的商业计划（概要）、公司的 IT 规划、已有的安全策略和规定、关键应用的访问控制规范和步骤、系统管理步骤 3. 现场调查。现场调查包含主要的业务部门和典型应用机构，以下列出主要的调查内容 ● 是否制定和发布了相关的基本安全规范 ● 当前的员工安全行为，包括是否了解企业的主要安全规范、Internet 使用行为、设备的安全使用、介质的标记和存放、出现安全问题时的处理过程 ● 物理措施，包括关键服务器放置、机房安全（访问控制、记录、UPS、防火措施、值班监控等） ● 访问控制列表，包括关键应用的访问控制列表及访问申请步骤 ● 使用的办公软件及方式 ● 应用系统的主要工作流程 ● 应用系统故障的损失 ● 应用系统的主要故障、防范措施、补救措施 ● 网络系统的主要故障、防范措施、补救措施 ● 服务器的主要故障、防范措施、补救措施 4. 弱点分析。主要从下列方面进行弱点分析 ● 规范和步骤 ● 安全培训 ● 访问控制和访问日志 ● 安全管理和日志 ● 软件和系统错误 ● 网络和系统稳定性 ● 计算机系统的物理防护 ● 备份和冗余措施

续表

● 应用系统风险分析
● 关键应用系统详细风险分析
● 主要的安全威胁分析
● 风险等级划分
● 安全威胁对关键应用的风险分析
● 关键应用和设施的安全风险计算
● 专业独到的客户化分析与总结
● 威胁分析与总结
● 脆弱性分析与总结
● 风险分析与总结
分析结果： 《信息与网络系统威胁评估报告》 《信息与网络系统脆弱性评估报告》

2.3.3 风险控制策略

确定风险控制策略是风险管理的第三阶段。由项目团队执行的计划工作将分类风险清单转化为行动计划。计划包含为最大风险展开的详细策略和行动、风险行为分级及综合风险管理计划的创建。

一旦信息安全发展项目团队建立了等级漏洞列表。该团队必须选择 4 项基本策略中的一项来控制由这些漏洞所产生的威胁。这 4 项策略如下所示，它们指导一个机构。

1）应用安全措施消除或减少漏洞的遗留且不可控制的威胁（避免，Avoidance）。
2）将风险转移到其他区域，或者全部转移到外部（转移，Transfer）。
3）减少漏洞会被利用的影响（缓解，Alleviation）。
4）理解因果关系，并承认因为没有控制或缓解措施而造成的风险（承认，Admission）。

缓解是一种控制方法，它试图通过规划和准备来减少因为漏洞的利用而造成的影响。这种方法包括 3 种类型的策略，即灾难恢复计划（Disaster Recover Plan，DRP）、事件响应策略（Incident Response Policy，IRP）和业务持续策略（Business Continuity Policy，BCP）。每种策略都基于对一个攻击尽可能快的发现和响应的能力。缓解是在早期发现进行中的攻击开始的。

表 2-9 是缓解策略总结。该表对这 3 种策略进行了比较和研究，总结了它们的特征，并且给出实例。

表 2-9 缓解策略总结

策　　略	描　　述	实　　例	何时使用	时间范围
灾难恢复计划（DRP）	发生灾难时恢复的准备、灾难发生过程中及之前减少损失的策略、一步一步恢复常态的指导	丢失数据的恢复过程、丢失服务的重新建立过程、结束过程来保护系统和数据	在事件刚刚被确定为灾难后	短期恢复

续表

策 略	描 述	实 例	何时使用	时间范围
事件响应策略（IRP）	在事件（攻击）过程中机构采取的行动	灾难发生期间采取的措施目录、情报收集、信息分析	当事件或灾难发生时	立即并实时做出响应
业务持续策略（BCP）	当灾难的等级需要重新定位时，确保企业能够继续运作的全部步骤	下级数据中心启动的准备步骤、远程位置热站点的建立	在确定灾难影响了机构继续运转之后	长期恢复

如图 2-5 所示，在信息系统设计完成后，问题在于这个被保护的系统是否存在漏洞，并且是否会被利用。如果答案是肯定的，并且存在威胁的话，那么应该考虑攻击者通过一次成功的攻击将会获得的内容，然后确定这个风险是可接受的还是不可接受的。如果风险被利用的话，就要估算机构将会蒙受多大的损失。

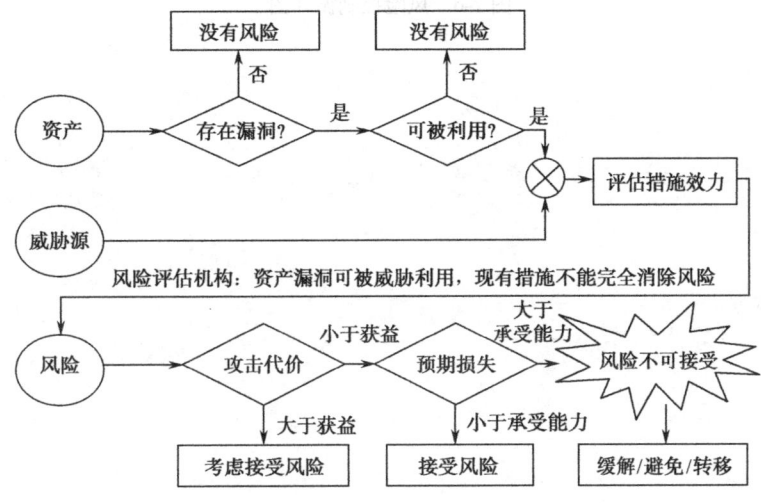

图 2-5　风险控制决定点

如果需要进一步指导，下面介绍一些策略选择方面的规则。在考虑下面所列的不同策略的益处时，牢记威胁的等级和资产的价值在策略选择中将扮演非常重要的角色。

1）当存在一个漏洞（缺陷或缺点）时，实现安全控制来减少漏洞被利用的可能性。

2）当一个漏洞被利用时，应用分层保护、结构设计及管理控制使风险最小化或防止风险发生。

3）当这名攻击者的开销少于他获取的利益时，通过保护来增加攻击者花费的代价。例如，使用系统控制来限制系统用户能够访问的资源，从而明显减少攻击者获取的利益。

4）当损失可能非常大时，通过设计原理、建筑设计，以及技术和非技术保护来限制攻击范围，从而减少可能的损失。

一旦实现了一个控制策略，就应该对控制效果进行监控和衡量，以确定安全控制的效果，并估计残留风险的准确性。图 2-6 说明了此循环过程不断用来确保控制风险的方式。

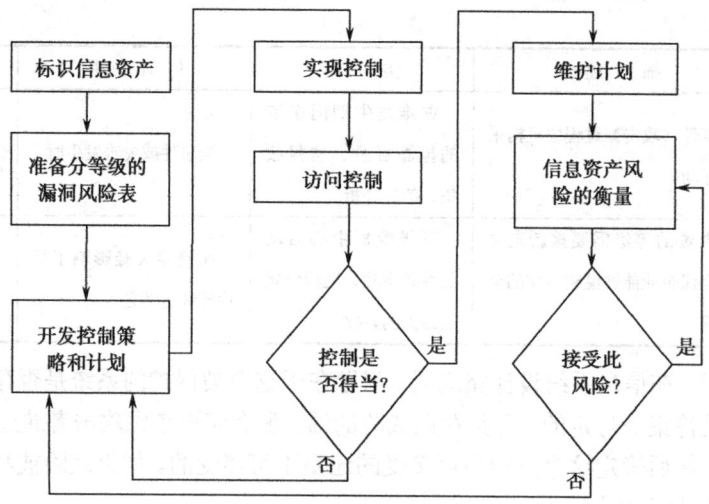

图 2-6 风险控制循环图

第3章

经典信息加密方法

夫事以密成，语以泄败，未必其身泄之也；而语及所匿之事，如此者身危。

——《韩非子·说难》

谋成于密，败于泄。三军之事，莫重于密。

——《兵经百言》

加密与解密是既古老又新兴的技术，从最初仅能够提供机密性发展到提供完整性、真实性和非否认性等属性，成为保障信息安全的核心基础技术。密码技术大体上分为对称和非对称两类，分别对应私钥和公钥，前者加密、解密密钥相同或容易相互导出，后者加密、解密密钥相关但不同。对称密码主要用于提供机密性，当前主要包括分组密码、序列密码（也称流密码）；非对称密码由于效率比对称密码低，主要用于数字签名和密钥交换等场合。

第二次世界大战时期，人们已通过不断完善古典密码逐渐获得了一些设计对称密码的原则，Shannon 于 1949 年提出保密通信模型，之后对称密码尤其是分组密码逐步获得发展，美国国家标准机构先后征集和颁布了数据加密标准（Data Encryption Standard，DES）和高级加密标准（Advanced Encryption Standard，AES）。Diffie 和 Hellman 于 1976 年发表在著名刊物《信息理论》上的论文《密码编码学新方向》（*New Directions in Cryptography*），开创了公钥密码学的新纪元。在随后密码学的发展中，出现了如 RSA 算法等大量密码体系和相关的密钥管理技术，密码技术体系逐渐完善。当前，计算机密码学成为信息安全领域的主要研究方向。

本章的主要目的是使学生通过案例、古典的 Caesar 密码等了解密码体系，理解常见的密码术语，特别是加密算法、密钥等；通过古典密码体系的演化了解密码发展过程；重点掌握对称密码与非对称密码的精髓和区别；熟悉 DES 算法和 RSA 算法。

密码学（Cryptology）源于希腊语 kryptós（意为"隐藏的"）和 gráphein（意为"书写"）。密码学是在编码与破译的斗争实践中逐步发展起来的，随着先进科学技术的应用，已成为一门综合性的尖端技术。它的实用研究成果，特别是各国政府现用的密码编制及破译手段都具有高度的保密性。

小小的密码可以决定战争的胜负。例如，1942年英军和德军在北非展开激战，春夏之交，德国著名的"沙漠之狐"隆梅尔率领德国非洲军团横扫北非，英军一溃千里，6月退守阿拉曼，后来才守住阵地。8月，英国名将蒙哥马利出任英国非洲军司令，他率军反攻，同时，英军有效地切断了德军的补给线，几乎每支横穿地中海的德军补给船队都受到英国海空军的拦截。隆梅尔指挥德军进行了顽强的抵抗，终因补给不足、增援无望而败北。这一仗是非洲战争的转折点，从此盟军掌握了战场上的主动权。对阿拉曼战役，史家论述甚详，但其中的一个细节——英军何以能准确地拦截到几乎所有的德军补给船队——却一直是个谜。直到20世纪70年代才露出谜底：当时数学家图灵领导的一个小组成功破译了德军的密码！

破译工作最出色的是美国。第二次世界大战期间，日本采用的最高级别加密手段是采用M-209转轮机械加密改进型——"紫密"，在手工计算的情况下不可能在有限的时间内破解。美国利用1942年制造的计算机轻松地破译了日本的"紫密"密码，使日本在中途岛海战中一败涂地，日本海军的主力损失殆尽。1943年，在解密后获悉日本山本五十六将于4月18日乘中型轰炸机，由6架战斗机护航，到中途岛视察时，罗斯福总统亲自做出决定截击山本五十六，山本五十六乘坐的飞机在飞往中途岛的途中被美机击毁，山本五十六坠机身亡，日本海军从此一蹶不振。密码学的发展直接影响了第二次世界大战的战局。

3.1 从 Enigma 密码机认识密码

密码学充满神奇和挑战，激励人们为之奋斗终生。密码学和数学有千丝万缕的关系，有人觉得这很枯燥；密码学与计算机相关联，有人觉得这很纷繁复杂。但这是一场智慧的角力，从密码的设计到破解无一不闪耀着智慧的光芒；这也是一场耐心的竞赛，只有沉得住气的人才会获得成功。

在密码学史中，Enigma 密码机（恩尼格玛密码机，又译哑谜机或谜）是一种用于加密与解密文件的密码机。确切地说，Enigma 是一系列相似的转子机械的统称，它包括许多不同的型号，图 3-1 所示为 Enigma 密码机的关键部件。

Enigma 密码机在 20 世纪 20 年代早期开始用于商业，一些国家的军队与政府也曾使用过它，主要使用者是第二次世界大战时的纳粹德国。

在 Enigma 密码机的所有版本中，最著名的是德国使用的军用版本。电影《猎杀 U-571》告诉人们 Enigma 密码机是战争中同盟国费尽心机想要获得的尖端秘密，是战胜德国海军潜艇的关键所在。历史也确实如此，对潜艇尤其是德国海军"狼群"战术来说，无线电通信是潜艇在海面上活动获取信息通报情况的最重要手段，而 Enigma 密码机则是关乎整个无线电通信安全的设备，其重要性可想而知。

在使用中，Enigma 密码机每天都需要一份键盘设置清单和一些附加文件。德国海军用 Enigma 密码机的操作步骤比其他军种使用得更复杂、更安全。海军的密码本是用水溶性的红色墨水在粉色纸上印制而成的，这样可以在它可能被敌人缴获的时候轻松地将它销毁。图 3-2 所示为盟军从德军 U-505 号潜艇上缴获的 Enigma 密码本。

尽管 Enigma 密码机的安全性较高，但盟军的密码学家们还是成功地破译了大量由这种机器加密的信息。1932 年，密码学领域"波兰三杰"，即马里安·亚当·雷耶夫斯基（Marian Adam Rejewski，1905—1980 年）、耶日·维托尔德·鲁日茨基（Jerzy Witold Różycki，1909—1942 年）和亨里克·佐加尔斯基（Henryk Zygalski，1906—1978 年），根据 Enigma 密码机的原理破解了它。1939 年中期，波兰政府将此破解方法告知了英国和法国。盟军的情报部门将破译出来的密码称为 ULTRA，这极大地帮助了西欧的盟军部队。ULTRA 到底有多大贡献还在争论中，但是人们都普遍认为盟军在西欧的胜利能够提前两年，完全是因为 Enigma 密码机被成功破解。

图 3-1　Enigma 密码机的关键部件——转子［3 个转子位于右边的固定接口和左边（标着 C）的反射器两个装置之间］

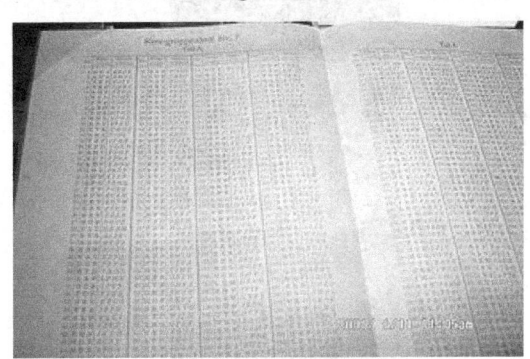

图 3-2　Enigma 密码本

在第二次世界大战期间，Enigma 密码机是在图 3-3 所示的美丽的 Bletchley Park（布莱切利园，又称为 Station X，即 X 电台，是一座位于英格兰米尔顿凯恩斯布莱切利镇内的宅第）被破解的。密码专家在 Bletchley Park 曾破解不少轴心国的密码与密码文件系统。正因如此，Bletchley Park 一度成为解密中心。

图 3-3　Bletchley Park 独特建筑

3.2　初识密码学

3.2.1　从密码的起源了解密码

早期的密码技术主要用于提供机密性，最早可以追溯到公元前 2000 年。在古埃及的尼罗河畔，一位擅长书写者在贵族的墓碑上撰写铭文时有意用加以变形的象形文字而不是普通的象形文字。这种文字由复杂的图形组成，其含义只被为数不多的人掌握，如图 3-4 所示。这是史载的最早的密码形式。

历史上第一件军用密码装置是公元前 5 世纪的斯巴达密码棒（Scytale），如图 3-5 所示，它采用了密码学上的移位法（Transposition）。移位法是将信息内字母的次序调动，而密码棒采用了字条缠绕木棒的方式，把字母进行移位。收信人要使用相同直径的木棒才能得到还原的信息。

图 3-4 古埃及贵族墓碑上的铭文

图 3-5 密码棒（Scytale）

古代隐写术也是战时传递秘密信息的重要手段。罗马"历史之父"希罗多德以编年史的形式记载了公元前5世纪希腊和波斯间的冲突，其中介绍到正是由于一种叫隐写术的技术才使希腊免遭波斯暴君薛西斯一世征服的厄运。薛西斯花了足足5年的战争准备，计划于公元前480年对希腊发动一场出其不意的进攻。但是波斯的野心被一名逃亡在外的希腊人德马拉图斯发现了，他决定给斯巴达带去消息，告诉他薛西斯的侵犯企图。可问题是消息怎样送出才不被波斯士兵发现。他利用一副已上蜡的可折叠刻写板，先将消息刻写在木板的背面，再涂上蜡盖住消息，这样刻写板看上去没写任何字。最终希腊人得到了消息，并提前做好了战争准备，致使薛西斯的侵略失败。德马拉图斯的保密做法与中国古人有异曲同工之妙。中国古人将信息写在小块丝绸上，塞进一个小球里，再用蜡封上，然后让信使吞下这个蜡球以保证信息安全。这种方法在现代电视剧《暗算》中多次使用。

最早将现代密码学概念运用于实际的是恺撒大帝（Gaius Julius Caesar，盖厄斯·尤利乌斯·恺撒，公元前100—前44年，见图3-6），他是古罗马帝国末期著名的统帅和政治家。虽然他一生从未登上过皇位，但是直到今天在西方国家，他的名字仍是君主的代名词。他博学多才、文武双全，既是卓越的军事家又是雄辩的文学家。在掌权期间，恺撒南征北伐使罗马的版图得到了空前的扩大，他还把自己的亲身经历写成著名的战争回忆录——《高卢战记》和《内战记》。我们现在使用的公历就是从他所采用的"儒略历"演变过来的。恺撒不相信负责他和他手下将领通信的传令官，因此他发明了一种简单的加密算法把他的信息加密，后来被称为Caesar密码（见图3-7）。当恺撒说"Hw wx，Euxwh！"而不是"Et tu，Brute！"（"你这畜生！"）时，他的心腹会懂得他的意思。《高卢战记》中描述恺撒曾经使用密码来传递信息。值得一提的是，大约2000年后，联邦将军A.S. Johnson（约翰逊）和Pierre Beauregard（皮埃尔·博雷加德）在希洛战斗中再次使用了这种简易的密码。

Caesar密码是将字母按字母表的顺序排列，并且最后一个字母与第一个字母相连。加密方法是将明文中的每个字母用其后面的第三个字母代替，就变成了密文。例如，"世博上海"

EXPOSHANGHAI

的 Caesar 密码是

HASRVKDQJKDL

图 3-6 恺撒雕像

图 3-7 Caesar 密码

这很容易从 Caesar 密码的代替表（见表 3-1）得到。

表 3-1 Caesar 密码的代替表

明文	a	b	c	d	e	f	g	h	i	j	k	l	m
密文	D	E	F	G	H	I	J	K	L	M	N	O	P
明文	n	o	p	q	r	s	t	u	v	w	x	y	z
密文	Q	R	S	T	U	V	W	X	Y	Z	A	B	C

Caesar 密码是代替密码，属经典密码的一种，它将一组字母换成其他字母或符号。另一种经典密码是换位密码，它将字母的顺序重新排列。例如，给出密文：

OPXEIAHGNAHS

你能猜出这是什么意思吗？我们只要将每个单词倒过来读，就会迅速恢复明文：

SHANGHAIEXPO

再如，在美国南北战争时期，军队曾经使用过双轨式密码，也称为栅栏密码，加密时先将明文写成双轨的形式，如将 shanghai expo 写成

s a g a e p
 h n h i x o

然后按行的顺序书写即可得出密文：sagaephnhixo。解密时，先计算密文中字母的总数，然后将密文分成两部分，排列成双轨形式后按列的顺序读出，即恢复明文。

在第一次世界大战期间，德国间谍曾经依靠字典来编写密文。例如，100-3-16 表示某字典的第 100 页第 3 段的第 16 个单词。但是，这种加密方法并不可靠，美国情报部门搜集了所有德文字典，只用几天时间就找出了德方所用的字典，从而破译了这种密码，致使德军损失惨重。

计算机的出现，大大地促进了密码学的变革，正如德国学者 T.Beth 所说："突然，现代密码学从半军事性的角落里解脱出来，一跃成为通信科学一切领域中的中心研究课题。"由于商业应用和大量计算机网络通信的需要，人们对数据保护、数据传输的安全性越来越重视，这更大大地促进了密码学的发展与普及。

密码学的发展大致分为 3 个阶段。

第一阶段：古代到 1949 年

这个阶段的密码技术可以说是一种艺术，而不是一种科学，密码学专家常常是凭知觉和信念来进行密码设计和分析的，而不是推理和证明，没有形成密码学的系统理论。这个阶段设计

的密码称为经典密码或古典密码。

这个阶段发明的密码算法在现代计算机技术条件下都是不安全的,但是其中的一些算法思想(如代替、换位)是分组密码算法的基本模式。

密码棒(Scytale)属于这一时期的杰作。

第二阶段:1949—1975 年

1949 年 C.E.Shannon(香农)发表在《贝尔实验室技术杂志》上的《保密系统的信息理论》(*Communication Theory of Secrecy System*)为私钥密码体系(对称密码体系)建立了理论基础,从此密码学成为一门科学。图 3-8 所示为 Shannon 提出的保密通信模型。密码学直到今天仍具有艺术性,是一门具有艺术性的科学。在这段时期,密码学理论的研究工作进展不大。

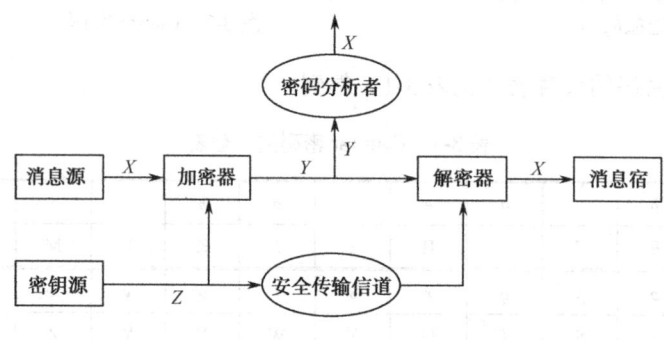

X—明文;Y—密文;Z—数字信号

图 3-8 Shannon 提出的保密通信模型

20 世纪 70 年代,在 IBM 沃森公司工作的 Pfister 提出了一种被称为 Pfister(菲斯特)密码的密码体系,成为当今著名的数据加密标准(Data Encryption Standard,DES)的基础。1976 年,Pfister 和美国国家安全局(National Security Agency,NSA)一起制定了 DES,这是一个具有深远影响的分组密码算法。

这一时期,美、英、法等许多国家已投入大量人力和物力进行相关研究;另外,作为个人,既没有系统的知识,更没有巨大的财力来从事密码学研究。这一状况一直持续到 1967 年 David Kahn 发表了《破译者》(*The Code Breakers*)一书,它详尽地阐述了密码学的发展和历史,使人们开始了解和接触密码。

第三阶段:1976 年至今

1976 年 Diffie 和 Hellman 发表的论文《密码编码学新方向》引发了密码学的一场革命。他们首先证明了在发送端和接收端无密钥传输的保密通信是可能的,从而开创了公钥密码学的新纪元。从此,密码开始充分发挥它的商用价值和社会价值。

1978 年,在 ACM 通信中,Rivest、Shamir 和 Adleman 公布了 RSA 密码体系,这是第一个真正实用的公钥密码体系,可以用于公钥加密和数字签名。在 EuroCrypt'91 年会上,瑞士联邦技术学院 X. J. Lai 和 James L. Massey 提出了 IDEA,成为分组密码发展史上的又一个里程碑。

为了对付美国联邦调查局(Federal Bureau of Investigation,FBI)对公民通信的监控,Zimmerman 在 1991 年发布了基于 IDEA 的免费电子邮件加密软件 PGP。该软件提供了具有军用安全强度的算法并得到广泛传播,因此成为一种事实标准。

总之,在实际应用方面,古典密码算法有代替密码和换位密码,对称密码算法包括 DES

算法和 AES 算法，非对称密码算法包括 RSA 算法、背包算法、Rabin 算法和椭圆曲线密码算法等。目前，在数据通信中使用较普遍的算法有 DES 算法和 RSA 算法等。

3.2.2 从基本概念了解密码

密码学的基本目的是使得两个在不安全信道中通信的人，称为 Alice 和 Bob，以一种使他们敌手 Cracker 不能明白和理解通信内容的方式进行通信。不安全信道在实际中是普遍存在的，如电话线或计算机网络。Alice 发送给 Bob 的未被加密的信息，通常称为明文（Plaintext），如英文单词、数字、符号和图像。Alice 使用预先商量好的密钥（Key）对明文进行加密，加密过的明文称为密文（Ciphertext），Alice 将密文通过信道发送给 Bob。对于 Cracker，他可以窃听到信道中 Alice 发送的密文，但是无法知道其所对应的明文；而对于接收者 Bob，由于他知道密钥，可以对密文进行解密，从而获得明文。图 3-9 所示为加密通信的基本过程。

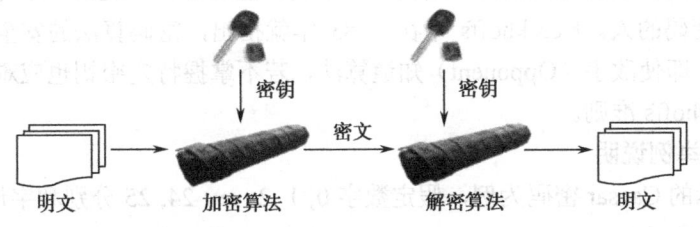

图 3-9　加密通信的基本过程

1. 基本概念

- 明文消息（Plaintext）：未加密的原消息，简称明文。
- 密文消息（Ciphertext）：加密后的消息，简称密文。
- 加密（Encipher、Encode）：明文到密文的变换过程。
- 解密（Decipher、Decode）：密文到明文的恢复过程。
- 加密算法（Encryption Algorithm）：对明文进行加密时所采用的一组规则的集合。
- 解密算法（Decryption Algorithm）：对密文进行解密时所采用的一组规则的集合。
- 密码算法强度（Algorithm Strength）：对给定密码算法的攻击难度。
- 密钥（Key）：加、解密过程中只有发送者和接收者知道的关键信息，分为加密密钥（Encryption Key）和解密密钥（Decryption Key）。
- 密码分析（Cryptanalysis）：虽然不知道系统所用的密钥，但通过分析可能从截获的密文推断出原来的明文，这一过程称为密码分析。
- 密码编码学（Cryptography）：主要研究对信息进行编码，实现对信息的隐蔽。
- 密码分析学（Cryptanalytics）：主要研究加密消息的破译或消息的伪造。
- 密码学（Cryptology）：由密码编码学和密码分析学组成，前者寻求提供信息机密性、完整性、真实性和非否认性等的方法，后者研究加密消息的破译和伪造等破坏密码技术所能提供安全性的方法。

2. 密码体系的基本类型

在密码技术的发展中出现了各种密码体系（Cryptosystem），它是明文变换密文的法则。密码体系也常被称为密码方案（Scheme），它指一个密码算法、相关参数及其使用方法的总和，其中，参数主要包括密钥、明文和密文。指示这种变换的参数，称为密钥。它们是密码编制的重要组成部分。

密码体系的基本类型有 4 种。

1）错乱（也可称换位）：按照规定的图形和线路，改变明文字母或数码等的位置成为密文。

2）代替：用一个或多个代替表将明文字母或数码等代替为密文。

3）密本：用预先编定的字母或数字编码组，代替一定的词组、单词等明文为密文。

4）加乱：用有限元素组成的一串序列（全为乱数），按规定的算法，同明文序列相结合变成密文。

当然，上述 4 种密码体系可以混合使用。

密码体系由密码算法和密钥组成。例如，前面提到的 Caesar 密码体系的密码算法是代替算法，密钥 $r=3$（即每个字母向后移 3 位）。再如，密码棒（Scytale）密码体系中，密码算法是错乱算法，密钥是棒的直径。

直觉上，若密码算法也是保密的，则安全性更高，但这往往不现实，因为开发密码算法的人一般不是使用密码的人。Kerckhoffs 早在 1883 年就指出，密码算法的安全性必须建立在密钥保密的基础上，即使敌手（Opponent）知道算法，若不掌握特定密钥也应难以破解密码，这就是著名的 Kerckhoffs 准则。

3. 密码体系举例说明

以表 3-1 所示的 Caesar 密码为例，假定数字 0, 1, 2, ⋯, 24, 25 分别和字母 a, b, c, ⋯, y, z 相对应，如表 3-2 所示。

表 3-2 字母与数字对应表

字母	a	b	c	d	e	f	g	h	i	j	k	l	m
数字	0	1	2	3	4	5	6	7	8	9	10	11	12
字母	n	o	p	q	r	s	t	u	v	w	x	y	z
数字	13	14	15	16	17	18	19	20	21	22	23	24	25

密文字母对应的数字 c 可以用明文字母对应的数字 p 表示为

$$c \equiv (p+3) \bmod 26 \tag{3-1}$$

其中，mod 为模运算。若明文字母为 y，即 $p=24$，则

$$c \equiv (24+3) \bmod 26 = 1$$

因此密文为 B。

式（3-1）是 Caesar 密码的数学形式，也表示一种算法，Caesar 密码体系即由式（3-1）和其中密钥 3 组成。我们不知道当时恺撒（Caesar）为什么偏爱数字 3，他其实可以选择 1~25 之中的任何一个数字作为密钥。因此，式（3-1）可以推广成任意密钥 k，即

$$c \equiv (p+k) \bmod 26 \tag{3-2}$$

这其实就是移位密码。这里，$k \in K$，$K = \{1, 2, 3, \cdots, 24, 25\}$，$K$ 是密钥集合或称密钥空间。

一个密码体系是满足以下条件的五元组 (P, C, K, E, D)：

1）P 是所有可能的明文集合；

2）C 是所有可能的密文集合；

3）K 是所有可能的密钥集合；

4）任意 $k \in K$，有一个加密算法 $e \in E$ 和相应的解密算法 $d \in D$，使得 $e(x)$ 和 $d(x)$ 分别为

加密和解密函数，满足 $d(e(x))=x$，这里 $x \in P$。

上述移位密码的密码体系描述如下。

密码体系 3.1 移位密码

令 $P=C=\{0, 1, 2, \cdots, 24, 25\}$，$K=\{1, 2, 3, \cdots, 24, 25\}$，对于 $k \in K$，任意 $x \in \{0, 1, 2, \cdots, 24, 25\}$，定义

$$e(x) = (x+k) \bmod 26 \tag{3-3}$$

及

$$d(e(x)) = (e(x)-k) \bmod 26 \tag{3-4}$$

算法是一些公式、法则或程序，它规定明文和密文之间的变换方法；密钥可以看成算法中的参数。例如，在式（3-2）中取 $k=3$，就可以得到式（3-1），即 Caesar 密码；如果取 $k=25$，就可以得出美军多年前使用过的一种加密算法，即将明文中的字母用其前面的字母取代形成密文的方法。例如，当明文是 shanghai expo 时，则对应的密文是 RGZMFGZH DWON。

密码体系 3.2 Hill（希尔）密码

设 $m \geq 2$ 为正整数，$P=C=\{0, 1, 2, \cdots, 24, 25\}^m$，且 K 为定义在 $\{1, 2, 3, \cdots, 24, 25\}^m$ 上的 $m \times m$ 可逆矩阵，X 为定义在 $\{0, 1, 2, \cdots, 24, 25\}^m$ 上的 $m \times m$ 可逆矩阵，对任意的密钥 K，定义加密变换：

$$E(X) = (KX) \bmod 26$$

解密变换：

$$D(E(X)) = (K^{-1}E(X)) \bmod 26$$

例如，选取 2×2 的密钥，$K = \begin{bmatrix} 1 & 1 \\ 3 & 4 \end{bmatrix}$，明文 hill 的矩阵形态为 $\begin{bmatrix} h & l \\ i & l \end{bmatrix} = \begin{bmatrix} 7 & 11 \\ 8 & 11 \end{bmatrix}$，加密过程

$$E(X) = (KX) \bmod 26 = \left(\begin{bmatrix} 1 & 1 \\ 3 & 4 \end{bmatrix} \cdot \begin{bmatrix} 7 & 11 \\ 8 & 11 \end{bmatrix}\right) \bmod 26 = \begin{bmatrix} 15 & 22 \\ 53 & 77 \end{bmatrix} \bmod 26 = \begin{bmatrix} 15 & 22 \\ 1 & 25 \end{bmatrix}，而 \begin{bmatrix} 15 & 22 \\ 1 & 25 \end{bmatrix} = \begin{bmatrix} p & w \\ b & z \end{bmatrix}$$，所以密文为 PBWZ。

算法是相对稳定的，不能想象在一个密码体系中经常改变加密算法。反之，密钥则是一个变量，密钥需要频繁更换。现代密码学的一个基本原则是一切秘密都存在于密钥之中，即在设计密码体系时，总是假设密码算法是公开的，真正需要保密的是密钥。所以，在分发和存储密钥时应当特别小心。

4. 根据密钥的特点对密码体系分类

根据密钥的特点将密码体系分为以下两种。

● 对称密码体系（Symmetric Cryptosystem）。
● 非对称密码体系（Asymmetric Cryptosystem）。

对称密码体系又称为私钥（Private Key）或单钥（One-Key）或传统（Classical）密码体系。在对称密码体系中，加密密钥和解密密钥是一样的或者彼此之间是容易相互确定的。私钥密码体系按加密方式可分为流密码（Stream Cipher）和分组密码（Block Cipher）两种。流密码是指将明文消息按字符逐位地进行加密。分组密码是指将明文消息分组（每组含有多个字符），逐组地进行加密。

非对称密码体系又称为公钥（Public Key）或双钥（Two-Key）密码体系。在非对称密码

体系中，加密密钥和解密密钥不同，从一个难以推出另一个，可将加密能力和解密能力分开。现在大多数公钥密码属于分组密码，只有概率密码体系属于流密码。

对称密码（私钥）的效率高，常用于数据量较大的保密通信中，而非对称密码（公钥）常用于数字签名、密钥分发等场合。

5．对密码的攻击

评判密码算法安全性的重要方法是进行密码分析。在密码学术语中，"分析"与"攻击"意义相近，因此密码分析也可称为密码攻击。根据密码分析者破译时具备的条件，通常人们将攻击类型分为4类：①唯密文攻击（Ciphertext-only Attack），即分析者有一个或更多的用同一个密钥加密的密文；②已知明文攻击（Known Plaintext Attack），即除了待破解的密文，分析者还有一些明文和用同一密钥加密的对应密文；③选择明文攻击（Chosen Plaintext Attack），即分析者可得到所需要的任何明文对应的密文，这些密文和待破解的密文是用同一密钥加密的；④选择密文攻击（Chosen Ciphertext Attack），即分析者可得到所需要的任何密文对应的明文，类似地，这些密文和待破解的密文是用同一密钥加密的，获得密钥是分析者的主要目的。上述4种攻击类型的强度按序递增，如果一个密码体系能抵抗选择明文攻击，那么它当然能够抵抗唯密文攻击和已知明文攻击。

3.2.3 古典密码体系的演化

密码技术的应用一直伴随着人类文明的进步，其古老甚至原始的方法奠定了现代密码学的基础。使用密码的目标就是使一份消息或记录对非授权的人是不可理解，而原定的接收方能解读的。因此，不一定要求加密和解密方法特别复杂，它必须适应使用它的人员的智力、知识及环境。下面介绍古典密码体系的发展演化过程。

1．信息隐藏

最为人们所熟悉的古典加密方法，莫过于隐写术。它通常将秘密消息隐藏于其他消息中，使真正的秘密通过一份无伤大雅的消息发送出去。隐写术分为两种，即语言隐写术和技术隐写术。技术方面的隐写比较容易想象：如不可见的墨水（如图3-10所示），橙汁法和牛奶法（如美国电影《国家宝藏》）也是普遍且有效的方法（只要在背面加热或紫外线照射即可复现）。语言隐写术与密码编码学关系比较密切，它主要提供两种类型的方法：符号码和公开代码。

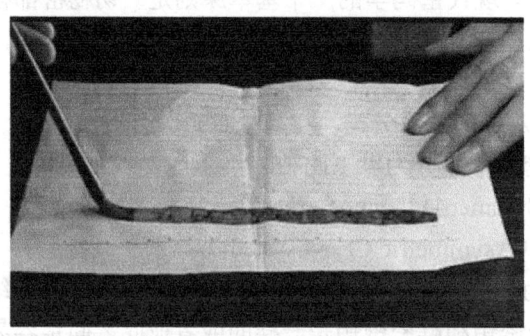

图3-10　电视剧《暗算》剧照：涂上液体后隐藏信息显示

（1）符号码

符号码是以可见的方式，如手写体字或图形，隐藏秘密的书写符号；可以在书或报纸上标记所选择的字母,如用点或短画线,这比上述方法更容易被人怀疑,除非使用显隐墨水,但此方法易于实现;一种变形的应用是降低所关心的字母,使其水平位置略低于其他字母,而这种降低几乎让人觉察不到。

(2) 公开代码

一份秘密的信件或伪装的消息要通过公开信道传送,需要双方事前的约定,也就是需要一种公开代码。这可能是保密技术的最古老形式。古代东方及远东的商人和赌徒在这方面有独到之处,他们非常熟练地掌握了手势和表情的应用。在美国的纸牌骗子中较为盛行的方法有:手拿一支烟或用手挠一下头,表示所持的牌不错;一只手放在胸前并且跷起大拇指,意思是"我将赢得这局,有人愿意跟我吗?";右手手掌朝下放在桌子上,表示"是",手握成拳头表示"不"。特定行业或社会阶层经常使用的语言,往往被称为行话。一些乞丐、流浪汉及地痞流氓使用的语言还被称为黑话,它们是这些社会群体的护身符。其实这些信息也是利用了伪装,伪装的秘密因此也称为专门隐语。曲波的长篇小说《林海雪原》中写到杨子荣进威虎山时,记载了很多类似的说法,像"蘑菇溜哪路?什么价?""天王盖地虎,宝塔镇河妖"等,就是东北土匪的一种黑话。法语也有很多例子,其中有的现在还成了通俗用法。例如,rossignol(夜莺)表示"万能钥匙",最早始于 1460 年;mouche(飞行)表示"告密者"等。

公开代码的第二种类型就是利用虚码和漏格进行隐藏。隐藏消息的规则比较常见的有某个特定字符后的第几个字符,如空格后的下一个字母("家庭代码",第二次世界大战中在参战士兵中广为流传,但引起了审查机关的极大不满,更好一些的还有空格后的第三个字母,或者标点符号后的第三个字母。

漏格方法可以追溯到卡达诺(Cardano,1550 年)时代,这是一种容易掌握的方法,但不足之处是双方需要相同的漏格,特别是战场上的士兵,使用时不太方便。

2. 代替密码

代替密码就是将明文字母表中的每个字符替换为密文字母表中的字符。这里对应密文字母可能是一个,也可能是多个。接收者对密文进行逆向替换即可得到明文。代替密码有 5 种表现形式。

(1) 单表代替密码

单表代替密码即简单代替密码,或者称为单字母代替密码,明文字母表中的一个字符对应密文字母表中的一个字符。这是所有加密中最简单的方法。

(2) 多名码代替密码

多名码代替密码就是将明文字母表中的字符映射为密文字母表中的多个字符。多名码代替密码早在 1401 年就由 DuchyMantua 公司使用。在英文中,元音字母出现频率最高,降低对应密文字母出现频率的一种方法就是使用多名码。

(3) 多音码代替密码

多音码代替密码就是将多个明文字符代替为一个密文字符。例如,将字母 C 和 M 对应的 K、A 和 Z 代替为 L。最古老的这种多字母加密方式始见于 1563 年由波他的《密写评价》(*Defurtiois Literarum Notis*)一书。

(4) 多表代替密码

多表代替密码由多个单表代替密码组成,也就是使用了两个或两个以上的代替表。例如,使用有 5 个简单代替表的代替密码,明文的第一个字母用第一个代替表,第二个字母用第二个表,第三个字母用第三个表,以此类推,循环使用这 5 个代替表。

多表代替密码由莱昂·巴蒂斯塔·阿尔贝蒂(Leon Battista Alberti,文艺复兴时期意大利的建筑师、建筑理论家、作家、诗人、哲学家、密码学家)于1568年发明。由1586年法国亨利三世王朝的外交官布莱兹·维吉尼亚(Blaise Vigenère)发明的、著名的维吉尼亚(Vigenère)密码及弗朗西斯·博福尔(Francis Beaufort)密码均是多表代替密码。表3-3为维吉尼亚表。维吉尼亚密码把Caesar密码做了另一种改进,增加密钥的长度,克服了Caesar密码的缺点,提高了密码的保密程度。两百年后,维吉尼亚密码被英国人巴比奇和德国人卡西斯基破译。由于英国情报机关的要求,巴比奇破译维吉尼亚密码的事一直到20世纪才公之于世。直到第一次世界大战结束,破译在与加密的角逐中占据上风。

表3-3 维吉尼亚表

	A	B	C	D	E	F	G	H	I	J	K	L	M	N	O	P	Q	R	S	T	U	V	W	X	Y	Z
A	A	B	C	D	E	F	G	H	I	J	K	L	M	N	O	P	Q	R	S	T	U	V	W	X	Y	Z
B	B	C	D	E	F	G	H	I	J	K	L	M	N	O	P	Q	R	S	T	U	V	W	X	Y	Z	A
C	C	D	E	F	G	H	I	J	K	L	M	N	O	P	Q	R	S	T	U	V	W	X	Y	Z	A	B
D	D	E	F	G	H	I	J	K	L	M	N	O	P	Q	R	S	T	U	V	W	X	Y	Z	A	B	C
E	E	F	G	H	I	J	K	L	M	N	O	P	Q	R	S	T	U	V	W	X	Y	Z	A	B	C	D
F	F	G	H	I	J	K	L	M	N	O	P	Q	R	S	T	U	V	W	X	Y	Z	A	B	C	D	E
G	G	H	I	J	K	L	M	N	O	P	Q	R	S	T	U	V	W	X	Y	Z	A	B	C	D	E	F
H	H	I	J	K	L	M	N	O	P	Q	R	S	T	U	V	W	X	Y	Z	A	B	C	D	E	F	G
I	I	J	K	L	M	N	O	P	Q	R	S	T	U	V	W	X	Y	Z	A	B	C	D	E	F	G	H
J	J	K	L	M	N	O	P	Q	R	S	T	U	V	W	X	Y	Z	A	B	C	D	E	F	G	H	I
K	K	L	M	N	O	P	Q	R	S	T	U	V	W	X	Y	Z	A	B	C	D	E	F	G	H	I	J
L	L	M	N	O	P	Q	R	S	T	U	V	W	X	Y	Z	A	B	C	D	E	F	G	H	I	J	K
M	M	N	O	P	Q	R	S	T	U	V	W	X	Y	Z	A	B	C	D	E	F	G	H	I	J	K	L
N	N	O	P	Q	R	S	T	U	V	W	X	Y	Z	A	B	C	D	E	F	G	H	I	J	K	L	M
O	O	P	Q	R	S	T	U	V	W	X	Y	Z	A	B	C	D	E	F	G	H	I	J	K	L	M	N
P	P	Q	R	S	T	U	V	W	X	Y	Z	A	B	C	D	E	F	G	H	I	J	K	L	M	N	O
Q	Q	R	S	T	U	V	W	X	Y	Z	A	B	C	D	E	F	G	H	I	J	K	L	M	N	O	P
R	R	S	T	U	V	W	X	Y	Z	A	B	C	D	E	F	G	H	I	J	K	L	M	N	O	P	Q
S	S	T	U	V	W	X	Y	Z	A	B	C	D	E	F	G	H	I	J	K	L	M	N	O	P	Q	R
T	T	U	V	W	X	Y	Z	A	B	C	D	E	F	G	H	I	J	K	L	M	N	O	P	Q	R	S
U	U	V	W	X	Y	Z	A	B	C	D	E	F	G	H	I	J	K	L	M	N	O	P	Q	R	S	T
V	V	W	X	Y	Z	A	B	C	D	E	F	G	H	I	J	K	L	M	N	O	P	Q	R	S	T	U
W	W	X	Y	Z	A	B	C	D	E	F	G	H	I	J	K	L	M	N	O	P	Q	R	S	T	U	V
X	X	Y	Z	A	B	C	D	E	F	G	H	I	J	K	L	M	N	O	P	Q	R	S	T	U	V	W
Y	Y	Z	A	B	C	D	E	F	G	H	I	J	K	L	M	N	O	P	Q	R	S	T	U	V	W	X
Z	Z	A	B	C	D	E	F	G	H	I	J	K	L	M	N	O	P	Q	R	S	T	U	V	W	X	Y

维吉尼亚密码是如何加密和解密的呢?

例如,如果明文为shanghai expo,密钥为THEDANCINGMEN,则密文是什么?

明文的第一个字母为 s，则先在表格中找到 S 列。由于密钥的第一个字母为 T，于是在 S 列从上往下找到 T。这一 T 对应的行号为 B，因而 B 便是密文的第一个字母。以此类推，可以得到密文。以下便是密钥为福尔摩斯探案集中电影名字 *The Dancing Men* 时的例子。

明文：SHANGHAIEXPO
密钥：THEDANCINGMEN
密文：BAEQUGCAJJXQ

解密时，以密文字母选择行，从此行中找到密钥字母，那么密钥字母所在的列号就是明文字母了。例如，要解密密文中第一个字母 B，在表中找到 B 行中对应的密钥字母 T，T 所在的列号 S 即为明文。

从上例中可以看到，对于同一个明文字母，其在明文中的位置不同，将得到不同的密文字母。例如，明文中的字母 H 可能对应的密文字母有 A 和 G，这样就在密文中消除了明文中字母出现频率的规律了。

多表代替密码显然比单表代替密码要好，但只要给密码分析员足够数量的密文样本，这个算法总是可以破译的，这里的关键在于密钥。所以，为了提高加密的安全性，通常采用的方法是加长密钥的长度。

（5）密本

密本不同于代替表，一个密本可能是由大量单词、片语、音节、字母这些明文单元和数字密本组组成的，如 1563-baggage、1673-bomb、2675-catch、2784-custom、3645-decide to、4728-from then on 等。在某种意义上，密本就是一个庞大的代替表，其基本的明文单位是单词和片语，字母和音节主要用来拼出密本中没有的单词。实际使用中，密本和代替表的区别还是比较明显的：代替表是按照规则的明文长度进行操作的，而密本是按照可变长度的明文组进行操作的。密本最早出现在 1400 年左右，后来大多应用于商业领域。第二次世界大战中的商船密本、美国外交系统使用的 GRAY 密本就是典型的例子。

3. 换位密码

在换位密码（也称置换密码）中，明文字符集保持不变，只是字母的顺序被打乱了。例如，简单的纵行换位，就是将明文按照固定的宽度定在一张图表纸上，然后按照垂直方向读取密文。

在第二次世界大战中，德军曾一度使用一种被称为 bchi 的双重纵行换位密码，而且作为陆军和海军的应急密码，只不过密钥字每天变换，并且在陆军团以下单位使用。此时英国人早就能解读消息了，即使使用两个不同的密钥字甚至三重纵行换位密码也无济于事。

在这种密码中，最简单的是 3.2.1 节提到的栅栏密码。破译这类密码很简单，一种更为复杂的方案是以一个矩形逐行写出消息，再逐列读出该消息，并以行的顺序排列，列的阶则成为该算法的密钥。

实例 采用一个字符串 SECURITY 为密钥，把明文 Electoral Law revision key to equal rights 进行列换位加密。

在列换位加密算法中，按照密钥各个字母大小的顺序排出列号，以列号的顺序将矩阵中的字母读出，就构成了密文。

密钥：SECURITY
明文：Electoral Law revision key to equal rights
密文：EAOQTLLIEHOEELBTRKAAELSOGRVYRCCWNUSAITID

密钥	S	E	C	U	R	I	T	Y
顺序	5	2	1	7	4	3	6	8
	E	L	E	C	T	O	R	A
	L	L	A	W	R	E	V	I
	S	I	O	N	K	E	Y	T
	O	E	Q	U	A	L	R	I
	G	H	T	S	A	B	C	D

3.2.4 对称密码算法的精粹

对称密码算法是指从加密信息使用的密钥可以推出解密信息的密钥,反之亦然。绝大多数对称密码算法使用的加密密钥和解密密钥都是相同的。典型的对称密码算法有 DES 算法、3DES 算法、AES 算法、RC5 算法等。实际上,前面介绍的 Caesar 密码、Hill 密码和换位密码等古典密码都是对称密码算法。

对称加密算法根据其工作方式,可以分成两类:一类是每次只对明文中的一个位(有时是对一个字节)进行运算的算法,称为序列加密算法;另一类是每次对明文中的一组位进行加密的算法,称为分组加密算法。现代典型的分组加密算法的分组长度是 64 位。这个长度既方便使用,又足以防止分析破译。对称密码算法的结构图如图 3-11 所示。

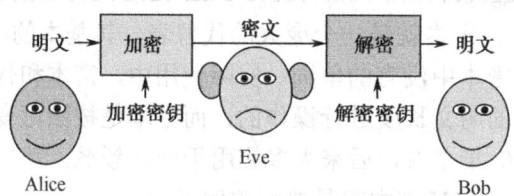

图 3-11 对称密码算法的结构图

DES(Data Encryption Standard,数据加密标准)原是 IBM 公司为保护产品的机密于 1971—1972 年研制成功的,后被美国国家标准局和国家安全局选为联邦信息加密标准,并于 1977 年颁布使用。64 位 DES 算法的详细情况已在美国联邦信息处理标准(EIPS PUB46)上发表,后来被国际标准化组织(International Standard Organization,ISO)采纳为国际数据加密标准。DES 以算法实现快、密钥简短等特点成为世界上最早被公认的实用密码算法标准,多年来它一直活跃在国际保密通信的舞台上,扮演了十分重要的角色,目前已广泛用于电子商务系统中。

1. DES 算法流程

DES 算法是一个分组密码算法。对于任意长度的明文,首先对其进行分组,每组数据长度为 64 位(8 字节),然后分别对每个 64 位的明文分组进行加密。密文分组长度也是 64 位,没有数据扩展。密钥长度为 64 位(其中有 8 位为奇偶校验位),有效密钥长度为 56 位。DES 的整个体系是公开的,体系的安全性全靠密钥的保密。其加密过程大致分成 3 个步骤:初始置换、16 轮迭代变换(即后面介绍的 16 轮循环)和逆置换(即后面介绍的终结置换)。DES 算法加密过程的流程图如图 3-12 所示。

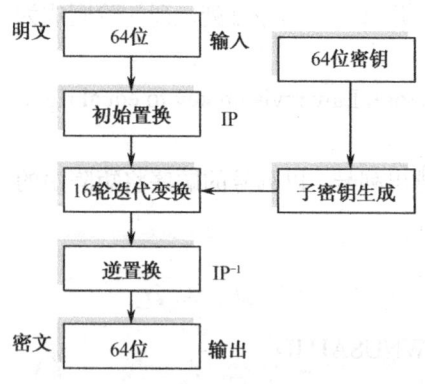

图 3-12 DES 算法加密过程的流程图

2. DES 算法加密过程

本部分内容较烦琐,可根据实际情况酌情选读。

(1) DES 算法的分组

DES 算法是一个分组密码算法,每次加密或解密的分组大小均为 64 位,所以 DES 算法没有密文扩充问题。对于大于 64 位的明文,只要按每 64 位一组进行切割即可;而对于小于 64 位的明文,只要在后面补 0 即可。

另外,DES 算法所用的加密或解密密钥也是 64 位,但因其中 8 位是奇偶校验位,所以 64 位密钥中真正起作用的只有 56 位,密钥过短也是 DES 算法最大的缺点。

DES 算法加密和解密所用的算法除了子密钥的顺序不同外,其他部分完全相同。DES 算法的结构图如图 3-13 所示。

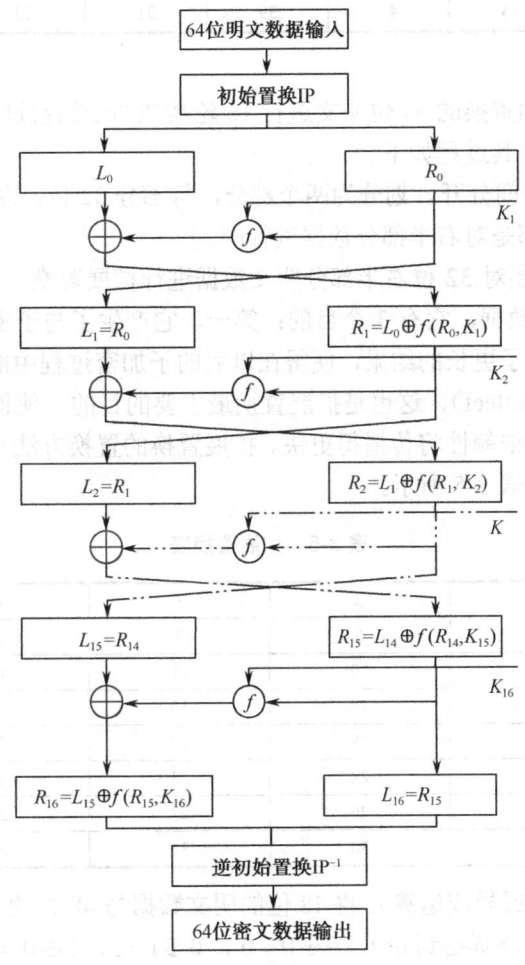

图 3-13 DES 算法的结构图

(2) 初始置换

DES 算法处理的数据对象是一组 64 位的明文分组。设该明文分组为 $M = m_1 m_2 \cdots m_{64}$ ($m_i = 0$ 或 1),输入分组按照初始置换表重排次序,进行初始置换。置换方法如下:初始置换表(见表 3-4)从左到右、从上到下读取,如第 1 行第 1 列为 58,意味着将原明文分组的第 58 位置换到第 1 位,初始置换表的下一个数 50,意味着将原明文分组的第 50 位置换到第 2 位,以此类推，将原明文分组的 64 位全部置换完成。

表 3-4 初始置换表

IP	58	50	42	34	26	18	10	2
	60	52	44	36	28	20	12	4
	62	54	46	38	30	22	14	6
	64	56	48	40	32	24	16	8
	57	49	41	33	25	17	9	1
	59	51	43	35	27	19	11	3
	61	53	45	37	29	21	13	5
	63	55	47	39	31	23	15	7

（3）16 轮循环

DES 算法对经过初始置换的 64 位明文进行 16 轮类似的子加密过程。每一轮的子加密过程要经过 DES 函数 f 变换，其过程如下。

1）将 64 位明文在中间分开，划分为两个部分，每部分 32 位，左半部分记为 L_0，右半部分记为 R_0，以下的操作都是对右半部分数据进行的。

2）扩展置换。首先要对 32 位右半部分明文数据进行扩展置换，扩展置换将 32 位的输入数据扩展成 48 位的输出数据，它有 3 个目的：第一，它产生了与子密钥同长度的数据以进行异或运算；第二，它提供了更长的结果，使得在以后的子加密过程中能进行压缩；第三，它产生雪崩效应（Avalanche Effect），这也是扩展置换最主要的目的，使得输入的一位将影响两个置换，所以输出对输入的依赖性将传播得更快。扩展置换的置换方法与初始置换相同，只是置换表不同，扩展置换表如表 3-5 所示。

表 3-5 扩展置换表

31	1	2	3	4	5
4	5	6	7	8	9
8	9	10	11	12	13
12	13	14	15	16	17
16	17	18	19	20	21
20	21	22	23	24	25
24	25	26	27	28	29
28	29	30	31	32	1

3）不进位加法运算（或异或运算）。将 48 位的明文数据与 48 位的子密钥进行异或运算（48 位子密钥的产生过程后面将详细讨论）。$0 \oplus 0 = 0$，$0 \oplus 1 = 1$，$1 \oplus 0 = 1$，$1 \oplus 1 = 0$。异或以后的 48 位结果将继续进行 S 盒置换。

4）S 盒置换。S 盒置换是 DES 算法中最重要的部分，也是最关键的步骤，因为其他运算都是线性的，易于分析，只有 S 盒置换是非线性的，它比 DES 算法中任何一步都提供了更强的安全性。

经过异或运算得到的 48 位输出数据要经过 S 盒置换，置换由 8 个盒完成，记为 S 盒。每个 S 盒都有 6 位输入、4 位输出，如图 3-14 和图 3-15 所示。

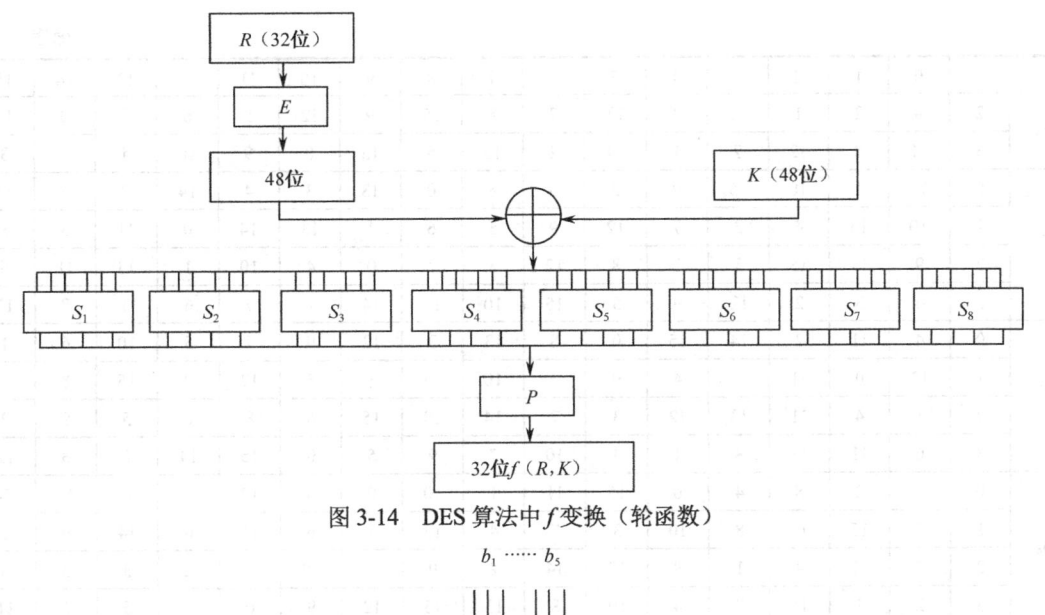

图 3-14 DES 算法中 f 变换（轮函数）

图 3-15 DES 算法中 S 盒示意

这 8 个 S 盒是不同的，每个 S 盒的置换方法如表 3-6 所示。

表 3-6 DES 算法中每个 S 盒的置换方法

		0	1	2	3	4	5	6	7	8	9	10	11	12	13	14	15
S_1	0	14	4	13	1	2	15	11	8	3	10	6	12	5	9	0	7
	1	0	15	7	4	14	2	13	1	10	6	12	11	9	5	3	8
	2	4	1	14	8	13	6	2	11	15	12	9	7	3	10	5	0
	3	15	12	8	2	4	9	1	7	5	11	3	14	10	0	6	13
S_2	0	15	1	8	14	6	11	3	4	9	7	2	13	12	0	5	10
	1	3	13	4	7	15	2	8	14	12	0	1	10	6	9	11	5
	2	0	14	7	11	10	4	13	1	5	8	12	6	9	3	2	15
	3	13	8	10	1	3	15	4	2	11	6	7	12	0	5	14	9
S_3	0	10	0	9	14	6	3	15	5	1	13	12	7	11	4	2	8
	1	13	7	0	9	3	4	6	10	2	8	5	14	12	11	15	1
	2	13	6	4	9	8	15	3	0	11	1	2	12	5	10	14	7
	3	1	10	13	0	6	9	8	7	4	15	14	3	11	5	2	12
S_4	0	7	13	14	3	0	6	9	10	1	2	8	5	11	12	4	15
	1	13	8	11	5	6	15	0	3	4	7	2	12	1	10	14	9
	2	10	6	9	0	12	11	7	13	15	1	3	14	5	2	8	4
	3	3	15	0	6	10	1	13	8	9	4	5	11	12	7	2	14
S_5	0	1	12	4	1	7	10	11	6	8	5	3	15	13	0	14	9
	1	14	11	2	12	4	7	13	1	5	0	15	10	3	9	8	6

续表

		0	1	2	3	4	5	6	7	8	9	10	11	12	13	14	15
S_5	2	4	2	1	11	10	13	7	8	15	9	12	5	6	3	0	14
	3	11	8	12	7	1	14	2	13	6	15	0	9	10	4	5	3
S_6	0	12	1	10	15	9	2	6	8	0	13	3	4	14	7	5	11
	1	10	15	4	2	7	12	9	5	6	1	13	14	0	11	3	8
	2	9	14	15	5	2	8	12	3	7	0	4	10	1	13	11	6
	3	4	3	2	12	9	5	15	10	11	14	1	7	6	0	8	13
S_7	0	4	11	2	14	15	0	8	13	3	12	9	7	5	10	6	1
	1	13	0	11	7	4	9	1	10	14	3	5	12	2	15	8	6
	2	1	4	11	13	12	3	7	14	10	15	6	8	0	5	9	2
	3	6	11	13	8	1	4	10	7	9	5	0	15	14	2	3	12
S_8	0	13	2	8	4	6	15	11	1	10	9	3	14	5	0	12	7
	1	1	15	13	8	10	3	7	4	12	5	6	11	0	14	9	2
	2	7	11	4	1	9	12	14	2	0	6	10	13	15	3	5	8
	3	2	1	14	7	4	10	8	13	15	12	9	0	3	5	6	11

这个表的使用方法如下：48 位输入数据分成 8 组，每组 6 位，分别进入 8 个 S 盒，将每组的 6 位输入记为 $b_0b_1b_2b_3b_4b_5$，那么表中的行号由 b_0b_5 决定，而列号由 $b_1b_2b_3b_4$ 决定。例如，第一个分组 111 000 要进入第一个 S 盒 S_1，那么行号为 10（b_0b_5），即第 2 行，列号为 1100（$b_1b_2b_3b_4$），即第 12 列，第 2 行第 12 列对应的数据为 3，所以这个 S 盒的 4 位输出就是 3 的二进制表示 0011。

48 位输入数据根据 S 盒置换表置换成 32 位输出数据。

- 直接置换。S 盒置换后的 32 位输出数据将进行直接置换，该置换把每个输入位映射到输出位，任意一位不能被映射两次，也不能略去。表 3-7 为直接置换表，该表的使用方法与初始置换表相同。

表 3-7 直接置换表

16	7	20	21
29	12	28	17
1	15	23	26
5	18	31	10
2	8	24	14
32	27	3	9
19	13	30	6
22	11	4	25

- 经过直接置换的 32 位输出数据与本轮的 L 部分进行异或操作，结果作为下一轮子加密过程的 R 部分。本轮的 R 部分直接作为下一轮子加密过程的 L 部分。然后进入下一轮子加密过程，直到 16 轮全部完成。

（4）终结置换

终结置换与初始置换相对应，它们都不影响 DES 算法的安全性，主要目的是更容易地将明文和密文数据以字节大小放入 f 算法或者 DES 芯片中。表 3-8 为终结置换表，该表的使用方法与初始置换表相同。

表 3-8　终结置换表

40	8	48	16	56	24	64	32
39	7	47	15	55	23	63	31
38	6	46	14	54	22	62	30
37	5	45	13	53	21	61	29
36	4	44	12	52	20	60	28
35	3	43	11	51	19	59	27
34	2	42	10	50	18	58	26
33	1	41	9	49	17	57	25

DES 算法按照终结置换表进行终结置换，64 位输出就是密文。

3. 子密钥的产生过程

明文和密文的位数是一致的。在每轮的子加密过程中，48 位的明文数据要与 48 位的子密钥进行异或运算。DES 算法子密钥的产生过程如图 3-16 所示。

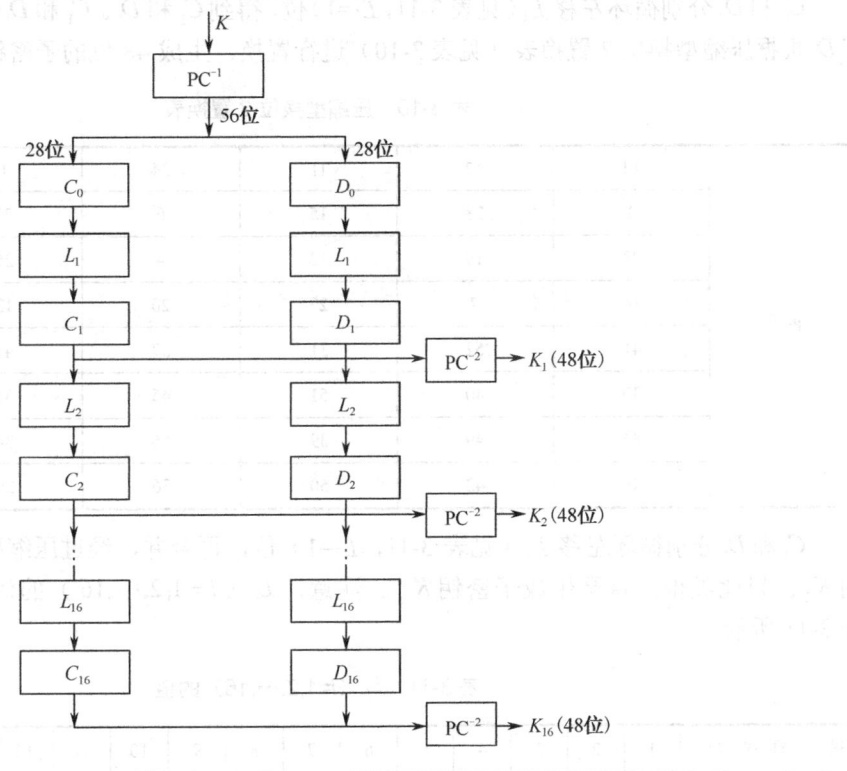

图 3-16　DES 算法子密钥的产生过程

（1）压缩型换位 1

64 位初始密钥就是使用者所持有的 64 位密钥 K，初始密钥根据压缩型换位 1 置换表（见表 3-9）进行置换，将初始密钥的 8 个奇偶检验位剔除，并且将留下的 56 位密钥顺序按位打乱。

表 3-9　压缩型换位 1 置换表

PC^{-1}	57	49	41	33	25	17	9
	1	58	50	42	34	26	18

续表

	10	2	59	51	43	35	27
	19	11	3	60	52	44	36
PC^{-1}	63	55	47	39	31	23	15
	7	62	54	46	38	30	22
	14	6	61	53	45	37	29
	21	13	5	28	20	12	4

（2）分组

经过压缩型换位 1，64 位密钥被压缩为 56 位。将这 56 位密钥在中间分开，每部分 28 位，左半部分记为 C_0，右半部分记为 D_0，然后进入子密钥生成的 16 轮循环，每一轮循环将产生一个子密钥。

（3）16 轮循环

C_0 和 D_0 分别循环左移 L_1（见表 3-11，$L_1=1$）位，得到 C_1 和 D_1。C_1 和 D_1 合并起来生成 C_1D_1，C_1D_1 根据压缩型换位 2 置换表（见表 3-10）进行置换，生成 48 位的子密钥 K_1。

表 3-10 压缩型换位 2 置换表

	14	17	11	24	1	5
	3	28	15	6	21	10
	23	19	12	4	26	8
PC^{-2}	16	7	27	20	13	2
	41	52	31	37	47	55
	30	40	51	45	33	48
	44	49	39	56	34	53
	46	42	50	36	29	32

C_1 和 D_1 分别循环左移 L_2（见表 3-11，$L_2=1$）位，再合并，经过压缩型换位 2，生成子密钥 K_2。以此类推，直至生成子密钥 K_{16}。注意，L_i（$i=1,2,\cdots,16$）的值是不同的，具体如表 3-11 所示。

表 3-11 L_i（$i=1,2,\cdots,16$）的值

循环顺序（i）	1	2	3	4	5	6	7	8	9	10	11	12	13	14	15	16
左移位数（L_i）	1	1	2	2	2	2	2	2	1	2	2	2	2	2	2	1

4. DES 算法解密过程

DES 算法解密过程和 DES 算法加密过程完全类似，只不过将 16 轮循环的子密钥序列 K_1，K_2，$\cdots$，K_{16} 的顺序倒过来，即第一轮用第 16 个子密钥 K_{16}，第二轮用 K_{15}，以此类推。DES 算法解密过程的第一轮运算如图 3-17 所示。

5. DES 算法的安全性分析

破译 DES 算法的唯一可行途径是尝试所有可能的密钥（穷举法）。为了提高 DES 算法的安全性，加大密钥长度是一种简便的方法。表 3-12 说明了不同的密钥长度受到不同的攻击时，

破译密码所需要的平均时间。

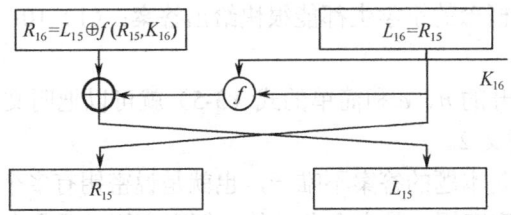

图 3-17 DES 算法解密过程的第一轮运算

表 3-12 不同密钥长度承受攻击的情况

密钥长度	攻击者类型				
	个 人 攻 击	小 组 攻 击	院校网络攻击	大 公 司	军事情报机构
40 位	数周	数日	数小时	数毫秒	数微秒
56 位	数百年	数十年	数年	数小时	数秒钟
64 位	数千年	数百年	数十年	数日	数分钟
80 位	不可能	不可能	不可能	数百年	数百年
128 位	不可能	不可能	不可能	不可能	数千年

可见，对 128 位密钥的 DES 算法的破译是比较困难的，或者即使能够破译，但是付出的代价相对于破译后所得到的回报过大，也失去了破译的意义。所以，为了进一步提高 DES 算法的安全性，可以采用加长密钥的方法。

其他经典对称密码算法有 3DES（Triple DES）算法、IDEA（International Data Encryption Algorithm）等。

3.2.5 非对称密码算法的神奇

对对称密码而言，解密密钥和加密密钥相同，所以对称密码的缺点之一是，它需要在传输密文之前使用一个安全的信道交换密钥，实际上这可能很难达到。例如，A 和 B 相距遥远，他们决定用 E-mail 通信，在这种情况下，A 和 B 可能无法获得一个相对安全的信道。对称密码的另一个缺点是要分发和管理的密钥很多，假设网络中每对用户使用不同的密钥，那么密钥总数随着用户的增多而迅速增加。n 个用户需要的密钥总数为 $n(n-1)/2$，10 个用户需要 45 个密钥，100 个用户需要 4950 个不同的密钥。如何对数量如此庞大的密钥进行管理是另外一个棘手问题。

先看一道简单的计算题。

选择两个素数 p 和 q（不要告诉别人），假设 $p=2$，$q=5$，算出 $n=p×q=$ ___(1)___，将 n 公开。

计算的欧拉函数 $\Phi(n)=(p-1)×(q-1)=$ ___(2)___。在 1 到 $\Phi(n)$ 之间选择一个和 $\Phi(n)$ 互素的数公开，这里选择 $e=$ ___(3)___。

计算解密密钥 d，使得 $(d×e) \mod \Phi(n)=1$，这里可以得到 $d=$ ___(4)___。

将 $n=$ ___(1)___ 和 $e=$ ___(3)___ 公开，将 $d=$ ___(4)___ 保密。这样就可以加密和解密了。

例如，要发送的信息为 $s=2$，那么可以通过如下计算得到密文：

$$c=s^e \mod (n) = \underline{\quad(5)\quad} \tag{3-5}$$

密文 8 可以使用 $d=3$ 恢复出明文：

$$s=c^d \bmod(n)=\underline{\quad(6)\quad}。 \tag{3-6}$$

只要知道素数和互素概念的小学生都能很快给出答案：（1）10；（2）4；（3）3；（4）3；（5）8；（6）2。

神奇吧，只要通过公开的 n、e 和简单的式（3-5）就可以把明文 2 生成密文 8，然后通过式（3-6）把密文解密成明文 2。

这里特别需要提醒的是本题的答案不唯一，也就是说密钥有多个。

题目中的 n 和 e 是加密密钥，是完全公开的，解密密钥 d 要保存好（如同家里门锁一样，只要保管好钥匙就行了，而不用管制锁原理和锁门方式）。加密密钥与解密密钥不同，因而这种算法称为非对称密码算法或公钥密码算法（而对称密码算法的加密密钥与解密密钥相同或可互相推出），所以 n 个用户通信只需保管 n 个解密密钥。

这道简单的数学题完成加、解密方法的创意是 1977 年由 Ron Rivest、Adi Shamir 和 Leonard Adleman 三人提出的，简称 RSA 密码体系，因其简单但意义重大，三人获得 2002 年的图灵奖。

然而，我们不应忘记提出非对称密码体系的两位科学家，事实上，1976 年，Whitfield Diffie 和 Martin Hellman 就提出了非对称密码体系（也称公钥密码体系）。

在这个体系中，加密密钥称为公开密钥（Public Key，简称公钥），解密密钥称为私人密钥（Private Key，简称私钥）。公钥密码算法 RSA 的通信模型如图 3-18 所示。

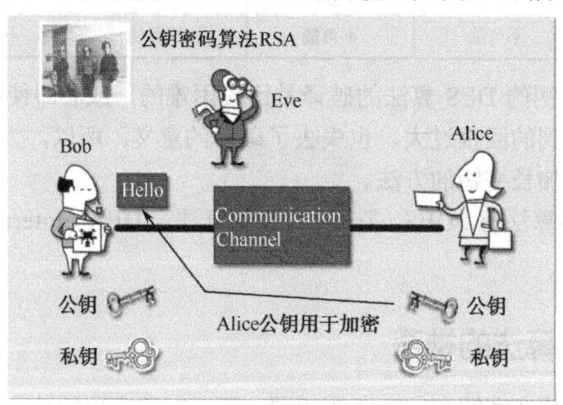

图 3-18　公钥密码算法 RSA 的通信模型

回到本节前面的那道数学题，可能很多人会说，根据公钥 n 和 e 可以很容易猜出私钥 d。没错，那是因为 n 很容易分解为两个素数 2 和 5 的乘积，但事实上，一个极大的整数是很难分解为两个素数之积的，RSA 算法的可靠性正是基于这样的假设。假如有人找到一种很快分解因子的算法，那么用 RSA 算法加密信息的可靠性肯定会极度下降，但找到这样的算法的可能性非常小。今天只有短的 RSA 钥匙才可能被强力方式破解。到 2008 年为止，世界上还没有任何可靠的攻击 RSA 算法的方式。只要其密钥的长度足够长，用 RSA 算法加密的信息就不能被破解。

如果给定两个素数，不用通过人工计算或编程得到，我们用 RSA-Tool 工具就可以很容易得到公钥 n 和 e，以及私钥 d。

假设两个素数 $p=101$，$q=113$。下面通过 RSA-Tool 工具演示上面所说的过程。

如图 3-19 所示，选择好密钥长度（Keysize）和进制（Number Base），并确定 P、Q 和公钥 E（Public Exponent）的值后，单击 Calc.D 按钮，即可算出 N 和私钥 D。

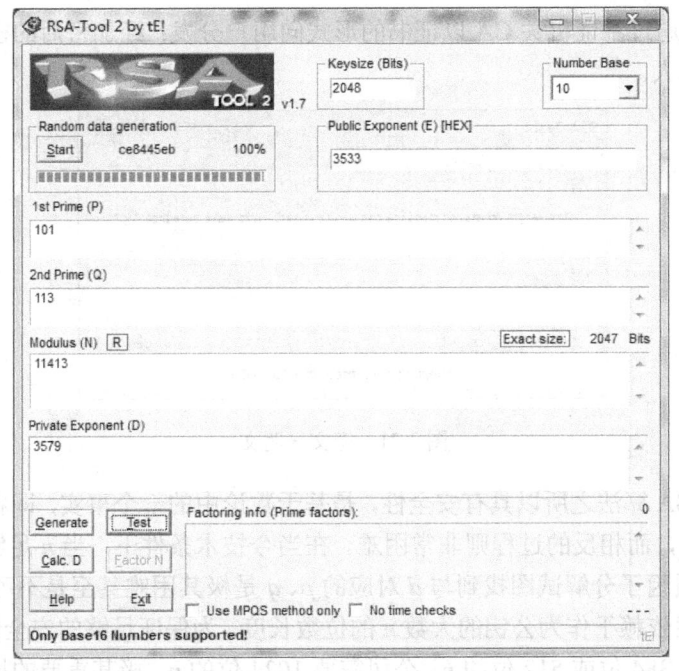

图 3-19　RSA-Tool 工具

从图 3-19 可知，公开加密密钥 $(n, e) = (11413, 3533)$，解密密钥 $d=3579$。这样就可以使用公钥对发送的信息进行加密了，如果接收者拥有私钥，就可以对信息进行解密了。例如，要发送的信息为 $s=9726$，那么可以通过如下计算得到密文：$c=s^e \mod(n)=9726^{3533} \mod(11413)=5761$。将密文 5761 通过信道发送给接收端，接收者在接收到密文信息后，可以使用私钥 $d = 3579$ 恢复出明文：$s=c^d \mod(n)=5761^{3579} \mod(11413)=9726$。

当然，我们可以单击图 3-19 中的 Test 按钮，会出现图 3-20 所示的界面。

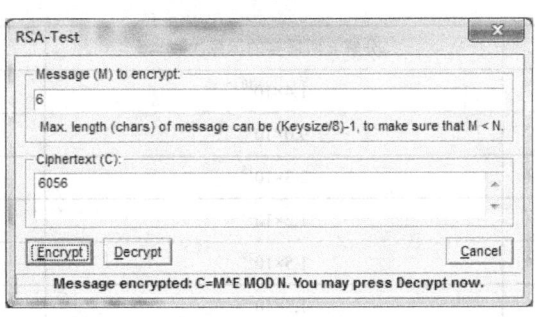

图 3-20　明文→密文

输入明文"6"，单击 Encrypt 按钮，得到密文"6056"，再单击 Decrypt 按钮，很快又得到明文"6"，如图 3-21 所示。

RSA-Tool 这个工具的基本功能还包括生成一组 RSA 密钥对、明文和密文的相互交换、分解一个数等。具体的使用方法可以参考 RSA-Tool 的帮助文档。

p、q、$\Phi(n)$ 由密钥管理中心负责保密，密钥对一经产生便自动销毁，或者为了以后密钥恢复的需要将其存入离线的安全黑库里面。例如，密钥对是用户自己离线产生的，则 p、q、$\Phi(n)$ 的保密或及时销毁由用户自己负责。在本体系中，这些工作均由程序自动完成。在密钥对产生好后，公钥则通过签证机关 CA 以证书的形式向用户分发；经加密后的密态私钥用 PIN 卡携带分发至用户本人。

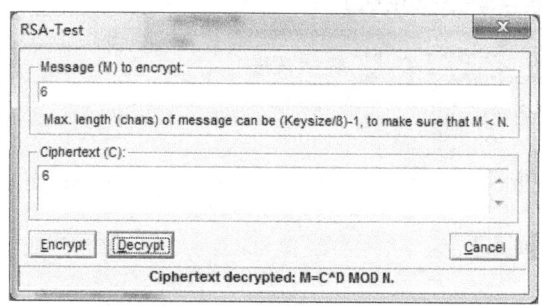

图 3-21　密文→明文

再次强调，RSA 算法之所以具有安全性，是基于数论中的一个事实，即将两个大的质数合成一个大数很容易，而相反的过程则非常困难。在当今技术条件下，当 n 足够大时，为了找到 d，欲从 n 中通过质因子分解试图找到与 d 对应的 p、q 是极其困难甚至是不可能的。由此可见，RSA 算法的安全性依赖于作为公钥的大数 n 的位数长度。为保证足够的安全性，一般认为现在的个人应用需要用 384 位或 512 位的 n，公司需要 1024 位的 n，极其重要的场合（如商用 RSA 算法）用 2048 位的 n。

RSA 算法的安全性取决于 n 中分解出 p、q 的困难程度。因此，如果能找出有效的因数分解的方法，将是对 RSA 算法的一个锐利的"矛"。密码分析学家一直在寻找更锐利的"矛"，而密码编码学家努力寻找更坚固的"盾"。

为了提高 RSA 算法的安全性，最实际的做法是加大 n 的长度。假设一台计算机完成一次运算需要的时间为 1μs，表 3-13 表明了分解不同长度的 n 所需要的平均时间。

表 3-13　分解不同长度的 n 所需要的平均时间

n 的十进制位数	分解 n 所需要的运算次数	平均运算时间
50	1.4×10^{10}	3.9h
75	9.0×10^{12}	104 天
100	2.3×10^{15}	74 年
200	1.2×10^{23}	3.8×10^9 年
300	1.5×10^{29}	4.9×10^{15} 年
500	1.3×10^{39}	4.2×10^{23} 年

可见，随着 n 的位数的增加，分解 n 将变得非常困难。

3.2.6　混合密码体系

公钥密码算法由于解决了对称密码算法中的加密密钥和解密密钥都需要保密的问题，在网络安全中得到了广泛的应用。

但是，以 RSA 算法为主的公钥密码算法也存在一些缺点。例如，公钥密码算法比较复杂，在加密和解密的过程中，由于都需要进行大数的幂运算，其运算量一般是对称密码算法的几百、几千甚至上万倍,导致了加、解密速度比对称密码算法慢得多。所以,在网络传输信息特别是大量信息时,一般没有必要采用公钥密码算法对信息进行加密,这也是不现实的。一般采用的方法是混合密码体系。

在混合密码体系中,使用对称密码算法(如 DES 算法)对要发送的数据进行加、解密,同时,使用公钥密码算法(最常用的是 RSA 算法)来加密对称密码算法的密钥,如图 3-22(加密)和图 3-23(解密)所示。这样就可以综合发挥两种算法的优点,既加快了加、解密的速度,又解决了对称密码算法中密钥保存和管理困难的问题,是目前解决网络上信息传输安全性的一个较好的方法。

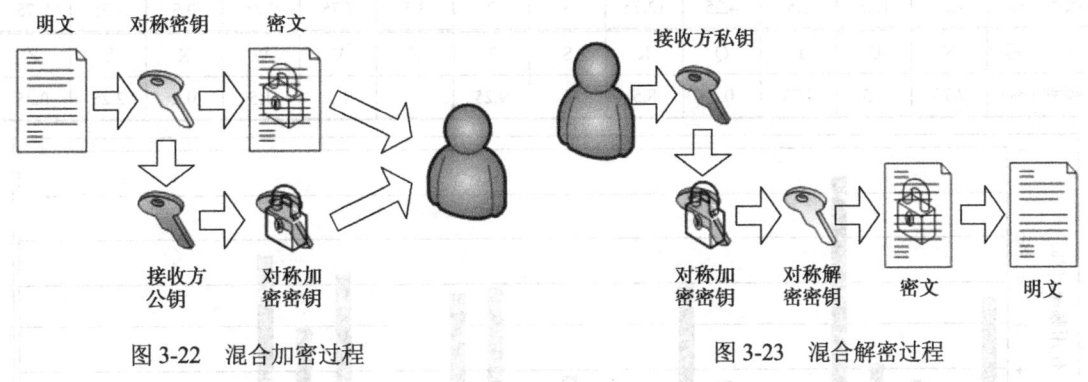

图 3-22　混合加密过程　　　　　　　　　图 3-23　混合解密过程

3.2.7　统计分析法

首先看图 3-24。

它代表什么意思呢?

看过福尔摩斯探案集的人应该会有印象——那是在《跳舞的人》(*The Dancing Men*)中出现的"小人密码"。在这个故事中,大侦探面对的难题就是要

图 3-24　《跳舞的人》剧照中"小人密码"

破译这个密码,得到图画隐含的信息从而获得破案的线索。大侦探接到这张画满小人的纸条当然不可能马上就知道是什么意思。但唯一推测到的是这一串图画代表一串单词或数字。

福尔摩斯手中如果只有这一串小人("密文"),没有更多的密文、更多的线索是无法得知其中意思的。因为如果一个小人代表一个字母,那么多个小人排在一起组成的单词就有成千上万种可能性,根本无法通过一一列举来破译。图中的 15 个小人的组合就有 26 的 15 次方种,简直是天文数字(当时并没有计算机)。再者,如果这些小人每个代表一个数字,而这些数字又恰恰对应某书(如《圣经》)中某一页的某个字呢?可能性有很多种,单单凭这一条线索来分析几乎不可能推出明文。因此,可以说这个密码是很安全的,人们无法破译——达到了"完全安全"(Perfect Security)的高度。

那么,对这个"一次一密"(One-time Pad)的难题,福尔摩斯是如何破译的呢?

绝招就是统计分析法(Statistical Analysis Method),即字母频率分析。尽管不知道是谁发现了字母频率的差异可以用于破译密码,但是 9 世纪的阿拉伯密码学家阿尔·金迪[Al-Kindi,也被称为伊沙克(Ishaq),801?—873 年,同时还是天文学家、哲学家、化学家和音乐理论家]在《关于破译加密信息的手稿》中对该技术做了最早的描述:"如果知道一条加密信息所使用的语言,那么破译这条加密信息的方法就是找出同样的语言写的一篇其他文章,大约一页纸长,然后计算其中每个字母的出现频率。将频率最高的字母标为 1 号，频率排第二的标为 2 号，第三的标为 3 号，以此类推，直到数完样本文章中所有字母。然后观察需要破译的密文，同样分类出所有的字母，找出频率最高的字母，并全部用样本文章中最高频率的字母替换，第二高频的字母用样本中 2 号替换，第三高频的字母则用 3 号替换，直到密文中所有字母均已被样本中的字母替换。"

表 3-14 和图 3-25 分别是密码学家得出的英文字母使用频率统计表和统计图。

表 3-14 英文字母使用频率统计表

字母	A	B	C	D	E	F	G	H	I	J	K	L	M
频率（%）	7.25	1.25	3.5	4.25	12.75	3	2	3.5	7.75	0.25	0.5	3.75	2.75
字母	N	O	P	Q	R	S	T	U	V	W	X	Y	Z
频率（%）	7.75	7.5	2.75	0.5	8.5	6	9.25	3	1.5	1.5	0.5	2.25	0.25

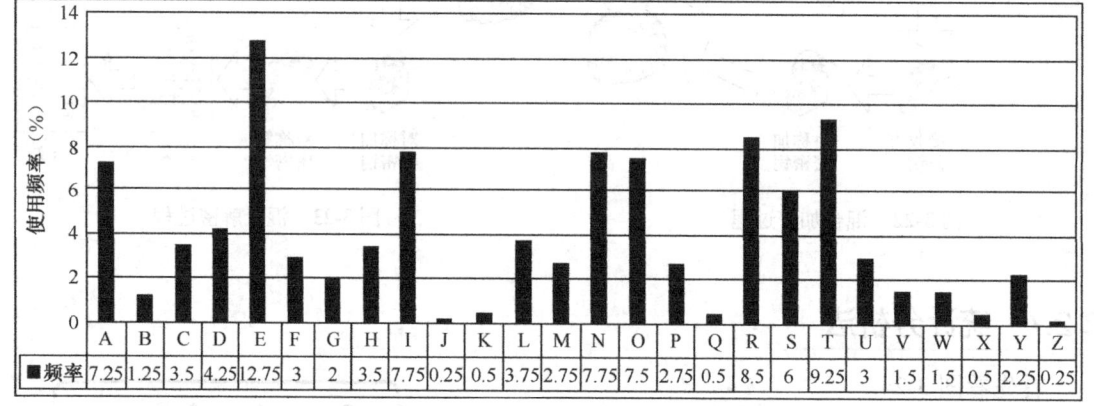

图 3-25 英文字母使用频率统计图

在 26 个字母当中，E 出现的频率是最高的，有 12.75%。在图 3-24 中，15 个小人中有 3 个是相同的，可以大胆推测这个小人就代表 E。知道的小人越多对破译密码越有利，再联系案情进行进一步的推理就能够知道图画所传达的信息了。

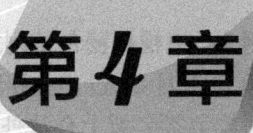

第4章

信息加密应用

"你知道我是甚么人？便好道：画虎画皮难画骨，知人知面不知心。"

——《魔合罗》

请令将帅各持破钱造牌，遇传令，合而为信。

——《武经总要》

一些微如蝴蝶振翅的小事能引起横扫半个地球的风暴。

——《混沌理论》

数字签名和标识是信息安全系统中实体（如人、进程、系统或设备）的数字化表示，建立标准体系是构建信息安全系统的基础工作之一。认证用于对抗实体的假冒攻击，提供完整性、真实性和非否认性等功能。认证包括身份认证和数据起源认证，但后者往往归结于对数据签名的验证。本章讲述用于对抗身份假冒的认证技术。一般来说，被认证者主要可以通过以下方式获得认证：①告知知道某事，如口令；②证明掌握某物，如非对称密钥或对称密钥；③展示具有的特性，如指纹和所处的网络地址。在此掌握基于这几种方式的认证技术，并在最后介绍当前最重要、最流行的一种认证技术——PKI技术。

本章的主要目的是使学生通过MD5加密解密软件的使用了解散列函数的雪崩效应，熟练掌握PGP电子邮件加密与签名、解密与验证签名方法，了解电子签名和认证机构，深刻理解数字签名的工作原理和应用领域，了解PKI及应用，熟练掌握数字证书和身份认证技术及应用。

进入网络世界，我们很难知道真实的对方，我们在不能看到对方，或听到对方，或收到对方签名的情况下，怎么辨别和信任对方呢？怎么保证我们的交易是秘密进行的呢？怎么知道指定的人得到的消息是未经篡改的呢？数字签名和认证给我们提供了一个真实的网络世界。

4.1 两个案例

案例1 央视揭秘色情网站如何利用数字签名披上合法外衣

2010年1月29日,央视新闻频道《新闻直播间》栏目播放了一期节目,报道了色情网站如何利用数字签名披上合法外衣。以下是报道的部分内容(有删改)。

在生活中,每个人都有一个身份证,其实正版的计算机软件也有一个身份证件,叫作数字证书。长久以来,有数字证书的程序被认作一个安全的程序,也得到了网络安全公司和网民的信任。但是最近网络上出现了数字签名恶意的软件"午夜影院",而且软件当中还隐藏着色情网站。

当安装该软件时,桌面上的微软IE浏览器不见了,取而代之的是一个相同的标记,如果点开的话,会发现它的主页已经变更了,很难修复回来。安装后的软件难以卸载,篡改IE首页,不停地弹出广告。这些就是典型的恶意流氓软件行为。打开自动弹出网站,直接链接到多个色情网站。不可想象的是,这样一个软件居然拥有全球备受信任的第三方和证书授权中心Verisign(威瑞信)公司颁布的数字签名。数字签名显示,软件的发布者是一个叫作中诺世纪的公司。

Verisign公司是全球的CA中心,相当于一个认证中心。它给每一个合法企业颁发一个代表他企业的证书,代表企业的真实身份。企业对它所需要颁发的代码或电子文件做一个数字签名,以证明这段代码和这段文字是企业认证过的。有数字签名相当于在这个文件或软件上盖了一个章,向用户表明这是我做的,可以直接找到我。

当网民对将要安装的程序无法确定是否安全的时候,都会使用杀毒软件对其进行扫描。一般情况下,杀毒软件不会对有数字签名的软件进行查杀和安全提示,而直接给予信任评级。由于网民的最后一道安全防线杀毒软件给予信任,具有数字签名的程序的下载量通常很高。据360安全卫士监测,这款叫作"午夜影院"的软件,在网络上的日下载量达到了60万次。

数字签名发售企业北京天威诚信电子商务服务有限公司(以下简称天威诚信公司)相关负责人介绍说,当企业出现违规行为时可以吊销其数字证书。天威诚信公司时任副总裁李延昭说,"我们有吊销机制,类似银行的黑名单吊销机制。我们所发出去的每一张证书都是有实效的,如一年、三年、五年。我发现这个企业,比如说跟申请证书当时的情况发生了巨大的变化,比如说企业倒闭了,或者说企业用证书签了一些非法的东西,我们可以给它吊销"。

案例2 著名证书颁发机构遭受黑客入侵

2014年3月,黑客入侵著名证书颁发机构Comodo公司,偷走了7个Web域共9个数字证书,包括mail.google.com、addons.mozilla.org和login.yahoo.com等,由于信任链的破裂,数百万的用户遭到了中间人攻击。同一年,荷兰的证书颁发机构DigiNotar同样遭到了黑客入侵,颁发了大量的伪造证书,这些伪造的数字证书被用于攻击约300000个伊朗用户的Gmail账户。

2014年3月24日,微软公司发出安全公告:数字证书颁发机构Comodo所发出的9个安全数字证书,是在第三方机构未提供充分身份认证的情况下签署的。微软公司于当日凌晨发布了编号为KB2524375的紧急安全更新,并提示用户下载安装,将这些冒领的欺骗性安全数字证书挡在门外,保证网民的上网安全。

4.2 认识散列函数

4.2.1 散列函数

1. 散列函数举例

散列函数，也称为 Hash 函数（Hash Function）、Hash 算法（Hash Algorithm）、散列算法或消息摘要算法（Message Digest Algorithm），是一种加密形式，主要适用于数字签名标准（Digital Signature Standard，DSS）里面定义的数字签名算法（Digital Signature Algorithm，DSA）。它可在获取明文输入后将其变换为固定长度的加密输出（称为消息摘要）。此摘要是一组固定长度的位，这些位用作原始消息的唯一"数字指纹"。例如，对于长度小于 264 位的消息，SHA-1 会产生一个 160 位的消息摘要。如果原始消息发生变化，并且重新用散列函数来处理，则会产生不同的签名。该算法可以敏感地检测到数据是否被篡改。消息摘要可以用来保护数据的完整性。散列函数处理流程如图 4-1 所示。

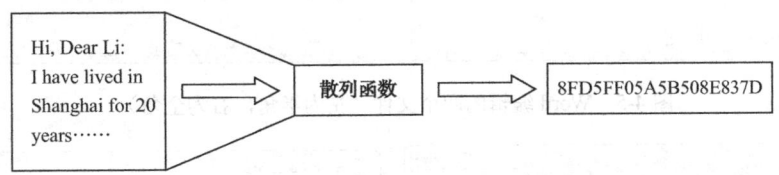

图 4-1　散列函数处理流程

SHA（Secure Hash Algorithm）可以对字符串和文件生成 SHA 值，图 4-2 所示为 SHA 生成的消息摘要。SHA 由 SHA-0、SHA-1 和 SHA-2 算法组成，而 SHA-2 家族包含 SHA-224、SHA-256、SHA-384 和 SHA-512 系列。

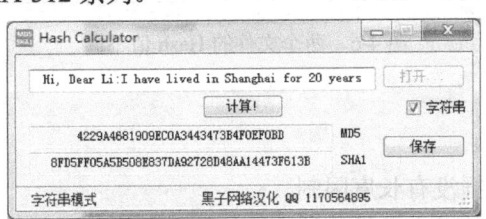

图 4-2　SHA 生成的消息摘要

当两个文件内容相同，而文件名、扩展名、创建日期不同时，这两个文件的 Hash 值（消息摘要）是否相同呢？

举个例子，打开记事本（Notepad），输入"上海人民欢迎您！"，如图 4-3 所示，并分别存为 sh_01.txt 和 sh_02.txt。

图 4-4 显示，两个内容相同的文件尽管文件名不同，但它们的 Hash 值是一样的。

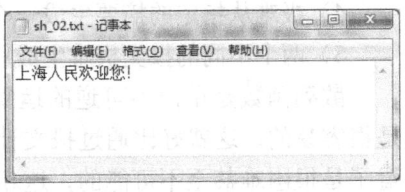

图 4-3　记事本

注意，全角和半角区别很大。图 4-5 所示为 Word 编辑的两个文件（左为半角，右为全角），输入内容均为"上海人民欢迎您！"，分别保存为 sh_01.doc 和 sh_02.doc。两个文件的 Hash 值是不同的，如图 4-6 所示。

 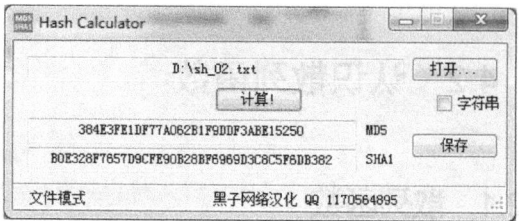

图 4-4　Hash 值（消息摘要）相同

图 4-5　Word 编辑的两个文件（左为半角，右为全角）

 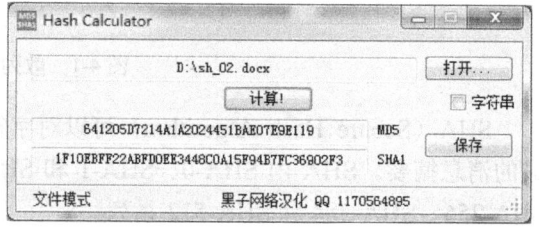

图 4-6　两个文件的 Hash 值不同

2. 散列函数的特点

散列函数的特点如下。

1）接收的输入报文数据没有长度限制。

2）对输入的任何长度的报文数据能够生成该报文固定长度的摘要（数字指纹）输出。

3）能方便地算出报文的摘要。

4）极难从指定的摘要生成一个报文，而由该报文又反推算出该指定的摘要。

5）两个不同的报文极难生成相同的摘要。

散列函数是单向不可逆的运算过程，形象地说就像"摔盘子"：把一个完整的盘子摔烂是很容易的，这就好比通过报文计算消息摘要的过程；而想通过盘子碎片还原出一个完整的盘子是很困难甚至不可能的，这相当于想通过消息摘要找出报文的过程。曾有数学家通过计算得出，如果取摘要 $h(m)$ 的长度为 128 位，则任意两个报文 M1、M2 具有完全相同的 $h(m)$ 的概率约为 $1/2^{128}$，即近于零的重复概率。而当取 $h(m)$ 为 384 位乃至 1024 位时，则 $h(m)$ 更是不可能重复了。

另外，若报文 M1 与报文 M2 全等，则有 $h(m1)=h(m2)$，若只将 M2 或 M1 中的任意一位改变了，则其结果将导致 h(m1)与 h(m2)中有一半左右对应位的值都不相同。这种发散特性使电子数字签名很容易发现（验证签名）报文关键位的值是否被篡改。

3. 散列函数在信息安全方面的应用

目前常用的散列函数有 MD5（128 位）和 SHA-1（160 位）等。散列函数在信息安全方面的应用主要体现在以下 3 个方面。

1）文件检验。比较熟悉的奇偶校验和 CRC 检验算法都没有抗数据篡改的能力，只能检测并纠正数据传输中的信道误码，但不能防止对数据的恶意破坏。MD5 的"数字指纹"特性，使它成为目前应用最广泛的一种文件完整性检验和 Checksum 算法。

2）数字签名。由于非对称密码算法的运算速度较慢，所以在数字签名协议中，单向散列函数扮演了一个重要的角色。

3）鉴权协议。鉴权协议（Authentication Protocol）又被称作"挑战-认证模式"，在传输信道可被侦听但不可被篡改的情况下，这是一种简单而安全的方法。

4.2.2 散列函数的应用——MD5

MD5 的全称是 Message-Digest Algorithm 5（消息-摘要算法），在 20 世纪 90 年代初由麻省理工计算机科学实验室和 RSA 数据安全有限公司的 Ronald L. Rivest 开发出来，经 MD2、MD4 发展而来。它的作用是让大容量信息在用数字签名软件签署私人密匙前"压缩"成一种保密的格式（就是把一个任意长度的字节串变换成一定长的大整数）。在 Internet RFCs 1321 中有这 3 个算法和 C 语言源代码的详细描述。

Rivest 在 1989 年开发出 MD2。后来 Rogier 和 Chauvaud 发现如果忽略了检验和将产生 MD2 冲突。为了加强算法的安全性，Rivest 在 1990 年又开发出 MD4。一年后，Rivest 开发出技术上更为趋近成熟的 MD5。

Van Oorschot 和 Wiener 曾经考虑过一个在散列中暴力搜寻冲突的函数（Brute-Force Hash Function），而且他们猜测一个专门用来搜索 MD5 冲突的机器（这台机器在 1994 年的制造成本大约是一百万美元）可以平均每 24 天就找到一个冲突。但单从 1991—2001 年这 10 年间，竟没有出现替代 MD5 的新算法这一点，就可以看出这个瑕疵并没有太多影响 MD5 的安全性。上面所有这些都不足以成为 MD5 在实际应用中的问题。另外，由于使用 MD5 不需要支付任何版权费用，所以在一般的情况下（非绝密应用领域，但即使是应用在绝密领域内，MD5 也不失为一种非常优秀的中间技术），MD5 应该算得上是非常安全的。

然而，2004 年 8 月 17 日，在美国加州圣巴巴拉召开的国际密码学会议（Crypto'2004）安排了 3 场关于 Hash 函数的特别报告。在国际著名密码学家 Eli Biham 和 Antoine Joux 相继做了对 SHA-1 的分析与给出 SHA-0 的一个碰撞（冲突）之后，来自山东大学的王小云教授做了破译 MD5、HAVAL-128、MD4 和 RIPEMD 算法的报告。她的报告轰动了全场，得到了与会专家的赞叹。

不久，荷兰 Leiden 大学密码学家 Hendrik W. Lenstra 利用王小云提供的 MD5 碰撞（冲突），伪造了符合 X.509 标准的数字证书，这就说明了 MD5 的破译已经不仅是理论破译结果，而是可以导致实际的攻击，MD5 的撤出迫在眉睫。

例 4-1　MD5 加密实验

图 4-7 中左图所示为 MD5 加密与检验工具 MD5Verify 生成字符串"Welcome to Shanghai 2018"的 Hash 值（MD5 密文），右图所示为密文检验对话框。图 4-8 所示为一个文件的 MD5 密文。

图 4-7 MD5 加密与检验工具

例 4-2 MD5 加密破解实验

MD5Crack 是一款能够破解 MD5 密文的小工具。首先，使用 MD5Veriry 对数字"12345"加密生成密文，如图 4-9 所示。将图 4-9 中密文复制到 MD5Crack 中，并设置字符集为"数字"，单击"开始"按钮进行 MD5 破解，如图 4-10 所示。由于原来的 MD5 明文数字比较简单，只用 18s 即可完成破解。若明文为字符串"Shanghai Expo 2010"，则破解将花费非常长的时间。表 4-1 说明了 MD5 具有较高的安全性，实验环境为 HP Intel Core (TM) Duo CPU T6570，2.1GHz，2GB，Windows XP Professional 2002 SP3。

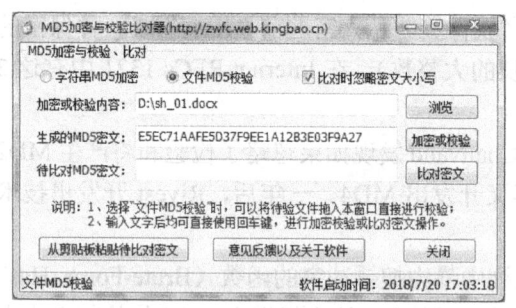

图 4-8 一个文件的 MD5 密文

图 4-9 对数字"12345"加密生成密文

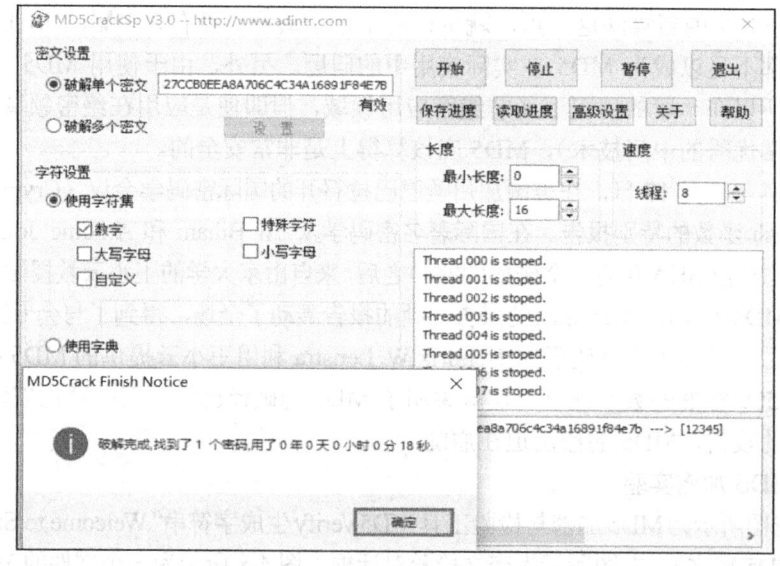

图 4-10 使用 MD5Crack 破解密文

表 4-1　不同长度字符串产生的 MD5 密文破解所需时间

明　文	MD5 密文	破解时间（s）
S	5DBC98DCC983A70728BD082D1A47546E	1.375 000
SHA	2137698D1E326E69BCEBFE0D3982158C	1.390 000
SHANG	B5E790A351A3A66C0324D7B8E49DF43F	4.562 000
SHANGHAI	B5E790A351A3A66C0324D7B8E49DF43F	139 675.329 000
SHANGHAIEXPO2010	6BAA9BBA4447905A6720AD04EA6700CB	1 个月以上

MD5 具有单向不可逆性，同时具有雪崩特性。雪崩特性是指明文的微小变化能引起密文（Hash 值）的很大变化（如表 4-1 所示），反之，密文的很小变化也能引起明文的很大变化。如图 4-11 所示，"123456" 和 "123457" 相差个位数字，但它们的密文 "E10ADC3949BA59ABBE 56E057F20F883E" 和 "F1887D3F9E6EE7A32FE5E76F4A B80D63" 相差甚远。

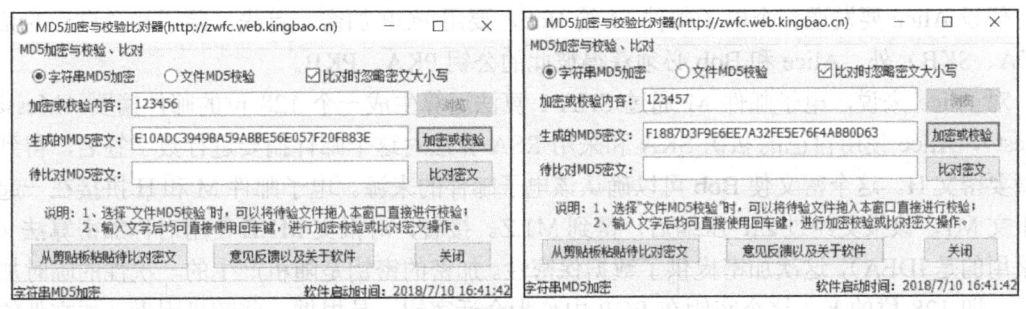

图 4-11　相近两个明文其密文相差甚远

若只将明文 "1" 的密文 "C4CA4238A0B923820DCC509A6F75849B" 最后一位 "B" 改为 "C"，则无法在 16 位数以内破解出数字明文。

4.3　PGP 加密与使用

4.3.1　PGP 的工作原理

PGP（Pretty Good Privacy）是由美国人菲利普·R.齐默尔曼（Philip R. Zimmermann）开发并于 1991 年在 Internet 上免费发布的一个基于 RSA 非对称加密算法和对称加密算法的电子邮件加密软件包。PGP 不仅可以对电子邮件加密，而且具备对文件、磁盘、即时通信等的加密功能，强度高达 4096 位，是目前号称世界上最安全的加密软件。其功能主要有两个方面：①PGP 可以对所发送的电子邮件进行加密，以防止非授权用户阅读，保证信息的机密性（Privacy）；②PGP 可以对所发送的电子邮件进行数字签名，从而使接收者确认电子邮件的发送者，并确信电子邮件没有被篡改或伪造，也就是保证信息的认证性（Authentication）。

在密钥管理方面，PGP 让用户可以安全地和从未见过的人们通信，事先并不需要任何保密的渠道来传递密钥。PGP 系统采用了审慎的密钥管理机制，这是一种非对称加密和对称加密的 Hash 算法，用于数字签名的邮件摘要算法、加密前压缩等。

PGP 系统并没有引入新的算法，只是将现有的一些被全世界密码学专家公认较安全而且可依赖的几种基本密码算法（如 IDEA、RSA、DH、SHA-1 等）组合在一起，把非对称加密算法的方便性和对称加密算法的高速性结合起来，并且在数字签名和密钥认证管理机制上进行巧妙的设计。下面结合前面所学过的知识简单介绍 PGP 系统的工作原理，如图 4-12 所示。

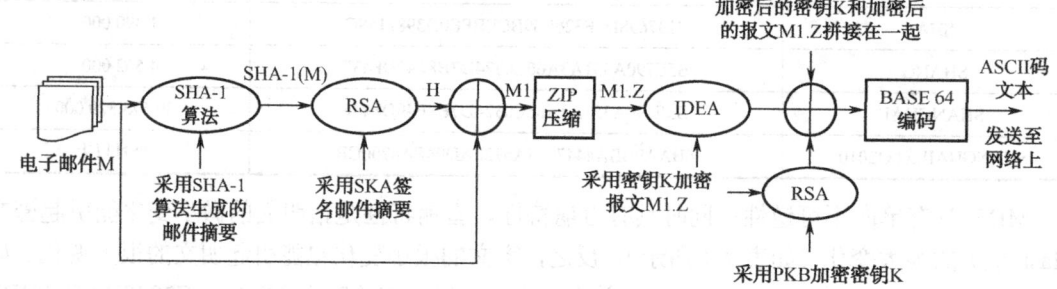

图 4-12 PGP 系统的工作原理示意图

假设 Alice 要发送一个电子邮件 M 给 Bob，要用 PGP 加密。首先，除了知道自己的私钥（SKA、SKB）外，Alice 和 Bob 必须获得彼此的公钥 PKA、PKB。

对 Alice 来说，电子邮件 M 通过 SHA-1 算法运算生成一个 128 位的邮件摘要（Message Digest），Alice 使用自己的私钥 SKA 和采用 RSA 算法对这个邮件摘要进行数字签名，得到邮件摘要密文 H。这个密文使 Bob 可以确认该电子邮件的来源。电子邮件 M 和 H 拼接在一起产生报文 M1，该报文经过 ZIP 压缩后，得到 M1.Z。接着，对报文 M1.Z 使用对称加密算法（这里采用的是 IDEA），这次加密提供了数据保密性。加密的密钥是随机产生的一次性的临时加密密钥，即 128 位的 K，这个密钥在 PGP 中称为会话密钥，是根据一些随机因素（如文件的大小、用户敲键盘的时间间隔）生成的。此外，该密钥 K 必须通过 RSA 算法和使用 Bob 的公钥 PKB 进行加密，以确保消息只能被 Bob 的相应私钥解密，这种规定提供了身份验证。加密后的密钥 K 和加密后的报文 M1.Z 拼接在一起，用 BASE 64 进行编码，编码的目的是得出 ASCII 码文本，然后通过网络发送给对方。

接收端解密的过程刚好和发送端相反。Bob 收到加密的电子邮件后，首先使用 BASE 64 解码，并用其 RSA 算法和自己的私钥 SKB 解出用于对称加密算法的密钥 K，然后用该密钥恢复出 M1.Z。接着，对 M1.Z 进行解压后还原出 M1，在 M1 中分解出明文 M 和加密后的邮件摘要，并用 Alice 的公钥 PKA 恢复出邮件摘要。最后，比较该邮件摘要和 Bob 自己计算出来的邮件摘要是否一致，如果一致则可以认为 M 确实是 Alice 发出的电子邮件。

这样的链式加密做到了既有非对称加密算法的保密性，又有对称加密算法的快捷性，是 PGP 系统创意的一个方面。

PGP 系统创意的另一个方面体现在密钥管理上。一个成熟的加密体系必然要有一个成熟的密钥管理机制配套。公钥体制的提出就是为了解决对称加密算法的密钥难保密的问题。网络上的黑客们常用的手段是"监听"，如果密钥是通过网络直接传送的，那么黑客就很容易获得这个密钥。对 PGP 来说，公钥本来就要公开，不存在防监听的问题。

最后介绍一下 PGP 中加密前的 ZIP 压缩处理。PGP 内核使用 PKZIP 算法来压缩加密前的明文。一方面，对电子邮件而言，压缩后加密再经过 7 位编码后，密文有可能比明文更短，节省了网络传输的时间。另一方面，明文经过压缩，实际上相当于经过一次变换，信息变得更加杂乱无章，对明文攻击的抵御能力更强。PGP 中使用的 PKZIP 算法是一个公认的压缩率和压缩速度都相当好的压缩算法，PGP 中使用的是 PKZIP 2.0 版本兼容的算法。

4.3.2 PGP 软件包的使用

PGP 加密软件包是一个免费软件,可用于对文件、电子邮件、磁盘等进行加密。在常用的 WinZIP、Word、ARJ、Excel 等软件的加密功能均可被破解时,选择 PGP 对自己的私人文件、电子邮件、磁盘进行加密不失为一个好办法。除此之外,还可以和同样装有 PGP 的用户互相传递加密文件,安全性十分可靠。PGP8.1 的安装过程很简单,和一般软件的安装过程一样。如果是一个新用户,没有已经存在的PGP密钥,则在图4-13所示的对话框中选中"No, I'm a New User."单选按钮,否则选中"Yes, I already have keyings."单选按钮。

然后,在图 4-14 所示的对话框中选择所需安装的组件。例如,如果选择"PGPmail for Microsoft Outlook Express"选项,就可以在 Outlook Express 中直接用 PGP 加密电子邮件的内容。

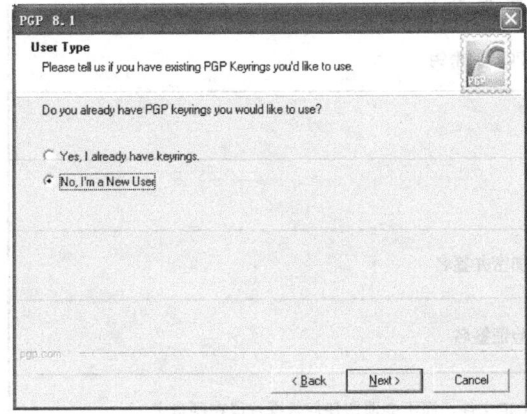

图 4-13 PGP 安装(选择用户类型)

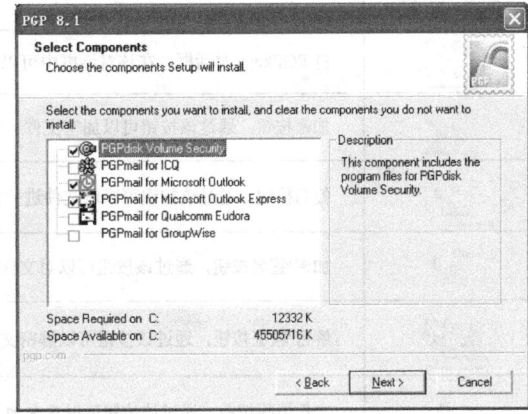

图 4-14 PGP 安装(选择组件)

最后,必须重新启动计算机以完成PGP8.1 的安装。

重新启动计算机后,用户可以通过执行"开始"→"程序"→"PGP"命令找到PGP 软件包的工具盒。在操作系统任务栏的右下方可以看到一个锁状的 PGP 图标,如图 4-15 中左图所示。PGP 菜单如图 4-15 中右图所示。

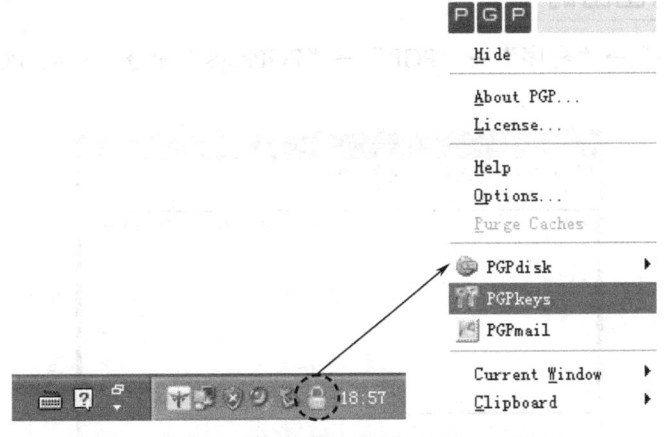

图 4-15 任务栏中的 PGP 图标(左)及其菜单(右)

第一次使用 PGP 时，需要用户输入注册信息，用户需要填入用户名和组织名称，并输入相应的注册码。作为个人用户，可单击"Later"按钮，此时用户可以使用 PGPmail、PGPkeys 和 PGPdisk 的功能。图 4-16 所示为 PGPmail 工具栏和 PGPdisk 菜单。

图 4-16　PGPmail 工具栏（左）和 PGPdisk 菜单（右）

PGPmail 命令按钮与功能如表 4-2 所示。

表 4-2　PGPmail 命令按钮与功能

命 令 按 钮	实 现 功 能
	打 PGPkeys 对话框，在该对话框中可以管理 PGP 的密钥
	加密按钮，通过该按钮可以加密文件
	签名按钮，通过该按钮可以对文件进行签名
	加密/签名按钮，通过该按钮可以对文件进行加密并签名
	解密/验证按钮，通过该按钮可以解密文件并验证签名
	文件清除按钮，通过该按钮可以永久地删除指定文件，而不会遗留任何数据片段在硬盘上
	硬盘空间清除按钮，通过该按钮可以永久地删除指定硬盘分区上的所有文件

表 4-2 中前面 5 个按钮的详细功能将在后面的章节中介绍，后面两个按钮的功能相对简单，这里就不详细介绍了，读者可以通过做实验自己学习，注意要小心操作，以免误删文件。

4.3.3　创建并导出密钥

1）选择"开始"→"程序"→"PGP"→"PGPkeys"命令，启动 PGPkeys，如图 4-17 所示。

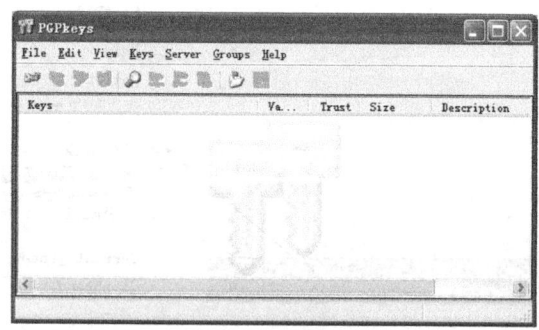

图 4-17　PGPkeys 启动界面

2）选择"Keys"→"New Key…"命令，或者单击第一个小图标，弹出"PGP Key Generation Wizard"对话框，单击"下一步"按钮，开始创建密钥（对）。

3）在"Name and Email Assignment"界面中，输入全名和电子邮件地址（每一对密钥都对应着一个确定的用户，用户名不一定要真实，但是要方便通信者看到该用户名后能知道这个用户名对应的真实的人；电子邮件地址也是一样，不需要真实，但是要能方便与用户通信的人在多个公钥中快速找出用户的公钥），如图4-18所示。完成后单击"下一步"按钮。

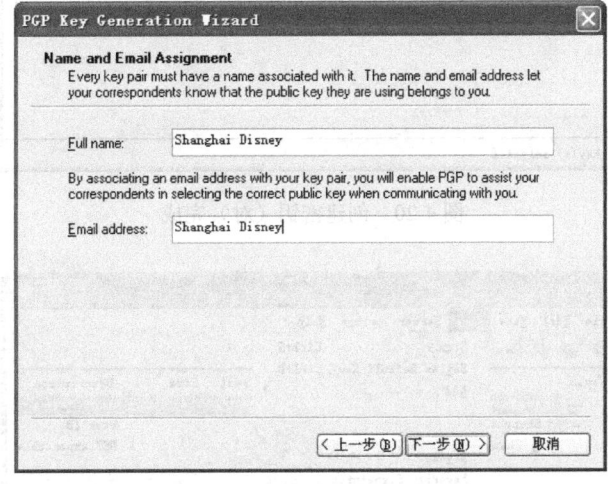

图4-18　创建密钥（对）界面

4）在"Passphrase Assignment"界面中，在要求输入 Passphrase 的文本框中输入 Passphrase 并再次确认，这里的 Passphrase 可以理解是保护自己私钥的密码。完成后单击"下一步"按钮，进入"Key Generation Progress"界面，等待密钥（对）生成完毕，如图4-19所示。

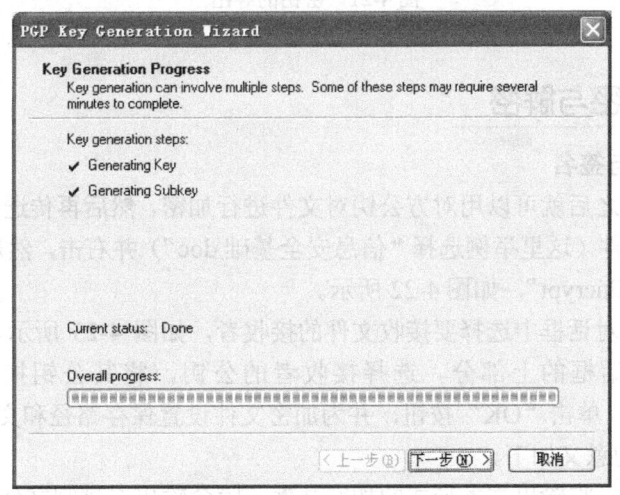

图4-19　密钥（对）生成过程

5）在 PGP 完成创建密钥（对）后，单击"下一步"按钮，再单击"完成"按钮，打开 PGPkeys 主界面，显示出创建的密钥（对），如图4-20所示。

6）把公钥作为一个文件保存在硬盘上，并把公钥文件作为电子邮件附件发送给希望进行安全通信的联系人。选择"Keys"→"Export…"命令即可导出密钥,如图 4-21 所示。

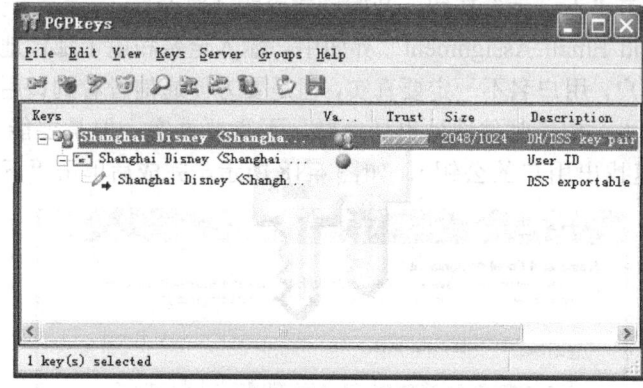

图 4-20 创建密钥(对)完成

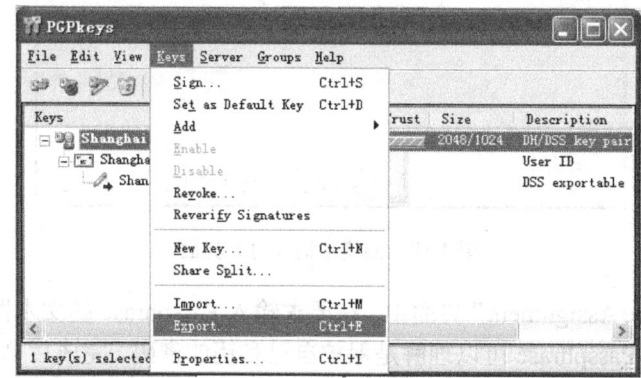

图 4-21 密钥的导出

4.3.4 文件的加密与解密

1. 文件的加密与签名

有了对方的公钥之后就可以用对方公钥对文件进行加密,然后再传送给对方。具体操作如下:选中要加密的文件(这里举例选择"信息安全基础.doc")并右击,然后在弹出的快捷菜单中选择"PGP"→"Encrypt",如图 4-22 所示。

然后在密钥选择对话框中选择要接收文件的接收者,如图 4-23 所示。注意,用户所持有的密钥全部列在对话框的上部分,选择接收者的公钥,将其公钥拖到对话框的下部分("Recipients"部分),单击"OK"按钮,并为加密文件设置保存路径和文件名。

图 4-23 中参数的意义如下。
- "Text Output":将输出文本形式的加密文件,隐含输出二进制文件。
- "Wipe Original":彻底销毁原始文件,此项应慎重使用,因为如果忘了密码,则无法打开。
- "Conventional Encryption":将用传统的 DES 方法加密,不用公钥系统。只能留在本地自己看,隐含使用公钥系统加密。
- "Self Decrypting Archive":将创建一个自动解密文件,加密和解密用的是同一个会话密钥,主要用于和没有安装 PGP 的用户交换密文。

 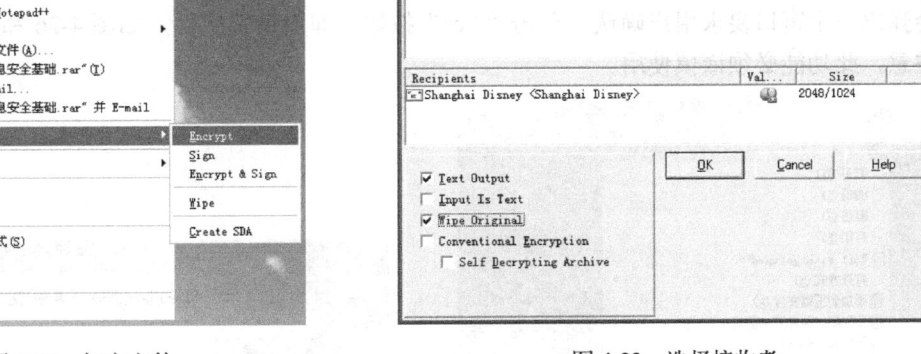

图 4-22 加密文件　　　　　　　　　　图 4-23 选择接收者

若要对文件进行签名，可在右键快捷菜单中选择"PGP"→"Sign"命令。用户可在"Signing Key"中选择签名人，因为签名要用到签名人的私钥，所以需要输入保护私钥的口令。此口令是生成密钥时输入的一个长度至少为 8 字符且包含非字母字符的字符串。签名后形成的文件为"*.sig"。双击该文件即可核对签名人的身份。

若用户在右键快捷菜单中选择"PGP"→"Encrypt & Sign"命令，则可同时完成加密与签名，步骤与上述相似。

上述操作完成后，桌面上原来的文件图标消失，而出现加密后的文件图标（之前举例所选的文件图标 变成加密后的文件图标 ）。

用户可将加密文件和签名文件作为电子邮件的附件发送给其他人。如果用户的电子邮件软件已经安装了 PGP 插件，那么加密和签名的操作可以在电子邮件软件中进行。

2. 文件的解密

对方接收到该加密文件后，选中该文件并右击，在弹出的快捷菜单中选择"PGP"→"Decrypt & Verify"命令或双击加密文件图标，如图 4-24 所示。

在图 4-25 所示的对话框中，输入私钥的密码（如 Shanghai Disney），单击"OK"按钮即可，然后为已经解密的明文文件设置保存路径和文件名。保存后，即可直接查看明文。

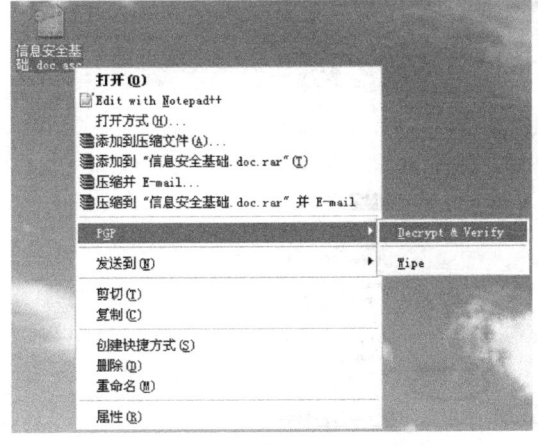 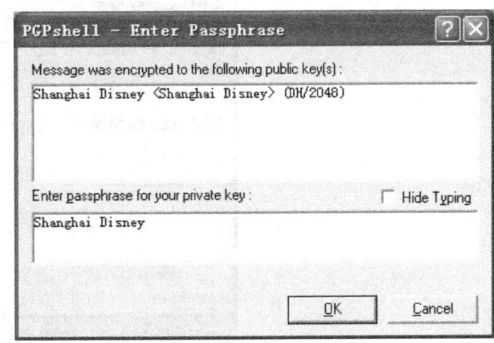

图 4-24 文件的解密（注意图标变化）　　　　图 4-25 输入私钥

4.3.5 使用 PGP 销毁秘密文件

文件的销毁操作很简单。右击文件名，在弹出的快捷菜单中选择"PGP"→"Wipe"命令，会弹出一个窗口要求用户确认，单击"Yes"按钮，即可销毁文件，如图 4-26 和图 4-27 所示。注意，此功能必须谨慎使用。

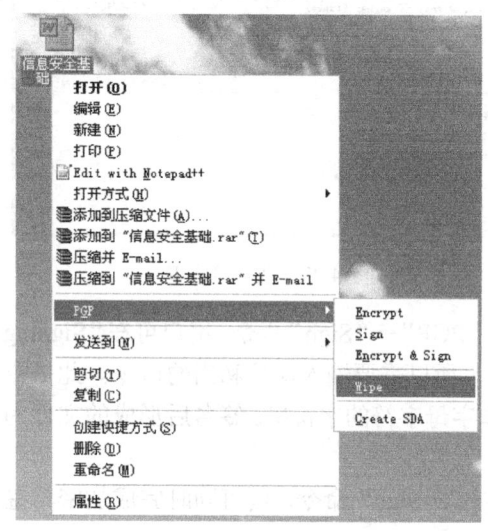

图 4-26 文件销毁命令

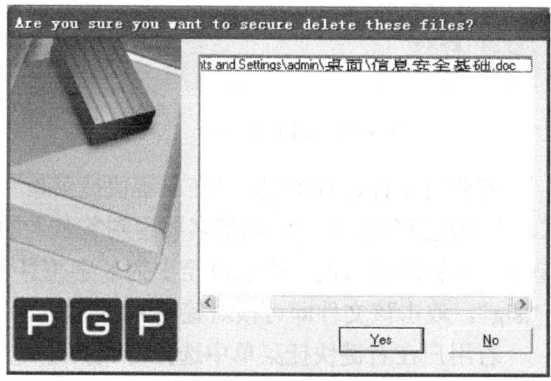

图 4-27 销毁文件界面

4.3.6 PGP 电子邮件加密与签名、解密与验证签名

1. 加密与签名

使用 PGP 对电子邮件内容加密、签名的操作原理和对文件的加密、签名一样，都是使用对方的公钥进行加密，而使用自己的私钥进行签名，对方收到后使用自己的私钥进行解密，而使用对方的公钥进行签名验证。先将要加密、签名的电子邮件内容复制到剪贴板中，然后选择操作系统右下角 PGP 图标中的"Clipboard"→"Encrypt & Sign"命令，如图 4-28 所示。

图 4-28 使用"Encrypt & Sign"命令对电子邮件进行加密和签名

在随后出现的对话框中，和对文件的操作一样，使用对方的公钥进行加密，使用自己的私钥进行签名，如图 4-29 和图 4-30 所示。PGP 动作完成后，会将加密和签名的结果自动更新到剪贴板中。

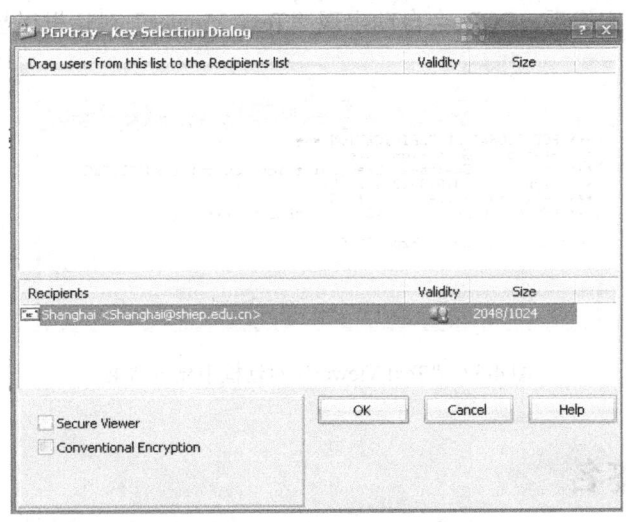

图 4-29　加密密钥选择对话框

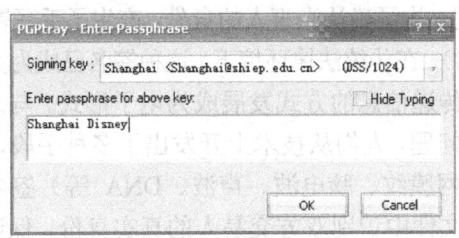

图 4-30　输入私钥

此时回到电子邮件编辑状态，只需要将剪贴板中的内容粘贴过来，就会得到加密和签名后的电子邮件，如图 4-31 所示。

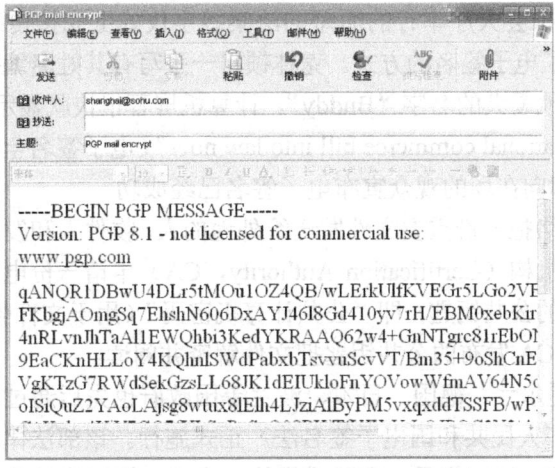

图 4-31　加密和签名后不可识别的文件

2. 解密与验证签名

对方收到加密和签名电子邮件后，同样先将电子邮件内容复制到剪贴板中，然后选择操作系统右下角 PGP 图标中的"Clipboard"→"Decrypt & Verify"命令完成解密和验证签名。

解密和验证签名完成后，PGP 会自动出现"Text Viewer"对话框以显示结果，如图 4-32 所示。

图 4-32 "Text Viewer"对话框中显示结果

4.4 电子签名

自人类文明兴起以来，人们进行信息传递的方式，首先是口头表达，继而发展成书面形式，即当事人以书面文本表达意思。为了确认当事人的身份，产生了手写署名和印章，统称为签名（称为传统签名，有别于电子签名）。在传统法律环境下，这种签名已成为大多数社会活动的法定要件。

随着网络的普及，人们传递信息的方式发展成为电子形式。与之相适应，为了解决网络环境下交易当事人的身份确认问题，人们从技术上开发出了多种手段，如计算机口令、数字签名、生物技术（指纹、掌纹、视网膜纹、脑电波、声波、DNA 等）签名等。上述这些手段，统称为电子签名，它能够在电子文件中识别双方交易人的真实身份，保证交易的安全性、真实性及不可抵赖性，起到手写签名或者盖章同等的作用。

美国前总统比尔·克林顿（Bill Clinton）于 2000 年 6 月 30 日正式签署的《电子签名法案》（*Electronic Signature Law*）是网络时代的重大立法，它使电子签名和传统的亲笔签名具有同等法律效力，被看作美国迈向电子商务时代的一个重要标志。

克林顿当天在费城国会大厅举行的简短的法案签字仪式上先按传统方式签署了自己的名字，之后，便率先使用了电子签名的方式。克林顿将一张写有其姓名编码的电子卡片插入计算机中，然后输入密码：他爱犬的名字"Buddy"。计算机屏幕很快就显示出一行字："Electronic signatures in global and national commerce bill into law now"（电子签名全球和全国商务法案现已成为法律）。克林顿随即向在场的观众宣布电子签名已经成功。

如果有人想通过网络把一份重要文件发送给外地的人，收件人和发件人都需要向美国政府指定的一个许可证授权机构（Certification Authority，CA）申请一份电子许可证。这份加密的证书包括申请者在网上的公共钥匙，即"公共计算机密码"（用于文件验证）。在收到加密的电子文件后，收件人使用 CA 发布的公共钥匙把文件解密并阅读。

2000—2001 年，爱尔兰、德国、日本、波兰等国政府也先后通过各自的电子签名法案。2005 年 4 月 1 日《中华人民共和国电子签名法》正式施行。该部法律规定，消费者可用手写签名、公章的"电子版"、秘密代号、密码或指纹、声音、视网膜结构等安全地在网上付款、交易及转账。

电子签名目前主要有 3 种模式：IC 卡式、密码式和生物特征式。实际应用中，大多是将两种或三种模式结合在一起使用的。

1）IC 卡式：使用者拥有一个像信用卡似的磁卡，内存有与自己有关的数字信息，使用时只要在计算机扫描器上一扫，即可输入自己设定的密码。

2）密码式：使用者设定一个密码。有的公司提供硬件，让使用者利用电子笔在电子板上签名后存入计算机。电子板不仅记录了签名的形状，而且对使用者签名时用的力度、写字速度都有记载，可以提高安全性。

3）生物特征式：以使用者的身体特征为基础，通过某种设备对使用者的指纹、面部、视网膜或虹膜进行数字识别，从而确定对象是否与原使用者相同。

电子签名技术的实现需要使用公钥密码算法（如 RSA 算法）和报文摘要（即数字指纹，Hash 算法）。

实现电子签名的技术手段有很多种，但目前比较成熟并在其他国家普遍使用的电子签名技术还是基于 PKI（Public Key Infrastructure）的公钥加密技术。

4.5 数字签名

数字签名是电子签名的一种，即采用非对称密钥加密技术实现的电子签名。它用于鉴定签名人的身份及对一项电子数据内容的认可，还能验证出文件的原文在传输过程中有无变动，确保传输电子文件的完整性、真实性和不可抵赖性。

一个安全有效的数字签名具备以下 5 个特性。

1）可信性：文件的接收方相信签名者在文件上的数字签名，相信签名人认可文件的内容。

2）不可伪造性：除签名人以外的任何其他人不能伪造签名人的数字签名。

3）不可重用性：签名是被签文件不可分割的一部分，该签名不能转移到别的文件上。

4）不可更改性：除了发送方的其他任何人不能伪造签名，也不能对接收或发送的信息进行篡改、伪造。若文件更改，则其签名也会发生变化，使得原先的签名不能通过验证，从而使文件无效。

5）不可抵赖性：签名人在事后不能否认其对某个文件的签名。

满足上述 5 个条件的数字签名技术就可以解决对网络上传输的报文进行身份验证的问题。为此，经常采用公钥技术进行数字签名。

信息发送方 Alice 使用公钥密码算法的主要技术产生别人无法伪造的一段数字串。Alice 用自己的私钥加密数据后传给接收方 Bob，Bob 用 Alice 的公钥解开数据后，就可确定消息来自 Alice，同时也是对 Alice 发送的信息的真实性的一个证明，Alice 对所发信息不能抵赖。

在实际应用中，数字签名协议过程如下：发送方 Alice 将要传送的明文通过 Hash 函数计算变换成报文摘要（或称数字指纹），报文摘要用私钥加密后与明文一起传送给接收方 Bob，Bob 用 Alice 的公钥来解密报文摘要，再将收到的明文产生新的报文摘要与 Alice 的报文摘要比较。若比较结果一致，则表示明文确实来自期望的 Alice，并且未被改动；如果比较结果不一致，则表示明文已被篡改或不是来自期望的 Alice。数据签名的工作原理和过程如图 4-33 所示。

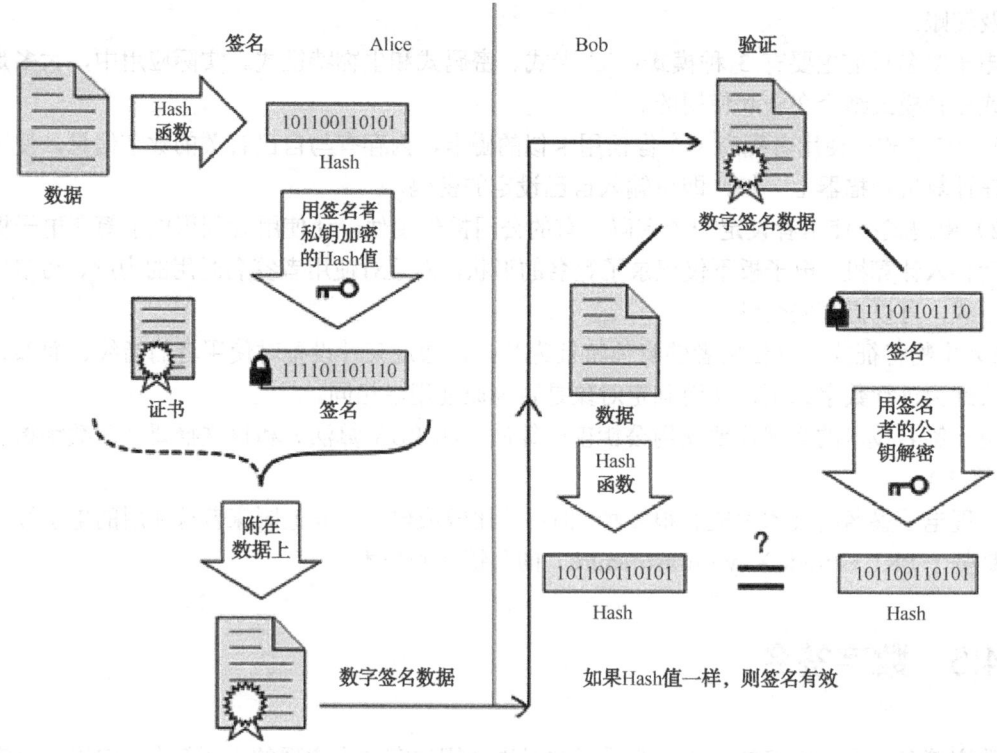

图 4-33 数字签名的工作原理和过程

实现数字签名有很多方法,除了上面提到的 Hash 函数外,目前数字签名采用较多的是公钥加密技术,如 PKCS(Public Key Cryptography Standards)、DSA(Digital Signature Algorithm)、X.59、PGP。1994 年,美国国家标准与技术研究院(National Institute of Standards and Technology,NIST)公布了数字签名标准(Digital Signature Standard,DSS)而使公钥加密技术广泛应用。

4.6 认证机构 CA

CA 是认证机构的国际通称,是公钥基础设施(Public Key Infrastructure,PKI)的核心部分,它是对数字证书的申请者发放、管理、取消数字证书的机构,是 PKI 应用中权威的、可信任的、公开的第三方机构。随着网上银行的普遍应用和在线支付手段的不断完善,网上交易也越来越大众化,安全问题就显得日益重要,而网络间的身份认证问题则是安全问题的根本。认证机构相当于一个权威可信的中间人,它的职责是核实交易各方的身份,负责数字证书的发放和管理。

CA 认证系统采用国际领先的 PKI 技术,总体分为 3 层 CA 结构:第一层为根 CA;第二层为政策 CA,可向不同行业、领域扩展信用范围;第三层为运营 CA,根据证书动作规范(CPS)发放证书。CA 结构图如图 4-34 所示。

CA 认证系统是 PKI 的信任基础,因为它管理公钥的整个生命周期。CA 的作用如下。

1)发放证书,用数字签名绑定用户或系统的识别号和公钥。

2)规定证书的有效期。

3）通过发布证书废除列表（Certificate Revocation List，CRL），确保必要时可以废除证书。
CA 证书申请与发放流程如图 4-35 所示。

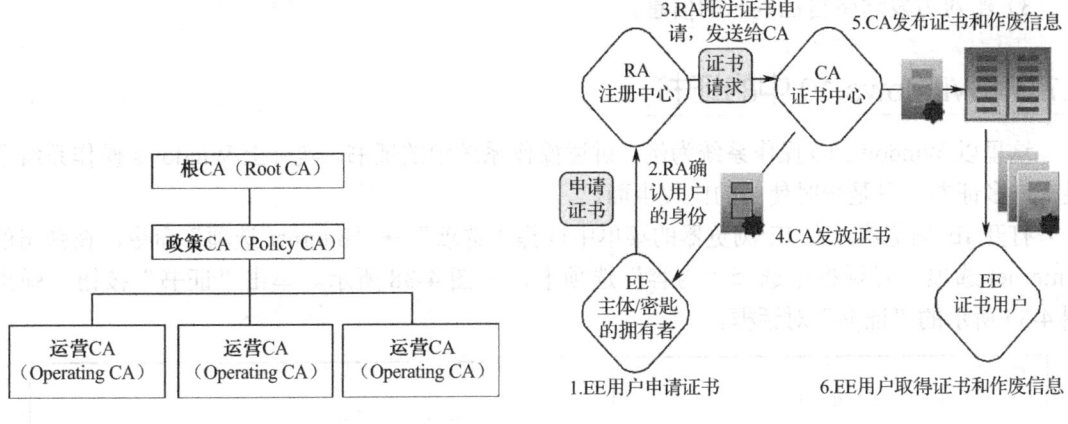

图 4-34　CA 结构图　　　　　　图 4-35　CA 证书申请与发放流程

4.7　数字证书

4.7.1　数字证书的地位和结构

数字证书是网络通信中标示通信各方身份信息的一系列数据，其作用类似于现实生活中的身份证。数字证书与 CA 中心、PKI 及 PKI 应用的关系如图 4-36 所示。

数字证书是由认证机构 CA 发行的，人们可以在交易中用它来识别对方的身份。数字证书的结构如图 4-37 所示。

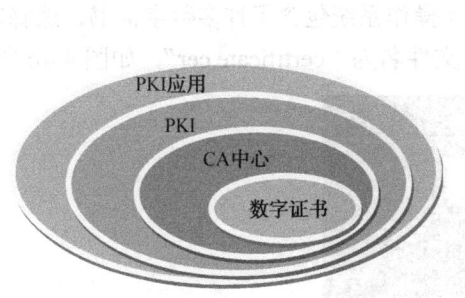

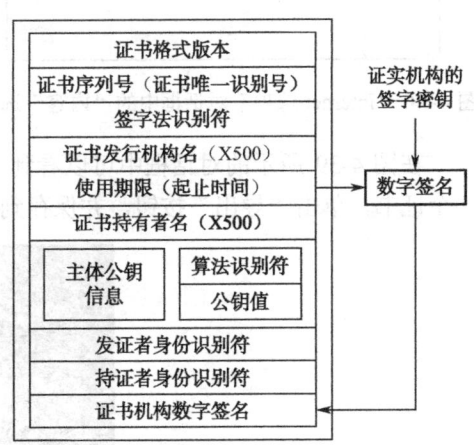

图 4-36　数字证书与 CA 中心、PKI 及 PKI 应用的关系　　　图 4-37　数字证书的结构

4.7.2　数字证书的作用

数字证书的作用如下。

1)访问需要客户验证的安全 Internet 站点。
2)用对方的数字证书向对方发送加密的信息。
3)给对方发送带自己签名的信息。

4.7.3　Windows 10 中的证书

这里以 Windows 10 操作系统为例,讲述操作系统中的证书。实际上 Windows 操作系统已经有许多证书,只是平时使用的比较少而已。

打开 IE 浏览器,在 IE 浏览器的菜单中选择"选项"→"Internet 选项"命令,在弹出的"Internet 选项"对话框中选择"内容"选项卡,如图 4-38 所示。单击"证书"按钮,弹出图 4-39 所示的"证书"对话框。

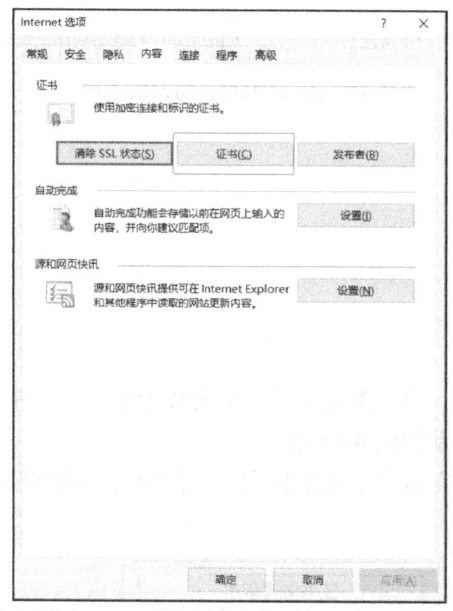

图 4-38　"Internet 选项"对话框中的"内容"选项卡

图 4-39　"证书"对话框

在图 4-39 所示的对话框中可以看到,Windows 操作系统包含了许多数字证书,选择其中一个证书,单击"导出"按钮,并保存到桌面上,文件名为"certificate.cer",如图 4-40 所示。

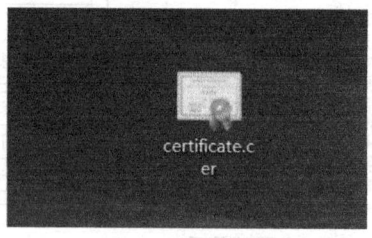

图 4-40　证书图标

返回"Internet 选项"对话框,选择"高级"选项卡,在"设置"选项组中选中 SSL/TLS 选项的复选框,使证书生效,如图 4-41 所示。

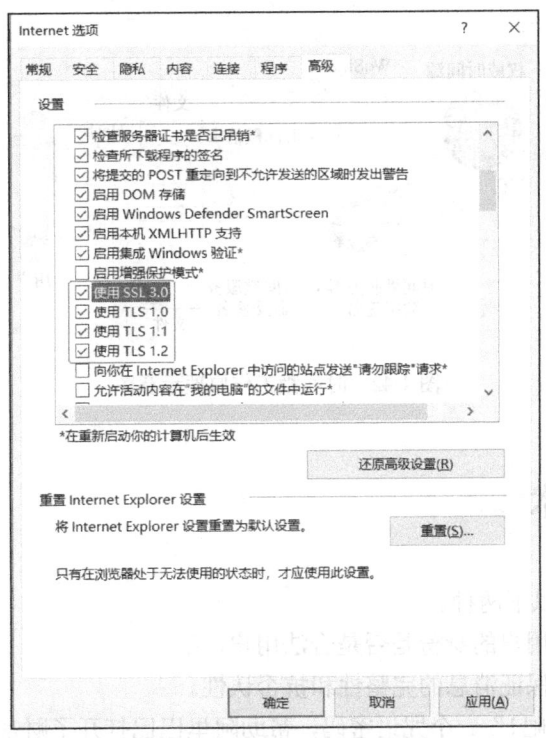

图 4-41　设置 SSL/TLS 选项

4.7.4　数字时间戳服务（DTS）

在书面合同中，文件签署的日期和签名一样是十分重要的、防止技术文件被伪造或篡改的关键信息。在电子交易中，同样需对交易文件的日期和时间信息采取安全措施，而数字时间戳服务（Digital Time-stamp Service，DTS）就能够提供电子文件发表时间的安全保护。数字时间戳服务是由专门的机构提供的网上安全服务项目。时间戳（Time-stamp）是一个经加密后形成的凭证文档，它包括以下 3 个部分。

1）需加时间戳的文件的摘要（Digest）。
2）DTS 收到文件的日期和时间。
3）DTS 的数字签名。

数字时间戳服务的工作流程如下。

1）用户对文件数据进行 Hash 摘要处理。
2）用户提出时间戳请求，Hash 值被传递给时间戳服务器。
3）时间戳服务器对 Hash 值和一个日期/时间记录进行签名，生成时间戳。
4）时间戳数据和文件信息绑定后返还，用户进行下一步电子交易操作。

时间戳工作原理示意图如图 4-42 所示。

注意，书面签署文件的时间是由签署人自己写上的，而数字时间戳则不然，它是由认证单位 DTS 来添加的，以 DTS 收到文件的时间为依据。因此，时间戳也可作为科学家的科学发明文献的时间认证。

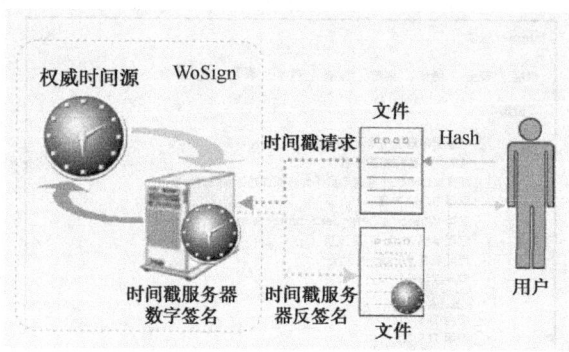

图 4-42　时间戳工作原理示意图

4.8　认证技术

认证技术一般分为以下两种。
- 身份认证：鉴别用户的身份是否是合法用户。
- 消息认证：用于保证消息的完整性和抗否认性。

"芝麻，芝麻，开门吧！"一个咒语密码，帮助阿里巴巴打开了财富之门。从传说中"芝麻开门"的咒语，到后来的按手印、支票签名，再到现在的安全密码认证、数字签名、生物特征识别……身份认证与身份识别技术的发展从来就没有停止过。

目前，计算机及网络系统中常用的身份认证方式主要有以下几种。

1. 用户名/密码方式

用户名/密码是最简单、最常用的身份认证方式，它是基于"What you know"的验证手段实现的。每个用户的密码是由每个用户自己设定的，只有他自己才知道，因此只要能够正确输入密码，计算机就认为他就是这个用户。

许多用户为了防止忘记密码，经常采用诸如自己的生日、电话号码等有意义的字符串作为密码，甚至有人将密码贴在自己的显示器上方。即使用户密码能保证不被泄露，也很容易被驻留在计算机内存中的木马程序或网络中的监听设备截获。因此，用户名/密码方式是一种极不安全的身份认证方式。

2. IC 卡认证

IC 卡是一种内置了集成电路的卡片，卡片中存有与用户身份相关的数据，可以认为是不可复制的硬件。IC 卡由合法用户随身携带，登录时必须将 IC 卡插入专用的读卡器中读取其中的信息，以验证用户的身份。IC 卡认证基于"What you have"的手段，通过 IC 卡硬件的不可复制性来保证用户身份不会被仿冒。

3. 动态口令

动态口令技术是一种让用户的密码随时间或使用次数不断动态变化且每个密码只能使用一次的技术，我们称其为一次性口令（One-Time Password，OTP）机制。它采用一种称为动态令牌的专用硬件，由密码生成芯片运行专门的密码算法，根据当前时间或使用资料生成当前密码。用户使用时只需要将动态令牌上显示的当前密码输入客户端计算机，即可实现身份的确认。

在 OTP 认证系统中,用户需要拥有一些东西(令牌卡/软件)和知道一些东西[个人识别码(Personal Identification Number,PIN)]。生成和同步密码的方法随 OTP 系统的不同而不同。在比较流行的 OTP 方法中,令牌卡在一个时间间隔内(通常为 60s)生成登录密码(Passcode)。这个看上去随机的数字串实际上与 OTP 服务器和令牌上运行的数字算法紧密相关。

4. 智能卡技术

智能卡本身就可以看作一个功能齐全的计算机,有自己的内存、微处理器和智能卡阅读器的串行接口,这些都包含在一个信用卡大小或更小的介质中,如全球移动通信系统(Global System for Mobile Communications,GSMC,简称 GSM)数字移动电话的用户身份识别(Subscriber Identity Modules,SIM)卡。

从安全的观点看,智能卡提供了在卡里存储身份识别信息的能力,该信息能够被智能卡阅读器所读取。智能卡阅读器能够连到个人计算机上验证 VPN 连接或访问另一个网络系统的用户。智能卡是比个人计算机本身更为安全的存储密钥的地方,因为即使用户的计算机完全被别人掌握,用户的私钥也不会随之一起被盗,所以用户的身份对网络应用系统来说依然是可信任的。

5. 生物特征认证

影片《回到未来》《碟中谍 3》中出现过用视网膜、掌纹、指纹等为身份识别手段的场景,可以推测未来将是以生物特征识别作为认证的世界。所谓生物特征识别,可以这样简单地理解:开门的钥匙是你拥有的东西,密码是你知道的东西,而视网膜等生物特征则是你身体的一部分。换言之,用户也许会丢掉钥匙或忘记密码,但用自己身体的一部分则没有这样的顾虑。从理论上讲,生物特征认证是最可靠的身份认证方式,几乎不可能被仿冒。

6. USB Key 认证

基于 USB Key 的身份认证方式是一种方便、安全、经济的身份认证方式,它采用软硬件相结合、一次一密的双因子认证模式,很好地解决了安全性与易用性之间的矛盾。

第 5 章

信息隐藏技术与数字水印的制作

以旧诗四十字，不得令字重，每字依次配一条，与大将各收一本。如有报覆事，据字于寻常书状或文牒中书之。

——《武经总要》

信息隐藏技术历史悠久，但现代信息隐藏技术仅起源于 20 世纪 90 年代，它指将特定用途的信息隐藏在其他信息载体中，使得它们难以被消除或发现。由于人类感知对数字媒体一些成分的变化不敏感，现代信息隐藏的一个重要特征是隐藏信息的载体数据多为数字媒体，因此本章主要介绍数字媒体中的信息隐藏技术。

信息隐藏技术主要包括数字水印（Watermarking）技术和隐写技术（Steganography）两个方面。数字水印技术又分为鲁棒水印技术和脆弱水印技术。鲁棒水印技术是数字媒体版权保护技术之一，它将与版权有关的信息隐藏地嵌入数字内容，并使得其难以被消除，以后可以通过取证获得版权所有者或内容购买者的信息。脆弱水印技术将防伪信息隐藏在数字内容中，目的是以后通过检测发现篡改，由于防伪信息和被保护数据融合，方便地支持了电子图文、票据等的流动。隐写技术是指利用可公开的信息隐藏保密的信息，通过隐蔽保密通信或存储的事实获得新的安全性。

本章的主要目的是使学生了解信息隐藏技术及其历史，理解数字水印的含义及应用，掌握数字水印的制作方法。

信息隐藏（Information Hiding）的思想起源于古代就出现的隐写术（Steganography），它是一种将秘密信息隐藏在某些宿主对象中，且信息在传输或存储过程中不被敌手发现或引起注意，接收者获得隐藏对象后按照规则可读取秘密信息的技术。图 5-1 所示为 2016 年 6 月 16 日于上海开园的迪斯尼城堡图片，从图中看不出任何汉字。但应用"改图宝"软件后，立即可看到图片中隐藏着"上海迪斯尼于 2016 年开业"文字，如图 5-2 所示。

信息隐藏技术不同于传统的密码学技术。传统的密码学技术主要研究如何将机密信息进行特殊的编码，以形成不可识别的密码形式（密文）进行传递。过去几千年的历史已经证明，加密是保护信息机密性的最有效手段。但是，在如今开放的互联网上，谁也看不懂的密文无疑成了"此地无银"的标签。黑客完全可以通过跟踪密文"稳、准、狠"地破坏合法通信。为了对付这类黑客，人们采用以柔克刚的思路重新启用了古老的信息隐藏技术，并对这种技术进行了现代化的改进，从而达到迷惑黑客的目的。

图 5-1　迪斯尼城堡图片　　　　图 5-2　图片中隐藏着"上海迪斯尼于 2016 年开业"文字

信息隐藏技术主要研究如何将某一机密信息秘密隐藏于另一公开信息中，然后通过公开信息的传输来传递机密信息。对加密通信而言，可能的监测者或非法拦截者可通过截取密文，并对其进行破译或将密文进行破坏后再发送，从而影响机密信息的安全；但对信息隐藏而言，可能的监测者或非法拦截者则难以从公开信息中判断机密信息是否存在，难以截获机密信息，从而保证机密信息的安全。可以说，密码隐藏保密的内容，而隐写隐藏保密的事实。

5.1　两个故事

故事 1　藏头诗

藏头诗，又名藏头格，是杂体诗中的一种，有 3 种形式：一是首联与中二联六句皆言所寓之景，而不点破题意，直到结联才点出主题；二是将诗头句一字暗藏于末一字中；三是将所说之事分藏于诗句之首。现在常见的是第 3 种，每句的第一个字连起来读，可以传达作者某种特有的思想。由于藏头诗"俗文化"的特性，不为正史和正集收录，从古至今，藏头诗多在民间流传，或散见于古典戏曲、小说中。

《水浒传》中梁山为了拉卢俊义入伙，"智多星"吴用和宋江便生出一段"吴用智赚玉麒麟"的故事来，利用卢俊义正为躲避"血光之灾"的惶恐心理，口占四句卦歌：

芦花丛中一扁舟，**俊**杰俄从此地游。

义士若能知此理，**反**躬难逃可无忧。

其中暗藏"卢俊义反"四字，广为传播，结果成了官府治罪的证据，终于把卢俊义"逼"上了梁山。

文人士大夫中也不乏藏头诗高手。明朝大学问家徐渭（字文长）游西湖，面对平湖秋月胜景（见图 5-3），即席写下了七绝一首：

平湖一色万顷秋，**湖**光渺渺水长流。

秋月圆圆世间少，**月**好四时最宜秋。

图 5-3　杭州十大风景之一：平湖秋月

其中就藏头"平湖秋月"四字。

故事 2　《蒙娜丽莎》竟藏着画中画

在丹·布朗（Dan Brown）2006 年畅销小说《达·芬奇密码》（*The Da Vinci Code*）中，主人公罗伯特兰登通过解读达·芬奇一系列画作中的线索而揭开了一桩谋杀案背后隐藏的谜团。

而现在，国外的艺术品研究人员做出了一个惊人的推断——达·芬奇的画作中确实存在着一系列"密码"。研究人员表示已经在达·芬奇的几幅画作中发现了一些神秘的图案（见图 5-4）。

为了防止别人窥视自己的日记，达·芬奇使用一种反过来书写的字体来写日记，这样只有通过镜子，人们才能看明白他的日记里写了些什么。受到这个启发，研究人员也用镜子对达·芬奇的几幅作品重新进行了"研究"，结果竟真的在其中发现了一些奇怪的图案。

2007 年 12 月，一个名为"神圣经文和绘画之镜世界基金会"（The Mirror of the Sacred Scriptures and Paintings World Foundation）的组织宣称，他们利用镜子在意大利著名艺术大师达·芬奇的一些知名作品中发现圣经人物头像和宗教符号。

据英国《每日电讯报》报道，该组织称他们通过镜子看到达·芬奇著名的炭笔素描《圣母圣婴和圣安妮及施洗约翰》（*The Virgin and Child with Saint Anne and Saint John the Baptist*）中出现《旧约》（*The Old Testament*）中戴着头盔的耶和华（Jehovah）的头像（见图 5-5）。这幅素描目前陈列在伦敦的英国国家美术馆里。这项研究的作者表示，他们将透露应当在哪里放置镜子才能发现这幅画的秘密。

图 5-4　《蒙娜丽莎》中藏有耶和华图像（圆圈部分）　　图 5-5　名画《圣母圣婴和圣安妮及施洗约翰》

该组织还宣称，相似的头像出现在达·芬奇另一幅名画《蒙娜丽莎》（*Mona Lisa*）中。当镜子被放置在蒙娜丽莎的右手和右肩膀一侧时，就会看到"戴着头盔的耶和华"。此外，他们还在这位意大利艺术大师的另一名作《最后的晚餐》(*The Last Supper*)（见图 5-6）中耶稣前方的桌子上发现一个倒置的圣杯。

图 5-6 《最后的晚餐》

报道指出，该组织的这一"镜子理论"也许解释了为什么达·芬奇许多作品中的人物似乎都有所指向性或凝视着远方，就好像在寻找神圣的东西。据记载，达·芬奇经常以镜像书写（注：他喜欢从右至左写字），一方面是防止"对手"剽窃他的创意，另一方面是想隐藏他的一些科学理论。

5.2 信息隐藏技术

5.2.1 隐写术

信息隐写术是一门既古老又年轻的学科。它的思想可以追溯到远古时代，大约在公元前 440 年，Histiaeus 给最信任的奴隶剃光头并将消息刺在头皮上，直到头发重新长出来后，信息隐藏起来，从而达到秘密传递信息的目的。这就是早期比较典型的隐写术。Herodotus 曾讲到，波斯朝廷的一个希腊人是如何警告斯巴达将发生由波斯国王薛西斯一世发动的入侵的。他先去掉书写板上的蜡，将他的信息写在蜡下面的木板上，然后用蜡覆盖住那个消息，这块板看起来完全像一块空白的书写板。许多隐写技术是由战术家 Aeneas 发明或记载下来的，包括将信息隐藏在信使的鞋底里或妇女的耳饰中，将正文消息写在木板上然后用石灰水把它刷白，以及由信鸽携带便条传送等。Aeneas 也提出了通过改变字母笔画的高度或在掩蔽文本的字母上面或下面挖出非常小的小孔来隐藏正文，后者直到 17 世纪还在使用，但后来 Wilkins（1614—1672年）对它进行了改进，不是挖制小孔，而是用无形的墨水制作非常小的斑点，并且该方法被德国间谍在第二次世界大战中重新使用起来。

隐写技术曾出现在许多古代文字记载中：Johannes Trithemius（1462—1516 年）的《隐写术》(*Steganographia*)是隐写领域最早的一本专著，其中提出了拉丁文、德文、意大利文和法文中隐藏文本的一些方法；Schott（1608—1666 年）在 *Schola Steganographica* 一书中阐述了如何在音乐乐谱中隐藏信息，即用音符对字符进行编码（见图 5-7）。我国北宋的曾公亮（999—1078 年）与丁度（990—1053 年）合著的《武经总要》反映了北宋军队对军令的信息隐藏方法。在近代也经常运用隐写技术：在 20 世纪的两次世界大战和以后的间谍活动中，隐形墨水得到了广泛的应用，而利用伪装的文件传递信息更是惯用的手法；据外刊报道，美国"9·11"事件后，恐怖组织向世界公布的录像带就一直被美英怀疑图像中隐藏了某种指令，然而迄今仍难以破解个中秘密；在当前的造币技术中，特殊材料被用于在纸币或其他安全文档中写入隐藏的信息，它们在使用特殊的检测方法时，会产生特殊的反应以鉴别真伪（见图 5-8）。

图 5-7　乐谱中隐藏信息：Schott 简单地把字母表中的字母映射到音符

图 5-8　嵌入隐藏信息的美元纸币

除了上述所提的技术隐写术外，语言隐写术也是广泛使用的方法，其中藏头诗是使用最广的一种方法。最著名的例子可能要算 Giovanni Boccaccio（1313—1375 年）的诗作 *Amorosa Visone*，据说是"世界上最宏伟的藏头诗"作品。Boccaccio 先创作了 3 首 14 行诗，总共包含大约 1500 个字母，然后创作另一首诗，使连续 3 行押韵诗句的第一个字母恰好对应 14 行诗的各字母。另一首著名的藏头诗来自出版于 1499 年的小说 *Hypnerotomachia Poliphili*。

5.2.2　数字水印

"数字水印"的概念由 R.G.van Schyndel、A.Z.Tirkel、C.F.Osborne 3 人在 1994 年召开的 IEEE 国际图像处理会议（ICIP'94）上首次明确提出。20 世纪末，随着社会的关注，数字版权保护（Digital Copyright Protection）问题才开始受到学术界和企业界的关注。互联网技术的发展使得数字媒体应用呈爆炸式的增长，越来越多的知识产品以电子版的方式在网上传播。数字信号处理和网络传输技术可以对数字媒体（图像、视频、声音和文字）的原版进行无限制的任意编辑、修改、复制和散布，造成数字媒体的知识产权保护和多媒体服务的存取控制（Access Control of

Multimedia Services）的问题日益突出，使娱乐业和出版业的经济利益受到巨大损失，并已成为数字世界的一个非常重要和紧迫的议题。例如，Disney 公司希望以数字形式兜售他们的知识财富——音乐、录像、图像等；他们不希望人们复制《小美人鱼》（*The Little Mermaid*，见图 5-9），并免费在互联网上发布；他们也不希望人们未支付版税而使用、偷窃图像——甚至米老鼠的单个图像。

数字水印是实现这一目标的一个理想方法，就是向被保护的数字对象（如静止图像、视频、音频等）嵌入某些能证明版权归属或跟踪侵权行为的信息，可以是作者的序列号、公司标志或有意义的文本等。同隐写术相反，水印中的隐藏信息具有抵抗攻击的稳健性，即使水印算法的原理是公开的。众所周知的 Kerkhoffs 原理是：加密系统在攻击者已知加密原理和算法但不知道相应的密钥时仍是安全的。稳健性的要求使得水印算法在宿主数据中嵌入的信息要比隐写术少。

水印的特定用途是将有关数字产品的创作者和购买者的信息作为水印而嵌入。每个水印都是一系列编码中唯一的一个编码，即水印中的信息可以唯一地确定每一个数字产品的复制品，因此，称它们为指纹或标签。也许不能阻止复制，但人们至少可以指出那些首次复制的人。如果《小美人鱼》的每份复制品都使用购买人的姓名和地址添加水印，那么当互联网上出现复制品

图 5-9 《小美人鱼》海报

时，Disney 公司可以查明谁该为此负责，从而起到版权和商标保护的作用。

德国已经研究了在打印和印刷的纸介质证件中加入隐藏标记的技术，用数字水印防止伪造电子照片。美国 Digimarc 公司率先推出了世界上第一个商用数字水印软件，而后又以插件形式将该软件集成到 Adobe Photoshop 和 CorelDRAW 图像处理软件中。商标保护（Brand Protection）技术通过将保密特征加入产品包装的设计中，可以在产品流通的任何环节中进行产品的认证、辨别原版和复制版、防止产品伪造，并跟踪产品的流通。安全文档（Secure Document）技术将 Digimarc 的水印特征加入重要的文档之中，以此来确认文档的真伪性。美国财政部已委托麻省理工学院媒体实验室研究在彩色打印机、复印机输出的每幅图像中加入唯一的、不可见的数字水印，通过实时地从扫描票据中判断有无水印，快速辨识真伪。例如，2017 年 6 月美国国家安全局控告某女合同工泄露机密文件，这名女合同工使用的打印机有"黄点"追踪技术，可以精确判断出文件的打印时间等信息；根据 EFF 的报道，包括三星、兄弟、爱普生、佳能、富士、IBM、惠普、京瓷、利盟等几乎所有主流彩色打印机厂商都与（美国）政府签定了秘密协议，确保其打印机输出文件在数字取证时具备可回溯性。

IBM 东京研究实验室提出了用数据隐藏（Data Hiding）作为解决方案来鉴定数字化照片的来源，证实数字化照片的完整性，判断照片是否被篡改及定位篡改的地方。IBM 东京研究实验室与 Yasuda Fire & Marine（YFM）公司联合开发了一种作为安全电子保险索赔的照片安全存档和传输系统的样机。该系统能够协助地方服务部门进行汽车损失索赔工作，当索赔服务部门的调解员或修理厂的雇员使用这种安全数码照相机和微型闪存器给一辆损坏的汽车拍照片，再利用安全图像编档和传输系统记录这些照片时，服务部门的经理和核算员就能够检查这张照片，并判断它是否用认证的照相机拍摄，是否有任何未被授权的更改。该安全电子索赔处理系统可运行于 Lotus Notes 系统。

5.3 信息隐藏基本模型和潜信道

5.3.1 信息隐藏基本模型

各类信息隐藏技术的目的不同，但在方法上存在很多共同点，它们可以概括地用图 5-10 所示的信息隐藏基本模型统一描述。

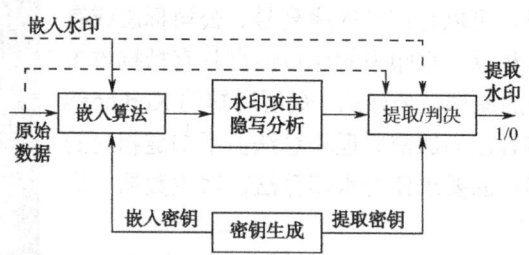

注：虚线表示相应的数据传输根据算法和应用的不同而存在或不存在

图 5-10 信息隐藏基本模型

5.3.2 潜信道

传递信息的途径很多，如暗送秋波、信鸽传信、固定电话、无线手机等，它们通信的信道是不同的。信道是人们有意设计并用于传输各种信号的通道。例如，光纤、铜线、微波、红外线等都是典型的信道例子。任何人都可以很容易地发现这些信道的存在。顾名思义，所谓潜信道，就是不容易被普通人发现的隐藏在其他系统之中的信道。有些潜信道是人们精心设计的，如前面提到的隐写术、数字水印、信息伪装等。

潜信道和计算机一样古老，并被不道德的编程人员在未经用户同意的情况下用于盗取信息。假设你是设计银行顾客报表的编程人员，而且你希望获取顾客的 PIN，你未获得授权检查真正的数据，但你接受委托编写代码从包含 PIN 的数据库中生成报表，就可以看到顾客的真实信息。原因很简单，只要你在编写报表生成程序时，在每位顾客条目后添加空格，从 0 到 9，与顾客 PIN 的一个数字相对应，并令报表生成程序在第一天使用第一个数字，第二天使用第二个数字，以此类推，直到完成为止，然后循环回到第一个数字，这样就可以获得顾客的 PIN 了。其他阅读报表的人不会看出有什么异常，除非他们检查生成报表的代码，否则他们绝不会知道 PIN 已经泄露了。

可以采用各种各样的方法将潜信道嵌入文件之中，如字体和字号的选择、数据和图形在页面上的布置、在文中使用不同的同义词等。许多加密协议在参数的选择、用于添加的随机位及未使用的位字段方面，都考虑了潜信道。因此，向系统中添加潜信道并不困难。

5.4 数字水印的制作

5.4.1 图片水印的制作

1. Photo Watermark Professional

Photo Watermark Professional 是一款专业的水印制作软件。它操作简单，支持批量操作，可以使用文本、图片来设计水印。自动对象可以从图片中提取出不同的 exif 数据，多级透明设置，支持 JPEG、TIFF、BMP、GIF、PNG 等格式。制作水印的步骤如下。

1）运行 Photo Watermark Professional V7.0.5.2，其启动界面如图 5-11 所示。

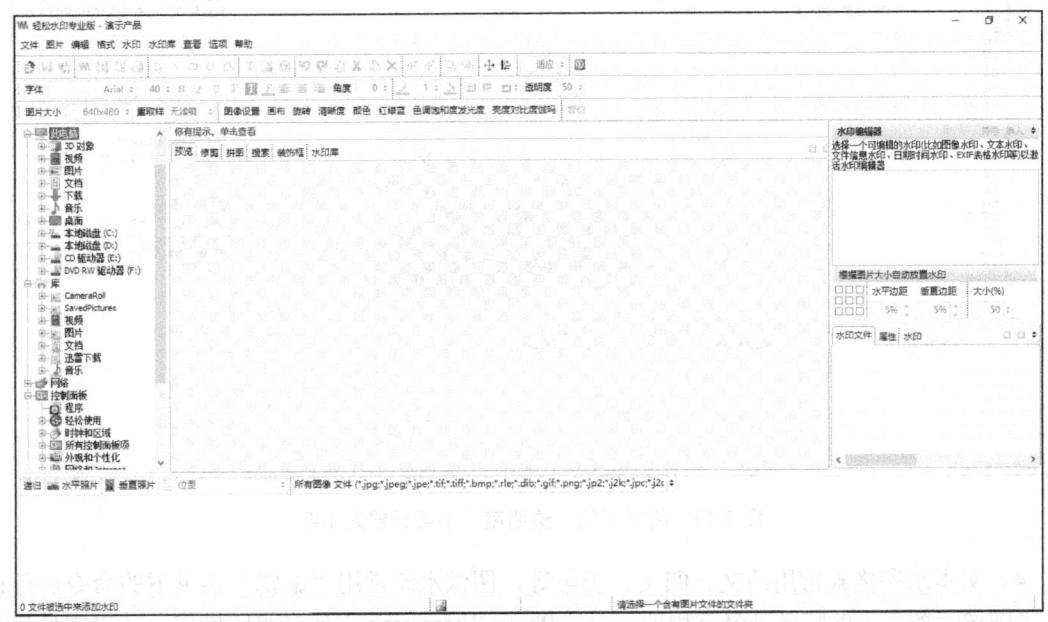

图 5-11　Photo Watermark Professional V7.0.5.2 启动界面

2）打开需要加入水印的图片文件并添加 3 个水印：一个时间、两个文本。其中，第二个文本水印内容通过"文本编辑器"输入内容，如图 5-12 所示。

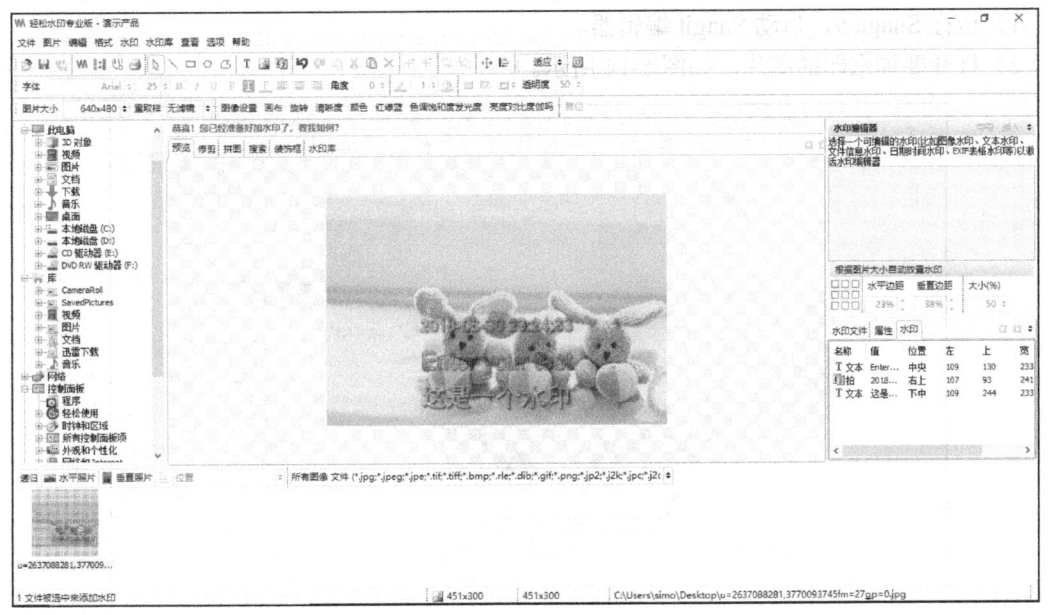

图 5-12　在图片上添加时间和文本

3）若要隐藏某个水印对象，则可通过将"透明度"参数设置为 100。如图 5-13 所示，将时间水印设置成不可见水印。

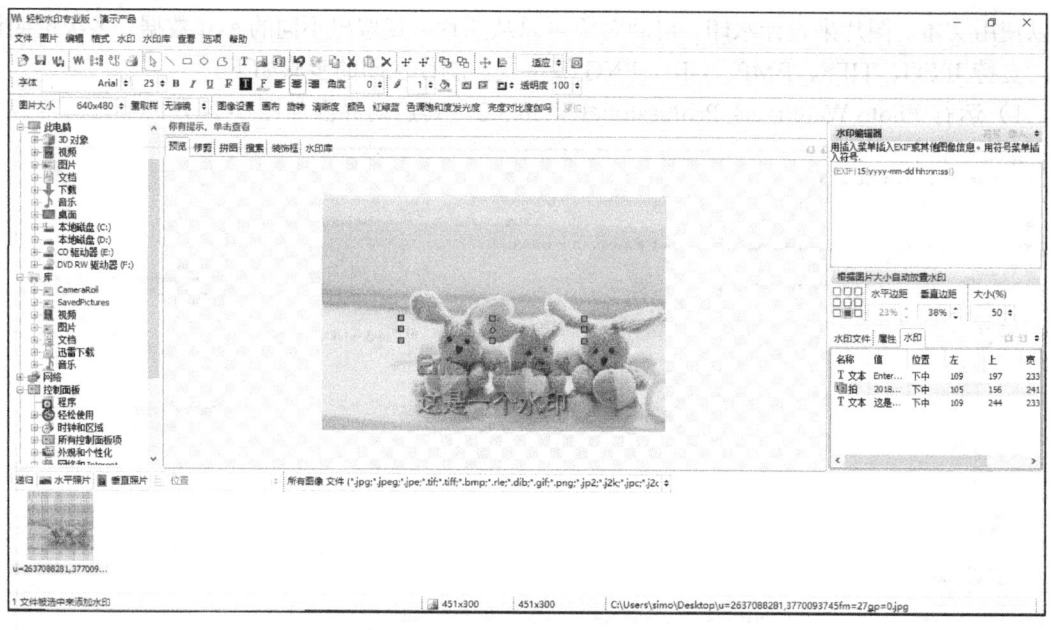

图 5-13　将时间的"透明度"参数设置为 100

4）文本水印格式常用凸文、凹文、阴影等，图像水印常用"编辑"菜单下的命令进行设置，"图像特效"中的特效是最常用的工具。Photo Watermark 支持多水印操作。从"文件"菜单中选择"保存"命令，水印就制作完成了。

2. Snagit

在 Snagit 9 中制作水印的步骤如下。

1）运行 Snagit 9，启动 Snagit 编辑器。

2）打开要加水印的图片，如图 5-14 所示。

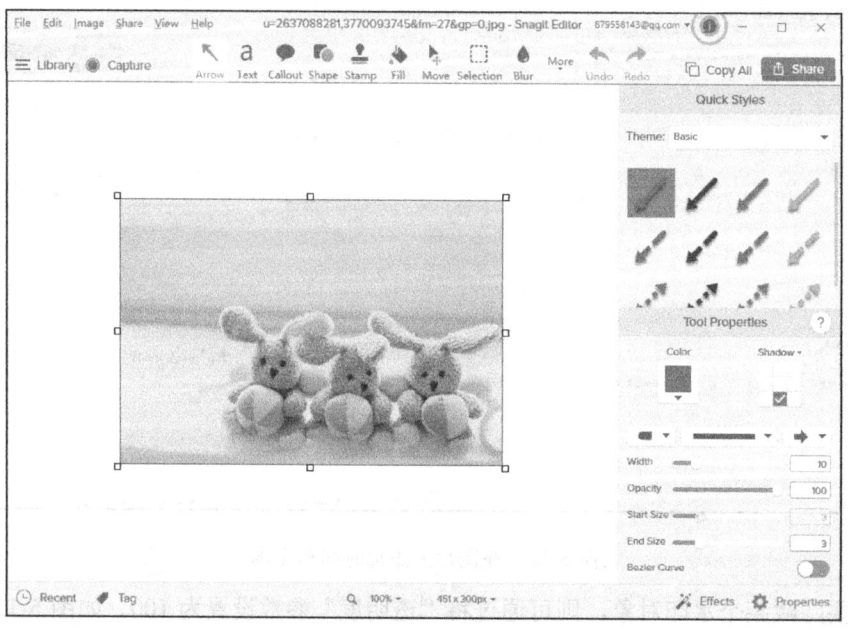

图 5-14　Snagit 编辑窗口

3）选择"Image"→"Watermark"命令，打开水印图片添加水印，然后设置水印参数，如图 5-15 和图 5-16 所示。

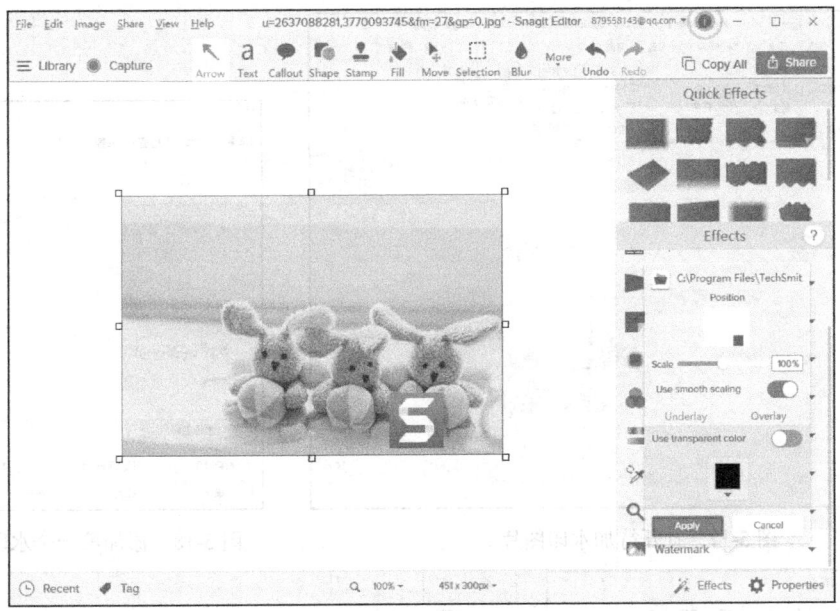

图 5-15　添加水印

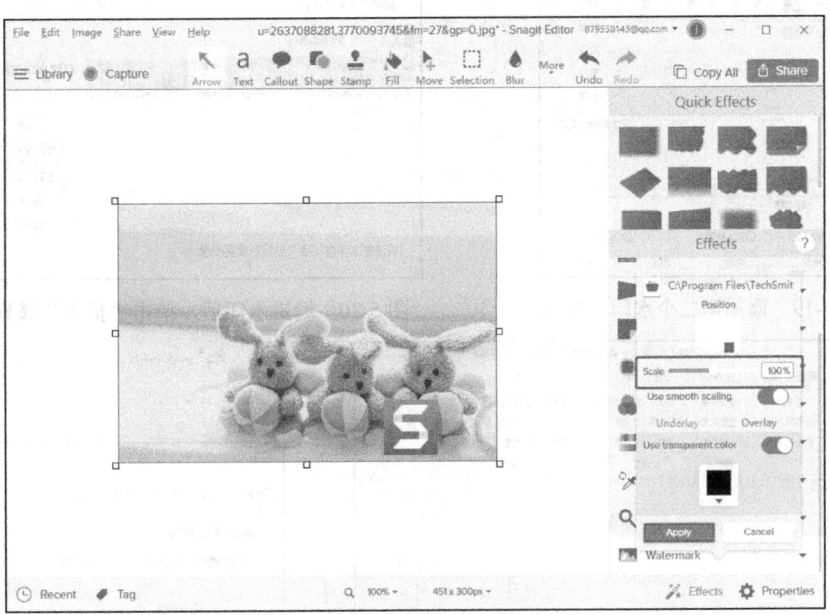

图 5-16　设置水印参数

4）选择"File"→"Save"命令，即可完成水印的添加。

3. HyperSnap

运行 HyperSnap 7，打开待加水印图片，如图 5-17 所示。HyperSnap 7 图像处理功能得到了很大的增强，选择"图像"→"水印"命令，弹出"编辑水印"对话框，在此对话框中，可以为图片插入和编辑已有水印，也可创建和编辑新的水印。

操作很简单,单击"新建水印..."按钮,在弹出的对话框中可为水印选择图像,添加文本,设置边框、安放位置及是否自动插入,如图 5-18 至图 5-22 所示。

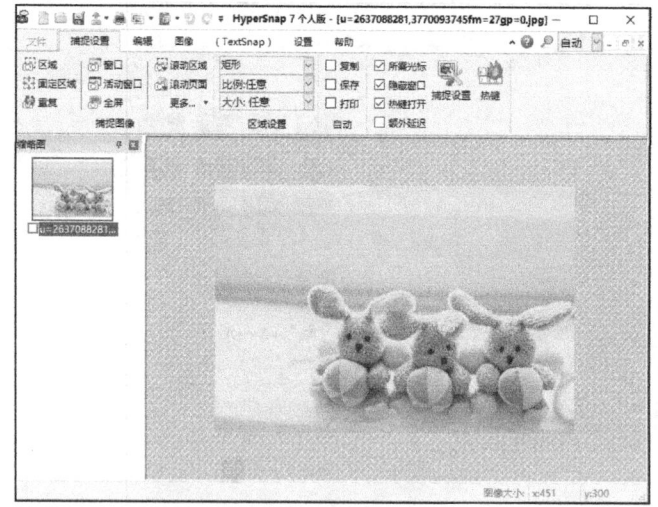

图 5-17　打开待加水印图片

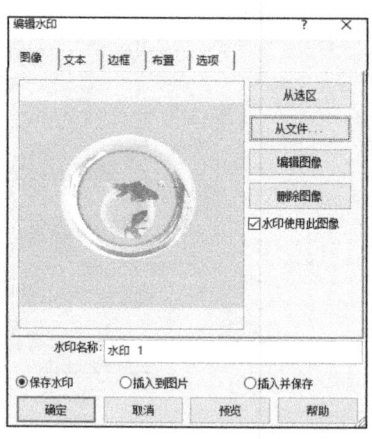

图 5-18　添加第一个水印:图像

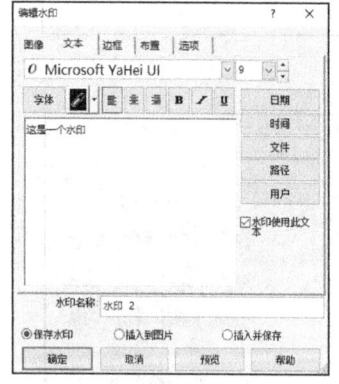

图 5-19　添加第二个水印:文本

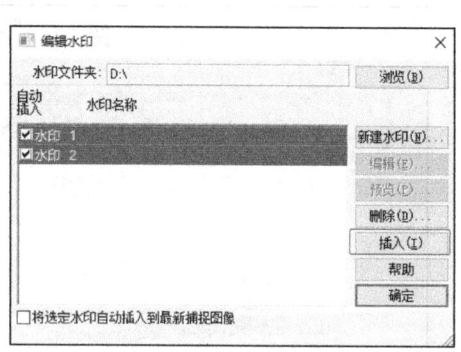

图 5-20　编辑水印后,单击"插入"按钮

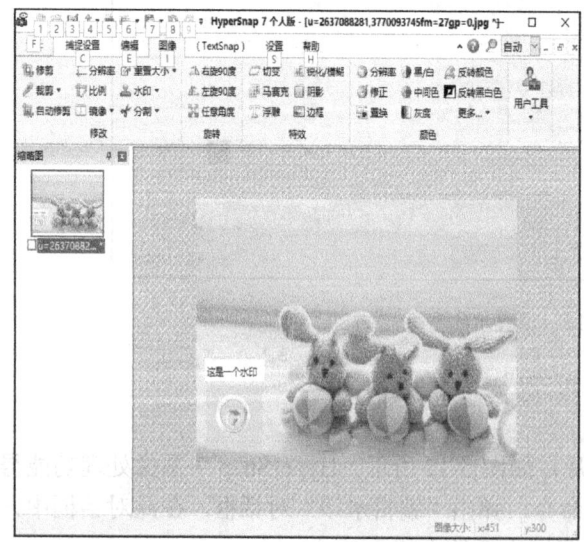

图 5-21　确定水印位置和大小

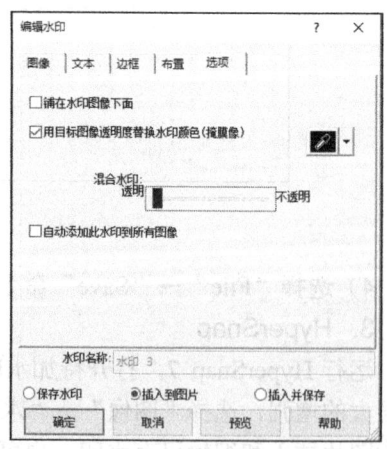

图 5-22　编辑水印"选项"设置

5.4.2 视频水印的制作

视频水印分两种：一种是 Logo（标志）式水印，另一种是隐藏式水印。第一种方式应用得比较广泛。

1. VidLogo

VidLogo 是一款视频 Logo 编辑工具。它可以修改视频 Logo 文件，为视频添加 Logo 式水印等，支持作为水印的图像格式有 BMP、JPEG、GIF，可以给 AVI、ASF、WMV、DivX、Xvid、3IVX、MP4 格式的视频添加水印。

运行 VidLogo，开始界面如图 5-23 所示。VidLogo 虽然是英文界面，但是很容易上手。在"Input"文本框中输入所要支持的视频文件，在"Output"文本框中会自动填上输出的文件名。单击下方的"Video settings"和"Audio settings"按钮可对视频和音频进行设置，选择合适的编码，还可以在不损失质量的前提下极大地减小文件的体积。

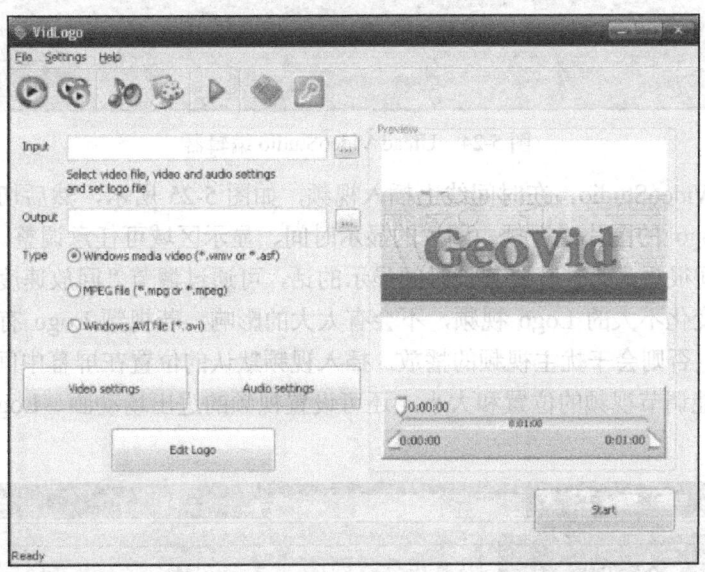

图 5-23 VidLogo 开始界面

单击"Edit Logo"按钮，在弹出的界面中选择用作水印的图像或视频，调整其大小及放置的位置，确定后，回到开始界面，然后单击"Start"按钮，该视频中便加入了水印信息。对于图片水印，还可以通过"Pick color"选项设置透明色。

2. Ulead VideoStudio

Ulead VideoStudio（会声会影）是 Ulead 公司的产品，是一个功能强大的视频编辑软件，具有图像抓取和编修功能，可以抓取或转换 MV、DV、V8、TV 和实时记录抓取画面文件，并提供超过 100 种的编制功能与效果，可制作 DVD、VCD 光盘，支持各类编码，还增加了效果滤镜插件等一些新功能。

运行程序，Ulead VideoStudio 编辑器如图 5-24 所示。

用视频编辑工具 Ulead VideoStudio 在需要保护的视频中插入 Logo，是一件很容易的事，其原理为画中画。

图 5-24　Ulead VideoStudio 编辑器

运行 Ulead VideoStudio，在时间线上插入视频，如图 5-25 所示，然后切换到"覆叠"步骤，导入作为 Logo 的图片或视频。图片的显示时间、显示区域可任意调整。对于作为 Logo 的视频，一般时间很短，此时若要其长时间显示的话，可通过调节"回放速度"将视频的播放速度放慢，对于变化不大的 Logo 视频，不会有太大的影响。若视频 Logo 有声音，则一般应将静音按钮选中，否则会干扰主视频的播放。插入视频默认的位置在屏幕中间，切换"动画和视频"选项，便能调节视频的位置和大小，还可设置视频的进出场动画、Logo 的透明度、是否带有边框等。

图 5-25　添加水印文本：shanghai

最后将视频导出，便完成了视频水印的制作。

5.4.3 音频隐形水印的制作

为音频加水印其实质就是在现有音乐源信息内嵌入数据信息，包括版权方面的信息，如国际标准记录码、用户 ID、使用守则和其他特许权的跟踪信息。

音频水印可以用 DRM 音频视频加密器软件制作，这里 DRM（Digital Right Management）是指数字版权管理。该软件制作的水印可以防止对这些信息的非法复制和压缩，因为在声音的低频系统中加入水印信息对原始数据的影响很小，两者在听觉方面的差别基本分辨不出来，却为打击盗版提供了有力的证据。

DRM 音频视频加密器软件试用版的界面如图 5-26 所示。

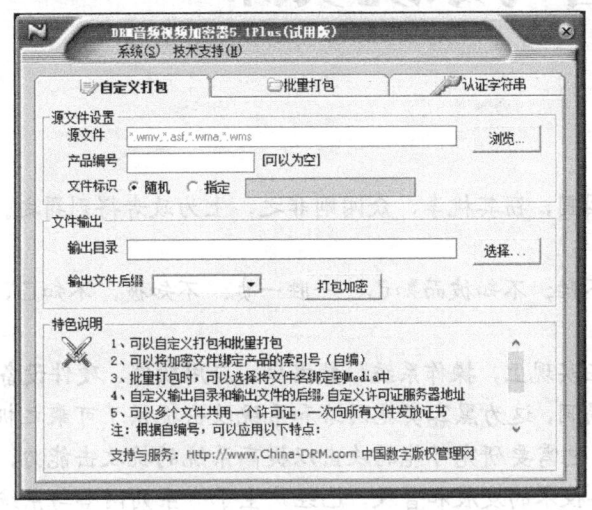

图 5-26　DRM 音频视频加密器软件试用版的界面

第6章 黑客与系统嗅探

今有一人，入人园圃，窃其桃李，众闻则非之，上为政者得则罚之。

——《墨子》

知己知彼，百战不殆；不知彼而知己，一胜一负；不知彼，不知己，每战必殆。

——《孙子·谋攻篇》

  无论在设计还是在实现上，操作系统、数据库、应用软件、硬件设备、网络协议都不可避免地会存在一些安全漏洞，这为黑客实施网络和系统攻击提供了可乘之机；从网络与系统安全设计角度看，研发人员也需要研究可能的攻击以提高系统的抗攻击能力，为系统提供可用性安全。随着计算机和网络技术的发展和普及，已经产生了一系列网络与系统攻击手段，主要包括网络与系统扫描、口令破解攻击、拒绝服务攻击、缓冲区溢出攻击等，了解这些攻击的基本方法是构建安全信息系统的前提之一。

  本章的主要目的是使学生正确认识 OSI 参考模型、TCP/IP 参考模型及了解黑客入侵攻击的步骤，掌握在 DOS 和 Windows 环境下收集信息的方法，了解网络扫描和网络监听的方法，熟练掌握 Sniffer 软件的使用技能。

6.1 一个案例

案例　Lulz 黑客

  "逗乐，你没见过，让你心跳。上船吧，我们期待你报到。逗乐，是生活最甜蜜的回报，尽情漂流，还会回到你身旁……"近来，一个高唱着自创诗歌的黑客组织——"鲁尔兹安全"（Lulz Security）再次以实际行动证明，网络是一个不相信权威和秩序的世界。在黑客面前，从来就不存在攻不可破的防线，就连号称固若金汤的美国中央情报局（CIA）也未能幸免，中断服务两个小时。黑客组织 Lulz Security 高调宣称对此事负责。让该组织得意的是，在美国中央情报局中招之前，美国参议院、美国联邦调查局、日本索尼和任天堂公司、美国新闻集团、美国公共广播公司等政府机构和大企业的系统，相继被该组织攻入。

Lulz Security 组织在其网站上宣传："我们是一个喜欢逗乐的成员组成的小团队，在我们眼里，只有尽情欢乐才是硬道理，可互联网又闷又无聊，连逗乐都有条条框框……我们决定让快乐四处飞扬……"

Lulz Security 可能是从支持"维基解密"的"世界十大黑客"之首的黑客联盟"无名氏"（Anonymous）中分裂出来的一支力量。"无名氏"成立于 2003 年，旗下大约有 1000 多名成员。他们曾攻击意大利和土耳其政府网站，入侵西班牙银行和警察局的网站，窃取索尼公司的用户数据等。

6.2 OSI 参考模型

1983 年，ISO 发布了著名的 ISO/IEC 7498 标准，它定义了网络互联的 7 层框架，也就是开放式系统互联（Open System Interconnection，OSI）参考模型。"开放"一词表示只要遵循 OSI 标准，一个系统可以和位于世界任何地方的、也遵循 OSI 标准的其他任何系统进行连接。

OSI 参考模型将计算机网络体系结构（Architecture）分为 7 层：应用层（Application Layer）、表示层（Presentation Layer）、会话层（Session Layer）、传输层（Transport Layer）、网络层（Network Layer）、数据链路层（Data Link Layer）和物理层（Physical Layer）。

图 6-1 所示为 OSI 参考模型及通信协议。其中，APDU 英文全称为 Application Protocol Data Unit，即应用层协议数据单元；PPDU 英文全称为 Presentation Protocol Data Unit，即表示层协议数据单元；SPDU 英文全称为 Session Protocol Data Unit，即会话层协议数据单元；TPDU 英文全称为 Transport Protocol Data Unit，即传输层协议数据单元。

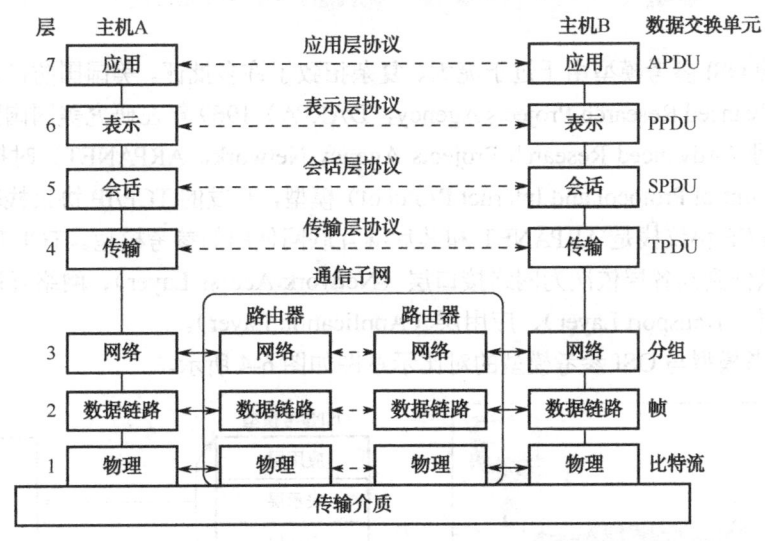

图 6-1 OSI 参考模型及通信协议

在应用层，用户的数据加上应用层的报头（Application Header，AH）形成应用层协议数据单元（Protocol Data Unit，PDU），然后被递交到下一层——表示层。

表示层并不"关心"上层——应用层的数据格式，而是把整个应用层递交的数据看成一个整体进行封装，即加上表示层的报头（Presentation Header，PH），然后递交到下一层——会话层。

同样，会话层、传输层、网络层、数据链路层也分别给上层递交下来的数据加上自己的报头,即会话层报头(Session Header, SH)、传输层报头(Transport Header, TH)、网络层报头(Network Header, NH)和数据链路层报头(Data Link Header, DH)。其中,数据链路层还要给网络层递交的数据加上数据链路层报尾(Data Link Termination, DT),形成最终的一帧数据。数据封装过程如图6-2所示。

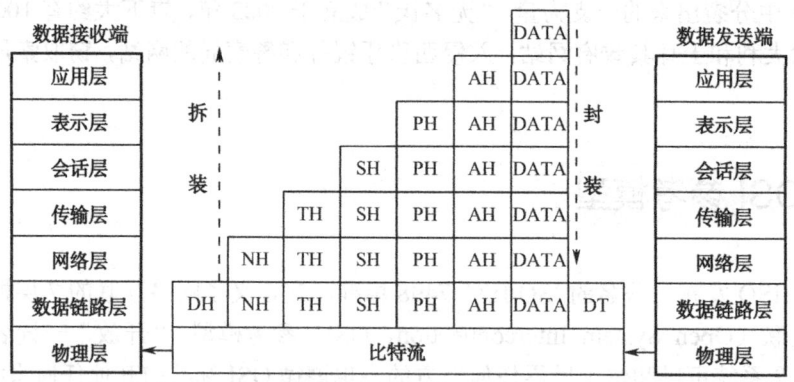

图6-2 数据封装过程

数据在各层之间的单位都是不一样的。在物理层,数据的单位称为比特(Bit);在数据链路层,数据的单位称为帧(Frame);在网络层,数据的单位称为数据包(Packet);在传输层,数据的单位称为数据段(Segment),而应用层、表示层和会话层均为数据(Data)。

6.3 TCP/IP 参考模型与 OSI 参考模型的关系

ISO 制定的 OSI 参考模型由于过于庞大、复杂招致了许多批评。美国国防部高级研究计划局(Defense Advanced Research Projects Agency,DARPA)1969 年在研究美国国防部高级研究计划局计算机网(Advanced Research Projects Agency Network,ARPANET)时提出了 TCP/IP(Transmission Control Protocol and Internet Protocol)模型,开发的 TCP/IP 协议栈获得了更为广泛的应用。TCP/IP 协议栈是 ARPANET 和其后继互联网使用的参考模型。TCP/IP 参考模型如图 6-3 所示。从低到高各层依次为网络接口层(Network Access Layer)、网络互联层(Internet Layer)、传输层(Transport Layer)、应用层(Application Layer)。

TCP/IP 参考模型与 OSI 参考模型的对比示意图如图 6-4 所示。

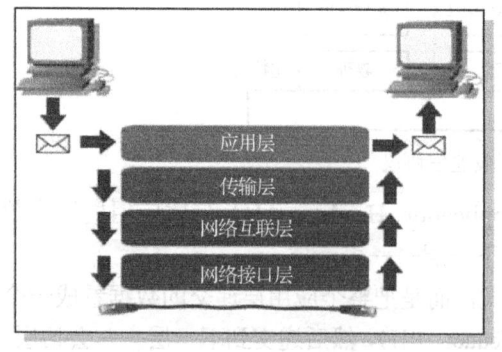

图 6-3 TCP/IP 参考模型

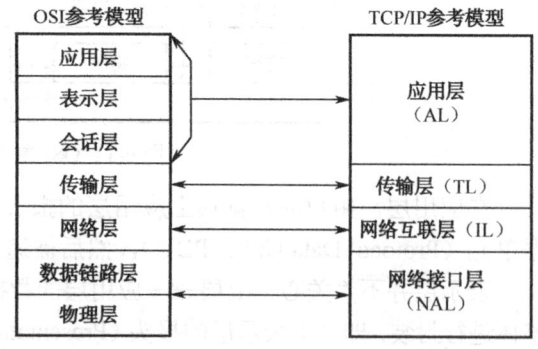

图 6-4 TCP/IP 参考模型与 OSI 参考模型的对比示意图

TCP/IP 参考模型的层次结构如图 6-5 所示。TCP/IP 有大量的协议和应用支持，现在已成为事实上的标准。

应用层	FTP、TELNET、HTTP		SNMP、TFTP、NTP
传输层	TCP		TCP
网络互联层	IP		
网络接口层	以太网	令牌环网	802.2	HDLC、PPP、FRAME、RELAY
			802.3	EIA/TIA-232、449、V.35、V.21

图 6-5 TCP/IP 参考模型的层次结构

在 TCP/IP 参考模型中，去掉了 OSI 参考模型中的会话层和表示层，这两层的功能被合并到应用层实现，同时将 OSI 参考模型中的数据链路层和物理层合并为网络接口层。

6.4 网络扫描

6.4.1 黑客

"黑客"一词是由英文单词"Hacker"音译出来的，最初是指专门研究并发现计算机和网络漏洞的计算机爱好者，他们对计算机有着狂热的兴趣和执著的追求，喜欢挑战高难度的网络系统并从中找到漏洞，然后向管理员提出解决和修补漏洞的方法。

黑客不受政治利用，不恶意破坏，而是追求网络信息共享、免费，提倡自由、平等，倡导现行计算机的开放体系结构，打破计算机技术只掌握在少数人手里的局面。其中诞生了很多大名鼎鼎的人物，如 Apple 公司的创始人史蒂夫·乔布斯（Steve Jobs）与自由软件基金的创办人理查德·马修·斯托尔曼（Richard Matthew Stallman）。《黑客的道德准则》一书中有一句话："通往计算机的路不止一条，所有的信息都应该是免费的，打破电子特权，在计算机上创造艺术和美，计算机将使生活更美好。"这充分说明黑客本身并不是破坏者，他们推动了计算机的快速发展，为今天的互联网发展做出了不可磨灭的贡献，正如 Myhk 的一句话"黑客存在的意义就是使网络变得日益安全、完善"。

但是到了今天，"黑客"一词已经被当作那些专门利用计算机进行破坏或入侵他人系统的代言词，对这些人正确的叫法应该是 Cracker（"骇客"），也正是这些人的出现玷污了"黑客"一词，使人们把"黑客"和"骇客"混为一体。

根据开放原始码计划创始人埃里克·S.雷蒙德（Eric S. Raymond）对 Cracker 的解释，Hacker 与 Cracker 是分属两个不同世界的族群，基本差异在于，Hacker 是有建设性的，而 Cracker 则专门进行破坏。

Hacker 原意是指用斧头砍柴的工人，最早被引进计算机领域则可追溯到 20 世纪 60 年代，加州伯克利大学计算机教授 Brian Harvey 在考证此词时曾写到，当时在麻省理工学院中的学生通常分成两派：一是 Tool，意指乖乖牌学生，成绩都拿甲等；二是所谓的 Hacker，也就是常逃课，上课爱睡觉，但晚上又精力充沛喜欢做课外活动的学生。真正一流 Hacker 并非整天不学无术，而是会热衷追求某种特殊嗜好，如研究电话、铁道（模型或者实物）、科幻小说、无线电,或者是计算机(也因此后来才有所谓的 Computer Hacker 出现,意指计算机高手)。

对黑客而言,学会入侵和破解是必要的,但最主要的还是编程,毕竟使用工具是体现别人的思路,而程序是自己的想法。而对骇客而言,他们只追求入侵的快感,不在乎技术,他们不会编程,也不知道入侵的具体细节。如果黑客是炸弹制造专家,那么 Cracker 就是恐怖分子。

"人品第一,技术第二",是黑客信奉的技术巅峰!

黑客精神指的是善于独立思考、喜欢自由探索的一种思维方式。有一位哲人曾说过:"精神的最高境界是自由。"黑客精神正是这句话的生动写照。

黑客对新鲜事物很好奇,这一点和小孩子有点儿相似。实际上,很多酿成重大后果的黑客事件都是十几岁的孩子干出来的。曾入侵美国白宫、国防部、空军网站的"凶手"竟是一名16岁的以色列少年。连世界级的计算机安全专家都纳闷儿:这些"小孩子"到底是怎样进入那些层层设防、固若金汤的信息系统的?答案只有一个:强烈的好奇心。挪威作家乔斯坦·贾德(Jostein Gaarder)1991 年出版的《苏菲的世界》(Sophie's world)中有这样一句话:"要成为一个优秀的哲学家,只有一个条件:要有好奇心。"要成为一名黑客,第一个条件也是要有好奇心。

黑客总是以怀疑的眼光去看待一切问题,有鲜明的个性特征,给人以放荡不羁的印象。他们老爱问"为什么",或用"是吗?"表示怀疑,甚至还用"我不这样认为……"来表达自己的看法。在很多人眼中,黑客是社会和传统思维方式的叛逆者。

黑客追求自由,蔑视和打破束缚自己的一切羁绊和枷锁,向往开放的世界。黑客鄙视一切商业活动,把自己编写的应用程序放到网上,让别人免费下载使用;有的黑客还把某些厂商的加密软件破解,公布于众。有很多优秀的自由软件都是黑客辛勤和智慧的结晶,如 Apache、Sendmail 等。互联网和 Linux 的盛行,就是黑客追求自由和开放的结果。

哪些人是黑客?

威廉·布拉德福德·肖克莱(William Bradford Shockley)是黑客,因为他发明了晶体管,然后才有集成电路,才能有现在的 PC。

G. 布尔(G. Boole)是黑客,他的布尔代数理论是整个数字化时代的前提,只要有二进制就离不开布尔代数。

约翰·冯·诺伊曼(John Von Neumann)是黑客,因为他构建了计算机模型。

比亚内·斯特劳斯特鲁普(Bjarne Stroustrup)是黑客,因为他创立了 C++,使得更多的人可以用这种划时代的语言来控制计算机。

莱纳斯·贝内迪克特·托瓦尔兹(Linus Benedict Torvalds)是黑客,他于 1991 年开发了著名的 Linux 内核,当时他是芬兰赫尔辛基大学计算机系学生。

克劳德尔·埃尔伍德·香农(Claude Elwood Shannon)是黑客,因为他创立了信息论。

文顿·G. 瑟夫(Vinton G. Cerf,互联网之父)和罗伯特·埃利奥特·卡恩(Robert Elliot Kahn)是黑客,因为他们创造了 TCP/IP 协议,使得互联网成为可能。

凯文·戴维·米特尼克(Kevin David Mitnick)是世界上公认的头号黑客,也是第一个被美国联邦调查局通缉的黑客。

下村努(Tsutomu Shimomura)是黑客,提到他是因为他抓了凯文·戴维·米特尼克。

理查德·马修·斯托尔曼(Richard Matthew Stallman)是传统型大黑客,他在 1971 年受聘成为美国麻省理工学院人工智能实验室程序员。

肯·汤普森（Ken Thompson）和丹尼斯·麦卡利斯泰尔·里奇（Dennis MacAlistair Ritchie）是贝尔实验室的计算机科学操作组程序员。两人在 1969 年发明了 UNIX 操作系统。

斯蒂芬·加里·沃兹尼亚克（Stephen Gary Wozniak）是黑客，他是苹果公司创办人之一。

埃里克·史蒂文·雷蒙（Eric Steven Raymond）热衷于自由软件的开发与推广，积极推动自由软件运动的发展。他写的《大教堂和市集》等文章，是自由软件界的经典美文。网景公司就是在这篇文章的影响下决定开放他们的源代码，使浏览器成为自由软件大家族中的重要一员。

……

值得一提的是，随着黑客的复杂化、群体化和组织化，信息网络受到的威胁越来越复杂，不再是单机作战，呈现出分布式攻击的趋势。另外，黑客技术与计算机病毒技术也互相融合，攻击的破坏程度越来越大。网络上各种攻击工具非常多，使用也越来越傻瓜化，对某些黑客的技术水平要求越来越低。

6.4.2 渗透测试步骤

1．明确目标

确定范围：测试目标的范围、IP 地址、域名、内外网。

确定规则：能渗透到什么程度、能否修改上传、能否提权等。

确定需求：Web 应用的漏洞（新上线程序）、业务逻辑漏洞（针对业务的）、人员权限管理漏洞（针对人员、权限）等。（立体全方位）

根据需求和自己技术能力来确定能不能做、能做多少。

2．信息收集

方式：主动扫描、开放搜索等。

开放搜索：利用搜索引擎获得后台、未授权页面、敏感 URL 等。

基础信息：IP 地址、网段、域名、端口。

系统信息：操作系统版本。

应用信息：各端口的应用，如 Web 应用、电子邮件应用等。

版本信息：所有这些探测到的东西的版本。

服务信息：提供各类服务的信息。

人员信息：域名注册人员信息、Web 应用中网站发帖人的 ID、管理员姓名等。

防护信息：试着看能否探测到防护设备。

3．漏洞探索

利用上一步中列出的各种系统、应用等使用相应的漏洞。

方法：

1）漏扫，借助 AWVS、IBM AppScan 工具等。

2）结合漏洞去 Exploit-DB 等网站找可利用资源。

3）在网上寻找 POC。

内容：

系统漏洞——系统没有及时打补丁。

Web Server 漏洞——Web Server 配置问题。

Web 应用漏洞——Web 应用开发问题。

其他端口服务漏洞——各种 21/8080（st2）/7001/22/3389。

通信安全——明文传输、Token 在 Cookie 中传送等。

4．漏洞验证

将上一步中发现的有可能可以成功利用的全部漏洞都验证一遍。结合实际情况，搭建模拟环境进行试验，成功后再应用于目标中。

自动化验证：结合自动化扫描工具提供的结果。

手工验证：根据公开资源进行验证。

试验验证：自己搭建模拟环境进行验证。

登录猜解：有时可以尝试猜解一下登录口的账号、密码等信息。

业务漏洞验证：若发现业务漏洞，要进行验证。

公开资源的利用：

——Exploit-DB、WooYun。

——Google Hacking。

——渗透代码网站。

——通用、默认口令。

——厂商的漏洞警告等。

5．信息分析

为下一步实施渗透做准备。

精准打击：准备好上一步探测到的漏洞的 EXP。

绕过防御机制：是否有防火墙等设备、如何绕过。

定制攻击路径：最佳工具路径、薄弱入口、高内网权限位置、最终目标。

绕过检测机制：是否有检测机制、流量监控、杀毒软件、恶意代码检测等（免杀）。

攻击代码：经过试验得来的代码，包括不限于 XSS 代码、SQL 注入语句等。

6．获取所需

实施攻击：根据前几步的结果，进行攻击。

获取内部信息：基础设施（网络连接、VPN、路由、拓扑等）。

进一步渗透：内网入侵、敏感目标。

持续性存在：一般对客户做渗透不需要 Rookit、后门、添加管理账号、驻扎手法等。

清理痕迹：清理相关日志（访问、操作）、上传文件等。

7．信息整理

整理渗透工具：整理渗透过程中用到的代码、POC、EXP 等。

整理收集信息：整理渗透过程中收集到的一切信息。

整理漏洞信息：整理渗透过程中遇到的各种漏洞、各种脆弱位置信息。

目的：形成报告、测试结果以供使用。

8．形成报告

按需整理：按照之前第一步跟客户确定好的范围、需求来整理资料，并将资料形成报告。

补充介绍：要对漏洞成因、验证过程和带来的危害进行分析。

修补建议：要对所有产生的问题提出合理、高效、安全的解决办法。

6.5 实施攻击的前期准备

6.5.1 收集网络信息

网管和黑客的斗争是永不会停息的，他们的关系就如同警察和小偷。在网络这个没有硝烟的战场上，谁的技术手段高明，谁的头脑灵活，谁虚心学习不断成长，谁就能立于不败之地。网管为了维护自己服务器的安全，黑客为了成功入侵一台服务器，他们使用的往往是一种很简便、很省时间、很高效的做法，很多问题其实不是我们想象的那么复杂，而且工具都是现成的。能否利用最简单的办法达到防御和入侵的目的呢？答案是肯定的，熟练掌握一些和网络有关的 DOS 命令，就能让我们在 DOS 环境下完成别人使用工具才能完成的工作。

1．常用的 DOS 信息收集命令

（1）ping 命令

ping 命令用来检查网络是否通畅或者网络连接速度，结果值越大，说明速度越慢。ping 命令给目标 IP 地址发送一个数据包，对方就要返回一个同样大小的数据包，根据返回的数据包可以确定目标主机的存在，可以初步判断目标主机的操作系统等。

ping 命令参数查询方法很简单，只要输入 DOS 命令"ping/?"进行查询即可，如图 6-6 所示。

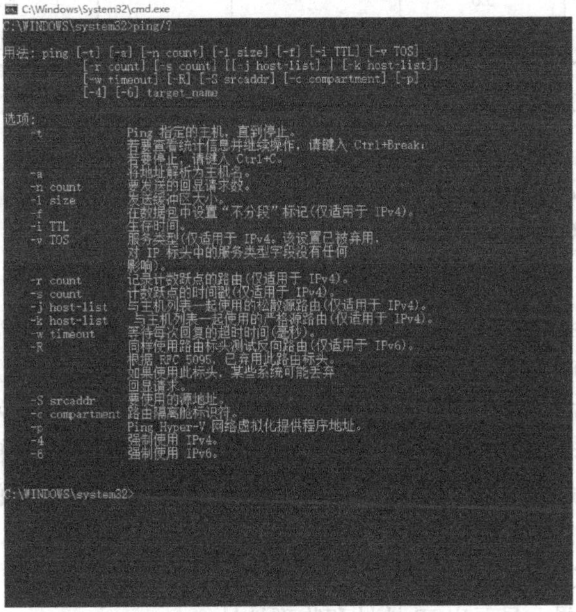

图 6-6 ping 命令参数

说明：在图 6-6 中，如果-t 参数和-n 参数一起使用，则 ping 命令以放在后面的参数为标准。例如，"ping IP -t -n 3"，虽然使用了-t 参数，但并不是一直执行下去，而是只执行 3 次。另外，ping 命令不一定只用于测试 IP 地址，也可以直接测试主机域名，如图 6-7 所示。

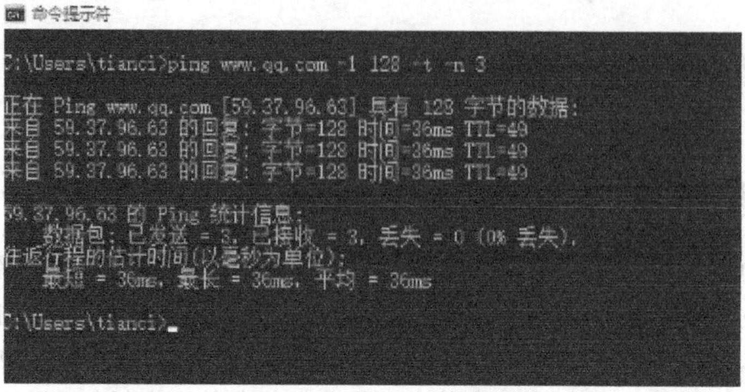

图 6-7 用 ping 命令测试 QQ 网站

ICMP 回显应答的参数 TTL（Time to Live，生存周期）一般默认情况下可以反映目标主机操作系统，如表 6-1 所示。

表 6-1 不同的操作系统对 ping 命令的 TTL 返回值

TTL	32	64	128	250	255	50
OS	Windows 95/98/ME	Linux Kernel 2.2X/2.4X Compaq Tru64 5.0	Windows 2000/NT/XP/7/10	UNIX/BSD	Free BSD 4X/3.4 Sun Solaris 2.X Open BSD 2.X Net BSD HP UX 10.20	Not sure

TTL 的值在对方的主机里是可以修改的，Windows 操作系统可以通过修改注册表以下键值实现。

[HKEY_LOCAL_MACHINE\SYSTEM\CurrentControlSet\Services\Tcpip\Parameters]
"DefaultTTL"=dword:000000ff

（2）arp 命令

ARP（Address Resolution Protocol）称为地址解析协议，其基本功能是通过目标设备的 IP 地址，查询目标设备的网卡物理地址（MAC 地址），以保证通信的顺利进行。用 arp 命令，能够查看本地计算机或另一台计算机的 ARP 高速缓存中的当前内容。此外，也可以使用 arp 命令人工输入静态的网卡物理/IP 地址对，通常使用这种方式为默认网关和本地服务器等常用主机进行设置，这样有助于减少网络上的信息量。ARP 是 IPv4 中网络层必不可少的协议，不过在 IPv6 中已不再适用，并被 ICMPv6 所替代。

最常见的使用方式为 arp -a（如同-g）这种形式，用于查看高速缓存中的所有项目。图 6-8 所示为 arp 命令查询结果，显示出 IP 地址和物理地址。

（3）tracert 命令

tracert 命令作为一个路由跟踪、诊断实用程序，在 DOS 和 UNIX 系统下都有应用，它通过发送 Internet 控制消息协议（ICMP）回显请求和回显答复消息，产生关于经过每个路由器的命令行报告输出，从而跟踪路径。该程序是网管必备的 TCP/IP 工具之一，经常被用于测试网络的连通性，确定故障位置。如果配置使用 DNS，那么常常会从所产生的应答中得到城市、地址和常见通信公司的名字。因此,我们有必要通过对 tracert 命令路由跟踪数据包的精确解析,完整了解 tracert 命令的运行过程。网络环境如图 6-9 所示。

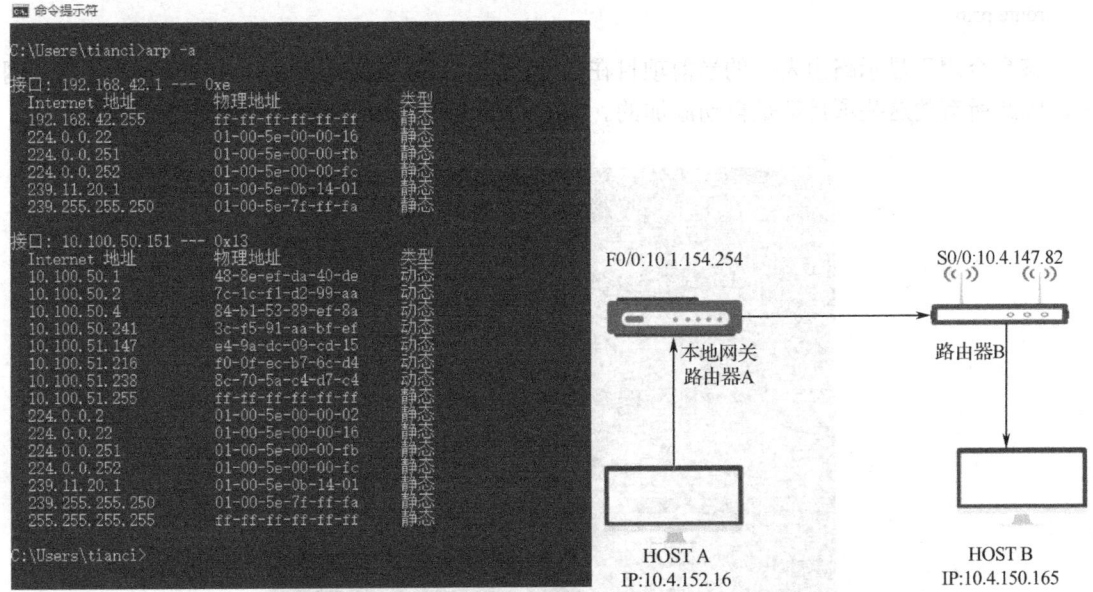

图 6-8　arp 命令查询结果　　　　图 6-9　网络环境

tracert 命令的使用方法如下。

tracert IP/URL

该命令返回到达 IP 地址所经过的路由器列表,URL 表示网址。

图 6-10 所示为本机到百度的路由器列表。tracert 命令一般用来检测故障的位置,即检查哪个环节出现了问题。

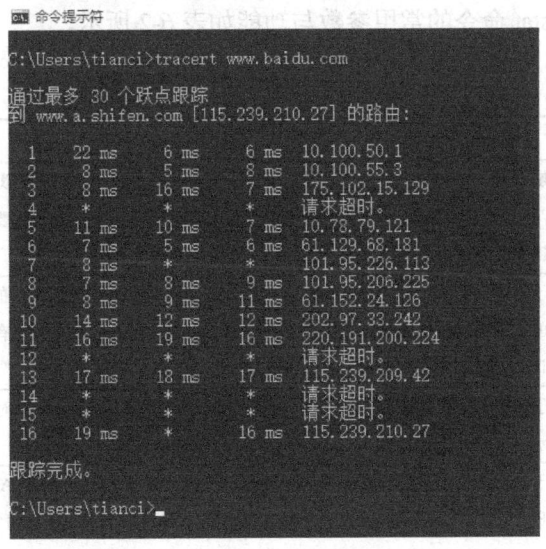

图 6-10　本机到百度的路由器列表

（4）route 命令

route 命令用来显示、添加和修改路由表项。route 命令最常见的使用方法如下。

route print

该命令用于显示路由表中的当前项目在单路由器网段上的输出；由于用 IP 地址配置了网卡，因此所有的这些项目都是自动添加的。图 6-11 所示为 route print 命令的运行结果。

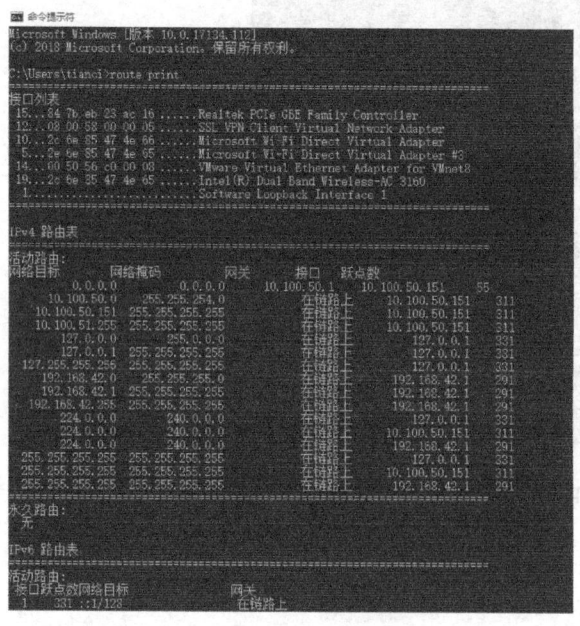

图 6-11　route print 命令的运行结果

（5）netstat 命令

netstat 命令用于显示与 IP、TCP、UDP 和 ICMP 相关的统计数据，一般用于检验本机各端口的网络连接情况。netstat 命令的常用参数与功能如表 6-2 所示。

表 6-2　netstat 命令的常用参数与功能

参　　数	功　　能
-s	本参数能够按照各个协议分别显示其统计数据。如果应用程序（如 Web 浏览器）运行速度比较慢，或者不能显示 Web 页之类的数据，那么可以用本参数来查看所显示的信息。需要仔细查看统计数据的各行，找到出错的关键字，进而确定问题所在
-e	本参数用于显示关于以太网的统计数据。它列出的项目包括传送的数据包的总字节数、错误数、删除数，以及数据包的数量和广播的数量。这些统计数据既有发送的数据包数量，也有接收的数据包数量。这个参数可以用来统计一些基本的网络流量
-r	本参数用于显示关于路由表的信息，类似于前面所讲使用 route print 命令时看到的信息；除了显示有效路由外，还显示当前有效的连接
-a	本参数用于显示一个所有的有效连接信息列表，包括已建立的连接（ESTABLISHED），也包括监听连接请求（LISTENING）的那些连接、断开连接（CLOSE_WAIT）或者处于联机等待状态（TIME_WAIT）的连接等
-n	本参数用于显示所有已建立的有效连接，显示 IP 地址，而不是计算机名

netstat 命令可以用来获得系统网络连接的信息（使用的端口、使用的协议等）、收到和发出的数据、被连接的远程系统的端口、Netstat 在内存中读取所有的网络信息。

在 Internet RFC（Request For Comments）标准中，Netstat 的定义如下：Netstat 是在内核中访问网络及相关信息的程序，它能提供 TCP 连接、TCP 和 UDP 监听、进程内存管理的相关报告。

netstat 命令的使用方法如下。

netstat -a

netstat -a 命令的运行结果如图 6-12 所示。

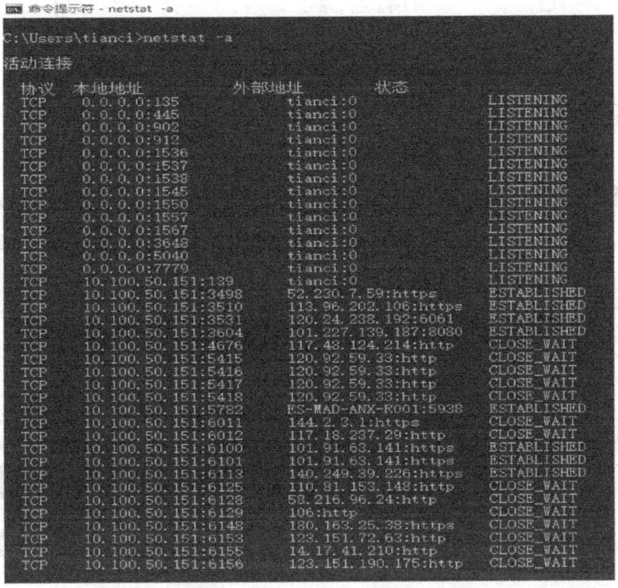

图 6-12　netstat -a 命令的运行结果

netstat -a 命令运行结果实例如下。

协议	本地地址	外部地址	状态
TCP	10.100.50.151:3531	120.24.238.192:6061	ESTABLISHED

本地地址（Local Address）：10.100.50.151:3531，俗称计算机名，安装系统时设置的，可以在"我的电脑"属性中修改，本地打开并用于连接的端口为 3531。注意，小于 1024 的端口通常运行一些网络服务，大于 1024 的端口用来与远程机器建立连接。

外部地址（Foreign Address）：120.24.238.192:6061。

状态：ESTABLISHED（LISTENING 表示在监听状态中，ESTABLISHED 表示已建立连接的连接情况，TIME_WAIT 表示被动关闭）。

2. 常用的 Windows 平台网络探测工具

（1）搜索引擎

搜索引擎是一个非常有用的信息收集工具。例如，Baidu、Google 具有很强的搜索能力，能够帮助攻击者准确地找到目标，包括网站的弱点和不完善配置。又如，多数网站只要设置了目录列举功能，Google 就能搜索出 Index of 页面。打开 Index of 页面就能够浏览一些隐藏在互联网背后的开放了目录浏览的网站服务器的目录，并下载本无法看到的密码、账户等有用文件，如图 6-13 所示。

图 6-13　打开搜索到的 Index of/admin 页面

（2）Whois 数据库

除了搜索引擎外，Internet 上的各种 Whois 数据库也是非常有用的信息来源。这些数据包含各种关于 Internet 地址分配、域名和个人联系方式等数据。攻击者可以从 Whois 数据库了解目标的一些注册信息。图 6-14 列出了 Whois 常用的网站信息查询工具、域名/IP 类查询工具、实用代码转换工具等（http://whois.chinaz.com）。

图 6-14　http://whois.chinaz.com 查询工具

图 6-15 显示了 Whois 查询域名 soho.com 的信息。

图 6-15　Whois 查询域名 soho.com 的信息

图 6-16 显示了 Whois IP 定位查询。Whois 有一些常用的小工具，包括 DNS 查询、MD5 加密、IP 地址与对应整数之间的转换及 IPv4 向 IPv6 转换（见图 6-17）等。

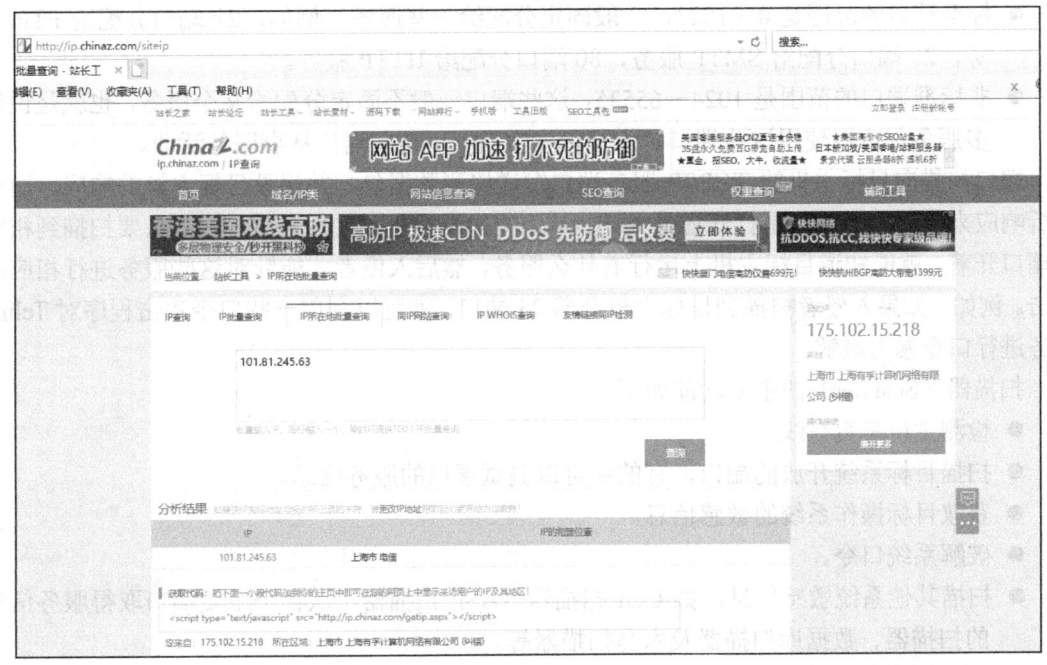

图 6-16　Whois IP 定位查询

图 6-17　IPv4 向 IPv6 转换

6.5.2　进行网络扫描

扫描就是通过向目标主机发送数据报文，然后根据响应获得目标主机的情况。根据不同的扫描目的，扫描主要分为 3 种类型，即地址扫描、端口扫描和漏洞扫描。

1. 端口扫描与扫描器

端口由 TCP/IP 协议定义，指逻辑意义上的端口，不同于计算机硬件领域的硬"插槽"，一个端口就是一个潜在的通信通道，也就是一个入侵通道。端口与进程是一一对应的。端口相当于计算机进程的大门,为了让两台计算机能够找到对方的进程,必须对端口进行编号。逻辑意义上的端口范围是 0~65535,可分为两类:标准端口和非标准端口。

- 标准端口的范围是 0~1023,一般固定分配给一些服务。例如,21 端口分配给 FTP 服务,25 端口分配给 SMTP 服务,80 端口分配给 HTTP 服务。
- 非标准端口的范围是 1024~65535,这些端口一般不固定分配给某个服务,也就是说许多服务都可以使用这些端口。木马程序常常利用这些端口从事服务活动。

端口扫描向目标主机的 TCP/IP 服务端口发送探测数据包,并记录目标主机的响应。通过分析响应来判断服务端口是打开还是关闭,从而得知端口提供的服务或信息。只要扫描到相应的端口开着,就能知道目标主机上运行着什么服务,然后入侵者才能针对这些服务进行相应的攻击。例如,如果入侵者扫描到目标主机开着 23 端口,就可以利用一些口令攻击程序对 Telnet 服务进行口令暴力破解。

扫描器(Scanner)的主要功能如下。

- 检测主机是否在线。
- 扫描目标系统开放的端口,有的还可以测试端口的服务信息。
- 获取目标操作系统的敏感信息。
- 破解系统口令。
- 扫描其他系统敏感信息,如 CGI 扫描器、ASP 扫描器、从各个主要端口取得服务信息的扫描器、数据库扫描器及木马扫描器等。

2. 端口扫描的分类

端口扫描按端口连接的情况可分为 TCP Connect 扫描(全连接扫描)、TCP SYN 扫描(半打开扫描)、秘密扫描和其他扫描等。其中,TCP Connect 扫描是最基础的一种端口扫描方式;TCP SYN 扫描在扫描过程中没有建立完整的 TCP 连接,故又称为半打开扫描;秘密扫描包含 TCP FIN 扫描、TCP ACK 扫描等多种扫描方式。端口扫描的分类如图 6-18 所示。

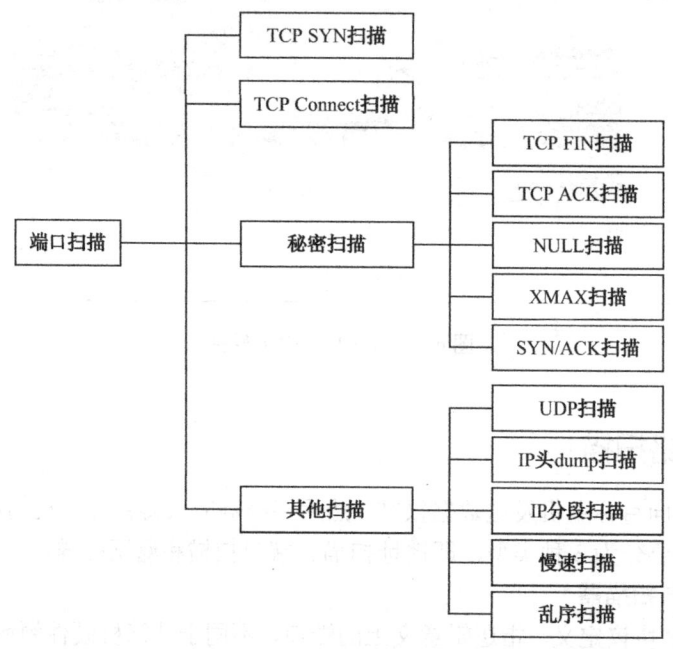

图 6-18 端口扫描的分类

3. 端口扫描器的使用

（1）端口扫描程序 NMap 7.70

NMap 是一款针对大型网络的端口扫描工具，它也适用于单机扫描。它可以隐藏扫描，越过防火墙扫描，或者使用不同的协议进行扫描，如 UDP、TCP、ICMP 等。它也支持很多扫描技术，如 TCP Connect 全连接扫描、TCP SYN 半打开扫描、TCP FIN 扫描、XMAS 扫描、NULL（隐藏）扫描、TCP FTP 代理（跳板）扫描、SYN/FIN IP 碎片扫描（穿越部分数据包过滤器）、TCP ACK 和窗口扫描、UDP 监听 ICMP 端口无法送达扫描、ICMP 扫描、TCP ping 扫描、直接 RPC 扫描（无端口映射）、TCP/IP 指纹识别远程操作系统及身份认证扫描等。NMap 同时支持性能和可靠性统计，如动态延时计算、数据包超时和转发、并行端口扫描、通过并行 ping 侦测下层主机。

每个端口的状态有 open、filtered、unfiltered。open 状态意味着目标主机的这个端口是开放的，处于监听状态。filtered 状态表示防火墙、包过滤和其他网络安全软件掩盖了这个端口，禁止 NMap 的探测企图。通常情况下，端口的状态基本是 unfiltered，所有这种状态不显示。只有在大多数被扫描的端口处于 filtered 状态下，才会显示处于 unfiltered 状态的端口。

NMap 支持的 4 种基本扫描方式如下。
- ping 扫描（-sP 参数）。
- TCP Connect 扫描（-sT 参数）。
- TCP SYN 扫描（-sS 参数）。
- UDP 扫描（-sU 参数）。

例 6-1　-sP 扫描

-sP 扫描用于探索网络上哪些主机正在运行。NMap 向用户指定的网络内的每个 IP 地址发送 ICMP request 数据包，如果主机正在运行就会做出响应。-sP 扫描结果如图 6-19 所示。

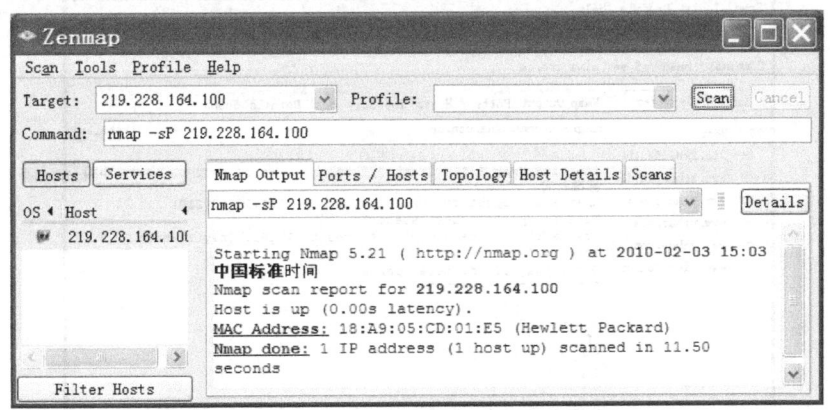

图 6-19　-sP 扫描结果

有些站点（如 microsoft.com）阻塞 ICMP echo 数据包，还有许多个人主机用防火墙挡住 ICMP 包，因此用 ping 扫描不能检测出来。

例 6-2　-sT 扫描

-sT 扫描即 TCP Connect 扫描，它是最基本的 TCP 扫描方式。connect( )是一种系统调用，由操作系统提供，用来打开一个连接。如果目标端口有程序监听，connect( )就会成功返回，否则这个端口是不可达的。-sT 扫描结果如图 6-20 所示。

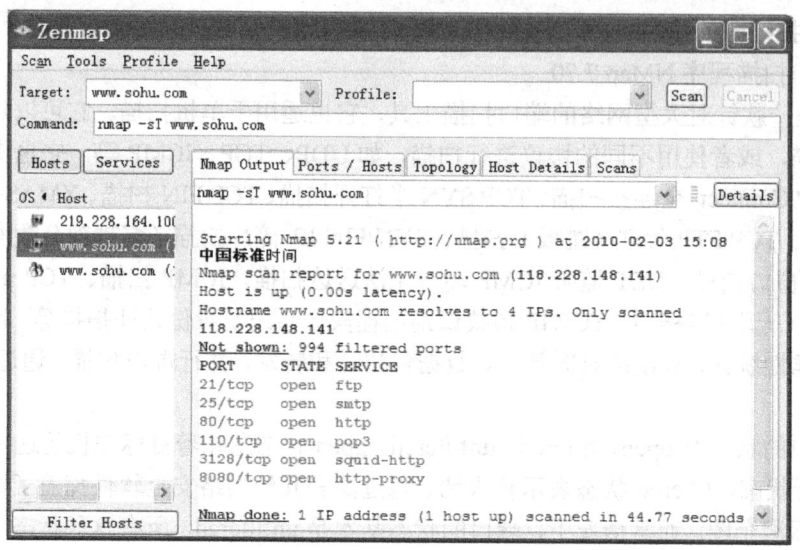

图 6-20 -sT 扫描结果

例 6-3 -sS 扫描

-sS 扫描即 TCP SYN 扫描,不必全部打开一个 TCP 连接,发出一个 TCP 同步包(SYN),然后等待回应。如果对方返回 SYN-ACK(响应)包,就表示目标端口正在监听;如果返回 RST 数据包,就表示目标端口没有监听程序。如果收到一个 SYN-ACK 包,源主机就会马上发出一个 RST(复位)数据包断开和目标主机的连接,此时 NMap 输入下一个端口。这些实际上是由操作系统内核自动完成的。-sS 扫描结果如图 6-21 所示。

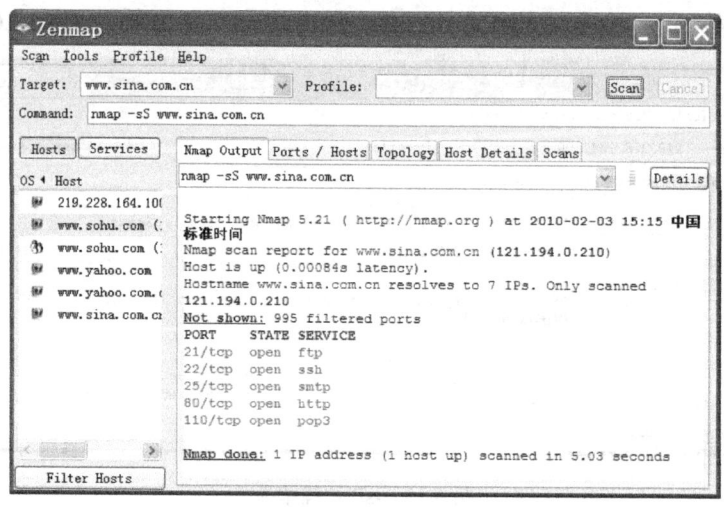

图 6-21 -sS 扫描结果

例 6-4 -sU 扫描

-sU 扫描即 UDP 扫描,目的是确定哪个 UDP 端口在主机端开放。这一项技术是发送零字节的 UDP 信息包到目标主机的各个端口,如果收到一个 ICMP 端口无法到达的回应,那么该端口是关闭的,否则可以认为是开放的。-sU 扫描结果如图 6-22 所示。

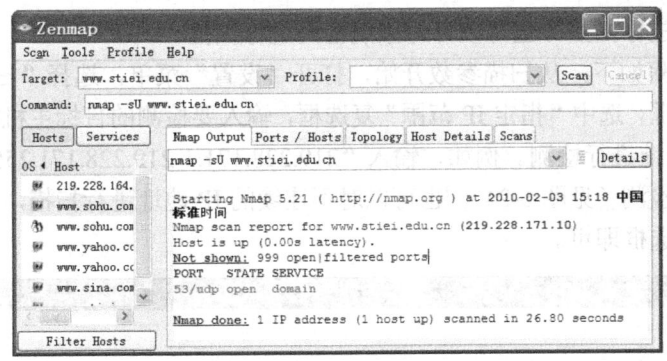

图 6-22　-sU 扫描结果

NMap 提供的扫描方式非常全面，除了以上方式外，还提供了其他参数，如表 6-3 所示。

表 6-3　NMap 其他参数

参数	简 要 描 述	说　　明
-p	选择要进行扫描的端口号的范围	例如，-p 21-150,0（见图 6-23）
-O	获得目标主机操作系统的类型	激活对 TCP/IP 指纹特征（Fingerprinting）的扫描，检测目标主机操作系统网络协议栈的特征（见图 6-23）
-g	设置扫描的源端口	一些防火墙和包过滤器的规则集允许源端口为 DNS（53）或者 FTP-DATA（20）的包通过和实现连接
-S	欺骗扫描，伪装源 IP 地址	
-P0	在扫描之前，不必 ping 主机	使用-P0 或者-PT 80 选项
-PI	真正的 ping（ICMP 请求），来扫描目标主机是否正在运行	
-PT	只有在目标网络/主机阻塞了 ping 包，而仍旧允许用户对其进行扫描时，这个参数才有效	一般使用-PT 80，因为这个端口通常不会被过滤

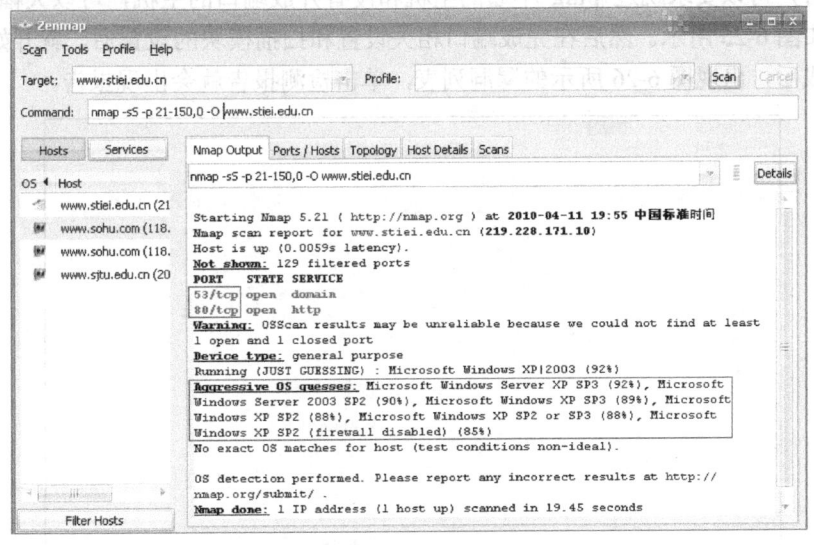

图 6-23　-p -O 扫描结果

（2）系统漏洞扫描与分析软件 Nessus

Nessus 是国内比较出名、功能强大的扫描工具，它不限于端口扫描，既可以对漏洞、某种服务、某个协议等进行扫描,也可以针对系统密码进行扫描。

具体的扫描步骤如下:从扫描参数开始,打开"设置"菜单,选择"扫描参数",会出现一个检测范围对话框,选中"指定 IP 范围"复选框,输入要检测的目标主机的域名或 IP 地址,也可以对多个 IP 地址进行检测。例如,输入"219.228.171.1-219.228.171.255",这样可以对这个网段的主机进行检测(见图 6-24)。也可以对不连续的 IP 地址进行扫描,只要选中"从文件获取主机列表"复选框即可。

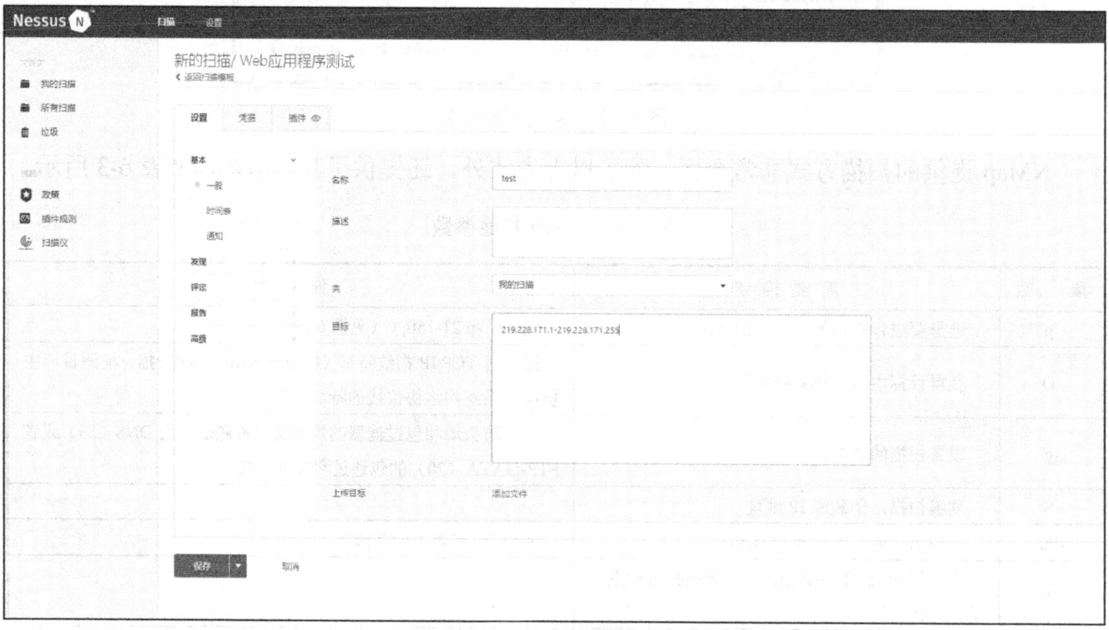

图 6-24 "设置"选项卡

在扫描时,可以要求跳过 ping 不通的主机和没有开放端口的主机,可以大幅度地提高扫描的效率,如图 6-25 所示。然后在完成端口相关设置和扫描模块的设置后,就开始进行扫描。全部扫描完成后,出现图 6-26 所示的漏洞列表,单击检测报告就会出现报告。

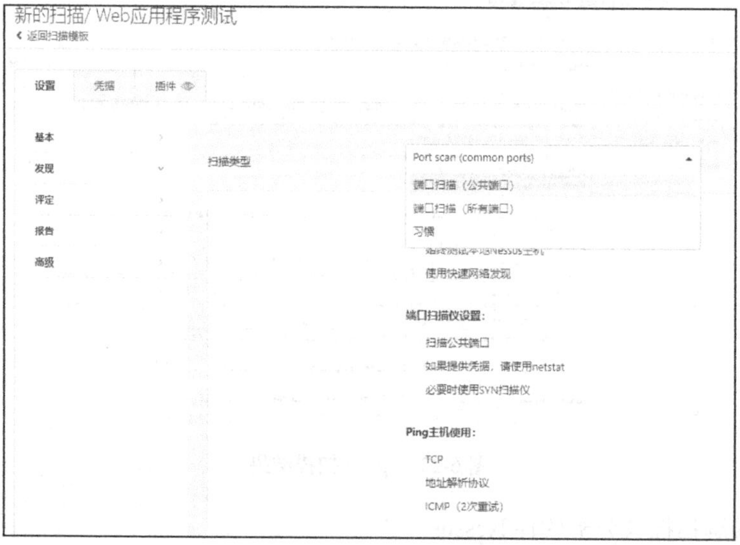

图 6-25 ping 参数设置

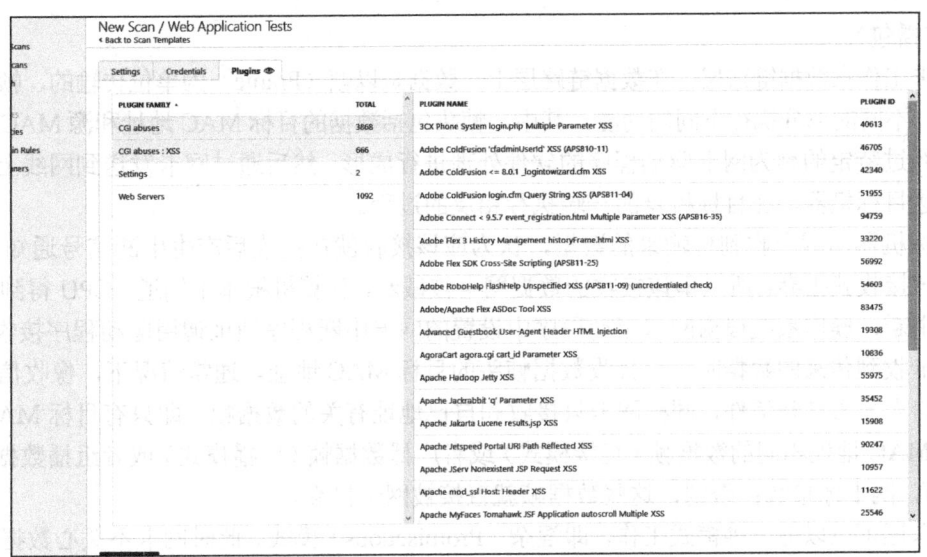

图 6-26　漏洞列表

6.5.3　进行网络监听

同电话被监听一样，人们在网络中的交流也一样可以被监听。在现实生活中，进行电话监听，一般人没有这个能力，但进行网络监听没有这方面的限制。

作为一种威力强大而危险的技术，在互联网发展初期，网络监听主要应用在网络管理员监测数据传输、排除网络故障方面。但是，随着互联网的迅速发展及网络监听技术的成熟，这种状况有了根本性的改变。

1994 年 2 月，一位名不见经传的普通网民在美国互联网的许多主机和骨干网络设备上安装了网络监听软件，利用它对美国骨干互联网和军方网进行监听，并窃取了超过 100 000 个有效的用户名和密码，这是互联网早期规模最大的网络监听事件。事件暴露以后，引发了美国政府和军方的极大震惊。在新闻媒体的渲染下，网络监听从"地下"走向公开，并迅速在广大网民中普及开来。一位使用网络监听软件监测自己同事的网民是这样述说自己的监听经历的："1998 年我在广州的时候，曾在某个下午通过 NetXray（一款非常方便的网络侦听工具）获取了本部门的网络管理员登录公司对外服务器的密码，以及某员工收取电子邮件的密码（POP 协议，明文传输），几乎是不费吹灰之力。"

网络监听工具称为 Sniffer（嗅探器），Sniffer 可以是软件，也可以是硬件。硬件的 Sniffer 也称为网络分析仪。

为了对 Sniffer 的工作原理有一个深入的了解，下面先简单介绍 HUB 和网卡的工作原理。

1．HUB 和网卡的工作原理

以太网等很多网络是基于总线方式的，物理上是广播的，就是当一台机器向另一台机器发送数据时，共享 HUB 先接收数据，然后把它接收到的数据转发给 HUB 上的其他每个接口，所以共享 HUB 所连接的同一网段的所有设备的网卡都能接收到数据。而对于交换机，其内部程序能够记住每个接口的 MAC 地址，能够将接收到的数据直接转发到相应接口上的计算机，不像共享 HUB 那样发给所有的接口，所以交换式网络环境下只有相应的设备能够接收到数据

（除了广播包）。

网卡工作在数据链路层。在数据链路层上，数据是以帧（Frame）为单位传输的，帧由几部分组成，不同的部分执行不同的功能。其中，帧头包括数据的目标 MAC 地址和源 MAC 地址。

帧经过特定的称为网卡驱动程序的软件处理进行成形，然后通过网卡发送到网线上，通过网线到达目标机器，在目标机器的一端执行相反的过程。

目标机器的网卡收到传输来的数据，认为应该接收就在接收后产生中断信号通知 CPU，认为不该接收就丢弃，所以不该接收的数据网卡被截断，计算机根本不知道。CPU 得到中断信号产生中断，操作系统根据网卡驱动程序中设置的网卡中断程序地址调用驱动程序接收数据。

网卡收到传来的数据时，先接收数据帧头的目标 MAC 地址。通常情况下，像收信一样，只有收信人才去打开信件，同样网卡只接收和自己地址有关的数据帧，即只有目标 MAC 地址与本地 MAC 地址相同的数据帧（直接模式）或者广播数据帧（广播模式）或者组播数据帧（组播模式），网卡才接收；否则，这些数据帧就直接被网卡抛弃。

网卡还可以以另一种模式工作，即混杂（Promiscuous）模式。此时网卡不关心数据帧头内容，让所有经过的数据帧都传递给操作系统处理，可以捕获网络上所有经过的数据帧。如果一台机器的网卡被配置成这样的模式，那么这个网卡（包括软件）就是一个嗅探器。

2．网络监听的工作原理

Sniffer 的基本工作原理就是让网卡接收一切所能接收的数据。Sniffer 的工作过程分为 3 步：把网卡置于混杂模式、捕获数据帧、分析数据帧。

下面分两种不同的网络状况介绍 Sniffer 的工作。

（1）共享 HUB 连接的网络

在图 6-27 所示的共享 HUB 网络中，假定有 A、B、C、D 4 台主机，通过 HUB 相连在一个以太网内，现在 A 机上的一个用户想要访问 C 机提供的 WWW 服务，那么当 A 机上的用户在浏览器中输入 C 机的 IP 地址，得到 C 机提供的 Web 服务时，从 7 层结构的角度上来看会发生什么呢？

首先，当 A 机上的用户在浏览器中输入 C 机的地址，发出浏览请求后，A 机的应用层得到请求，要求访问 IP 地址为 C 机的主机。应用层于是将请求发送到 7 层结构中的下一层传输层，由传输层实现利用 TCP 对 IP 建立连接。传输层将数据报交到下一层网络层，由网络层来选路由。

由于 A、C 两机在一个共享网络中，IP 路由选择很简单：IP 数据报直接由源主机发送到目标主机。由于 A、C 两机在一个共享网络中，所以 A 机必须将 32 位的 IP 地址转换为 48 位的以太网地址，注意，该工作由 ARP 来完成。数据链路层的 ARP 通过工作在物理层的 HUB 向以太网中的每个主机发送一份包含目标地的 IP 地址的以太网数据帧，在这份请求报文中申明："谁是 C 机 IP 地址的拥有者，请将你的硬件地址告诉我。"

同一个以太网中的每台机器都会"接收"到这个报文，但正常状态下除了 C 机外其他主机应该会忽略这个报文，而 C 机网卡驱动程序识别出是在寻找自己的 IP 地址，于是回送一个 ARP 应答，告知自己的 IP 地址和 MAC 地址。

A 机的网卡驱动程序接收到了 C 机的数据帧，知道了 C 机的 MAC 地址，于是以后的数据利用这个已知的 MAC 地址作为目标地址进行发送。同在一个局域网内的主机虽然也能"看"到这个数据帧，但是都保持沉默，不会接收这个不属于它的数据帧。

上面是一种正常的情况，如果网卡被设置为混杂模式，那么上述过程就会发生变化，这台主机将会默不作声地接收到以太网内传输的所有信息，也就是说，窃听也就因此实现了！这会给局域网安全带来极大的安全问题，系统一旦被入侵并进入网络监听状态，那么无论是本机还是局域网内的各种传输数据都会面临被窃听的可能。如图 6-28 所示，安装了 Sniffer 的主机 B 就能监听到 A 机传输的数据。

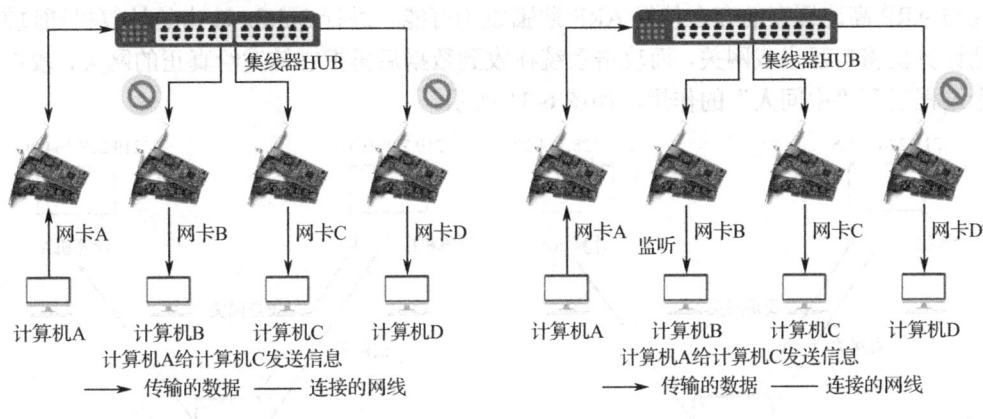

图 6-27　共享 HUB 工作原理　　　　图 6-28　混杂模式（监听）的 HUB 工作方式

（2）交换机连接的网络

交换机的工作原理与 HUB 不同，普通的交换机工作在数据链路层，交换机的内部有一个接口和 MAC 地址对应。当有数据进入交换机时，交换机先查看数据帧中的目标地址，然后按照地址表转发到相应的接口，其他接口收不到数据，如图 6-29 所示。

只有目标地址是广播地址的，才转发给所有的接口。如果现在在计算机 B 上安装了 Sniffer 软件，则计算机 B 也只能收到发给自己的广播数据，无法监听其他人的数据。因此，在交换机连接环境下比 HUB 连接的网络安全得多。

现在许多交换机都支持镜像的功能，能够把进入交换机的所有数据都映射到监控端口，同样可以监听数据包，从而进行数据分析，如图 6-30 所示。镜像的目的主要是使网络管理员掌握网络的运行情况，采用的方法就是监控数据包。

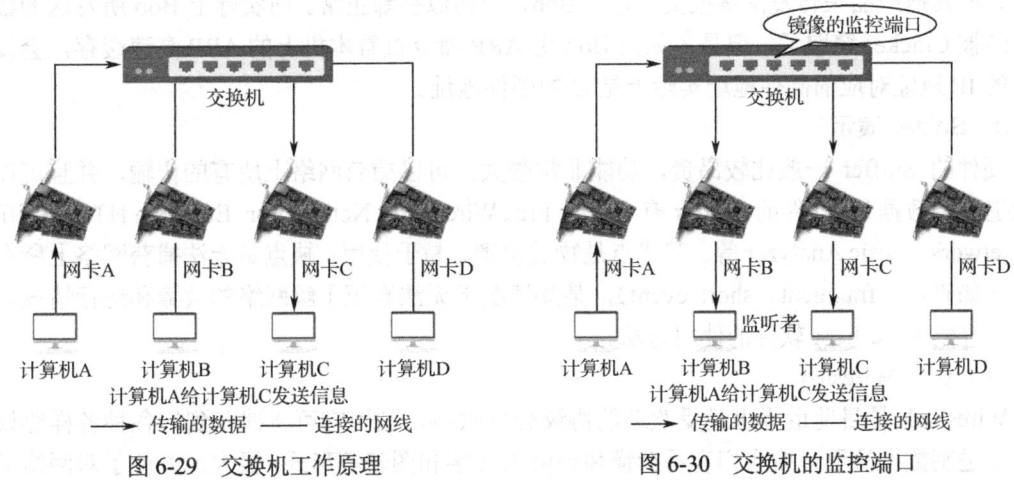

图 6-29　交换机工作原理　　　　图 6-30　交换机的监控端口

要实现这个功能必须对交换机进行设置，所以在交换机连接环境下，黑客很难实现监听，但是还有其他方法，如 ARP 欺骗，或者破坏交换机的工作模式，使其广播式处理数据等。

ARP（Address Resolution Protocol，地址解析协议）是一种将 IP 地址转化成以 IP 地址对应的网卡的物理地址的协议，或者说 ARP 是一种将 IP 地址转化成 MAC 地址的协议。

对于交换网络，黑客是如何进行嗅探的呢？其实黑客有很多方法使交换机失效，从而达到嗅探的目的。其中，一个简单的 ARP 欺骗再加上一个 Sniffer 就可以进行 Sniffer 攻击。ARP 的特性与 ARP 高速缓存的存在使得 ARP 欺骗成为可能。进行 Sniffer 攻击的计算机通过欺骗，让其他计算机将自己当成网关，而攻击系统在收到数据后再把它转发给真正的网关，攻击系统在这个过程起到"中间人"的作用，如图 6-31 所示。

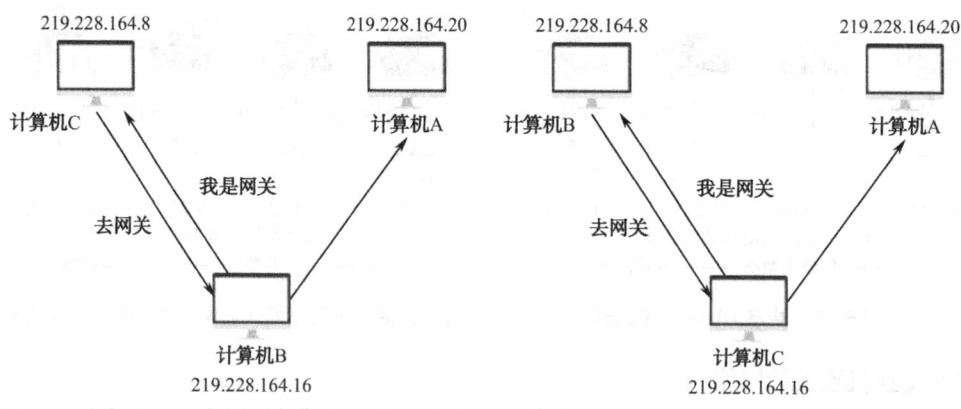

图 6-31 "中间人"ARP 欺骗攻击

交换网络中有 3 个用户，即 Alice（计算机 A）、Bob（计算机 B）和 Cracker（计算机 C），其中 B 是网关，Cracker 是入侵者。在正常情况下，Cracker 是无法收到 Alice 与 Bob 之间的通信报文的。入侵者运行 ARP 欺骗软件 ARPredirect（它是 Dsniff 软件中的一部分），利用 ARP 欺骗将网络中的主机发送的数据包进行重定向。

ARPredirect 就开始发送假冒的 ARP 应答 Bob，告诉 Bob 网关是 C。C 刷新自己的缓存，将 Cracker 的硬件地址作为网关的硬件地址保存在缓存中。这样，当 Bob 需要向外进行会话时，就会将数据发往 ARP 缓存中的那个网关地址，即将数据发往 Cracker。而 C 打开了该软件的 IP 或安装的其他产品来转发网络报文。对于 Bob，一切似乎都正常。而实际上 Bob 所发送的数据都已经被 Cracker 窃取了。但是，如果 Bob 用 ARP 命令查看本机上的 ARP 高速缓存，会发现网关的 IP 地址对应的硬件地址实际上是 C 的硬件地址。

3. Sniffer 演示

硬件的 Sniffer 一般比较昂贵，功能非常强大，可以捕获网络上所有的传输，并且可以重新构造各种数据包。软件的 Sniffer 有 Sniffer Pro、Wireshark、Netmonitor、EffeTech HTTP Sniffer、Iris Network Traffic Analyzer 等。其优点是物美价廉，易于使用；缺点是无法捕获网络上所有的传输（如碎片、fragment、short event），某些情况下无法真正了解网络的故障和运行情况。下面重点介绍 Wireshark 软件的使用方法。

（1）认识 Wireshark

Wireshark 是目前世界上最受欢迎的协议分析软件，利用它可将捕获到的各种各样协议的网络二进制数据流翻译成人们容易读懂和理解的文字和图表等形式，极大地方便了对网络活动的监测分析和教学实验。它有十分丰富和强大的统计分析功能，可在 Windows、Linux 和 UNIX 等系统上运行。此软件于 1998 年由美国 Gerald Combs 首创研发，原名 Ethereal，2006 年 5 月改为 Wireshark。

Wireshark 拥有许多强大的功能：包含有强显示过滤器语言（Rich Display Filter Language）；能在接口实时捕捉包，详细显示包的协议信息；可以通过多种方式过滤包、查找包；可以打开/保存捕捉的包；可以导入/导出其他捕捉程序支持的包数据格式；通过过滤以多种色彩显示包；拥有创建多种统计分析和查看 TCP 会话重构流的能力；支持上百种协议和媒体类型。

（2）Wireshark 的使用

Wireshark 安装简单，按照向导（Wizard）安装即可。启动 Wireshark 以后，选择"Capture"→"Start"命令，出现"Wireshark:Capture Interfaces"界面，如图 6-32 所示。

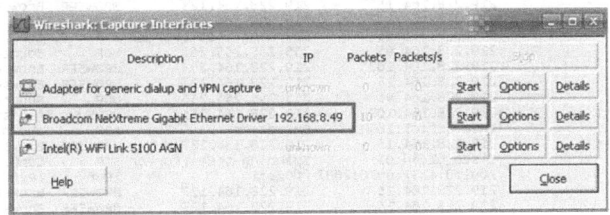

图 6-32　选择网卡

选择"Capture"→"Start"命令，就会显示捕获到图 6-33 所示的数据包。第一部分是数据包统计窗格，可以按照各种不同的参数排序，如按照 Source IP 或者 Time 等；如果想看某个数据包的消息信息，则单击该数据包，在协议分析窗格中显示详细信息，主要是各层数据头的信息；最下面是该数据包的具体数据。

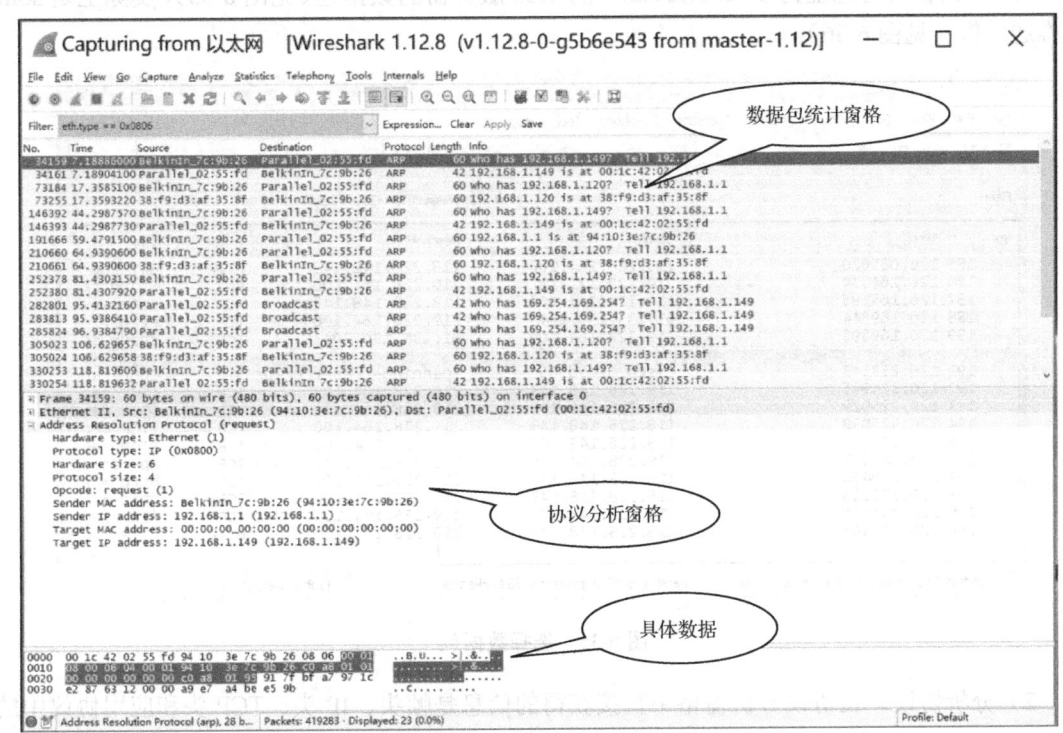

图 6-33　Wireshark 数据包分析

数据包分析分 3 个步骤：选择数据包、分析协议、分析数据包内容。

1）选择数据包。每次捕获的数据包的数量很多。首先，根据时间、地址、协议、具体信息等对需要的数据进行简单的手动筛选，选出所要分析的那一个。例如，大家经常被其他人使用 ping 来进行探测，如果想查明谁在进行 ping 操作，则面对嗅探的结果，应该选择的是 ICMP。如图 6-34 所示，主机 21.228.164.102 对主机 219.228.164.100 进行了 ping 操作。

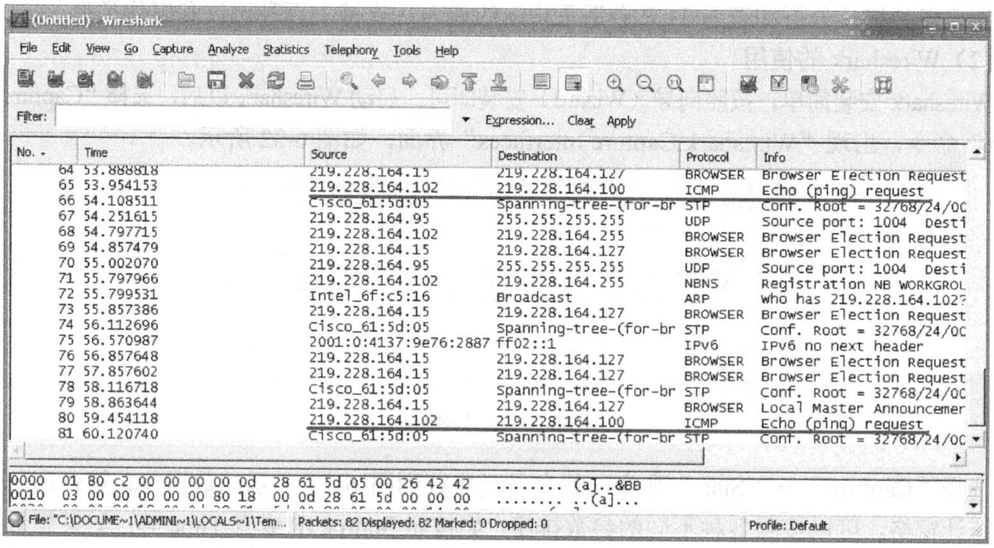

图 6-34 追踪 ping 操作

再如，查看访问地址为 61.135.130.204 的 Web 服务器的数据包（见图 6-35），实际上是 sohu 的推送广告（见图 6-36）。

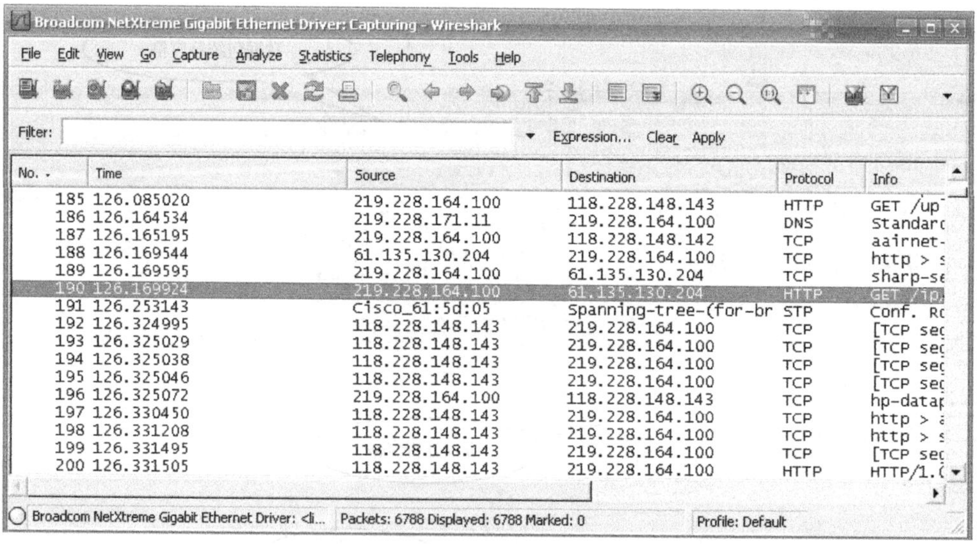

图 6-35 选择数据包

2）分析协议。在协议分析窗格中直接获得的信息是帧头、IP 头、TCP 头和应用协议中的内容，如 MAC 地址、IP 地址和端口号、TCP 的标志位等。另外，Wireshark 还会给出部分协议的一些摘要信息，可以在大量的数据中选取需要的部分，如图 6-37 所示。

图 6-36　http://ad.sohu.com（61.135.130.204）

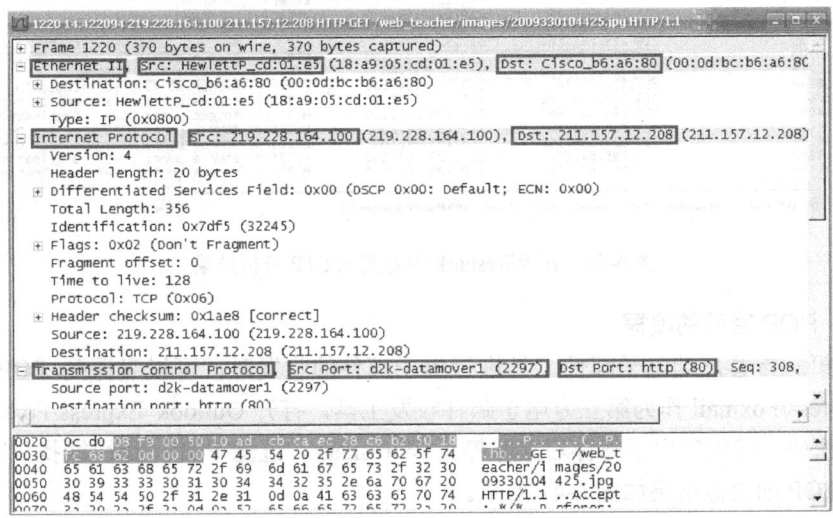

图 6-37　分析协议

3）分析数据包内容。首先，要了解数据包的结构，这里所说的数据包是指捕获的一个具体数据封装（Data Encapsulation）（见图 6-38）。

| 帧头 | IP头 | TCP（UDP）头 | 净载数据 |

图 6-38　数据包的结构

数据包的结构与平常的信件类似，先将信封装好，然后填写信封的内容：收信人地址、发信人地址等。IP 头中，目标 IP 地址说明这个数据包是要发给谁的，相当于收信人地址，而源 IP 地址说明这个数据包是发自哪里的，相当于发信人地址；净载数据相当于信件的内容，例如，想嗅探 FTP 中的信息，就要查看净载数据中的内容。

一次完整的嗅探过程并不是只分析一个数据包，可能是在几百个或上万个数据包中找出有用的几个或几十个来分析。理解数据包对网络安全具有至关重要的意义。

例 6-5 用 Wireshark 嗅探一个 FTP 过程

由于 FTP 中的数据都是明文传输的,所以其很容易获得。打开 Wireshark,然后登录 FTP 服务器,如图 6-39 所示。登录后 Wireshark 停止捕获数据。图 6-40 所示是在 Wireshark 中看到的 FTP 分析结果。登录的用户是 "webmaster@sveg.org.cn"。通过这样的方法,也可以掌握 FTP 工作过程。

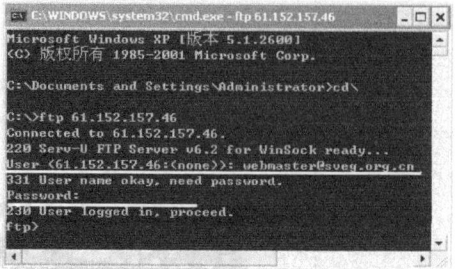

图 6-39 登录 FTP 服务器

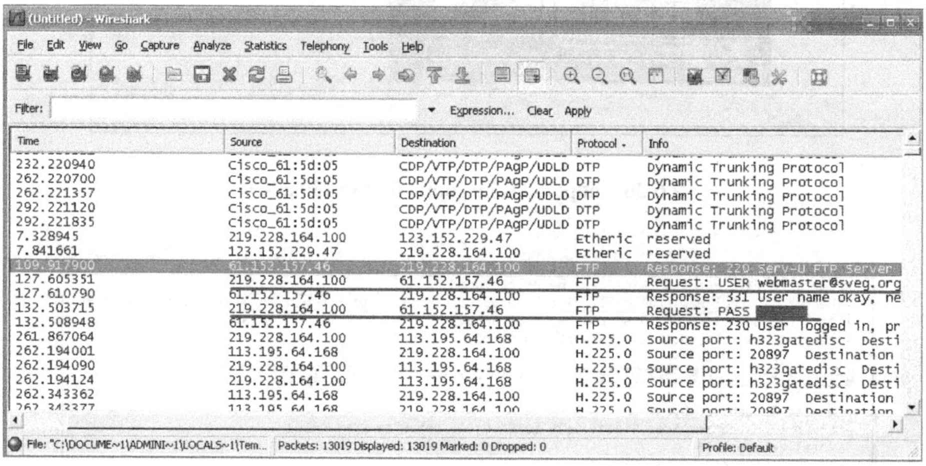

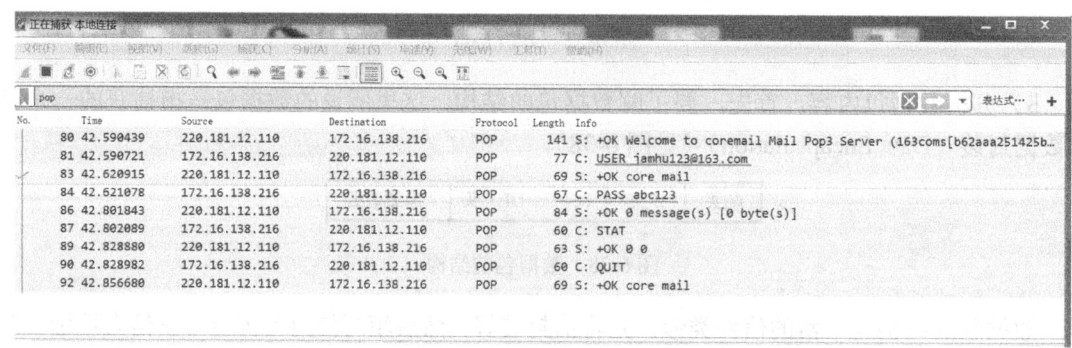

图 6-40 在 Wireshark 中看到的 FTP 分析结果

例 6-6 POP 密码的嗅探

在使用第三方客户端电子邮件工具进行电子邮件的收发时,可以嗅探到 POP 密码。以 Outlook Express/Foxmail 作为第三方电子邮件收发工具,打开 Outlook Express/Foxmail 后,输入用户名和密码,接收完电子邮件后立即停止 Wireshark。过滤 POP,很快能找到嗅探的用户名和密码。POP 的嗅探结果如图 6-41 所示。

图 6-41 POP 的嗅探结果

很明显,图 6-41 中所指向的数据库是一个客户端的请求,第 81 条信息就是送出一个包含了用户名的电子邮件接收请求,然后服务器会自动检测该用户名是否存在,第 83 条信息显示用户名验证成功,第 84 条信息为客户端输入的密码,校验成功后,返回第 86 条信息,说明用户名和密码都是合法且正确的,用户名和密码的验证过程结束,很轻易地获得用户名和密码。

但从图 6-41 中不能看出用户名为 jamhu123 的电子邮件服务器,复制 IP 地址到 IE 浏览器的地址栏(见图 6-42),立即显示电子邮件服务器是 163 的服务器。

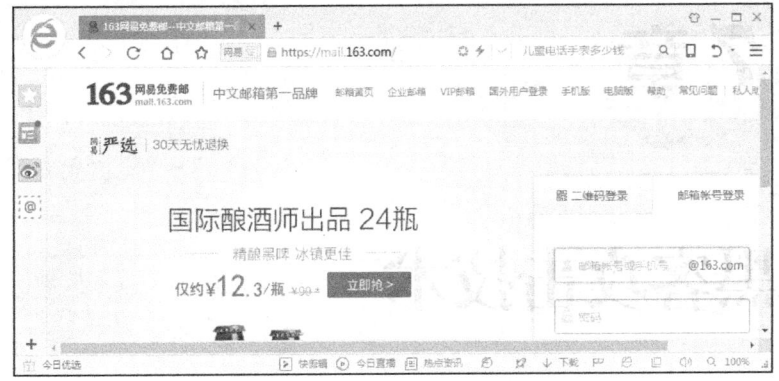

图 6-42　163 电子邮件服务器

例 6-7　Web 邮箱密码的嗅探

现在人们经常使用 Web 邮箱进行电子邮件的收发,由于 HTTP 是明文传送的,所以可以嗅探到 Web 邮箱的密码。Web 邮箱的嗅探结果如图 6-43 所示。

除了 Web 邮箱外,在 WWW 上还有其他许多敏感的信息,如网上银行、社区、论坛等都存在这样的威胁。所以,现在网上银行、大部分 Web 邮箱采用 HTTPS 进行安全防护。另外,用户自己也要提高网络安全意识,不要轻易在 WWW 上传输敏感的信息。

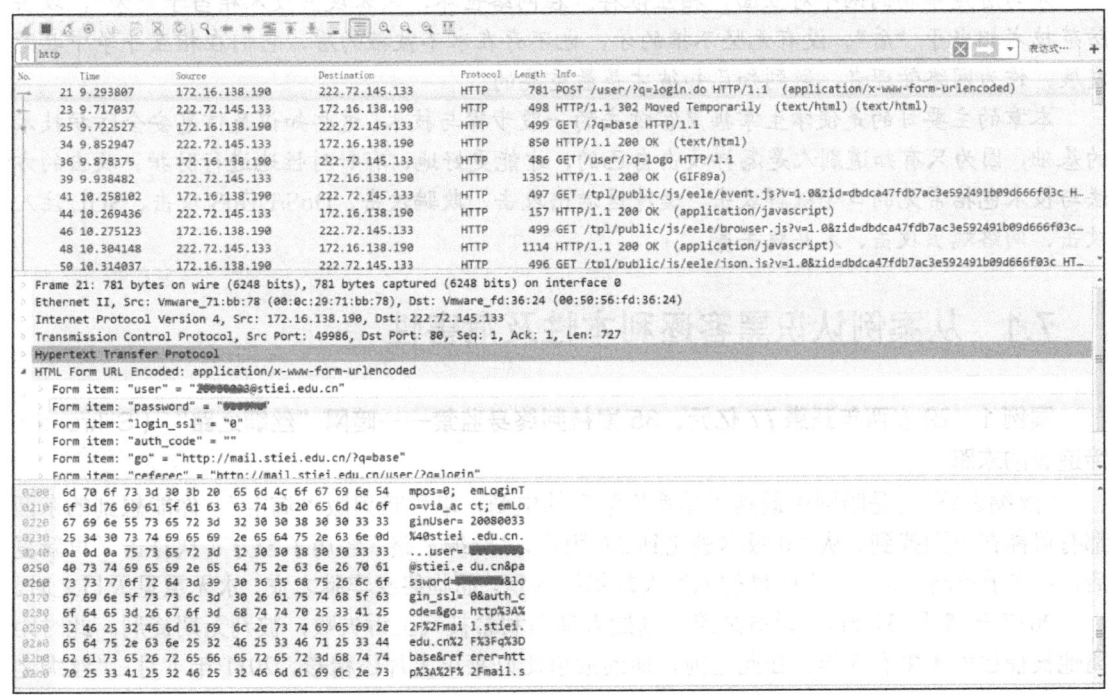

图 6-43　Web 邮箱的嗅探结果

第 7 章

黑客攻击技术

楚人有鬻盾与矛者，誉之曰："吾盾之坚，莫能陷也。"又誉其矛曰："吾矛之利，于物无不陷也。"或曰："以子之矛，陷子之盾，何如？"其人弗能应也。

——《韩非子·难一》

必取于人，知敌之情者也。

——《孙子兵法》

矛与盾是事物的两个对立面，相互依存。在网络世界，黑客攻击技术相当于"矛"，攻击防范技术相当于"盾"。没有无坚不摧的矛，也不存在永不被摧的盾，它们在相互斗争中共同发展。作为网络管理者，做到知己知彼才是最重要的。

本章的主要目的是使学生掌握黑客攻击的一般步骤与技术。这些知识是信息安全防护技术的基础，因为只有知道别人是怎样攻击自己的，才能更好地、有针对性地进行防护。攻击的方法与技术包括常见的口令破解攻击、缓冲区溢出攻击、欺骗攻击、DoS/DDoS 攻击、SQL 注入攻击、网络蠕虫攻击、木马攻击等。

7.1 从案例认识黑客逐利本性及危害性

案例 1 29 岁两年狂赚 77 亿元，35 岁被判终身监禁——暗网"丝绸之路"（Silkroad）缔造者的末路

"丝绸之路"[①]是暗网中最具"品牌价值"的电商，堪称暗黑版"淘宝"。你能想到的东西都有可能在里面找到。从 1.0 版本进化到 3.0 版本，"丝绸之路"经历了警方 4 次打击又重新复活，屹立于暗网不倒，而它的最初创始人却锒铛入狱，面临终身牢狱之灾，永无重见天日之时。

2017 年 5 月 31 日，"丝绸之路"创始人乌布利希被判上诉失败，被判无期徒刑。此时距离他被捕已差不多有 3 年。在此之前，他的故事比好莱坞大片还精彩。2011 年 1 月，"丝绸之

---

① 这里的"丝绸之路"指的是暗网中一个以毒品交易为主的网站，并不是通常所讲的表示古代连接中西方的商道的丝绸之路（西汉以后我国大量的丝和丝织品经甘肃、新疆，越过葱岭，运往西亚、欧洲各国。后来就称这条路线为丝绸之路）。

路"诞生，乌布利希成了入驻的第一个商家，他把自己和女朋友种的致幻蘑菇放在上面挂牌出售，结果没几天就有顾客上门。很快，不断有毒贩慕名而来，入驻这个神秘商城，买家们也纷沓而至。"丝绸之路"成了邪恶版"淘宝"，很快，除了毒品之外的业务也拓展开来，"丝绸之路"的注册用户迅速超过了 100 万，商品超过 1 万种，其中七成是毒品，还有枪支弹药、假钞、假护照、假驾驶证和盗用的信用卡信息，甚至还有 10 多个国家的杀手！各色人等在这个网络空间里进行非法交易，而作为管理员的乌布利希每天忙碌着为卖家提供各种手册，教他们如何密封毒品、安全交易以躲避追踪。当然，好处也不少。通过收取交易额 8%～15%的手续费，他在两年时间内狂赚 12 亿美元，折合 77 亿元人民币。

2013 年 10 月，乌布利希在一家书店被捕。2015 年，乌布利希第一次被宣告无期徒刑。2017 年 5 月 31 日，乌布利希被判上诉失败，收到了无期徒刑的判决结果。乌布利希的故事真正宣告结尾。

案例 2　腾讯 2017 年度互联网安全报告——全球近九成企业遭受网络攻击

2017 年，全球有高达 86%的公司曾经历过一次以上的网络攻击，企业网络资源遭窃风险首度超越有形资产。在 2017 年众多网络安全事件中，以 WannaCry 为代表的勒索病毒堪称威胁企业网络安全的头号毒瘤。报告显示，2017 年勒索病毒爆发性增长，办公人群成主要"敲诈"对象，全年总计已发现敲诈勒索病毒样本数量为 660 万个，严重威胁企业网络安全。报告同时指出，5 月之后，勒索病毒的迅猛之势减缓，用户感染量逐渐下降，截至 12 月用户感染数仅为 997 人，这反映出安全厂商在应对勒索病毒侵袭时的抵御措施是及时且卓有成效的。

值得关注的是，针对企业用户的网络攻击方式呈多样化发展，除了臭名昭著的 WannaCry 勒索病毒，企业用户还面临钓鱼邮件 APT（Advanced Persistent Threat）攻击、DNS 劫持、软件供应链攻击三大安全威胁。其中，APT 攻击是一种高级持续性威胁攻击，是一种利用先进的攻击手段对特定目标进行长期持续性网络攻击的攻击形式，隐蔽性强、危害大。除此之外，软件供应链攻击在 2017 年重新活跃，百万用户级别的知名软件 XShell 和 CCleaner 均爆出被植入后门程序，影响全球所有使用该软件的用户。

7.2　黑客攻击的一般步骤

黑客攻击的目标偏好不同，技术有高低之分，手法千变万化，但他们对目标实施攻击的步骤大致相同，一般有 10 个步骤，即踩点→扫描→查点→模拟攻击→实施入侵→获取权限→提升权限→获取信息→掩盖踪迹→植入后门程序，如图 7-1 所示。

1. 踩点

踩点是为了获取目标机的类型、IP 地址、所在网络类型和域名服务器信息，操作系统的类型、版本，以及管理员个人信息、公司的信息。例如，名字、电子邮件地址、IP 域名服务器信息可以通过工具扫描获取。也可以通过 ping 方法获取一些信息。例如，根据执行 ping 命令后返回的 TTL 值等信息就能大概了解服务器的操作系统。利用 whois 查询工具，可以了解技术人员的名字。运行一些 Usernet 和 Web 查询工具，可以了解有关技术人员是否经常上 Usernet 等。利用 DNS 区域传送工具 dig、nslookup 获取目标域中的所有主机信息。

2. 扫描

"苍蝇不叮无缝的蛋。"系统的漏洞会给攻击提供机会和入口。在踩点获得的信息的基础上，黑客经常编写或收集适当的工具，在较短的时间内对目标系统进行扫描，进一步确定攻击对象的漏洞。

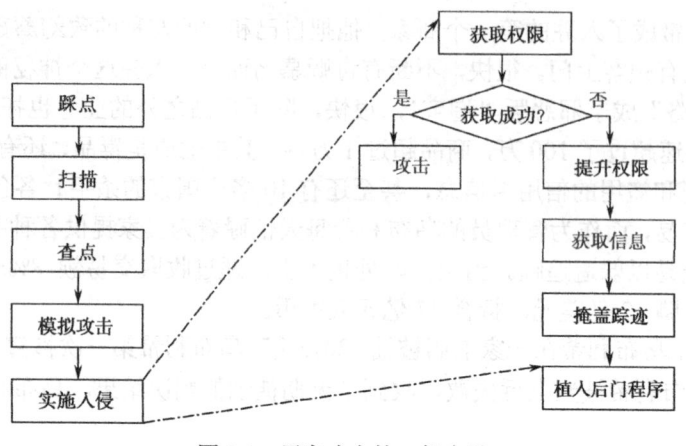

图 7-1 黑客攻击的一般步骤

3. 查点

查点就是搜索特定系统上用户、用户组名、路由表、SNMP 信息、共享资源、服务程序及旗标等信息。

查点采用的技术依操作系统而定，如 Windows 系统上的主要技术包括查点 NetBIOS 线路、空会话（Null Session）、SNMP 代理（SNMP Agent）、活动目录（Active Directory）等。

4. 实施入侵

这个阶段主要查看黑客通过什么样的渠道进行入侵。根据前面收集到的信息，是采用 Web 网址入侵，还是服务器漏洞入侵或欺骗攻击，这需要根据具体的情况来定。

5. 获取与提升权限

入侵的一部分目的当然是获取权限。通过 Web 入侵能利用系统的漏洞获取管理员后台密码，然后登录后台。这样就可以上传一个网页木马，如 ASP 木马、PHP 木马等。根据服务器的设置不同，得到的木马的权限也不一样，所以还要提升权限。

6. 掩盖踪迹

掩盖踪迹，即清除自己所有的入侵痕迹，主要工作有禁止系统审计、隐藏作案工具、清空事件日志（使用 zap、wzap、wted 等）、替换系统常用操作命令等。

7. 植入后门程序

一般黑客会在攻入系统后不止一次地进入该系统，为了下次以特权身份控制整个系统，主要工作有创建具有特权用户权限的虚假用户账号、安装远程控制工具、使用木马程序替换系统程序、安装监控程序等。

7.3 黑客如何实施攻击

网上的攻击方式很多，这里介绍 7 种常见的攻击方法与技术，包括口令破解攻击、缓冲区溢出攻击、欺骗攻击、DoS/DDoS 攻击、SQL 注入攻击、网络蠕虫攻击、木马攻击。

7.3.1 口令破解攻击

口令破解攻击（Password Cracking Attack）不一定涉及复杂工具。它可能与找一张写有密码的贴纸一样简单,而这张纸就贴在显示器上或者藏在键盘底下。另一种蛮力技术称为垃圾搜寻(Dumpster Diving),它基本上就是一个攻击者把垃圾文件搜寻一遍以找出可能含有密码的废弃文档。当然,攻击者可以使用一些更高级的复杂技术。

1. 攻击技术

(1)字典攻击

到目前为止,简单的字典攻击(Dictionary Attack)是入侵计算机的最快方法。字典文件(一个充满字典文字的文本文件)被装入破解应用程序(如 L0phtCrack,简称 LC),它是根据由应用程序定位的用户账户运行的。因为大多数密码通常是简单的,所以运行字典攻击通常足以实现目的。

(2)混合攻击

另一个众所周知的攻击形式是混合攻击(Hybrid Attack)。混合攻击将数字和符号添加到文件名以成功破解密码。许多人只通过在当前密码后加一个数字来更改密码。例如,某模式通常采用这一形式:第一个月的密码是 cat,第二个月的密码是 cat1,第三个月的密码是 cat2,以此类推。

(3)暴力攻击

暴力攻击(Brute Force Attack)是最全面的攻击形式,通常需要花费很长的时间,工作时间取决于密码的复杂程度。根据密码的复杂程度,某些暴力攻击可能花费一个星期的时间。在暴力攻击中还可以使用 LC7 等工具。

2. 破解工具

口令破解工具很多,在此重点介绍最常用的系统账户破解工具 LC7 和 Word 文件密码破解工具 Advanced Office Password Recovery。

(1)系统账户破解工具 LC7

在 Windows 操作系统中,用户账户的安全管理采用了安全账号管理器(Security Account Manager,SAM)的机制,用户和口令经过 Hash 变换后以 Hash 列表形式存放在\SystemRoot\system32 下的 SAM 文件中,LC7 主要通过破解 SAM 文件来获取系统的账户和密码。

1)LC7 使用。首先,启动 LC7 软件,一般来说,其试用的期限是 15 天,当试用期过后,必须先注册后使用,注册时需要输入注册码,如图 7-2 所示。

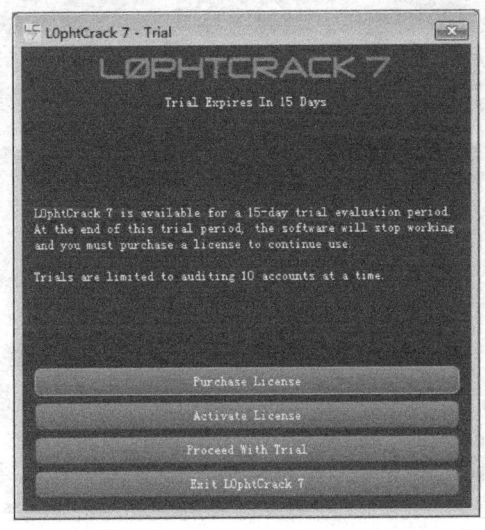

图 7-2　LC7 注册窗口

其次,输入注册码。很幸运,LC7 自身附带了注册机,通过图 7-3 至图 7-5 所示,就能很方便地生成离线注册文件。通过复制名称、激活码之后单击"Activate Offline"按钮,在图 7-6 所示的界面中导入 CDM 文件,这样激活后即可完成注册过程(见图 7-7),此时 LC7 就可以工作了。

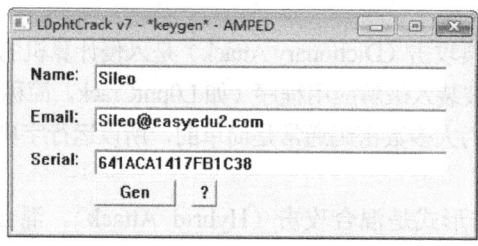

图 7-3　注册机生成注册码

图 7-4　注册机生成离线激活 CDM 文件

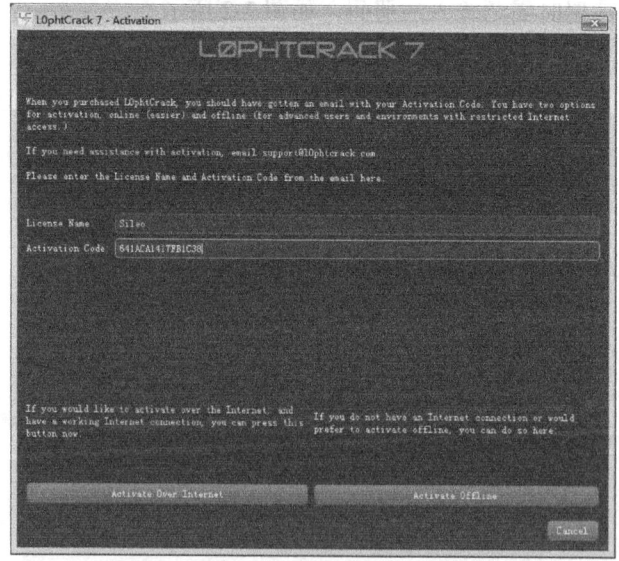

图 7-5　输入名称及激活码进行离线注册

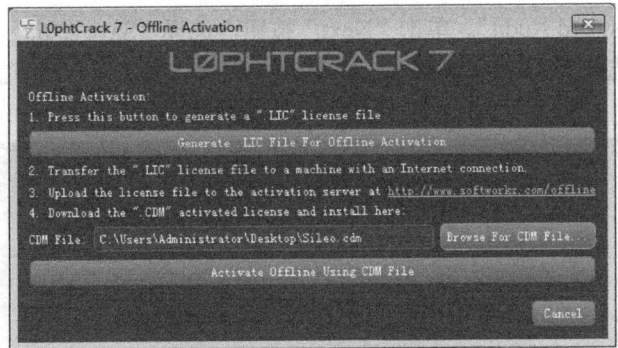

图 7-6　导入 CDM 文件注册

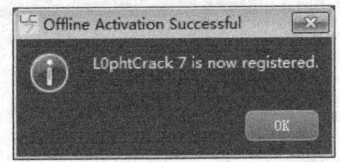

图 7-7　注册成功

2）创建 Windows 测试账户。在测试主机上建立用户名为"123"的账户，方法是依次打开"控制面板"→"管理工具"→"计算机管理"窗口，右击"本地用户和组"→"用户"选项，在弹出的快捷菜单中选择"新用户"命令，弹出"新用户"对话框，输入用户名"123"和 3 位数密码"123"。图 7-8 显示新用户创建成功。

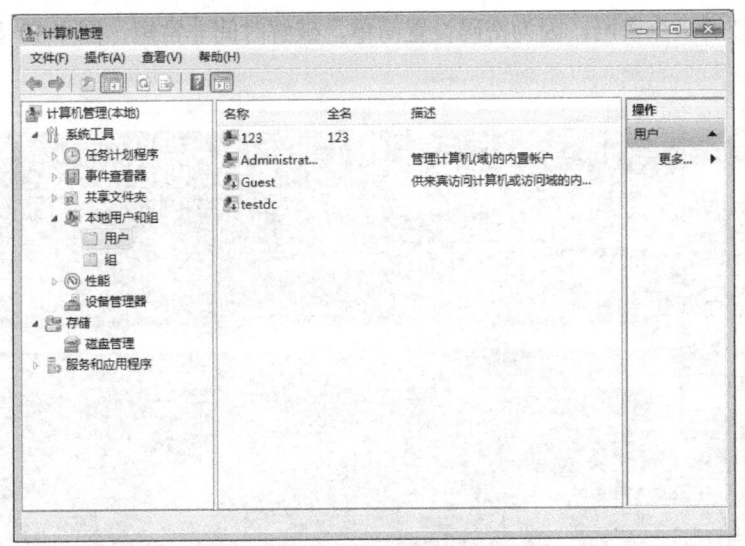

图 7-8　新用户创建成功

3）LC7 口令破解（Get Encrypted Password）。启动 LC7 后会弹出向导，选择 Password Auditing Wizard 进入取得加密口令向导，选择 Windows 密码，在 Windows Import 中选择"从本地机器导入"选项，单击"Next"按钮，默认使用本地登录用户认证，再单击"Next"按钮，弹出"LC7 Password Auditing Wizard"对话框（见图 7-9）。该对话框中有 4 个选项，由于之前用户设置的密码比较简单，这里可以选中"Quick Password Audit"单选按钮，当然，也可以选择其他破解方法，如"Strong Password Audit"。单击"Next"按钮，选择"Save settings to default"选项，再单击"Next"按钮，选择"Start planning tasks"选项，设置完成之后，程序就会自动开始破解了。

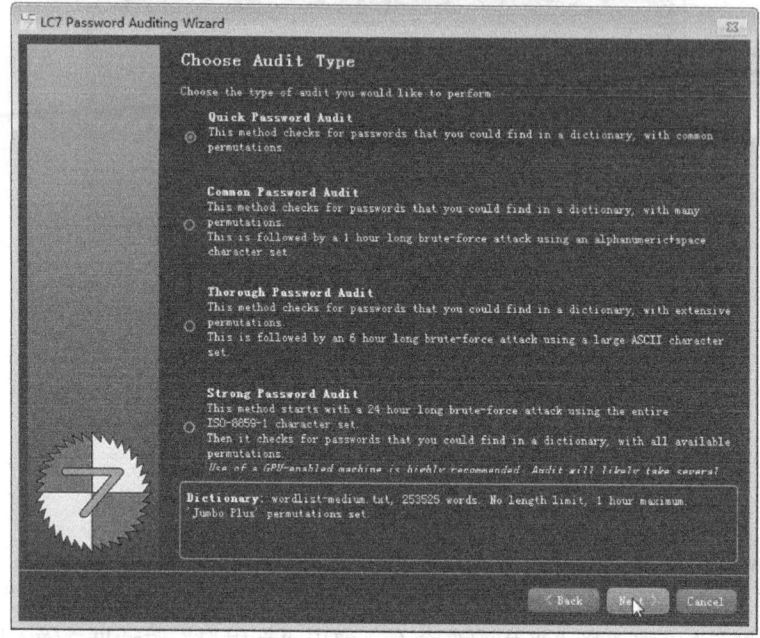

图 7-9　LC7 口令破解向导：选择破解方法

LC7 开始破解口令密码，因为密码设置简单，破解时间非常短，图 7-10 显示破解成功，密码为"123"。

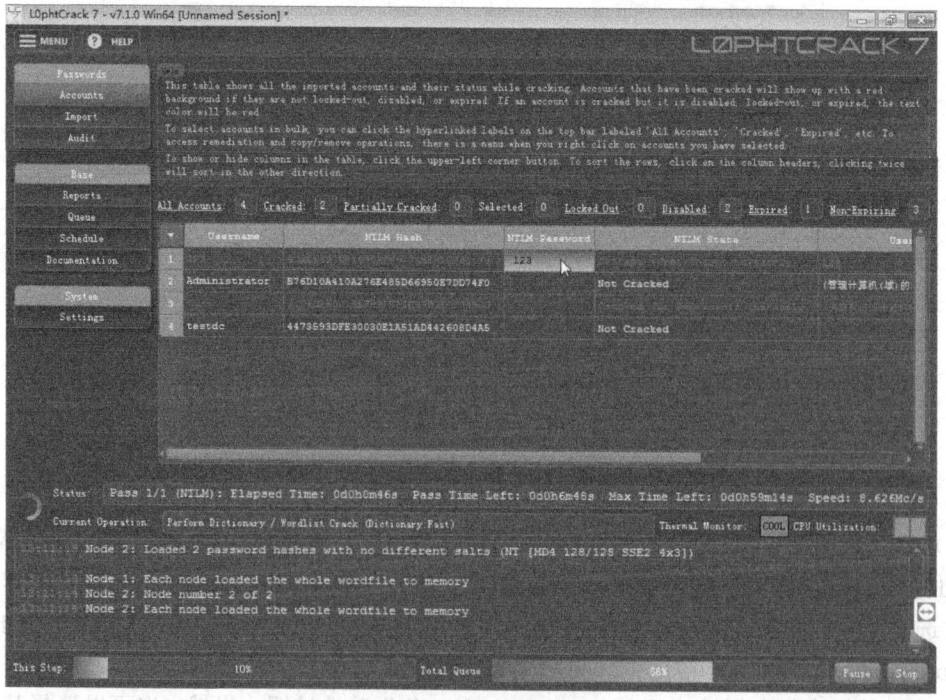

图 7-10　破解成功

(2) Word 文件密码破解工具 Advanced Office Password Recovery

1) 设置 Word 文件密码。以 Word 2016 为例，打开 Word 文件"MD5 值检测值工具.doc"。选择"文件"→"保护文档"→"用密码进行加密"命令，出现图 7-11 所示的"加密文档"对话框，输入密码并再次确认后，关闭文件"MD5 值检测值工具.doc"，当再次想打开该文件时，会出现图 7-12 所示的对话框。

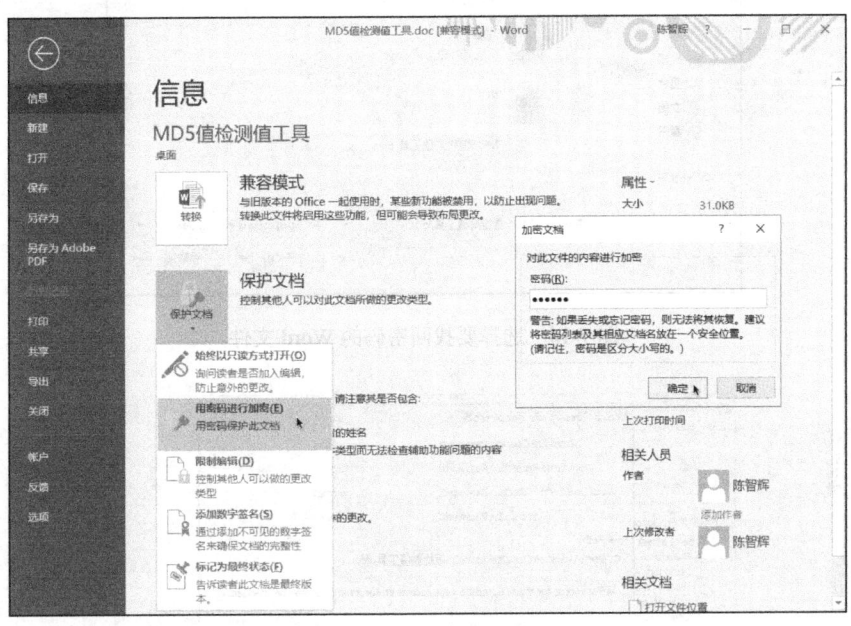

图 7-11　Word 文件密码设置界面

2) 找回 Word 文件密码。启动 Word 文件密码破解工具 Advanced Office Password Recovery，如图 7-13 所示。选择"Open file…"命令，在"Open File…"对话框中选择要找回密码的 Word 文件"MD5 值检测值工具.doc"，如图 7-14 所示。破解成功就会弹出"Word Passwords Recovered"对话框，如图 7-15 所示。

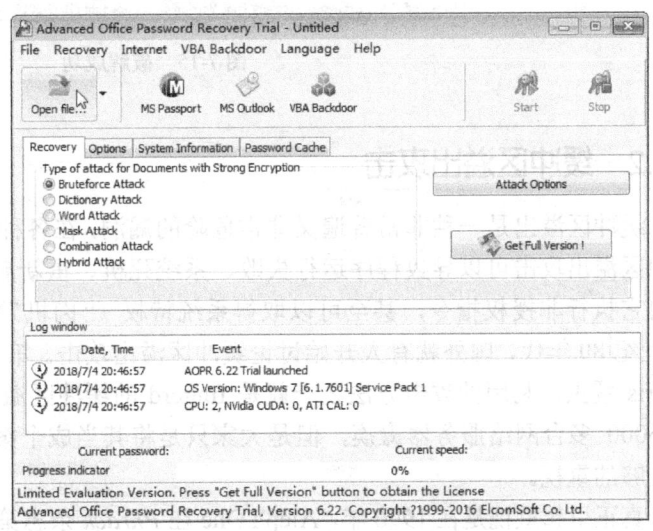

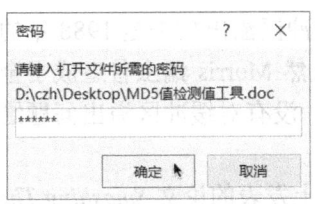

图 7-12　打开文件时需输入密码　　图 7-13　Word 文件密码破解工具 Advanced Office Password Recovery 界面

图 7-14　选择要找回密码的 Word 文件

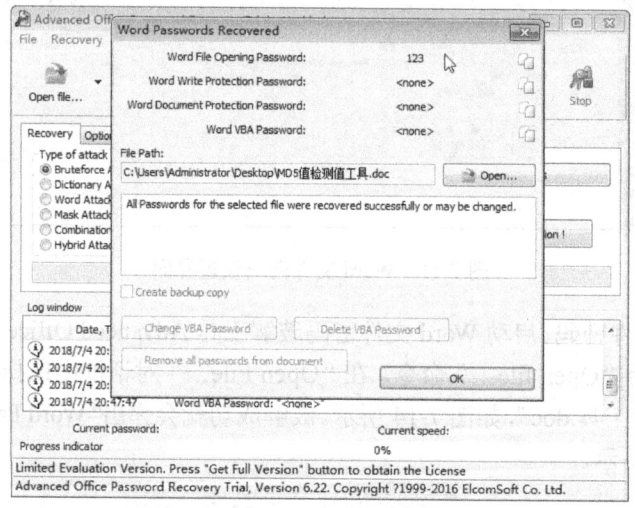

图 7-15　破解成功

7.3.2　缓冲区溢出攻击

缓冲区溢出是一种非常普遍又非常危险的漏洞，在各种操作系统、应用软件中广泛存在。缓冲区溢出攻击可以导致程序运行失败、系统死机、重新启动等后果。更为严重的是，可以利用它执行非授权指令，甚至可以取得系统特权（"肉机"），进而进行各种非法操作。早在20世纪80年代，国外就有人开始讨论缓冲区溢出攻击。第一个缓冲区溢出攻击是1988年的Morris 蠕虫，利用的攻击方法之一就是 fingerd 的缓冲区溢出，虽然 Morris 蠕虫曾造成了全球 6000 多台网络服务器瘫痪，但是大家只是将其当成个案处理，没有对缓冲区溢出问题给予足够的重视。

真正引起重视是在 1996 年，Aleph One 在 *Phrack* 杂志第 49 期上发表的论文 *Smashing The Stack For Fun And Profit* 详细地描述了 Linux 系统中栈的结构和如何利用基于栈的缓冲区溢出。

Aleph One 的贡献还在于给出了如何写执行一个 Shell 的 Exploit 的方法,并给这段代码起名 "Shellcode"。在 1998 年 Lincoln 实验室用来评估入侵检测的 5 种远程攻击中,有 2 种是缓冲区溢出攻击。而在 1998 年 CERT 的 13 份建议中,有 9 份是与缓冲区溢出攻击有关的;在 1999 年,至少有半数的建议是和缓冲区溢出攻击有关的。在 Bugtraq 的调查中,2/3 的被调查者认为缓冲区溢出漏洞是一个很严重的安全问题。据统计,通过缓冲区溢出进行的攻击已占所有系统攻击总数据的 80% 以上。

1. 缓冲区

Windows 系统的内存结构如图 7-16 所示。计算机运行时将内存划分为 3 个段:代码段、数据段和堆栈段。

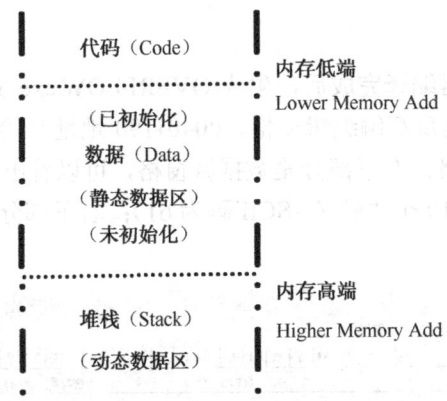

图 7-16　Windows 系统的内存结构

1)代码段:数据只读,可执行。代码段存放了程序的代码,在代码段中的数据库是在编译时生成的二进制机器代码,可供 CPU 执行,代码段的一切数据不允许更改。任何尝试对该区的写操作都会导致段违法出错(Segmentation Fault)。

2)数据段:放置静态全局变量,且在程序开始运行时被加载。

3)堆栈段:放置程序运行时动态局部变量,局部变量的空间被分配在堆栈里面。

堆栈是一个后进先出(Last In First Out,LIFO)的数据结构,往低地址增长,用于保存本地变量、函数调用等信息。随着函数调用层数的增加,栈帧是逐块地向内存低地址方向延伸的,随着进程中函数调用层数的减少,即各函数的返回,栈帧会逐块地被遗弃而向内存高地址方向回缩。各函数的栈帧大小随着函数的性质的不同而异。

缓冲区是一块连续的计算机内存区域。在程序中,通常把输入数据存放在一个临时空间内,这个临时存放空间称为缓冲区,也就是所说的堆栈段。

2. 缓冲区溢出攻击方法

在计算机内部一个容量有限的内存空间存储过量数据,数据就会溢出存储空间。缓冲区溢出攻击主要是通过往程序的缓冲区写超出其长度的数据,造成缓冲区的溢出,从而破坏程序的堆栈,使程序转而执行其他指令,以达到攻击的目的。

当然,随便往缓冲区中填数据造成它溢出一般只会出现"分段错误"(Segment Fault),而不能达到攻击的目的。最常见的手段是通过制造缓冲区溢出使程序运行一个用户 Shell,再通过 Shell 执行其他命令。如果该程序属于 root 且有 suid 权限的话,则攻击者就获得了一个有 root 权限的 Shell,可以对系统进行任意操作。

3. 缓冲区溢出攻击演示

演示程序如下。

```c
/* overflow.c  "Windows 缓冲区溢出攻击"演示程序*/
#include <stdio.h>
#include <string.h>
char bigbuff[]="aaaaaaaaaa";        //10 个 a
int main( )
{
    char smallbuff[5];              //只分配 5 字节空间
    strcpy(smallbuff,bigbuff);
}
```

程序用 VC++ 6.0 编辑器编译完成后，生成 OVERFLOW.exe 文件，进行调试。如图 7-17 所示，OllyDbg 的左上部分是反汇编编辑窗格，00401190 地址开始部分是 main 函数的反汇编代码；右上部分是寄存器窗格；左下部分是数据区窗格，可以看出 00421A30 地址开始存放的是字符串 bigbuff[ ]数据，即 10 个 "a"（ASCII 码为 61）；右下部分是堆栈窗格。

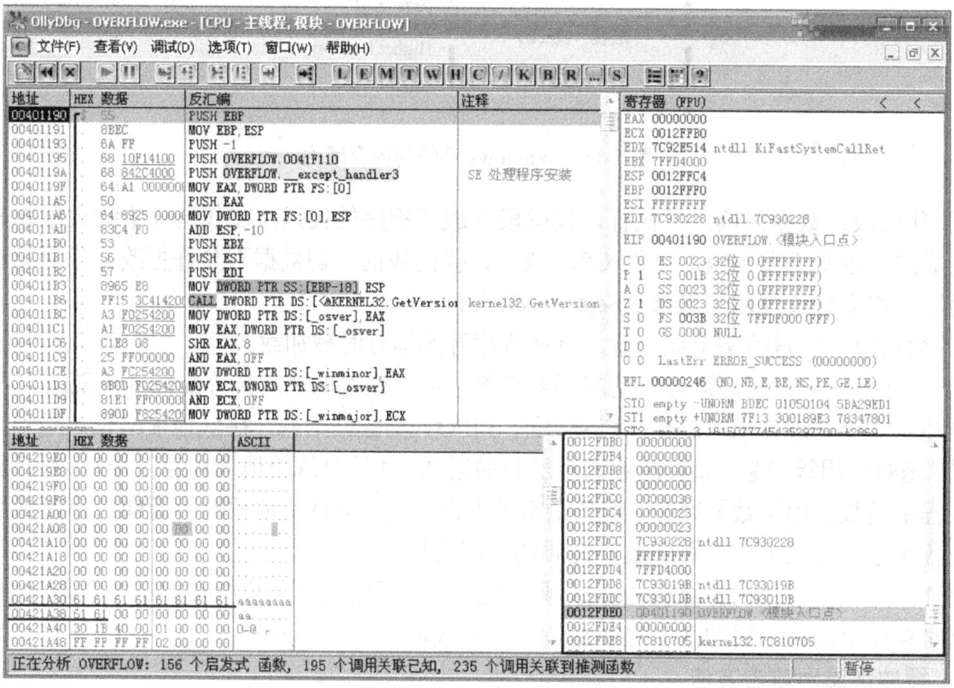

图 7-17 OllyDbg 反汇编信息

接下来观察 Windows 平台下的溢出过程，以及程序调试过程中堆栈数据变化。

把光标放在程序起点，即地址 00401190 处，然后按 F4 键执行，观察堆栈数据变化，直到执行完 RETN 命令后，出现图 7-18 所示的错误消息。

图 7-18　执行完 RETN 命令后出现的错误信息

7.3.3　欺骗攻击

1. 源 IP 地址欺骗攻击

许多应用程序认为如果数据包可以使其自身沿着路由到达目的地，并且应答包也可回到源地，那么源 IP 地址一定是有效的，而这正是使源 IP 地址欺骗攻击成为可能的一个重要前提。

假设同一网段内有两台主机 Alice 和 Bob，另一网段内有主机 Cracker（见图 7-19），Bob 授予 Alice 某些特权。Cracker 为获得与 Alice 相同的特权，所做欺骗攻击如下：首先，Cracker 冒充 Alice，向主机 Bob 发送一个带有随机序列号的 SYN 包；主机 Bob 响应，回送一个应答包给 Alice，该应答号等于原序列号加 1；然而，此时主机 Alice 已被主机 Cracker 利用拒绝服务攻击"淹没"了，导致主机 Alice 服务失效，结果主机 Alice 将 Bob 发来的包丢弃；为了完成 3 次握手，Cracker 还需要向 Bob 回送一个应答包，其应答号等于 Bob 向 Alice 发送数据包的序列号加 1。此时，主机 Cracker 并不能检测到主机 Bob 的数据包（因为不在同一网段内），只有利用 TCP 顺序号估算法来预测应答包的顺序号并将其发送给目标机 Bob。如果猜测正确，则 Bob 认为收到的 ACK 来自内部主机 Alice。此时，Cracker 即获得了主机 Alice 在主机 Bob 上所享有的特权，并开始对这些服务实施攻击。

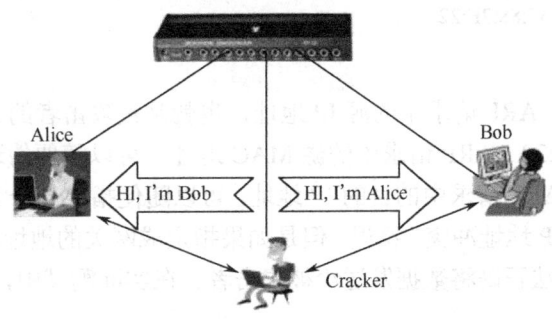

图 7-19　源 IP 地址欺骗攻击

2. 源路由欺骗攻击

在通常情况下，信息包从起点到终点所走的路是由位于此两点间的路由器决定的，数据包本身只知道去往何处，而不知道该如何去。源路由可使信息包的发送者将此数据包要经过的路径写在数据包里，使数据包循着一个对方不可预料的路径到达目的主机。下面仍以上述源 IP 地址欺骗攻击中的例子给出这种攻击的形式。

主机 Alice 享有主机 Bob 的某些特权，主机 Cracker 想冒充主机 Alice 从主机 Bob（假设 IP 地址为 219.228.173.1）获得某些服务。首先，攻击者修改距离 Cracker 最近的路由器，使得到达此路由器且包含目的地址 219.228.173.1 的数据包以主机 Cracker 所在的网络为目的地；其次，攻击者 Cracker 利用 IP 地址欺骗向主机 Bob 发送源路由（指定最近的路由器）数据包；当 Bob 回送数据包时，就传送到被更改过的路由器上。这就使一个入侵者可以假冒一个主机的名义通过一个特殊的路径来获得某些被保护的数据。

3. ARP 欺骗攻击

（1）ARP 欺骗攻击演示

在第 6 章已经提到，ARP 是一种将 IP 地址转化成 MAC 地址的协议。ARP 欺骗是网络监听的常用手段之一。

ARP 是无状态的协议，在没有请求时也可以发送应答的包。入侵者可以利用这一点，向网络上发送自己定制的包，内容包括源 IP 地址、目的 IP 地址及硬件地址，不过它们都是伪造的。这些伪造的数据会修改网络上主机中的 ARP 高速缓存。

这里介绍一个基于 Nemesis 的 LAN 发包工具，并演示 LAN 上 ARP 欺骗攻击的情况。Nemesis 本身就是一个基于命令行的开源发包程序，它可以在 Windows 系统上运行，但是它每次只能发送一个包，所以需要编写 DOS 批处理程序才能让它连续发包，这样才能进行有意义的攻击。

Nemesis 在 Sourceforge 上的主页地址是 http://nemesis.sourceforge.net/。Nemesis 使用 WinPcap 3.0 提供的函数库进行发包，如果安装了 Ethereal 等工具，可能计算机上存在 WinPcap 的较高版本，则这时必须使用 3.0 版覆盖较新的版本。

攻击步骤如下。

1）伪装成被攻击主机广播 ARP 请求。

首先根据 LAN 的实际情况编辑 conflict.bat 文件，这里假设 LAN 网段为 222.88.88.*，网关地址为 222.88.88.1，使用普通的 SOHO 路由器。双击 conflict.bat 执行攻击。其中的 nemesis 命令如下。

```
nemesis arp -S 222.88.88.101 -h 00:34:67:88:2F:22 -D 222.88.88.1 -m 00:00:00:00:00:00 -P payload.txt -M FF:FF:FF:FF:FF:FF -H 00:34:67:88:2F:22
```

参数说明：

- -S 222.88.88.101　ARP 请求中的源 IP 地址，也就是被攻击者的 IP 地址。
- -h 00:34:67:88:2F:22　ARP 请求中的源 MAC 地址，可以随便伪造一个 MAC 地址。
- -D 222.88.88.1　ARP 请求中的目的 IP 地址，可以随便指定一个 IP 地址，结果都会使得被攻击者发生"IP 地址冲突"错误，但是如果指定成网关的地址，还会更新网关的 ARP 缓存，网关就无法正确将数据发送给被攻击者。在实际测试中，被攻击者会 ping 不通网关。

- -m 00:00:00:00:00:00 ARP 请求中的目的 MAC 地址，一般全为 0。
- -P payload.txt 从 payload.txt 中读取 payload 部分的内容。
- -M FF:FF:FF:FF:FF:FF 2 层包头的目的地址，ARP 请求中一般是广播地址。
- -H 00:34:67:88:2F:22 2 层包头的源地址，最好与-h 中指定的地址相同，这样可以使得发送的攻击包看起来更像一个真实的 ARP 请求包。

攻击时使用 Ethereal 抓取的数据包，如图 7-20 所示，可见其中包括伪装的 ARP 请求及网关的 ARP 应答。

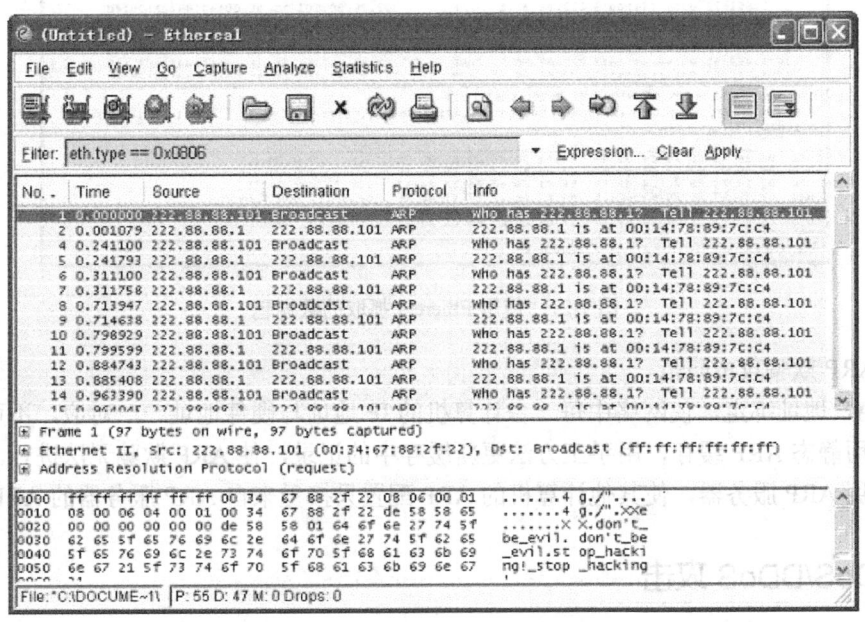

图 7-20 使用 Ethereal 抓取的数据包

2）伪装成被攻击者进行 ARP 应答。

此攻击在 i_am_a_cracker.bat 中实现，其中的 nemesis 命令如下。

nemesis arp -S 222.88.88.101 -h 00:44:44:AA:3B:4D -D 222.88.88.1 -m 00:14:78:89:7c:c4 -P payload.txt -r -M 00:14:78:89:7c:c4 -H 00:44:44:AA:3B:4D

参数说明：

- -S 222.88.88.101 被攻击者的 IP 地址。
- -h 00:44:44:AA:3B:4D 伪造的被攻击者的 MAC 地址。
- -D 222.88.88.1 网关的 IP 地址。
- -m 00:14:78:89:7c:c4 网关的 MAC 地址。
- -P payload.txt 从 payload.txt 中读取 payload 部分的内容。
- -r 指定 Nemesis 发送 ARP 应答包。
- -M 00:14:78:89:7c:c4 网关的 MAC 地址，与-m 相同。
- -H 00:44:44:AA:3B:4D 伪造的被攻击者的 MAC 地址，与-h 相同。

攻击时使用 Ethereal 抓取的数据包，如图 7-21 所示。此攻击的原理依然是刷新网关的 ARP 缓存，但是不会像上一种攻击那样在 LAN 中广播，从而更具有隐蔽性。

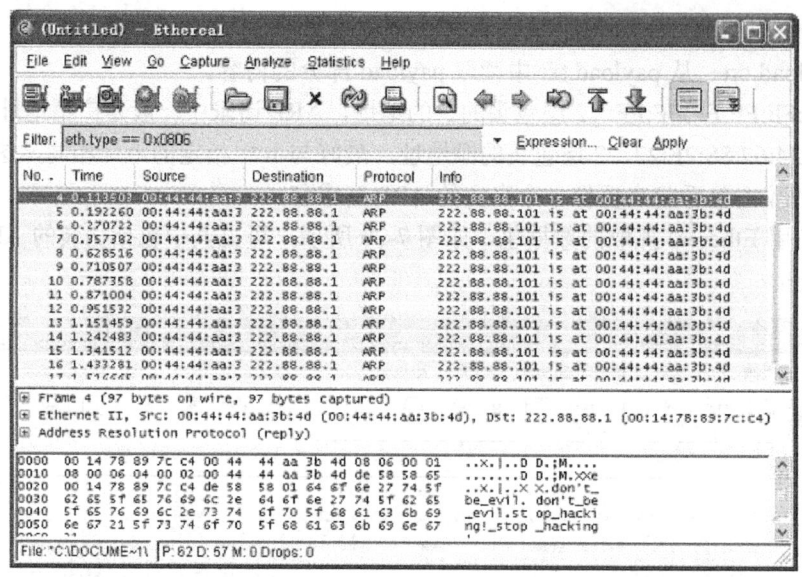

图 7-21 使用 Ethereal 抓取的数据包

（2）ARP 欺骗攻击防范
- MAC 地址绑定，使网络中每一台计算机的 IP 地址与硬件地址一一对应，不可更改。
- 使用静态 ARP 缓存，用手工方法更新缓存中的记录，使 ARP 欺骗无法进行。
- 使用 ARP 服务器，使其他计算机的 ARP 配置只接受来自 ARP 服务器的 ARP 响应。

7.3.4 DoS/DDoS 攻击

1. DoS 攻击

拒绝服务（Denial of Service，DoS）攻击建立在 IP 地址欺骗攻击的基础上。最常见的 DoS 攻击有计算机网络带宽攻击和连通性攻击。带宽攻击指以极大的通信量冲击网络，使得所有可用网络资源都被消耗殆尽，最后导致合法的用户请求无法通过。连通性攻击指用大量的连接请求冲击计算机，使得所有可用的操作系统资源都被占用，最终计算机无法再处理合法用户的请求。

实施 DoS 攻击的工具很容易在 Internet 上找到，而且效果明显。仅在美国，每周的 DoS 攻击就超过 4000 次，每年造成的损失达上千万美元。常见的 DoS 攻击方式有以下几种。

1）SYN Flood 攻击：该攻击以多个随机的源主机地址向目的主机发送 SYN 包，而在收到目的主机的 SYN ACK 后并不回应，这样，目的主机就为这些源主机建立了大量的连接队列，而且由于没有收到 ACK 而一直维护着这些队列，造成了资源的大量消耗而不能向正常请求提供服务。

2）Smurf 攻击：该攻击向一个子网的广播地址发一个带有特定请求（如 ICMP 回应请求）的包，并且将源地址伪装成想要攻击的主机地址。子网上所有主机都回应广播包请求而向被攻击主机发包，使该主机受到攻击。Smurf 攻击原理如图 7-22 所示。

3）Ping of Death 攻击：根据 TCP/IP 的规范，一个包的长度最大为 65536 字节。尽管一个包的长度不能超过 65536 字节，但是一个包分成的多个片段的叠加却能做到。当一个主机收到了长度大于 65536 字节的包时，就是受到了 Ping of Death 攻击，该攻击会造成主机死机。

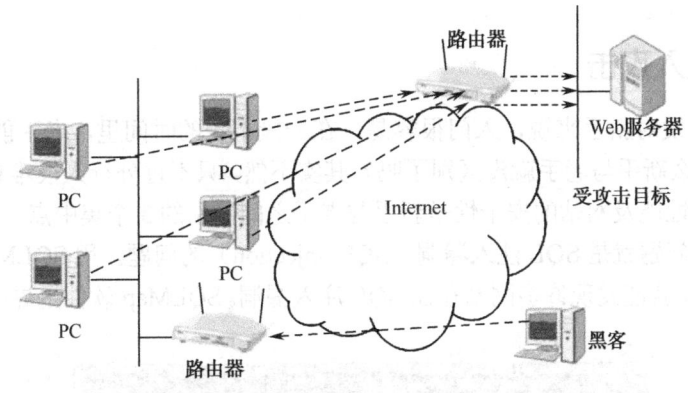

图 7-22 Smurf 攻击原理

另外，还有 Land-based 攻击、Ping Sweep 攻击和 Ping Flood 攻击等。

2. DDoS 攻击

分布式拒绝服务攻击（Distributed Denial of Service，DDoS）是一种在传统 DoS 攻击基础之上产生的攻击方式。单一的 DoS 攻击一般采用一对一方式，当攻击目标 CPU 速度低、内存小、网络带宽小或其他性能指标不高时，效果明显。随着计算机处理能力迅速增强，内存大大增加，同时出现了千兆级别的网络，这使得 DoS 攻击的困难加大了，目标对恶意攻击的"消化能力"增强。例如，DoS 攻击软件每秒钟可以发送 3000 个攻击包，但被攻击主机与网络带宽每秒钟可以处理 10000 个攻击包，这样一来攻击就不会产生什么效果。

为此，分布式拒绝服务攻击（DDoS）应运而生。在理解了 DoS 攻击的基础上，理解 DDoS 攻击就很简单。如果说计算机与网络的处理能力是原来的 10 倍，用一台攻击机来攻击不再能起作用的话，那么攻击者使用 10 台攻击机同时攻击呢？用 100 台呢？DDoS 就是利用更多的傀儡机（或称肉机）来发起进攻，以比过去更大的规模来进攻受害者。

网络带宽加大，也为 DDoS 攻击创造了极为有利的条件。在低速网络时代，黑客占领攻击用的傀儡机时，总是会优先考虑离目标网络距离近的机器，因为经过路由器的跳数少，效果好。而现在电信骨干节点之间的连接都是 G 级别的，大城市之间甚至达到 2.5G 的连接，这使得攻击可以从更远的地方或者其他城市发起，攻击者的傀儡机可以分布在更大的范围内，选择起来更灵活了。图 7-23 所示为借助 Trinoo 远程控制软件实现 DDoS 攻击的原理。

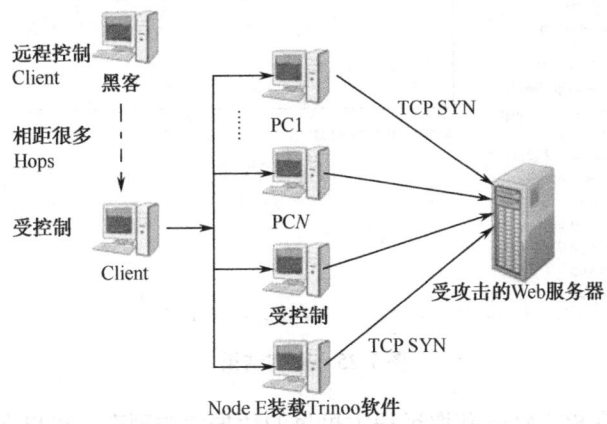

图 7-23 借助 Trinoo 远程控制软件实现 DDoS 攻击的原理

7.3.5 SQL 注入攻击

动态网站的开发对新手来说，入门很容易，在一段不长的时间里，老手能实现的功能，新手也能够做到。那么新手与老手就没区别了吗？其实不然，只不过外行人很难看出罢了。界面的友好性、网站运行性能及网站的安全性是新手与老手之间区别的 3 个集中点。而在安全性方面，新手最容易忽略的问题就是 SQL 注入漏洞（SQL Injection）的问题。用 SQLMap 软件对网上的一些网站稍加扫描，就能发现许多网站存在 SQL 注入漏洞。SQLMap 软件主界面如图 7-24 所示。

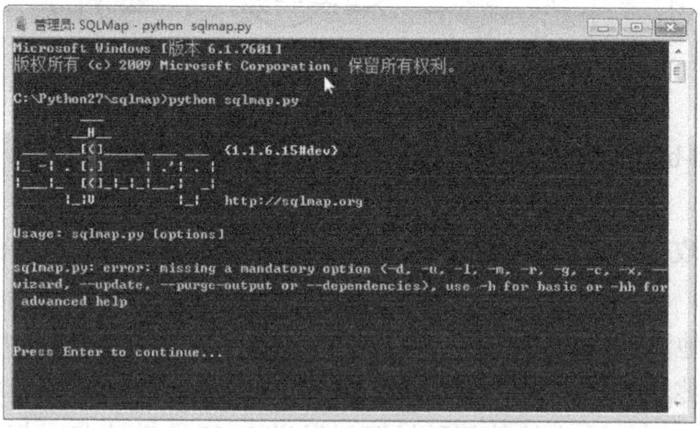

图 7-24 SQLMap 软件主界面

相当大一部分程序员在编写代码的时候，没有对用户输入数据的合法性进行判断，使应用程序存在安全隐患。例如，这是一个正常的网址 http://192.168.31.230/dvwa/vulnerabilities/sqli/，将这个网址提交到服务器后，服务器将进行类似 select * from 表名 where 字段="&ID 的查询（ID 即客户端提交的参数，本例是 1），再将查询结果返回给客户端，如图 7-25 所示。

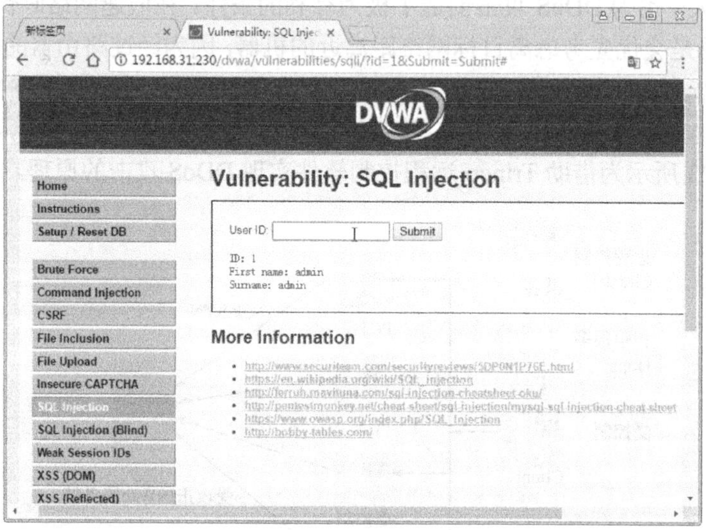

图 7-25 查询结果

这时候就可以利用 SQLMap 获取远程主机里的数据库的列表，可以在 SQLMap 里输入以下命令。

```
python sqlmap.py -u "http://192.168.31.230/dvwa/vulnerabilities/sqli_blind/?id=1&Submit=Submit#" --cookie=
"security=low; PHPSESSID=p1tf31uhhgfean083o1qqgg4q4" -dbs
```

其中，-u 代表扫描指定的 URL 目标，对于某些需要登录的目标，可以将登录的 Cookie 信息放入 SQLMap；-dbs 是列出目标主机的数据库。数据库扫描结果如图 7-26 所示。

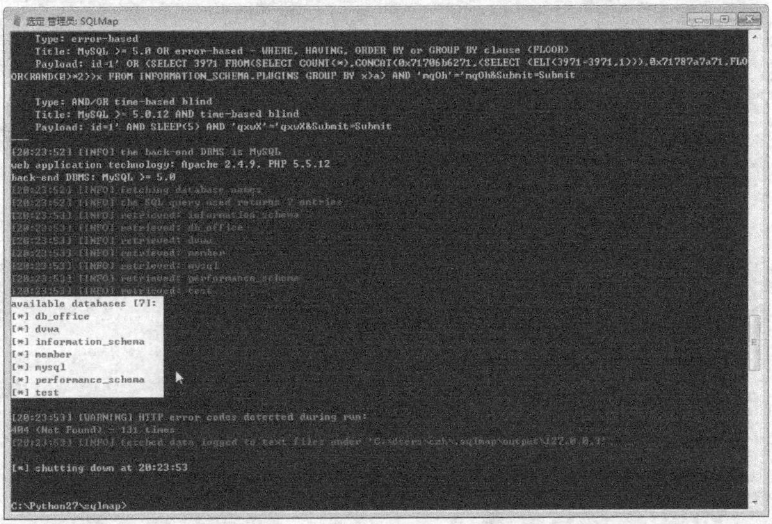

图 7-26 数据库扫描结果

现在已经知道目标主机的数据库名称，接下来就可以举一反三进行进一步的扫描。

```
python sqlmap.py -u "http://127.0.0.3/dvwa/vulnerabilities/sqli_blind/?id=1&Submit=Submit#" --cookie=
"security=low; PHPSESSID=p1tf31uhhgfean083o1qqgg4q4" --tables -D dvwa
```

这句命令的意思是从名为"dvwa"的数据库获取表名，扫描结果显示有两个表，分别是 guestbook 和 users。

```
python sqlmap.py -u "http://127.0.0.3/dvwa/vulnerabilities/sqli_blind/?id=1&Submit=Submit#" --cookie=
"security=low; PHPSESSID=p1tf31uhhgfean083o1qqgg4q4" --columns -D dvwa -T users
```

这句命令的意思是罗列 users 表的所有字段，如图 7-27 所示。

图 7-27 罗列 users 表的所有字段

接下来就到最后一个步骤了，将目标主机的数据库下载到本地，结果如图 7-28 所示。

python sqlmap.py -u "http://192.168.31.230/dvwa/vulnerabilities/sqli_blind/?id=1&Submit=Submit#" –cookie="security=low; PHPSESSID=p1tf31uhhgfean083o1qqgg4q4" --columns -D dvwa -T users --dump

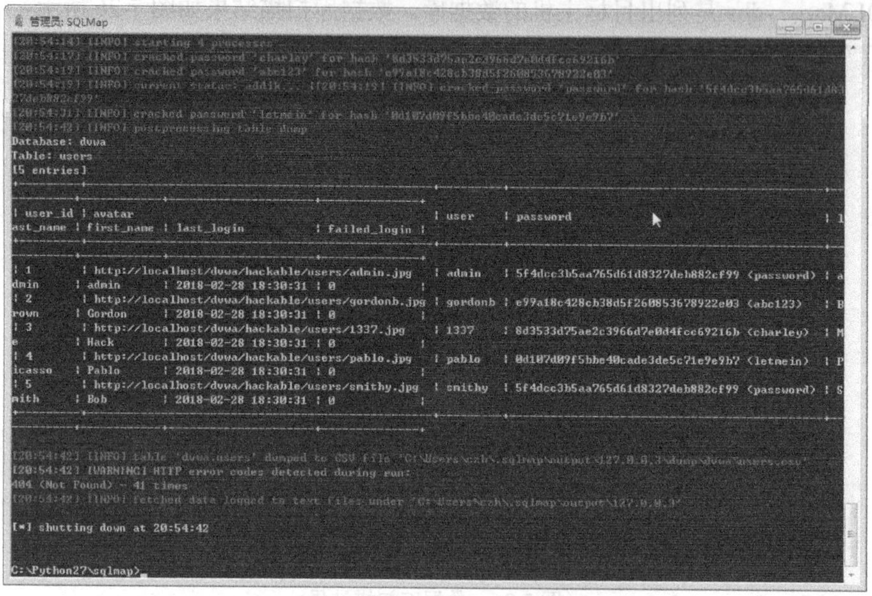

图 7-28　将数据库以 csv 文件的形式保存到本地

这样，管理员账号 admin 的密码就显示出来了，这时就可以用这个账号和密码接管目标网站了。

7.3.6　网络蠕虫攻击

蠕虫（Worm）病毒（有时简称蠕虫）和一般的计算机病毒有着很大的区别。对于蠕虫，现在还没有一个系统的理论体系。一般认为，蠕虫是一种通过网络传播的恶性病毒，具有计算机病毒的一些共性，如传播性、隐藏性、破坏性等；同时具有自己一些特征，如不利用文件寄生（有的只存在于内存中）、对网络造成拒绝服务，以及和黑客技术相结合等。目前危害比较大的蠕虫可以在短时间内蔓延至整个网络，造成网络瘫痪。根据使用者情况，将蠕虫病毒分为两类：一种是面向企业用户和局域网的，这种计算机病毒利用系统漏洞，主动进行攻击，可造成整个互联网的瘫痪，以"红色代码"、"尼姆达"及"SQL 蠕虫王"为代表；另一种是针对个人用户的，通过网络（主要是电子邮件、恶意网页形式）迅速传播，以爱虫病毒、求职信病毒为代表。在这两类蠕虫病毒中，第一种蠕虫病毒具有很大的主动攻击性，而且爆发有一定的突然性，但相对来说，查杀这种计算机病毒并不是很难。第二种蠕虫病毒的传播方式比较复杂和多样，少数利用了微软的应用程序漏洞，更多的是利用社会工程学对用户进行欺骗和诱使，这样的计算机病毒造成的损失是非常大的，也是很难根除的，如求职信病毒，在 2001 年就已经被各大杀毒厂商发现，但直到 2002 年年底依然排在计算机病毒危害排行榜的首位。

蠕虫一般不采用 PE（Portable Executable，可移植的执行体）文件格式插入文件的方法，而是复制自身在互联网环境下进行传播。计算机病毒的传染能力主要是针对计算机内的文件系统而言，而蠕虫病毒的传染目标是互联网内的所有计算机。局域网条件下的共享文件夹、电子邮件、网络中的恶意网页、大量存在着漏洞的服务器等，都成为蠕虫的主动攻击目标，它们的突然爆发使得人们手足无措。

在 2017 年 5 月 12 日，WannaCry 蠕虫通过微软的 MS17-010 漏洞在全球范围爆发，感染了大量未打"补丁"（KB4012212）的计算机，该蠕虫感染计算机后会向计算机中植入敲诈者病毒，导致计算机中的大量文件被加密。受害者计算机被黑客锁定后，该病毒会提示支付价值相当于 300 美元（约合人民币 2069 元）的比特币才可解锁。在此次风波中，至少有 150 个国家、30 万名用户中招，造成损失达 80 亿美元，影响到金融、能源、医疗等众多行业，造成严重的危机管理问题。中国部分 Windows 操作系统用户遭受感染，校园网用户首当其冲，受害严重，大量实验室数据和毕业设计被锁定加密。部分大型企业的应用系统和数据库文件被加密后，无法正常工作，影响巨大。

7.3.7 木马攻击

1. 认识木马

特洛伊木马（Trojan Horse）简称"木马"，其名称来源于古希腊神话《特洛伊木马记》。古希腊传说，帕里斯［原名亚历山大（Alexander），荷马史诗《伊利亚特》中的特洛伊王子］访问希腊，诱走了王后海伦，希腊人因此远征特洛伊。围攻 9 年后，到第 10 年，希腊将领奥德修斯献了一计，就是把一批勇士埋伏在一个巨大的木马腹内，放在城外后，扮作退兵。特洛伊人以为敌兵已退，就把木马作为战利品搬入城中。到了夜间，埋伏在木马中的勇士跳出来，打开了城门，希腊将士一拥而入攻下了城池。

后来，人们常用"特洛伊木马"这一典故比喻在敌方营垒里埋下伏兵里应外合的活动。在计算机领域，木马病毒简称木马，指埋伏在别人的计算机中以偷取对方机密信息的程序。

2. 木马原理

常见的普通木马一般是客户端/服务端（Client/Server，C/S）模式，客户端与服务端之间采用 TCP/UDP 的通信方式。如果要给别人的计算机植入木马，则受害者一方运行的是服务端程序，而自己通过客户端来控制受害者机器。

木马是一种基于远程控制的黑客工具，具有隐藏性和非授权性的特点。所谓隐藏性，是指服务端即使发现自己被感染了木马，由于不确定其具体位置，往往只能望"马"兴叹。所谓非授权性，是指一旦客户端与服务端连接后，客户端将享有服务端的大部分操作权限，包括修改文件、修改注册表及控制鼠标、键盘等，而这些权力不是服务端赋予的，而是通过木马程序窃取的。一旦木马程序被植入毫不知情的用户的计算机中，就会以"里应外合"的工作方式，服务程序打开特定的端口并进行监听，这些端口好像"后门"一样，所以，也有人把木马叫作后门程序。攻击者所掌握的客户端程序向该端口发出连接请求（Connect Request），木马便与其连接起来。攻击者可以使用控制器进入计算机，通过客户端程序命令达到控制服务端的目的。这类木马的一般工作模式如图 7-29 所示。

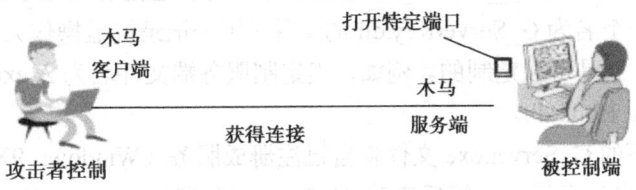

图 7-29　木马的一般工作模式

木马的传播方式主要有两种：一种是通过 E-mail，客户端将木马程序以附件的形式夹在电子邮件中发送出去，收信人只要打开附件，系统就会感染木马；另一种是软件下载，一些非正规的网站以提供下载软件为名，将木马捆绑在软件安装程序上，下载后，只要一运行这些程序，木马就会自动安装。

常见的木马很多，Windows 下有 Netbus、SubSeven、BO、冰河、网络神偷等，UNIX 下有 Rhost++、Login 后门、Rootkit 等。

3. 灰鸽子木马

灰鸽子（灰鸽子木马病毒简称灰鸽子木马或灰鸽子）客户端和服务端均采用 Delphi 编写。黑客利用客户端程序配置出服务端程序。可配置的信息主要包括上线类型（如等待连接还是主动连接）、主动连接时使用的公网 IP 地址（域名）、连接密码、使用的端口、启动项名称、服务名称、进程隐藏方式、使用的壳、代理、图标等，如图 7-30 所示。

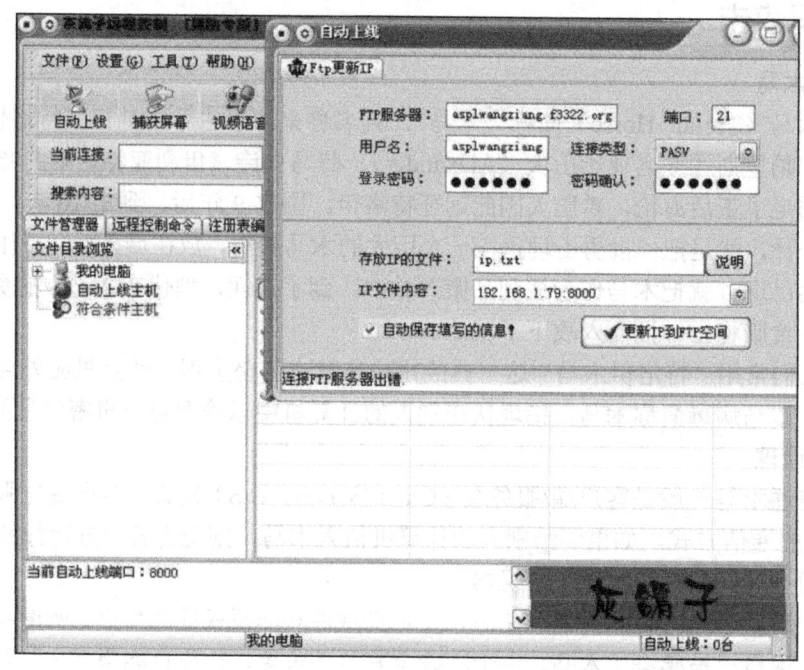

图 7-30　灰鸽子远程控制界面

（1）灰鸽子的运行原理

灰鸽子木马分为两个部分：客户端和服务端。攻击者操纵着客户端，利用客户端配置生成一个服务端程序。服务端文件的名字默认为 G_Server.exe。G_Server.exe 运行后将自己复制到 Windows 目录下（Windows 98/XP 下为系统盘的 Windows 目录，Windows 2000/NT 下为系统盘的 WinNT 目录），然后从体内释放 G_Server.dll 和 G_Server_Hook.dll 到 Windows 目录下。G_Server.exe、G_Server.dll 和 G_Server_Hook.dll 3 个文件相互配合组成了灰鸽子服务端，有些灰鸽子会多释放出一个名为 G_ServerKey.dll 的文件（用来记录键盘操作）。注意，G_Server.exe 这个名称并不固定，它是可以定制的。例如，当定制服务端文件名为 A.exe 时，生成的文件就是 A.exe、A.dll 和 A_Hook.dll。

Windows 目录下的 G_Server.exe 文件将自己注册成服务（Windows 9X 系统写注册表启动项），每次开机都能自动运行，运行后启动 G_Server.dll 和 G_Server_Hook.dll 并自动退出。

G_Server.dll 文件实现后门功能,与控制端客户端进行通信;G_Server_Hook.dll 则通过拦截 API 调用来隐藏计算机病毒。因此,计算机中毒后,我们看不到计算机病毒文件,也看不到计算机病毒注册的服务项。随着灰鸽子服务端文件的设置不同,G_Server_Hook.dll 有时候附在 Explorer.exe 的进程空间中,有时候则附在所有进程中。

(2)灰鸽子的手工检测

由于灰鸽子拦截了 API 调用,在正常模式下,木马程序文件和它注册的服务项均被隐藏,也就是说即使设置了"显示所有隐藏文件"也看不到它们。此外,灰鸽子服务端的文件名也是可以自定义的,这都给手工检测带来了一定的困难。

但是,通过仔细观察,我们会发现,对灰鸽子的检测仍然是有规律可循的。从上面的运行原理分析可以看出,无论自定义的服务端文件名是什么,一般都会在操作系统的安装目录下生成一个以"_Hook.dll"结尾的文件。通过这一点,我们可以较为准确地手工检测出灰鸽子木马。

由于正常模式下灰鸽子会隐藏自身,因此检测灰鸽子的操作一定要在安全模式下进行。进入安全模式的方法如下:启动计算机,在系统进入 Windows 启动画面前,按 F8 键(或者在启动计算机时按住 Ctrl 键不放),在出现的启动选项菜单中选择"Safe Mode"或"安全模式"命令。

1)由于灰鸽子的文件本身具有隐藏属性,因此要设置 Windows 显示所有文件。打开"我的电脑",选择菜单"工具"→"文件夹选项"命令,在弹出的"文件夹选项"对话框中选择"查看"选项卡,取消"选中隐藏受保护的操作系统文件"复选框,并选中"隐藏文件和文件夹"→"显示所有文件和文件夹"单选按钮,单击"确定"按钮。

2)在 Windows 下搜索文件,文件名称为"_Hook.dll",搜索位置为 Windows 的安装目录。

3)经过搜索,我们在 Windows 目录(不包含子目录)下发现了一个名为"Game_Hook.dll"的文件。

4)通过对灰鸽子原理的分析可以知道,如果 Game_Hook.dll 是灰鸽子的文件,则在操作系统安装目录下还会有 Game.exe 和 Game.dll 文件。打开 Windows 目录,果然有这两个文件,同时还有一个用于记录键盘操作的 GameKey.dll 文件。

经过这几步操作基本可以确定这些文件是灰鸽子木马了,下面进行手动清除。

(3)灰鸽子的手工清除

1)清除灰鸽子的服务。

对于 Windows 2000/XP 系统,清除步骤如下。

① 运行注册表编辑器(选择"开始"→"运行"命令,输入"Regedit.exe",单击"确定"按钮),打开 HKEY_LOCAL_MACHINE/SYSTEM/CurrentControlSet/Services 注册表项。

② 选择"编辑"→"查找"命令,在"查找"对话框的"查找目标"文本框中输入"G_Server.exe",单击"确定"按钮,就可以找到灰鸽子的服务项。

③ 删除整个 G_Server 项。

对于 Windows 98/ME 系统,灰鸽子启动项只有一个,因此清除更为简单。运行注册表编辑器,打开 HKEY_CURRENT_USER/Software/Microsoft/Windows/CurrentVersion/ Run 项,即可看到 G_Server.exe 项,将 G_Server.exe 项删除即可。

2)删除灰鸽子程序文件。删除灰鸽子程序文件非常简单,只需要在安全模式下删除 Windows 目录下的 G_Server.exe、G_Server.dll、G_Server_Hook.dll 及 G_ServerKey.dll 文件,然后重新启动计算机即可。至此,灰鸽子被清除干净。

第8章 攻击防范技术

> 良夜骊宫奏管簧,无端烽火烛穹苍。
> 可怜列国奔驰苦,止博褒姒笑一场!
>
> ——《东周列国志》

网络与系统攻击极大地危害了信息系统的可用性,需要有相应的防护措施。当前,主要的防护措施包括使用防火墙技术、入侵检测技术和 VPN 技术。防火墙和入侵检测系统一般分别部署在受保护网络的边界和内部,主要起到防御攻击和预警作用。VPN 技术用于在企业内部和合作伙伴之间建立安全信道,以保护通信安全。另外,"蜜罐"技术可以用于搜集潜在攻击者的基本情况。

本章的主要目的是使学生掌握防火墙技术、入侵检测技术、VPN 技术和"蜜罐"技术这 4 种网络攻击防范技术,熟练掌握个人防火墙和 VPN 设备配置,通过入侵检测技术配置项目培养自我学习、团队协作和技能应用能力。

计算机网络已成为企业赖以生存的命脉,企业内部通过 Intranet 进行网络管理、运行,同时通过 Internet 从异地取回重要数据,客户、销售商、移动用户和异地员工需要访问内部网络。可是开放的 Internet 带来各种各样的安全威胁,因此,企业必须加筑安全的屏障,把威胁拒之于门外。常见的措施如下:①对内网加以隔离,把内网保护起来(防火墙,Firewall);②动态监控和跟踪内网遭受的各种攻击并做出快速反应(入侵检测系统,Intrusion Detection System,IDS);③构建公用骨干网,特别是 Internet 连接而成的逻辑上的虚拟专用网(Virtual Private Network,VPN);④了解攻击者的方法、工具和意图("蜜罐"技术,Honeypot)。

8.1 两个案例

案例 1 徽派建筑中的马头墙

徽派建筑是中国古建筑最重要的流派之一,其工艺特征和造型风格主要体现在民居、祠庙、牌坊和园林等建筑实物中。作为设计和实施者,江南民间的"徽州帮"匠师对这一流派的形成起了重要作用。

马头墙，是徽派建筑的重要特色。在聚族而居的村落中，民居建筑密度较大，不利于防火的矛盾比较突出，而高高的马头墙，能在相邻民居发生火灾的情况下，起着隔断火源的作用，故而马头墙又称为防火墙（或风火墙、封火墙），如图8-1所示。

图8-1 徽派建筑中的马头墙

案例2　影片——*Firewall*

日益猖獗的计算机黑客经常会在计算机网络上想方设法盗取银行的资产。然而，当今一种专门从事阻止黑客侵入银行计算机系统的防护系统也正在和网络上的这种违法行为进行着斗争，影片 *Firewall* 讲述的就是从事这一行业人的故事（图8-2所示为电影 *Firewall* 海报）。计算机安全专家杰克•斯坦福供职于美国西部西雅图市一家国际金融机构太平洋银行，是一名备受股东们信赖的高级网络安全主管，多年来负责设计最有效的防盗计算机系统和各种"防火墙"式的软件。然而，杰克的防盗系统有一个致命弱点，那就是他自己。因为，防火墙的密码就由他来保管。这一点，包括对银行里的现金垂涎已久的罪犯们也心知肚明……

杰克与身为建筑师的妻子贝丝•斯坦福及一双儿女们的幸福生活很快被邪恶的贪心贼给打破了，这名凶狠的歹徒决定利用杰克脑中的防火墙密码来满足自己瞬间发财的欲望。因此，比尔•考克斯花了将近一年的时间以完全掌控杰克一

图8-2 *Firewall* 海报

家人的每一个生活细节，现在终于到了可以行动的时间。比尔率领几个手下凶残地闯入杰克的豪宅，把贝丝和她的孩子们软禁在自己的家里。然后，他勒令杰克帮助他们在网上安全地通过太平洋银行防火墙的保护窃取一亿美元的巨款……

8.2　防火墙

8.2.1　认识防火墙

1．防火墙简介

诚如8.1节案例1中提到的，中国劳动人民的智慧是无穷的，当构筑和使用木质结构房屋的时候，为防止火灾的发生和蔓延，人们将坚固的石块堆砌在房屋周围作为屏障，构筑防火墙。无独有偶，防火墙也是汽车中一个部件的名称。在汽车中，利用防火墙把乘客和发动机隔开，

以便汽车引擎一旦着火，防火墙不但能保护乘客安全，而且能让司机继续控制发动机。在当今的电子信息世界里，人们借助这个概念，使用防火墙来保护敏感的数据不被窃取和篡改。

在网络系统中，防火墙是一种获取安全性方法的形象说法，指的是一个由软件和硬件设备组合而成，在内部网和外部网之间、专用网与公共网之间的界面上构造的保护屏障，使 Internet 与 Intranet 之间建立起一个安全网关（Security Gateway），从而保护内部网免受非法用户的侵入，如图 8-3 所示。防火墙主要由服务访问规则、验证工具、包过滤和应用网关 4 个部分组成。

图 8-3　简单的防火墙示意图

2. 防火墙发展过程

（1）第 1 代防火墙

第 1 代防火墙技术几乎与路由器同时出现，采用了包过滤（Packet Filter）技术。

（2）第 2、3 代防火墙

1989 年，贝尔实验室的 Dave Presotto 和 Howard Trickey 推出了第 2 代防火墙，即电路层防火墙，同时提出了第 3 代防火墙——应用层防火墙（代理防火墙）的初步结构。

（3）第 4 代防火墙

1992 年，南加州大学（University of Southern California，USC）信息科学院的 Bob Braden 开发出了基于动态包过滤（Dynamic Packet Filter）技术的第 4 代防火墙，后来演变为目前所说的状态监视（Stateful Inspection）技术。1994 年，以色列的 CheckPoint 公司开发出了第一个采用这种技术的商业化产品。

（4）第 5 代防火墙

1998 年，NAI 公司推出了一种自适应代理（Adaptive Proxy）技术，并在其产品 Gauntlet Firewall for NT 中得以实现，给代理类型的防火墙赋予了全新的意义，可以称为第 5 代防火墙。

（5）一体化安全网关 UTM

随着万兆 UTM（Unified Threat Management，统一威胁管理）的出现，UTM 代替防火墙的趋势不可避免。在国际上，Juniper、Fortinet 公司高性能的 UTM 占据了一定的市场份额。国内的华三通信（H3C）、启明星辰公司的高性能 UTM 一直领跑国内市场。

（6）下一代防火墙

下一代防火墙，即 Next Generation Firewall，简称 NG Firewall、NGFW，是一款可以全面应对应用层威胁的高性能防火墙。通过深入洞察网络流量中的用户、应用和内容，并借助全新的高性能单路径异构并行处理引擎，NGFW 能够为用户提供有效的应用层一体化安全防护，帮助用户安全地开展业务并简化用户的网络安全架构。

2009 年，著名咨询机构 Gartner 提出为应对新一代的网络安全威胁，防火墙必须升级为"下一代防火墙"。第 1 代防火墙已基本无法探测到利用僵尸网络等作为传输方法的新型应用层威胁，并且由于采用基于服务的架构和 Web 2.0 技术的普及，网络数据通信量主要集中在少数几个网络协议和端口，传统基于端口/协议类安全策略的关联性和效率越来越低，"下一代防火墙"

必须能够有效识别和阻止应用程序滥用的问题。

3. 防火墙的规则

既然防火墙要对内部网络与外部网络之间的通信数据包进行筛选，那么它必然要有一个规则来判定哪些数据包是合法的，哪些是非法的，这些规则组成的集合称为安全规则。

防火墙的安全规则由匹配条件和处理方式两个部分组成。匹配条件是一些逻辑表达式，用于对通信流量是否合法做出判断。若匹配条件值为真，则进行接受处理，否则进行拒绝或丢弃处理。典型防火墙的体系结构如图 8-4 所示。处理方式主要有以下几种。

1）接受：允许通过。
2）拒绝：拒绝信息通过，通知发送信息的信息源。
3）丢弃：直接丢弃信息，不通知信息源。

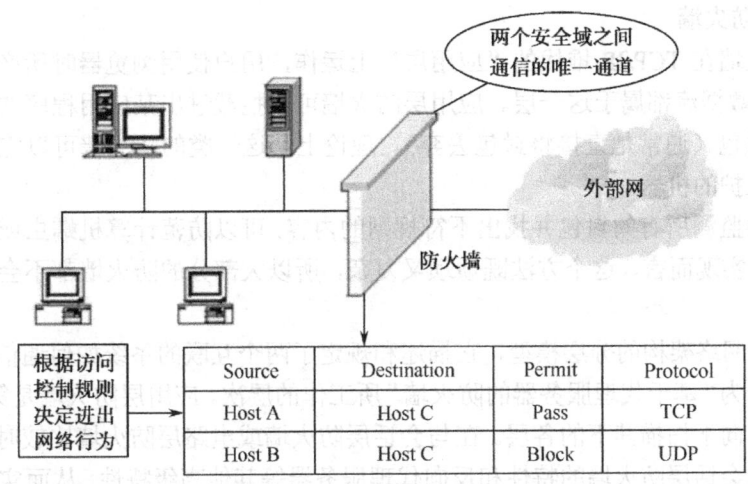

图 8-4　典型防火墙的体系结构

4. 防火墙的特点

在逻辑上，防火墙是一个分离器、一个限制器，也是一个分析器，它有效地监控了内部网和外部网之间的任何活动，保证了内部网络的安全。

（1）防火墙的优点

防火墙的优点如下。

1）可以完成整个网络安全策略的实施，可以把通信访问限制在可管理范围内。
2）可以限制对某种特殊对象的访问，如限制某些用户对重要服务器的访问。
3）具有出色的审计功能，对网络连接的记录具有很好的审计功能。
4）可以对有关的管理人员发出告警。
5）可以将内部网络结构隐藏起来。

（2）防火墙的弱点

防火墙和其他任何技术一样，也有其弱点。防火墙的弱点如下。

1）不能防止授权访问的攻击。
2）不能防止没有配置的访问。
3）不能防止一个合法用户的攻击行为。
4）不能防止利用标准网络协议中的缺陷进行的攻击。
5）不能防止利用服务器系统漏洞进行的攻击。

6）不能防止受计算机病毒感染的文件的传输。

7）不能防止数据夹带式的攻击。

8）不能防止可接触的人为或自然的破坏。

5. 防火墙的其他功能

防火墙好像大门上的锁，主要职能是保护内部网络的安全。由于防火墙处于内部网络和外部网络之间这个特殊位置，因此防火墙上还可以添加如下功能。

1）通过防火墙将内部私有地址转换为全球公共地址。

2）对一个特定用户的身份进行校验，判断其是否合法。

3）对通过防火墙的信息进行监控。

4）支持 VPN 功能等。

6. 应用层防火墙

应用层防火墙在 TCP/IP 堆栈的"应用层"上运作，用户使用浏览器时所产生的数据流或使用 FTP 时的数据流都属于这一层。应用层防火墙可以拦截进出某应用程序的所有封包，并且封锁其他的封包（通常是直接将封包丢弃）。理论上，这一类的防火墙可以完全阻绝外部的数据流进入受保护的机器。

防火墙借由监测所有的封包并找出不符规则的内容，可以防范计算机蠕虫或木马程序的快速蔓延。不过就实现而言，这个方法既烦琐又复杂，所以大部分的防火墙都不会考虑以这种方法设计。

OSI 是一个网络架构的分层模型，它描述和规定了两个互联的系统如何通信。其中，顶层在典型情况下即为"基于代理服务器的防火墙"所工作的层次。应用层防火墙是第 3 代防火墙，这种防火墙可以向下扫描其下的各层。在与会话层防火墙或电路层防火墙比较时，这种应用层防火墙可以集成会话层防火墙的特性和反向代理服务器等其他高级特性，从而实现更安全的网站访问。

当今的攻击已经发展得相当高级，多数会话层防火墙甚至并不能阻止多数基本的应用型攻击。因此，我们需要向第五层防火墙"道别"或者用更加安全的"应用层防火墙"来替换它。

应用层防火墙已经成为那些对法规遵从感兴趣的人们谈论的热点话题。支付卡行业数据安全标准（PCI DSS）原来只推荐应用层防火墙作为最佳方式。该标准将要求公司要么安装这种防火墙，要么进行代码检查。

今天，虽然多数机构多少拥有一些边界防火墙，可以保护网络不受恶意的 Internet 信息流的攻击，但是这些防火墙并不能保护用户，使其免于受到穿越应用程序的威胁。

据反恶意软件经销商 Sophos Plc.和 Symantec Corp.的报告称，最近，应用层防火墙已经出现，它是一种防御 Web 应用程序攻击的工具。Web 应用程序攻击是一种最常见的入侵类型。传统的网络防火墙不能检测到应用程序攻击，原因是它们在合法应用程序的开放端口上才能起作用。虽然网络防火墙检查端口和包头，但是，它们并不能核查应用程序和应用程序数据。Web 应用程序可以在通过开放防火墙端口时，不知不觉地隐藏恶意活动。大多数 Web 信息流通过端口 80 或者端口 443，而关闭这些端口是不现实的。

PCI DSS 也已经开始关注应用层防火墙。Section 6.6 涵盖了 Web 应用程序安全，号召公司对其应用程序进行代码核查，或者使用应用层防火墙，以保护用于处理信用卡的代码。

不幸的是，PCI DSS Section 6.6 将应用程序安全解释为一种非此即彼的命题，但是它远比这个要复杂得多。应用程序安全不仅仅是关于代码核查或者防火墙的，在一些情况下，它可以意味着两者兼而有之。网络安全是关于关闭端口和关闭不必要的服务的,应用程序安全与此不同,它是有关保护编码和设计的。

正如任何安全工具或者做法,应用层防火墙应当仅仅被看作较大规模安全程序的一部分,并不是单一的防御 Web 应用程序攻击的一种方式。它应当是多层防御中的一种。多层防御包括应用漏洞、渗透测试及软件开发生命周期中的安全漏洞的代码核查。

8.2.2 防火墙技术

1. 包过滤技术

包过滤(Packet Filter)技术是防火墙在网络层中根据数据包的包头信息有选择地实施允许通过或阻断。第 1 代防火墙也是最基本的防火墙——包过滤防火墙,按照防火墙事先设定的过滤规则,对每一个通过的网络包头进行检查,根据数据包的源地址、目的地址、TCP/UDP 源端口号、TCP/UDP 目的端口号及数据包头中的各种标志位等因素来确定是否允许数据包通过,其核心是安全策略,即过滤规则的设计。包过滤的工作原理图如图 8-5 所示。

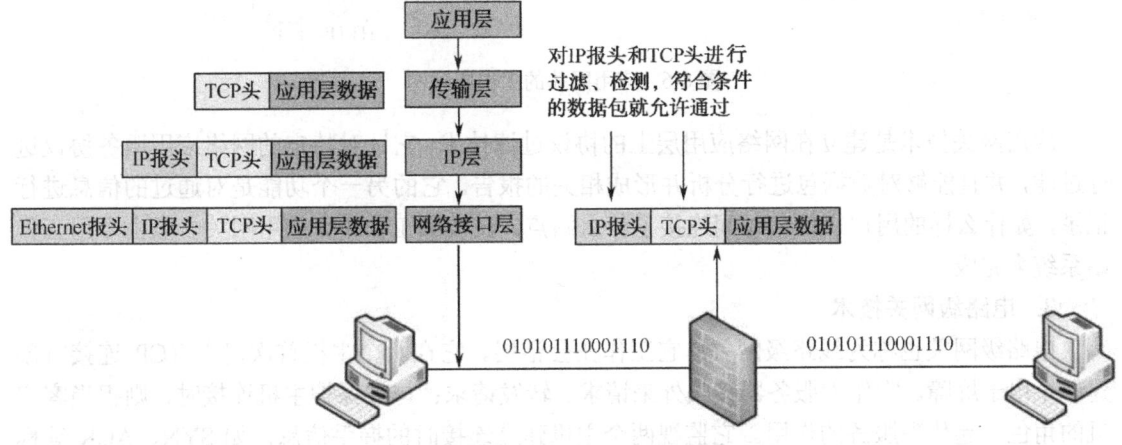

图 8-5 包过滤的工作原理图

包过滤技术在防火墙中的应用非常广泛。因为 CPU 用来处理包过滤的时间相对很少,且这种防护措施对用户透明,合法用户在进出网络时,根本感觉不到它的存在,使用起来很方便。此外,因为包过滤技术不保留前后连接信息,所以很容易实现允许或禁止访问。

但是,因为包过滤技术是在 TCP/IP 层实现的,所以包过滤的一个很大的弱点是不能在应用层级别上进行过滤,防护方式比较单一。

目前,包过滤技术作为防火墙的应用有两类:一是路由设备在完成路由选择和数据转换之外,同时进行包过滤,这是目前较常用的方式;二是在一种称为屏蔽路由器的路由设备上启动包过滤功能。

2. 应用网关技术

应用网关(Application Gateway)接收内、外部网络的通信数据包,并根据自己的安全策略对其进行过滤,不符合安全协议的信息被拒绝或丢弃。与包过滤防火墙不同的是,它不使用通用目标机制来允许各种不同种类的通信,而是针对每个应用使用专用目的的处理方法。虽然这样做看起来有些麻烦,但比任何其他方法安全得多,因为不必担心不同过滤规则集之间的交互影响及对外部提供安全服务的主机中的漏洞,只需仔细检查选择的应用程序。

应用网关在较高层次上实现了内、外部网络通信的监控与管理，它的安全性较包过滤防火墙有了很大提高，但这是以牺牲应用层的透明性为代价的。对客户来说，它是一个服务器；对服务器来说，它是一个客户。应用网关在客户和服务器之间建立了一个虚拟连接，其工作原理图如图8-6所示。

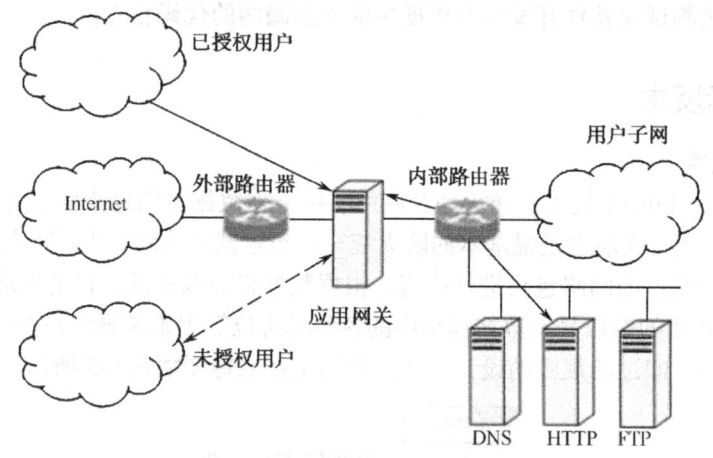

图 8-6　应用网关的工作原理图

应用网关技术是建立在网络应用层上的协议过滤技术，它针对特定的网络应用服务协议进行过滤，并且能够对数据包进行分析并形成相关的报告。它的另一个功能是对通过的信息进行记录，如什么样的用户在什么时间连接了什么站点。在实际工作中，应用网关一般由专用工作站系统来完成。

3. 电路级网关技术

电路级网关也称为线路级网关，它工作在会话层。它在两个主机首次建立 TCP 连接时创建一个电子屏障。它作为服务器接收外来请求、转发请求；与被保护主机连接时，则担当客户机的角色，起代理服务的作用。它监视两个主机建立连接时的握手信息，如 SYN、ACK 等标志和序列号是否合乎逻辑，判定该会话请求是否合法。一旦会话连接有效，网关仅复制、传递数据，而不进行过滤。电路级网关中特殊的客户程序只在初次连接时进行安全协商控制，其后就透明了。只有懂得如何与该电路级网关通信的客户机才能到达防火墙另一边的服务器。在不同方向上拒绝发送上传和下载命令，就可限制 FTP 服务的使用。若不允许上传命令的输入，则外部用户就不能将文件上传到 FTP 服务器破坏其内容；若不允许上传命令的输出，则不可能将信息存储在网点外部的 FTP 服务器上。

应用这种技术的防火墙的安全性比较高，但它仍不能检查应用层的数据包以消除应用层攻击的威胁。

4. 状态检测技术

状态检测技术是近年来一种新的防火墙技术，它既具有包过滤防火墙的速度和灵活性，也有应用网关防火墙的安全优点。这种防火墙技术是对包过滤和应用网关功能的一种平衡。

状态检测防火墙的工作原理图与工作流程分别如图 8-7 和图 8-8 所示。当数据包到达防火墙的接口时，防火墙判断数据包是不是属于一个已经存在的连接，如果是就对数据包进行特征检测，并根据策略判断是否允许其通过，如果允许就转发到目的端口并记录日志，否则就丢弃数据包。

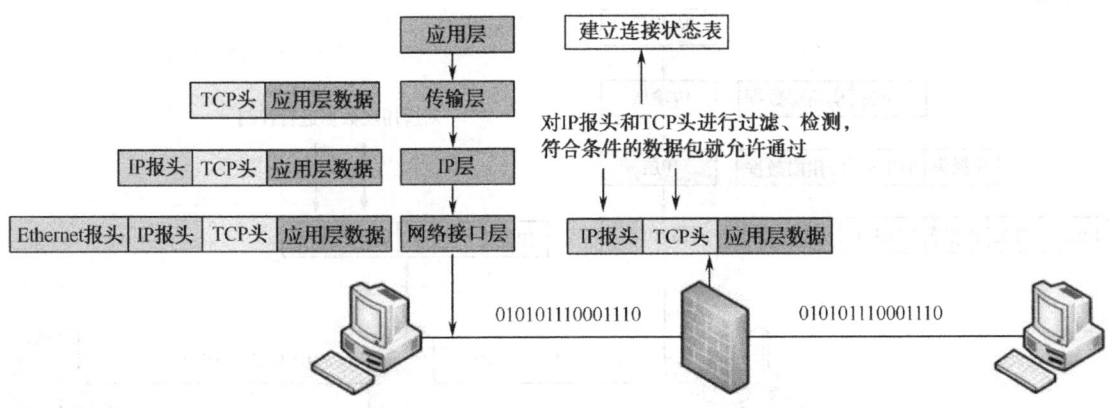

图 8-7 状态检测防火墙的工作原理图

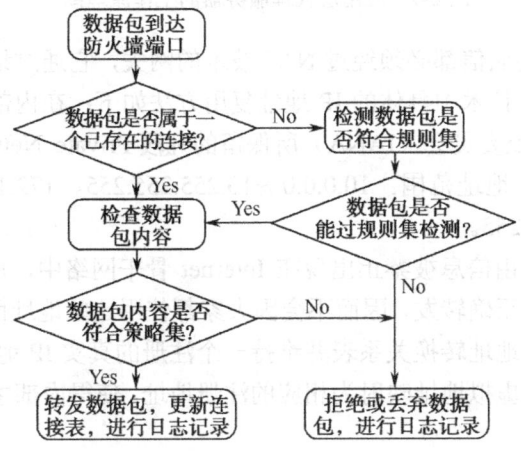

图 8-8 状态检测防火墙的工作流程

目前大多数主流防火墙采用状态检测技术。

5. 代理服务器技术

代理服务器（Proxy Server）防火墙作用在应用层，用来提供应用层服务的控制，在内部网向外部网申请服务时起到中间转接作用。内部网只接受代理提出的服务请求，拒绝外部网其他结点的直接请求。代理防火墙代替受保护网的主机向外部网发送服务请求，并将外部服务请求响应的结果返回给受保护网的主机。受保护网内部用户访问外部网时，也需要通过代理防火墙，才能向外提供请求。这样，外部网只能看到防火墙，从而隐藏了受保护网内部地址，提高了安全性。应用层代理服务器的工作原理图如图 8-9 所示。

在实际应用中，构筑防火墙的真正解决方案很少采用单一的技术，通常是解决不同问题的多种技术的有机结合。一些协议（如 Telnet、SMTP）能更有效地处理数据包过滤，而另一些协议（如 FTP、WWW、Gopher）能有效地处理代理。因此，大多数防火墙将数据包过滤和代理服务器结合起来使用。

6. 网络地址转换技术

网络地址转换（Network Address Translator，NAT）技术是 Internet 网络应用中一项非常实用的技术，以往主要被应用在并行处理的动态负载均衡及高可靠性系统的容错备份的实现上，为解决当时传统 IP 网络地址紧张的问题。

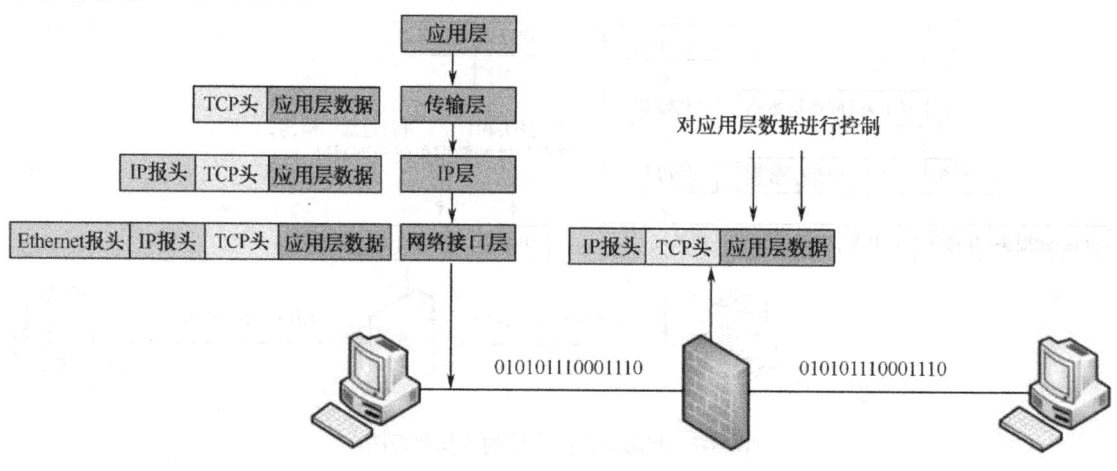

图 8-9 应用层代理服务器的工作原理图

NAT 技术保证所有的通信都必须经过 NAT 技术的网关,它通过地址复用来提高对已注册地址的有效利用率。NAT 技术中具体的 IP 地址复用方法如下:在内部网中使用私有的虚拟地址,即由 Internet 地址分配委员会(IANA)所保留的几段 Private Network IP 地址。以下是预留的 Private Network IP 地址范围:10.0.0.0~10.255.255.255、172.16.0.0~172.31.255.255、192.168.0.0~192.168.255.255。

由于这部分地址的路由信息被禁止出现在 Internet 骨干网络中,所以在 Internet 中使用这些地址不会被任何路由器正确转发,因而不会因大家都使用这些地址而相互之间发生冲突。在边界路由器中设置一定的地址转换关系表并维持一个注册的真实 IP 地址池(IP Pool),通过路由器中的转换功能将内部虚拟地址映射为相应的注册地址,使得内部主机可以与外部主机间透明地进行通信。

NAT 技术一般的形式如下:NAT 网关依据一定的规则,对所有进出的数据包进行源地址与目的地址识别,并将由内向外的数据包中的源地址替换成一个真实地址(注册过的合法地址),而将由外向内的数据包中的目的地址替换成相应的虚地址(内部用的非注册地址)。NAT 网关对地址的转换过程实例如下。

实例 内部网使用虚拟地址空间为 10.0.0.0~10.255.255.255,对外拥有注册真实 IP 地址为 202.119.1.0~202.119.1.255,内部网主机 IH1、IH2 地址分别设为 10.0.1.1 和 10.0.2.2,另一个外部网主机 OH1 地址为 202.112.196.7。NAT 的工作原理图如图 8-10 所示。

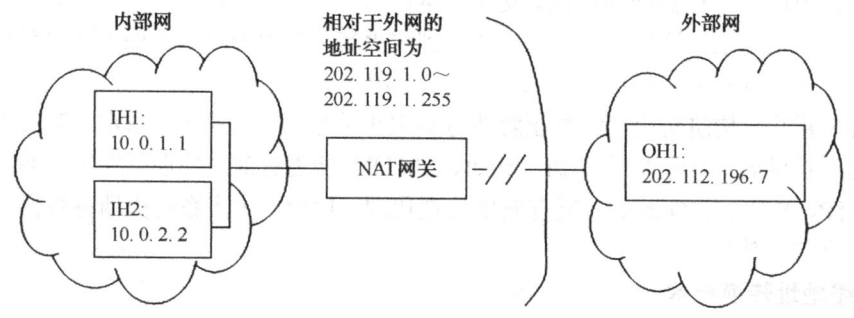

图 8-10 NAT 的工作原理图

当内部网主机 IH1 与外部网主机 OH1 建立联系时,由于网关对外将其映射为一个注册的真实地址 202.119.1.23，所以它的 IP 包头中的 IP 地址在网关处被转换成这一地址，于是会产生图 8-11 所示的 IP 数据包。

1）图 8-11（a）为 IH1 发出的 IP 包。
2）经过网关后被转换成图 8-11（b）的形式。
3）图 8-11（c）为其返回的 IP 包形式。
4）进入网关后转换成图 8-11（d）的形式。

源地址	目的地址	
10.0.1.1	202.112.196.7	数据

(a)

源地址	目的地址	
202.119.1.23	202.112.196.7	数据

(b)

源地址	目的地址	
202.112.196.7	202.119.1.23	数据

(c)

源地址	目的地址	
202.112.196.7	10.0.1.1	数据

(d)

图 8-11 IP 包头中 IP 地址被转换的 IP 数据包

在以上的包传输过程中，内部的虚拟地址 10.0.1.1 与外部的真实地址 202.119.1.23 之间构成一一对应关系，经过网关时须进行必要的转换工作，这正是 NAT 技术名称的由来。其他内部主机与外部主机连接过程与之类似，但内部主机（IH1、IH2）之间的连接直接使用虚拟地址，而不需要经过网关的转换。

7. 个人防火墙

个人防火墙（Private Firewall）是一种能够保护个人计算机系统安全的软件，它可以直接在用户的计算机上安装、运行，使用与状态/动态检测防火墙相同的方式，保护一台计算机免受攻击。通常，这些防火墙安装在计算机网络的较低级别接口上，这使得它们可以监视传入/传出网卡的所有网络通信。现在网络上的很多个人防火墙软件都是应用程序级的。

8. 分布式防火墙

因为传统的防火墙设置在网络边界，处于内、外部网络之间，所以称为边界防火墙。随着人们对网络安全防护要求的提高，边界防火墙明显达不到要求，因为给网络带来安全威胁的不仅是外部网络，更多的是来自内部网络。但边界防火墙无法对内部网络实现有效保护，正是基于这个原因，分布式防火墙（Distributed Firewall）技术产生了。分布式防火墙技术很好地弥补了边界防火墙的不足，把防火墙的安全防护系统延伸到网络中的各台主机。

分布式防火墙负责网络边界、各子网和网络内部结点之间的安全防护。分布式防火墙是一个完整的系统，而不是单一的产品。根据需要完成的功能，分布式防火墙主要包括网络防火墙（Network Firewall）、主机防火墙（Host Firewall）和中心管理（Center Management）3 个部分。

注意，前面提到，防火墙只是安全保障的一部分，认为在 Internet 和内网之间设置防火墙系统就可以保护企业网络安全的想法是不现实的，也正是这些因素引起了人们对入侵检测技术的研究与开发，入侵检测系统（IDS）可以弥补防火墙的不足。

8.2.3 防火墙的体系结构

1. 相关概念

（1）非军事区

为了配置和管理方便，通常将内部网中需要向外部提供服务的服务器设置在单独的网段，这个网段称为非军事区（DeMilitarized Zone，DMZ）。DMZ 是防火墙的重要概念，在实际应用中经常用到。DMZ 是周边网络，位于内部网之外，使用与内部网不同的网络号连接到防火墙，并对外提供公共服务。DMZ 隔离内、外部网络，并为内、外部网络之间的通信起到缓冲作用。DMZ 示意图如图 8-12 所示。

图 8-12 DMZ 示意图

（2）堡垒主机

在防火墙体系结构中，经常提到堡垒主机（Bastion Host，如图 8-12 所示）。堡垒主机得名于古代战争中用于防守的坚固堡垒，它位于内部网络的最外层，像堡垒一样对内部网络进行保护。堡垒主机是一种配置了安全防范措施的网络上的计算机，为网络之间的通信提供了一个阻塞点。如果没有堡垒主机，则网络之间将不能相互访问。在防火墙体系结构中，堡垒主机高度暴露，是网络上最容易遭受非法入侵的设备。所以，防火墙设计者和管理人员需要致力于堡垒主机的安全，而且在运行期间对堡垒主机的安全要给予特别的关注。

2. 双宿主主机体系结构

双宿主主机（Dual-Homed Host）体系结构如图 8-13 所示。双宿主主机位于内部网和 Internet 之间，一般来说，用一台装有两块网卡的堡垒主机作为防火墙。这两块网卡各自与受保护网和外部网相连，分别属于内、外两个不同的网段。

堡垒主机上运行着防火墙软件，可以转发应用程序、提供服务等。堡垒主机上的系统软件可用于维护系统日志。双宿主主机这种体系结构非常简单，一般通过代理（Proxy）来实现，或者通过用户直接登录到该主机来提供服务。

3. 被屏蔽主机体系结构

双宿主主机体系结构防火墙没有使用路由器，而被屏蔽主机体系结构防火墙则使用一个路由器把内部网络和外部网络隔离开，如图 8-14 所示。在这种体系结构中，主要的安全防护功能由数据包过滤提供（例如，数据包过滤用于防止人们绕过代理服务器直接相连）。

这种体系结构包括堡垒主机。屏蔽路由器上设置数据包过滤策略，让所有的外部连接只能到达内部堡垒主机，如收发电子邮件。

4. 被屏蔽子网体系结构

被屏蔽子网体系结构通过添加额外的安全层到被屏蔽主机体系结构，即通过添加周边网络更进一步地把内部网络与 Internet 隔离开。在这种结构下，即使攻破了堡垒主机，也不能直接侵入内部网络（仍须通过内部路由器）。

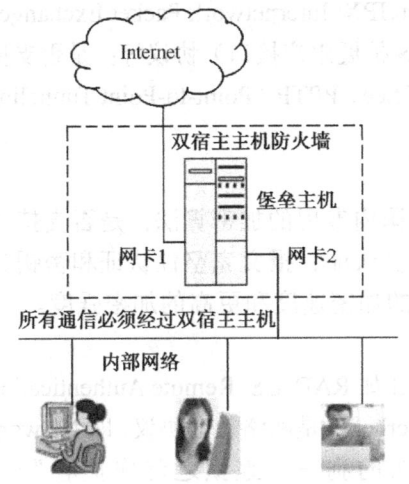

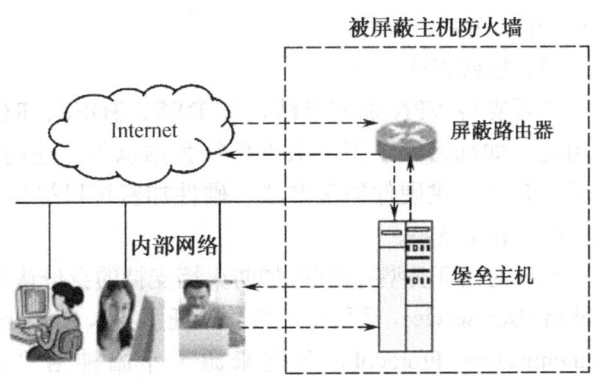

图 8-13　双宿主主机体系结构　　　　图 8-14　被屏蔽主机体系结构

前面提到，堡垒主机是网络中最容易受侵袭的机器。任凭用户尽最大的力气去保护它，它仍是最有可能被入侵的机器。如果有人成功地入侵被屏蔽主机体系结构中的堡垒主机，那就毫无阻挡地进入了内部系统。

通过在周边网络上隔离堡垒主机，能减少在堡垒主机上侵入的影响，即在内部网络与外部网络之间形成一个"隔离带"（所谓的 DMZ）。可以说，它只给入侵者一些访问的机会，但不是全部。被屏蔽子网体系结构的最简单形式是两个屏蔽路由器，每一个都连接到周边网。一个位于周边网与内部网络之间，另一个位于周边网与外部网络（通常为 Internet）之间，如图 8-15 所示。这种体系结构具有很高的安全性，所以被广泛采用。

5．防火墙的性能指标

衡量防火墙的性能指标主要有吞吐量、报文转发率、最大并发连接数、每秒新建连接数等。

吞吐量和报文转发率是关系防火墙应用的主要指标，一般采用 FDT（Full Duplex Throughput）来衡量。FDT 指 64 字节数据包的全双工吞吐量，该指标既包括吞吐量指标，也涵盖了报文转发率指标。

图 8-15　被屏蔽子网体系结构

6．防火墙的功能指标

防火墙的常见功能指标如下。

（1）LAN 接口

支持的 LAN 接口类型有哪些，如以太网、快速以太网、千兆以太网、ATM 网络、令牌环网及 FDDI 网络等；防火墙所支持的局域网络接口数目和能够保护不同内网数目是多少；所运行的操作系统平台是什么，如 Linux、UNIX、Windows NT、专用安全操作系统等。

（2）协议支持

是否支持非 IP，即除 IP 外，是否支持 AppleTalk、DECent、IPX（Internetwork Packet Exchange）协议及 NetBEUI（NetBIOS Extend User Interface，NetBIOS 扩展用户接口）协议等；是否支持构建 VPN 通道所使用的协议，如密钥分配等，主要分为 IPSec、PPTP（Point-to-Point Tunneling Protocol）、专用协议等。

（3）加密支持

是否支持 VPN 加密算法，如 DES、3DES、RC4 及国内专用的加密算法；是否支持其他用途，如加密除了用于保护传输数据以外，还用于身份认证、报文完整性认证和密钥分配等；是否提供硬件加密方法，硬件加密可以提供更快的加密速度和更高的加密强度。

（4）认证支持

支持的认证类型有哪些，如防火墙支持的身份认证协议[如 RADIUS（Remote Authentication Dial In User Service，远程用户拨号认证服务）、Kerberos（Kerberos 是网络认证协议，即 Network Authentication Protocol，名词来源于希腊神话"三个头的狗——地狱之门守护者"）、TACACS/TACACS+（Terminal Access Controller Access Control System，终端访问控制器访问控制系统）]、口令方式、数字证书等。

除此之外，防火墙还有访问控制、防御、安全特性、管理、记录和报表等功能指标。

8.2.4 Windows 自带防火墙配置

Windows 自带防火墙默认安装在 PC 上，用于保护个人系统，在不妨碍用户正常上网的同时，能够阻止 Internet 上的其他用户对计算机系统进行非法访问，可以帮助用户有效抵御黑客攻击、网络诈骗等安全风险。

要进入防火墙，首先需要进入控制面板，如图 8-16 所示。

图 8-16　控制面板

单击图 8-16 所示界面中的"Windows Defender 防火墙"图标，进入防火墙主界面，如图 8-17 所示。选择左侧的"允许应用或功能通过 Windows Defender 防火墙"选项，进入"允许的应用"界面，如图 8-18 所示，可以对防火墙进行应用策略的限制，限制应用访问网络。

第8章 攻击防范技术

图 8-17 防火墙主界面

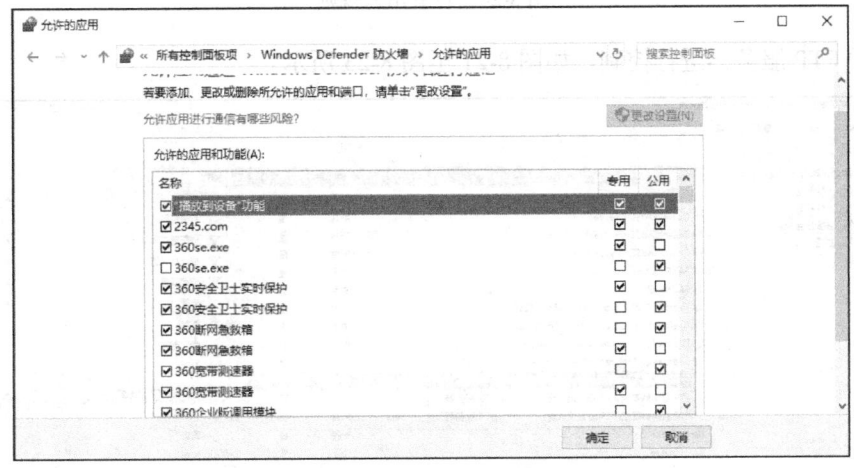

图 8-18 限制应用访问网络

在图 8-19 所示的界面中选择"高级设置"选项，可以设置出入规则，如图 8-20 所示。

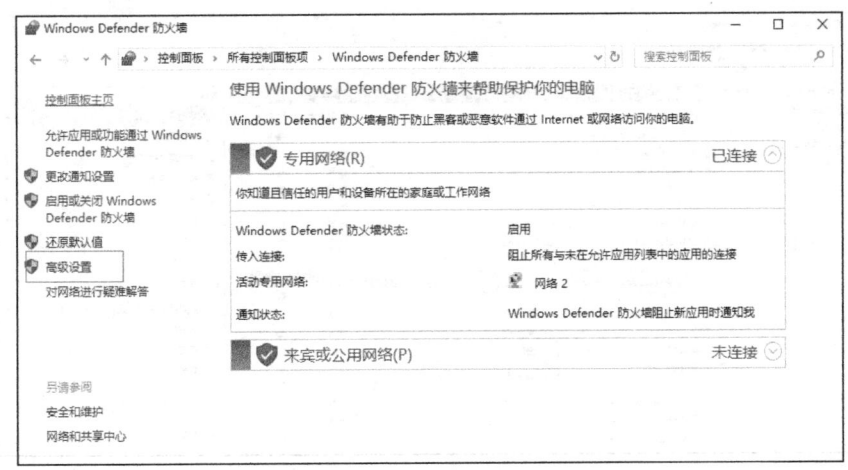

图 8-19 高级设置

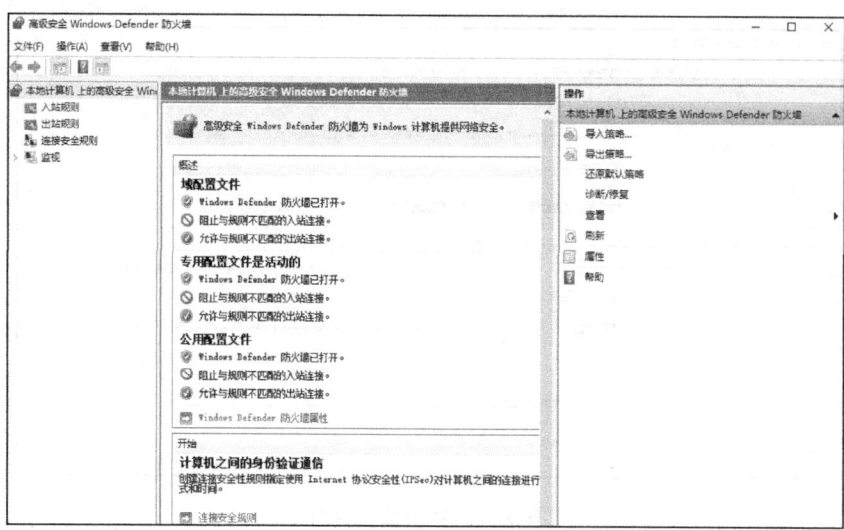

图 8-20 设置出入规则

可以对 FTP 服务器进行控制，如图 8-21 至图 8-23 所示。

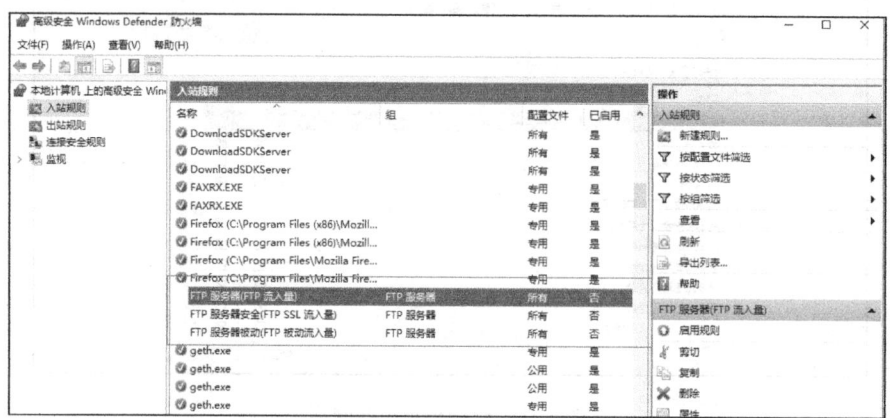

图 8-21 选择"FTP 服务器（FTP 流入量）"选项

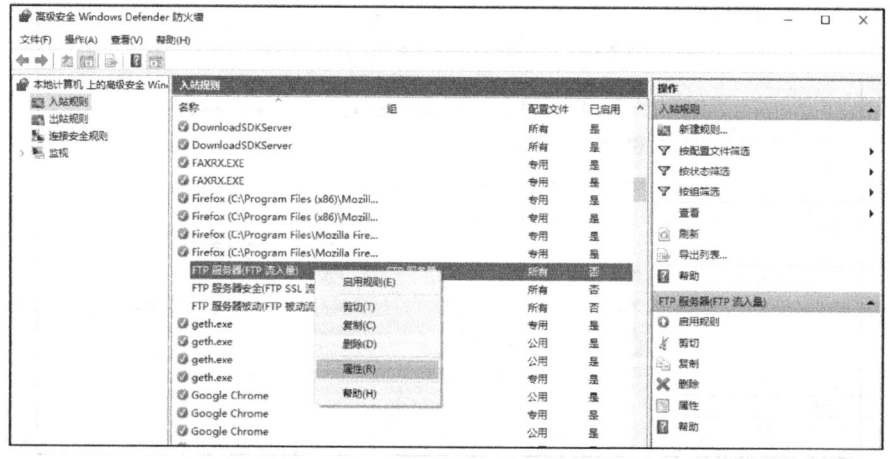

图 8-22 在右键快捷菜单中选择"属性"命令

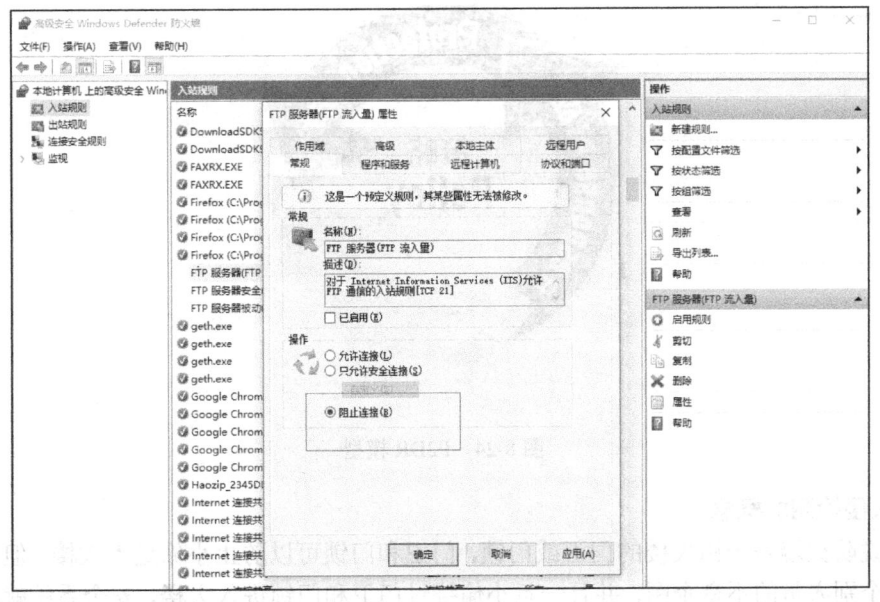

图 8-23 "FTP 服务器（FTP 流入量）属性"对话框

8.3 入侵检测技术

随着黑客攻击技术的日渐发展，暴露出来的系统漏洞越来越多，传统的操作系统加固技术和防火墙隔离技术等都是静态的安全防御技术，对网络环境下日新月异的攻击手段缺乏主动的反应，网络安全需要纵深的、多层次的安全措施。

入侵检测系统（Intrusion Detection System，IDS）是静态安全防御技术的合理补充，帮助系统对付网络攻击，扩展了系统管理员的安全管理能力（包括安全审计、监视、进攻识别和响应），提高了信息安全基础结构的完整性。它从计算机网络系统中的若干关键点收集信息，并分析这些信息，查看网络中是否有违反安全策略的行为和遭到袭击的迹象。

1. 为什么需要入侵检测系统

现今流行的防火墙技术的局限性主要表现在如下几个方面。

1）防火墙不能防止通向站点的后门。
2）防火墙一般不提供对内部的保护。
3）防火墙无法防范数据驱动型的攻击。
4）防火墙不能主动跟踪入侵者。
5）防火墙不能防止用户从 Internet 上下载被计算机病毒感染的计算机程序或者该类程序附在电子邮件上传输。

入侵检测技术作为一种积极主动的网络安全技术，是 P^2DR 模型（见图 8-24）的一个重要组成部分。与传统的加密和访问控制等常用的安全方法相比，入侵检测系统是一种全新的计算机安全措施，它不仅可以检测来自网络外部的入侵行为，而且可以检测来自网络内部用户的未授权活动和误操作，有效地弥补了防火墙的不足，被称为防火墙之后的第二道安全闸门。

图 8-24　P2DR 模型

2．入侵检测的概念

假如说防火墙是一幢大楼的门卫或门锁，门卫和门锁可以防止小偷进入大楼，但不能防止大楼内部个别人员的不良企图，并且一旦小偷绕过门卫和门锁进入大楼，安全系统就没有任何作用了。形象地说，网络系统中的入侵检测系统就是网络摄像机，类似于大楼内的实时监视和报警装置（见图 8-25），能够捕获并记录网络上的所有数据；同时它也是智能摄像机，能够分析网络数据并提炼出可疑的、异常的网络数据；它还是 X 光扫描机，能够穿透一些巧妙的伪装，抓住实际的内容。它不仅仅只是摄像机，还充当保安员角色，能够对入侵行为自动地进行反击：阻断连接，关闭道路（与防火墙联动）。

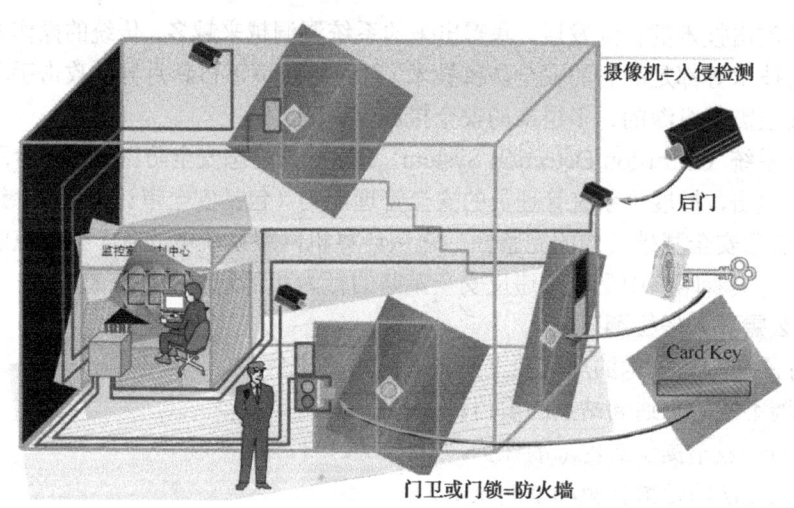

图 8-25　入侵检测与防火墙的关系

James P. Anderson 在早期的研究中曾用"威胁"表示"入侵"，并把它定义为：一种故障的、未授权的、企图的、潜在的可能性，这些企图包括访问信息、操纵信息或使系统不可靠或不能用。事实上，"入侵"就是对系统安全策略的侵犯，不仅包括发起攻击的人取得超出合法范围的系统控制权，而且包括收集漏洞信息，造成拒绝服务访问（DoS）等对计算机造成危害的行为。

入侵检测是一种从计算机网络或计算机系统中的若干关键点搜集信息并对其进行分析，从而发现网络或系统中是否有违反安全策略的行为和遭到袭击的迹象的机制。入侵检测系统通过对网络及其上的系统进行监视,识别恶意的使用行为,并根据监视结果进行不同的安全动作,最大限度地降低可能的入侵危害。简单入侵检测系统模型如图 8-26 所示。

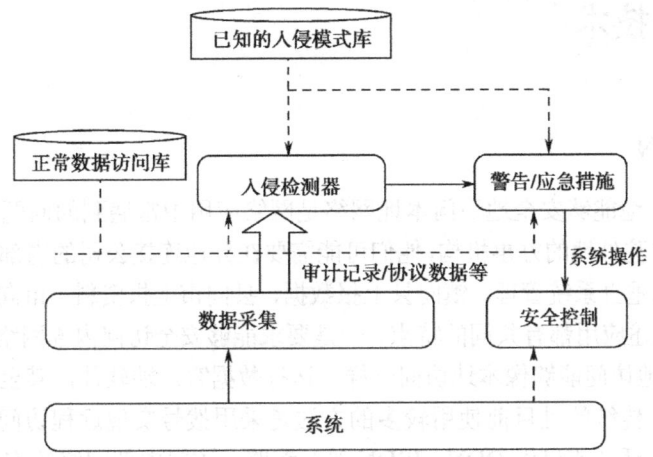

图 8-26　简单入侵检测系统模型

3. 入侵检测系统的作用

早期由美国国防部高级研究计划局赞助研究、现在由开放组织 CIDF 工作组负责开发的入侵检测系统标准 CIDF（Common Intrusion Detection Framework）包括事件产生器（Event Generators）、事件分析器（Event Analyzers）、事件数据库（Event Databases）和响应单元（Response Units，Alert）4 个功能部件。CDIF 模型结构图如图 8-27 所示。

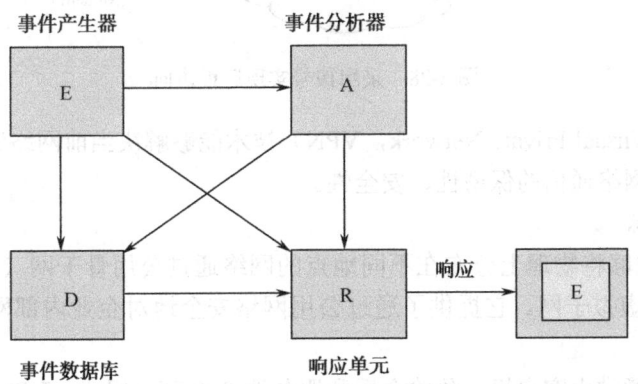

图 8-27　CDIF 模型结构图

入侵检测系统能做以下工作。

1）监视用户和系统的活动,查找非法用户和合法用户的越权操作。
2）审计系统配置的正确性和安全漏洞,并提示管理员修补漏洞。
3）对用户的非正常活动进行统计分析,发现入侵行为的规律。
4）检查系统程序和数据的一致性与正确性。
5）能够实时地对检测到的入侵行为进行反应。

6）操作系统的审计跟踪管理。

IDS 也可以包括一个所谓的"蜜罐"（Honeypot）（见 8.5 节）。

8.4 VPN 技术

8.4.1 认识 VPN

如何让用户在异地能够安全地访问本地网络是网络应用中常遇到的问题。例如，对于出差在外的工作人员或派驻外地的办事机构，他们可能需要在异地连接公司的内部网络来获取一些信息；又如政府机构的垂直系统管理，镇向县上报数据，县向市上报资料，市向省上报文件，最后上报到中央机关。上述应用都有共同的特点，一是要求能够安全访问内部网络（上级网络或内部网络）；二是要求异地访问能够像本地访问一样，运行数据客户端软件，甚至浏览共享文件夹。

对于上述应用，传统的且目前使用较多的方法是采用拨号实现远程访问，如图 8-28 所示。但是这种方式需要电话（或租用 DDN、ISDN 等）链路，访问内部网络的安全性是以没有通过公用网络为基础的，且需要支付昂贵的线路租用费用。

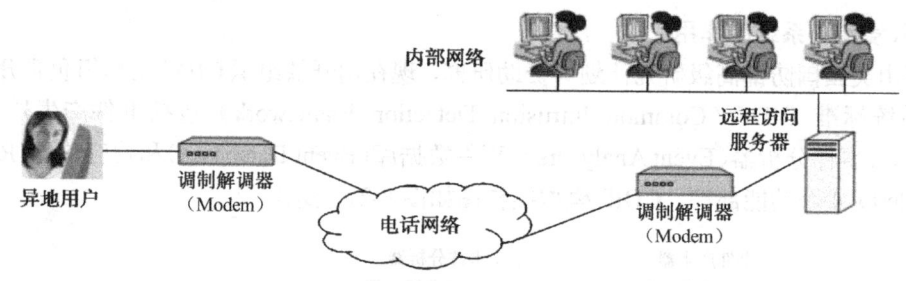

图 8-28 采用拨号实现远程访问

虚拟专用网（Virtual Private Network，VPN）技术能够解决当前网络通信、资源共享所面临的问题，并提高网络通信的保密性、安全性。

1. VPN 的概念

VPN 是一种能够将物理上分布在不同地点的网络通过公用骨干网（尤其是 Internet）连接而成的逻辑上的虚拟子网。它提供了通过公用网络安全地对企业内部网络进行远程访问的连接。

一个网络连接通常由客户机、传输介质和服务器 3 个部分组成。VPN 同样由这 3 个部分组成。不同的是，VPN 连接使用隧道（Tunnel）作为传输通道（就像装信件的信封），这个隧道是建立在公用网络或专用网络基础上的，如 Internet 或 Intranet，如图 8-29 所示。

图 8-29 用安全隧道连接异地用户和服务器

为了保障信息的安全，VPN 技术采用了鉴别、访问控制、保密性、完整性等措施，以防止信息被泄露、篡改和复制。

2. VPN 解决方案

针对不同的用户要求，VPN 有 3 种解决方案：远程访问虚拟网（Access VPN）（见图 8-30）、企业内部虚拟网（Intranet VPN）（见图 8-31）和企业扩展虚拟网（Extranet VPN）（见图 8-32），这 3 种类型的 VPN 分别与传统的远程访问网络、企业内部的 Intranet 及企业网和相关合作伙伴的企业网所构成的 Extranet（外部扩展）相对应。

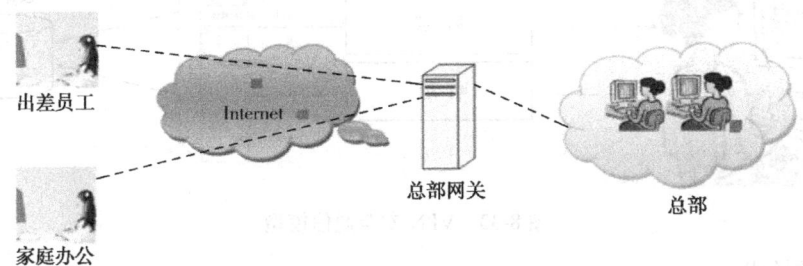

图 8-30　远程访问虚拟网结构

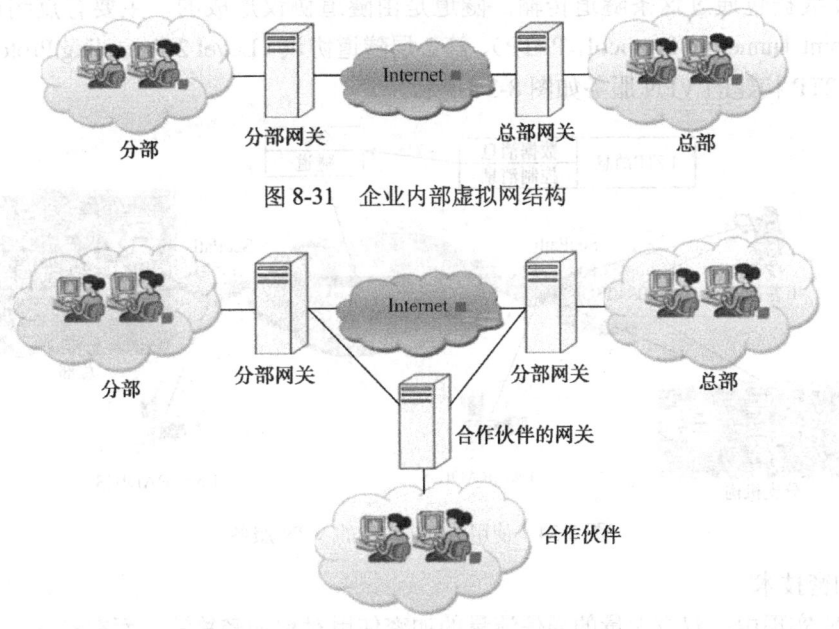

图 8-31　企业内部虚拟网结构

图 8-32　企业扩展虚拟网结构

3. VPN 技术概述

VPN 技术非常复杂，它涉及通信技术、密码技术和现代认证技术，是一门交叉学科。

（1）VPN 安全技术

VPN 是在不安全的 Internet 中通信，通信的内容可能涉及企业的机密数据，因此其安全性非常重要。VPN 安全技术通常由隧道技术、加密技术、身份认证技术及密钥交换与管理部分组成。

客户机（Client）向 VPN 认证服务器（Authenticating Device）发出请求（Challenge），VPN 认证服务器响应请求（Response），并向客户机发出身份（User Name、Password）质询，客户机

将加密的响应信息发送到 VPN 认证服务器，VPN 认证服务器根据用户数据库（Database）检查该响应。如果账户（ID）有效，则 VPN 认证服务器将检查该用户是否具有远程访问权限；如果该用户拥有远程访问权限，则 VPN 认证服务器接受此连接。于是，在客户机和 VPN 认证服务器之间建立起一条安全隧道，如图 8-33 所示。在身份验证过程中产生的客户机和服务器共享密钥用来对隧道中传输的数据进行加密。

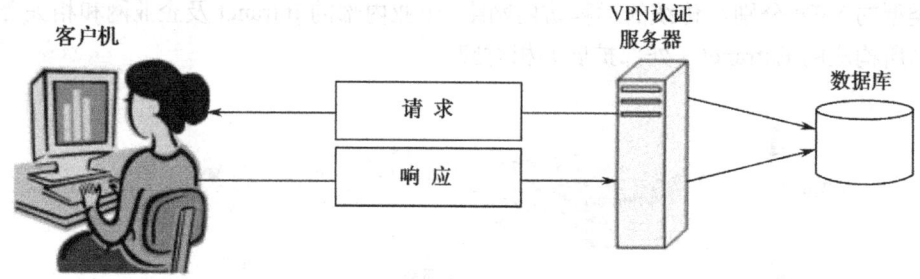

图 8-33　VPN 安全通信模型

（2）隧道技术

隧道技术是 VPN 的基本技术，类似于点对点连接技术，它在公用网内建立一条数据通道（隧道），让数据包通过这条隧道传输。隧道是由隧道协议形成的，主要有点到点隧道协议（Point-to-Point Tunneling Protocol，PPTP）、第 2 层隧道协议（Level 2 Tunneling Protocol，L2TP）等。使用 L2TP 构建的 VPN 服务如图 8-34 所示。

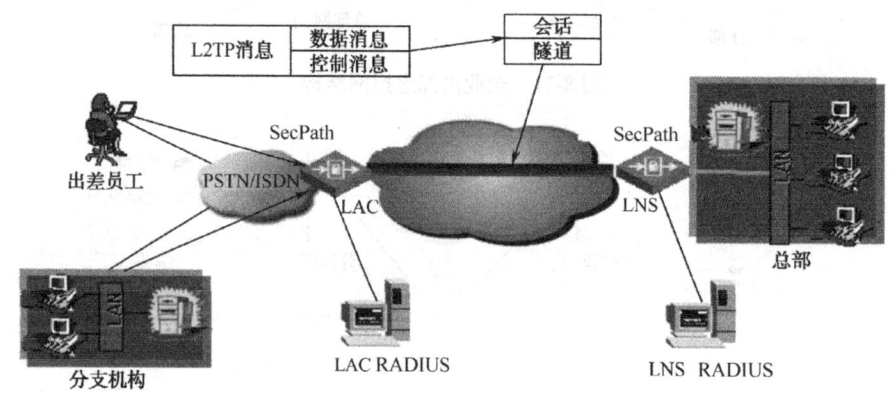

图 8-34　使用 L2TP 构建的 VPN 服务

（3）加密技术

在 VPN 实现中，双方大量的通信流量的加密使用对称加密算法，而在管理、分发对称加密的密钥上采用更加安全的非对称加密技术。

（4）身份认证技术

在 VPN 中，用户身份认证技术是在正式的隧道连接开始前进行用户身份确认，以便系统进一步实施相应的资源访问控制和用户授权。VPN 常用的身份认证技术主要有安全口令、PPP 认证协议和密钥管理技术 3 种。

8.4.2　VPN 组建实例

准备一台安装 Server 2008 的计算机。

1. RPAS 配置

1) 进入系统,添加角色,如图 8-35 所示。

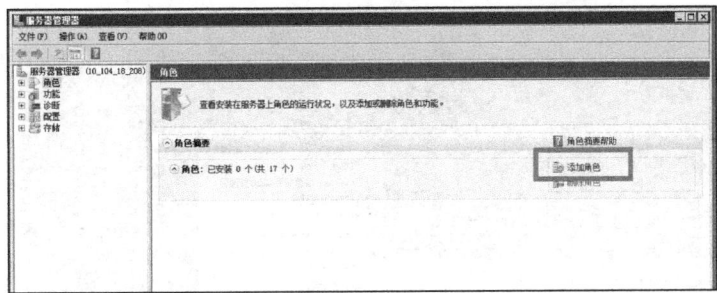

图 8-35 添加角色

2) 选中"网络策略和访问服务"复选框,然后单击"下一步"按钮,如图 8-36 所示。

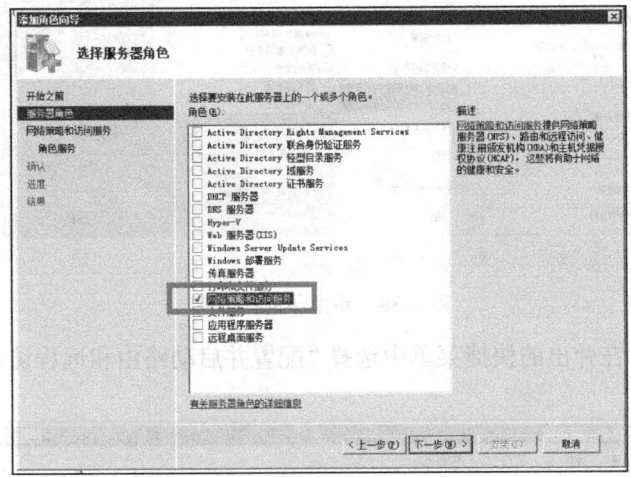

图 8-36 设置网络策略和访问服务

3) 选择需要的角色服务,然后单击"下一步"按钮进行安装,如图 8-37 所示。

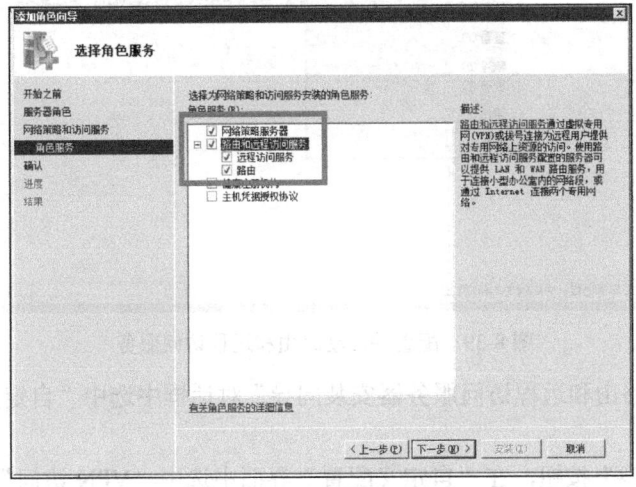

图 8-37 选择角色服务

4)安装完成后,依次选择"开始"→"管理工具"→"路由和远程访问"命令,如图8-38所示。

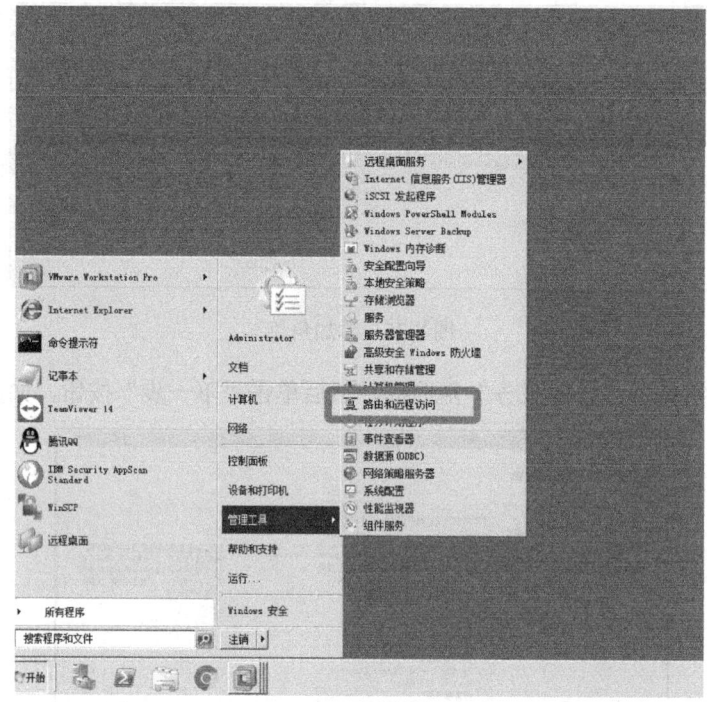

图 8-38　路由和远程访问

5)右击服务器,在弹出的快捷菜单中选择"配置并启动路由和远程访问"命令,如图8-39所示。

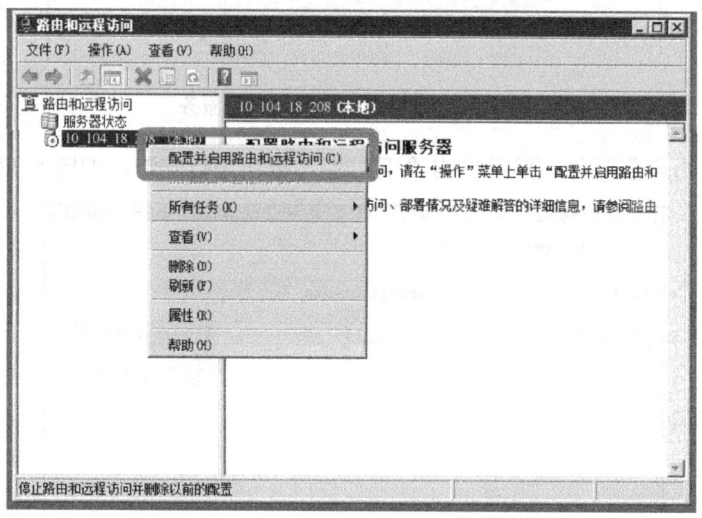

图 8-39　配置并启动路由和远程访问服务

6)在弹出的"路由和远程访问服务器安装向导"对话框中选中"自定义配置"单选按钮,如图8-40所示。

7)单击"下一步"按钮,在"自定义配置"界面中选中"VPN访问"复选框和"NAT"复选框,如图8-41所示。

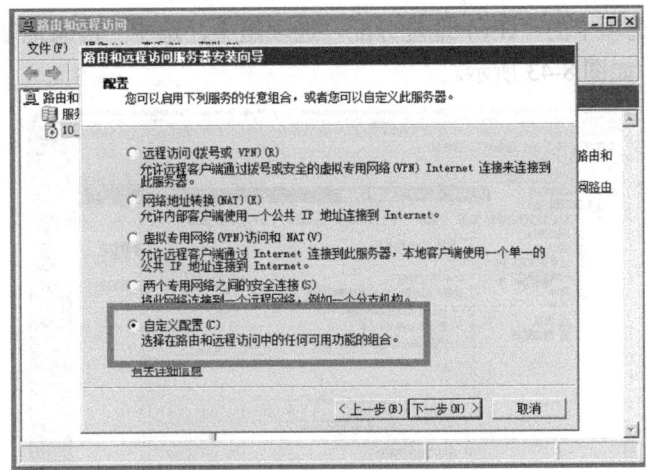

图 8-40 自定义配置

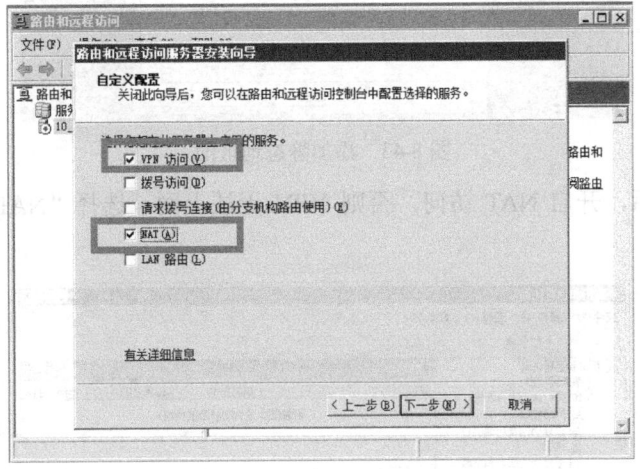

图 8-41 设置 NAT 和 VPN 访问

8）安装完成后，配置添加 VPN 连接客户机所用的地址池，右击 IP 地址，在弹出的快捷菜单中选择"属性"命令，如图 8-42 所示。

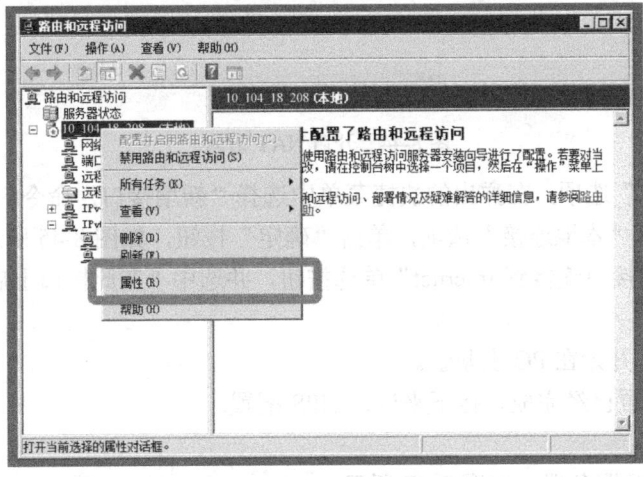

图 8-42 添加 VPN 配置

9)在"IPv4"选项卡的"IPv4 地址分配"选项组中,选中"静态地址池"单选按钮,单击"添加…"按钮,如图 8-43 所示。

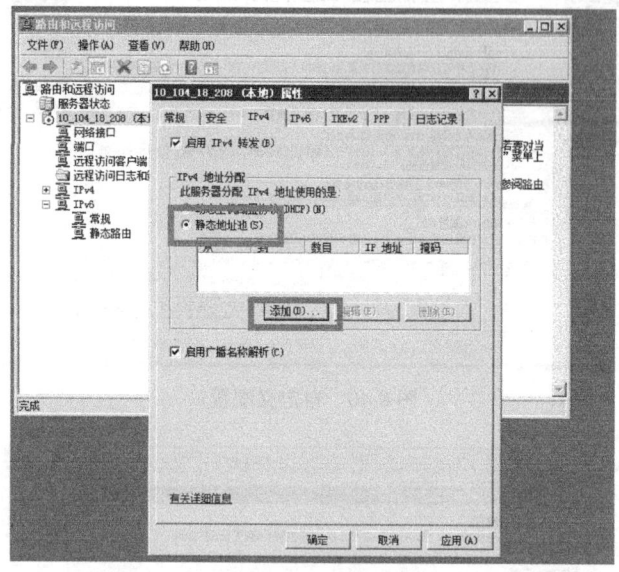

图 8-43 添加静态地址池

10)添加完成后,开启 NAT 访问,否则 VPN 无法上网,选择"NAT"选项,如图 8-44 所示。

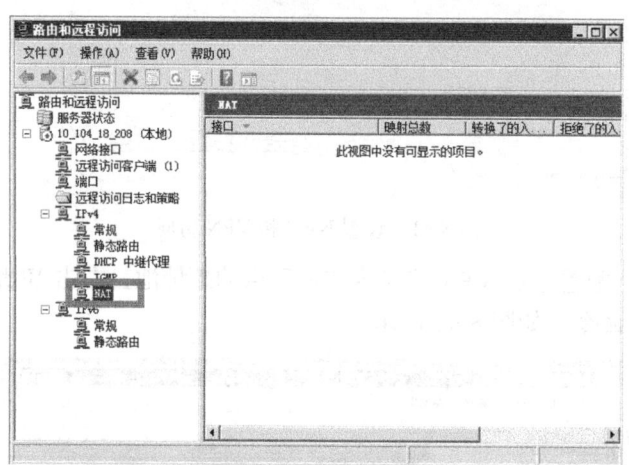

图 8-44 开启 NAT 访问

11)右击"NAT"选项,在弹出的快捷菜单中选择"新增接口"命令,弹出"IPNAT 的新接口"对话框,选择"本地连接"选项,单击"确定"按钮,如图 8-45 所示。

12)选中"公用接口连接到 Internet"单选按钮,并选中"在此接口上启用 NAT"复选框,如图 8-46 所示。

当配置完成后,开始在 PC 上验证。

至此,RPAS 配置已经完成,接下来进入 NPS 配置。

2. NPS 配置

1)选择网络策略服务器,如图 8-47 所示。

第8章 攻击防范技术

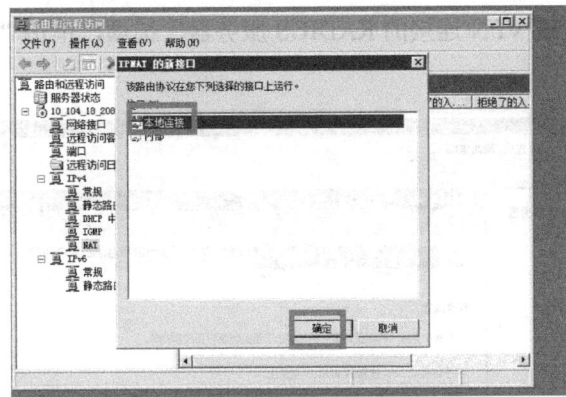

图 8-45 新增接口

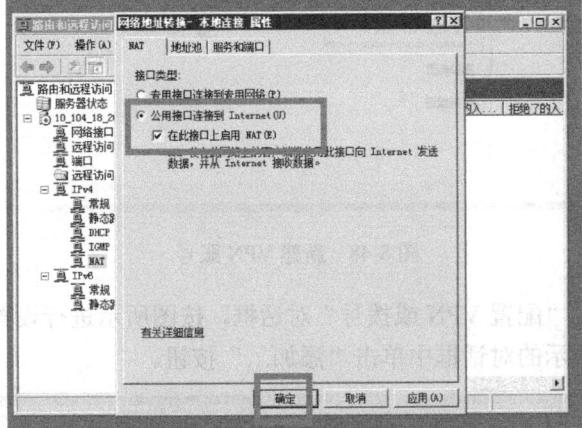

图 8-46 VPN 连接 Internet 设置

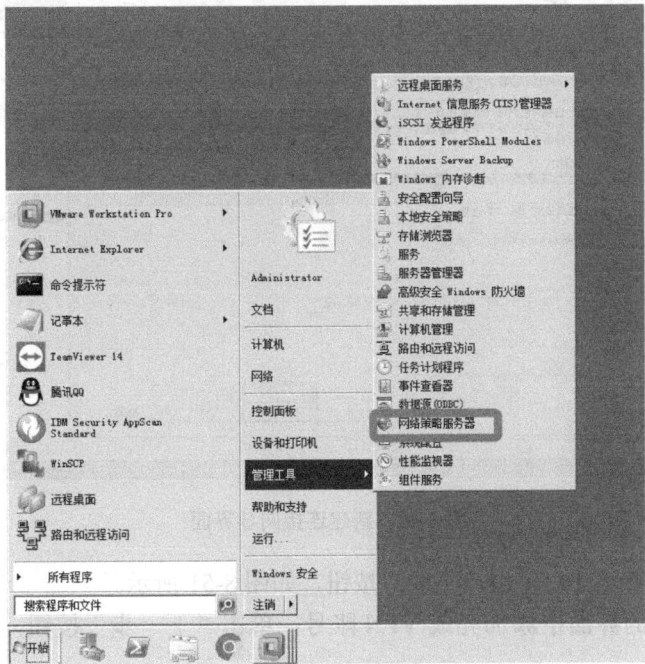

图 8-47 网络策略服务器

2)选择"用于拨号或 VPN 连接的 RADIUS 服务器"选项,单击"配置 VPN 或拨号"按钮,如图 8-48 所示。

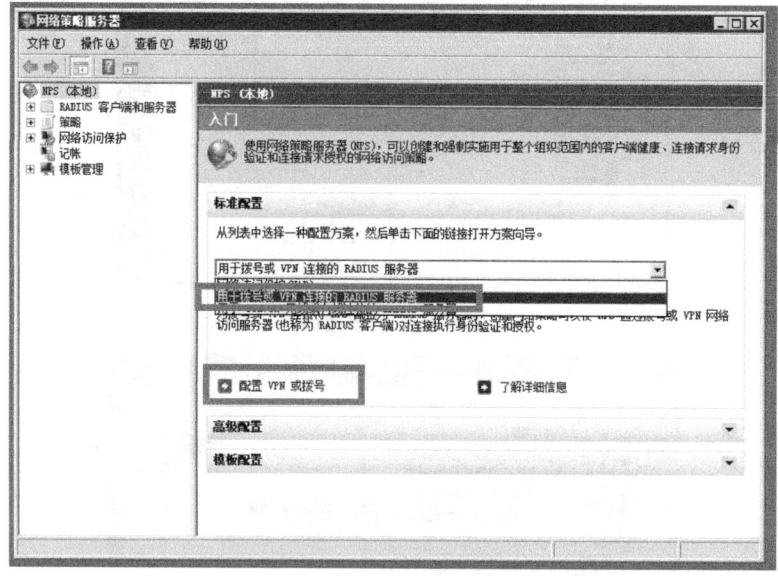

图 8-48　新建 VPN 账号

弹出图 8-49 所示的"配置 VPN 或拨号"对话框,按图所示进行设置后单击"下一步"按钮。在出现的图 8-50 所示的对话框中单击"添加…"按钮。

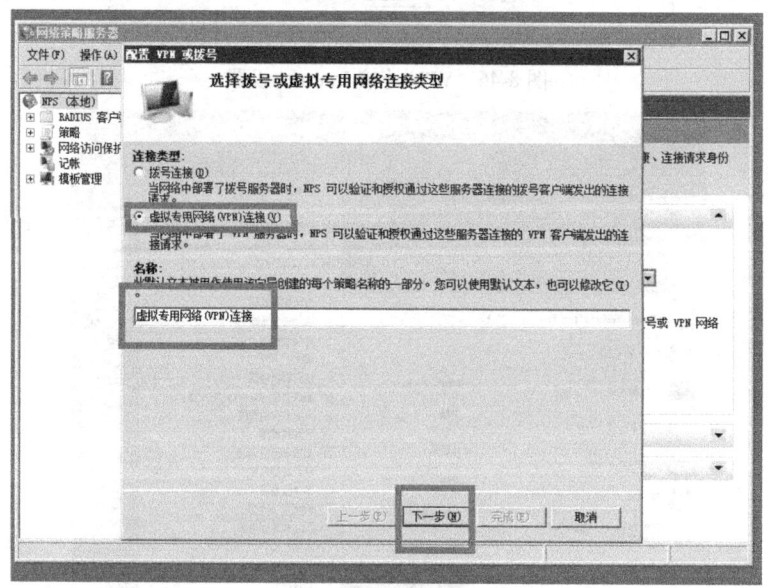

图 8-49　新建连接向导界面

3)输入用户名和地址,单击"生成"按钮,如图 8-51 所示。

在图 8-52 所示的界面中添加完成 VPN 账号,单击"下一步"按钮,配置身份验证,如图 8-53 所示。

4)配置用户组,添加 Administrator,如图 8-54 和图 8-55 所示。

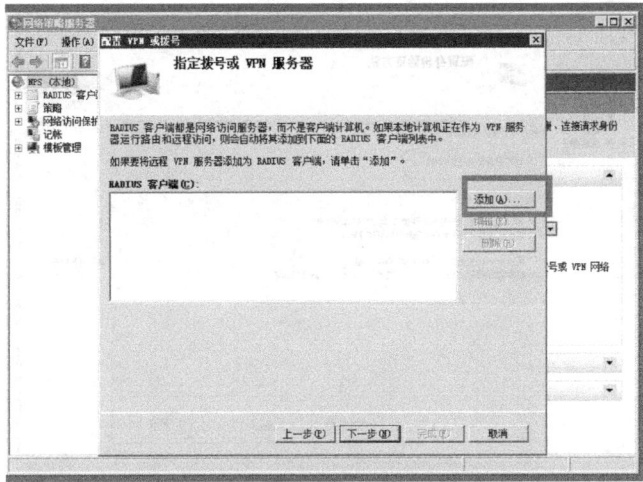

图 8-50 添加 VPN 用户（一）

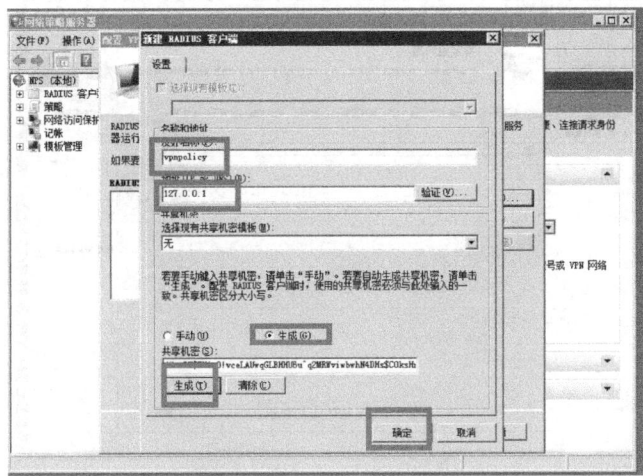

图 8-51 添加 VPN 用户（二）

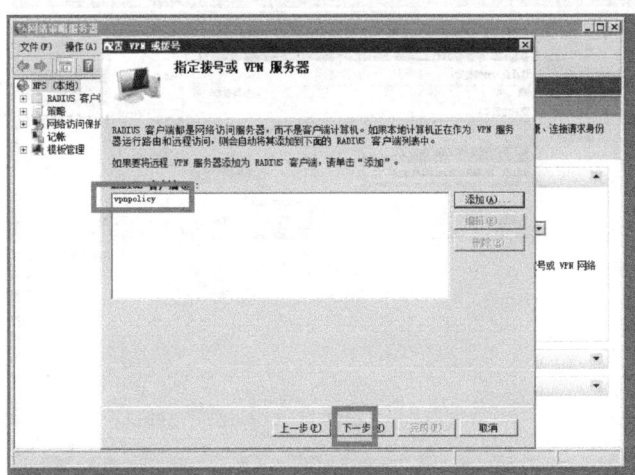

图 8-52 添加完成

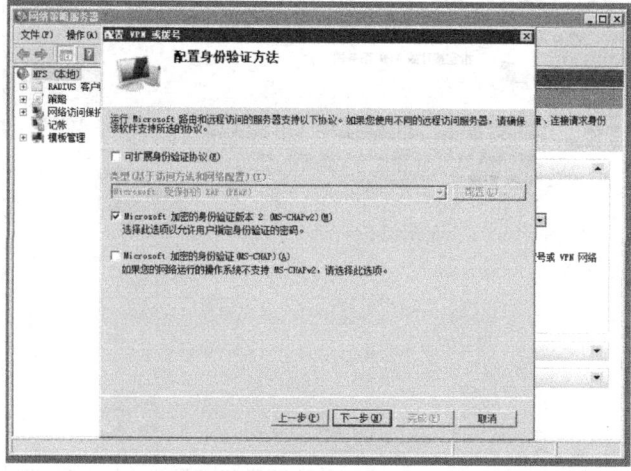

图 8-53 配置身份验证

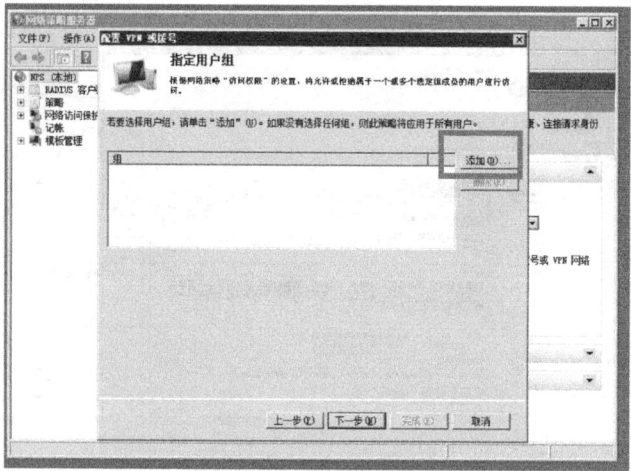

图 8-54 选择添加

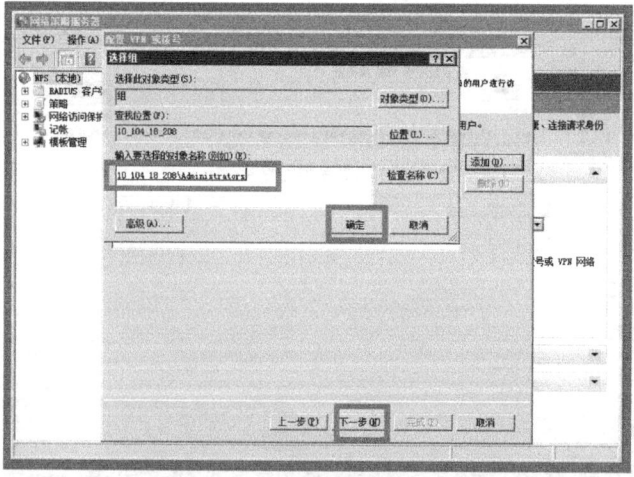

图 8-55 添加 Administrator

5）在图 8-56 所示的界面中指定 IP 筛选器，这里保持默认设置即可；在图 8-57 所示的界面中指定加密设置，这里保持默认设置。连续单击"下一步"按钮，直至完成 VPN 配置，如图 8-58 所示。

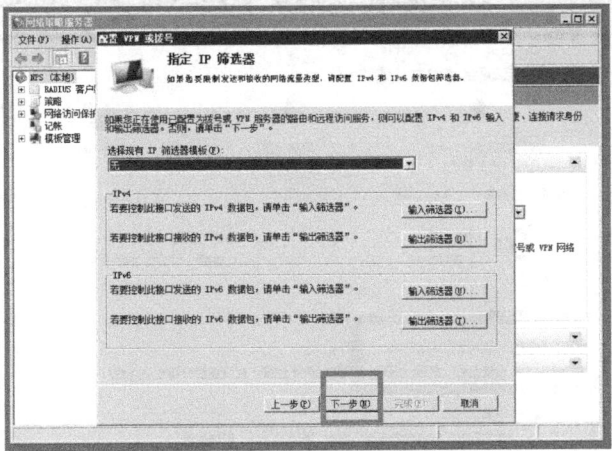

图 8-56　指定 IP 筛选器

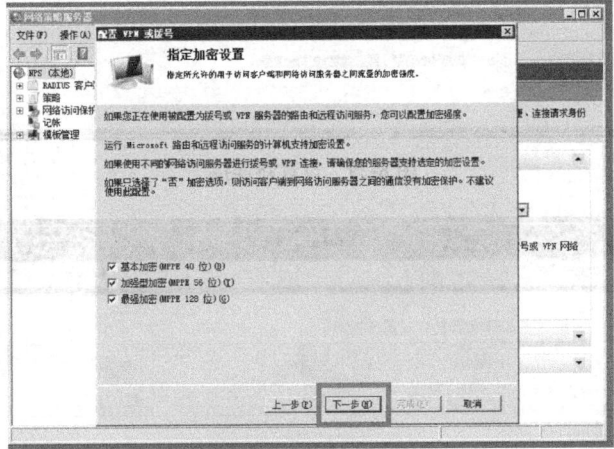

图 8-57　指定加密设置

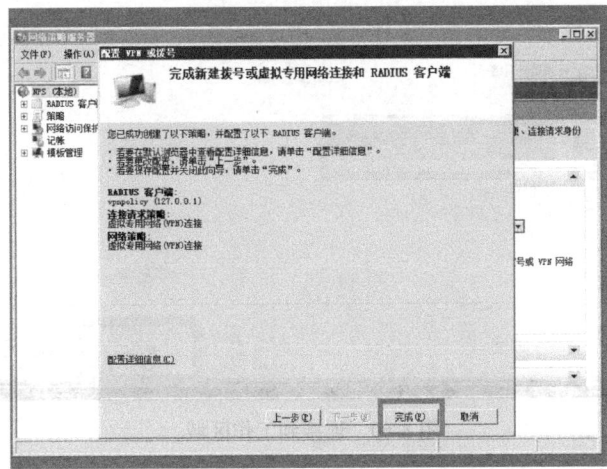

图 8-58　完成 VPN 配置

6)完成安装后,使用 Windows 7 进行登录测试。如图 8-59 所示,设置一个全新的连接;如图 8-60 所示,连接到工作区域。

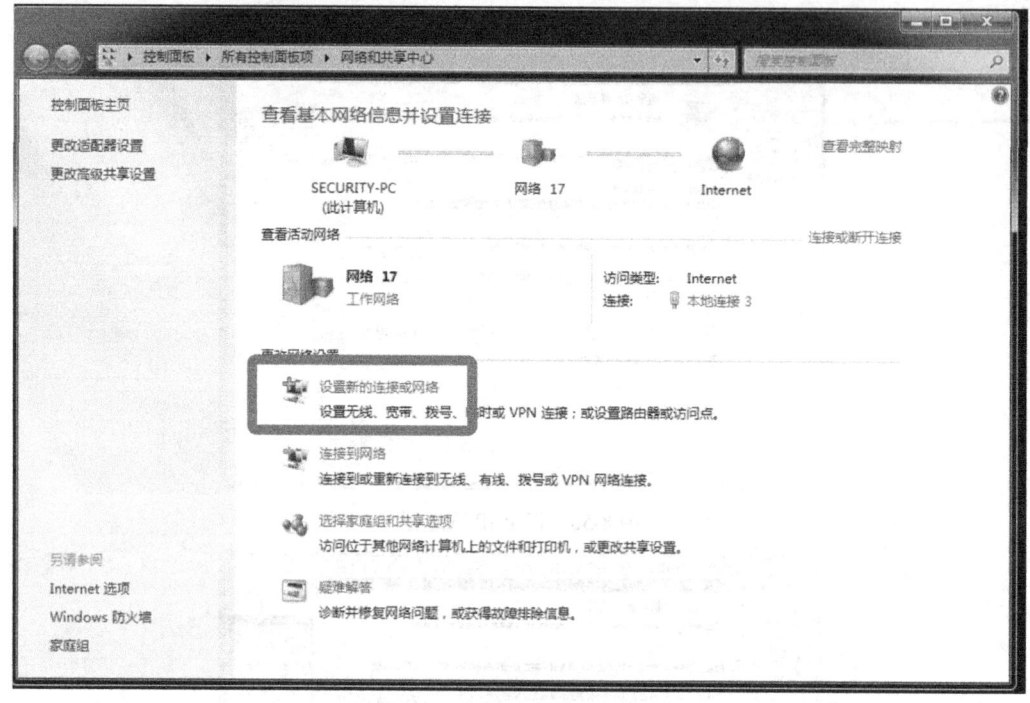

图 8-59 设置新连接

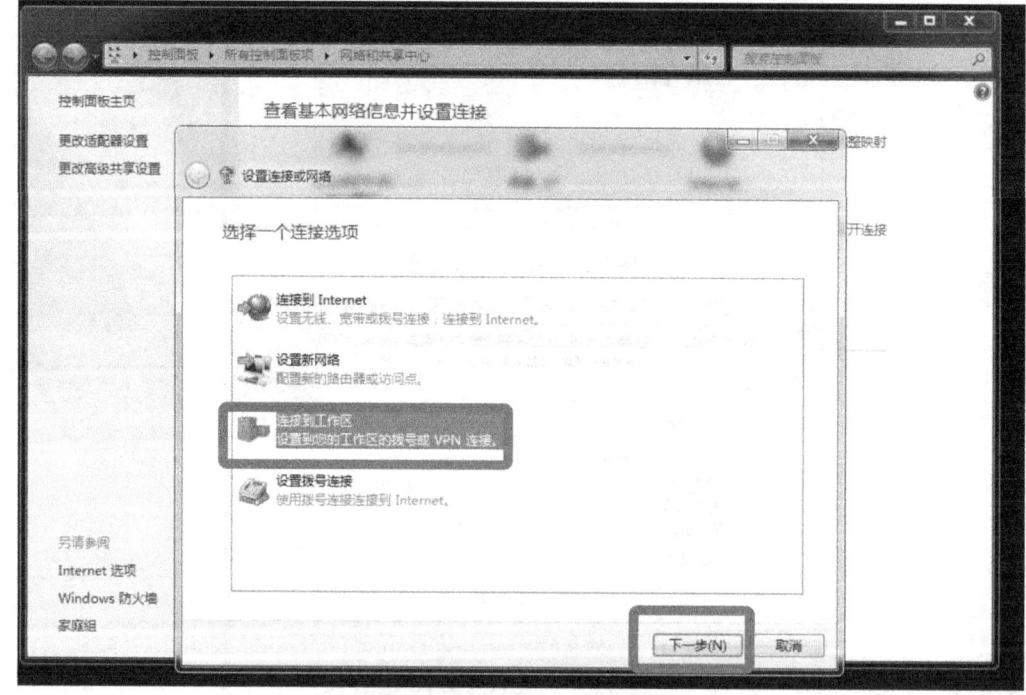

图 8-60 连接到工作区域

如图 8-61 所示,选择"使用我的 Internet 连接"选项;如图 8-62 所示,填写 IP 地址和名称。

图 8-61　连接 VPN

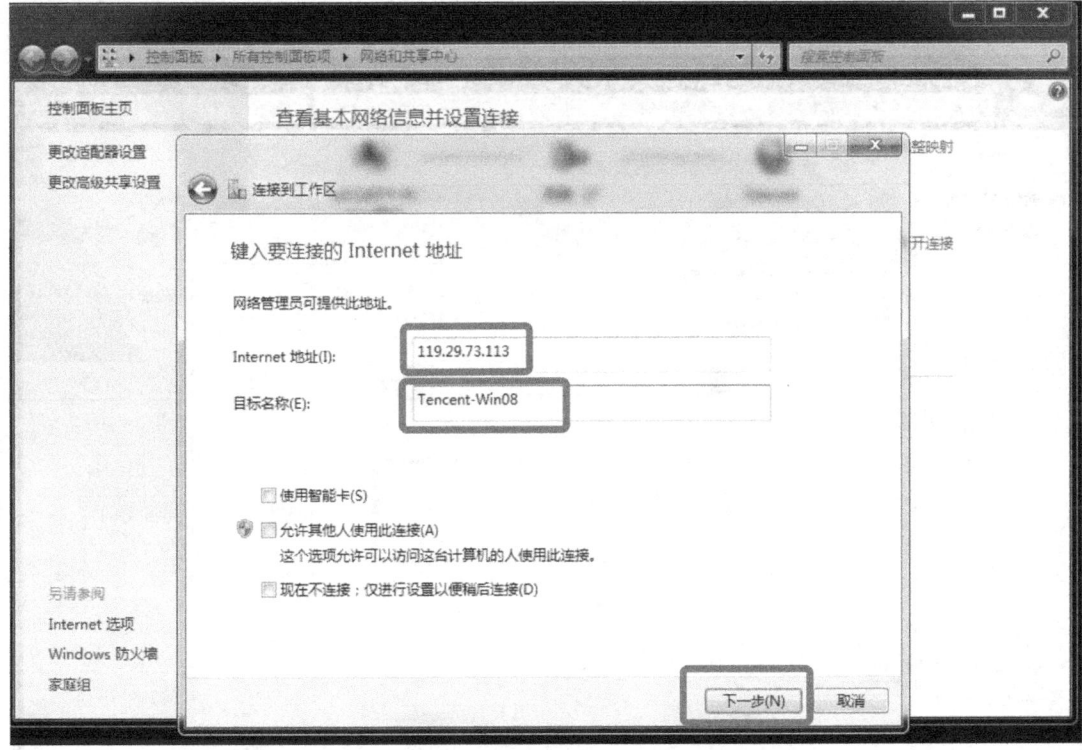

图 8-62　填写 VPN IP 地址和名称

在图 8-63 所示的界面中填写用户名、密码进行连接。图 8-64 所示的界面显示正在连接中。

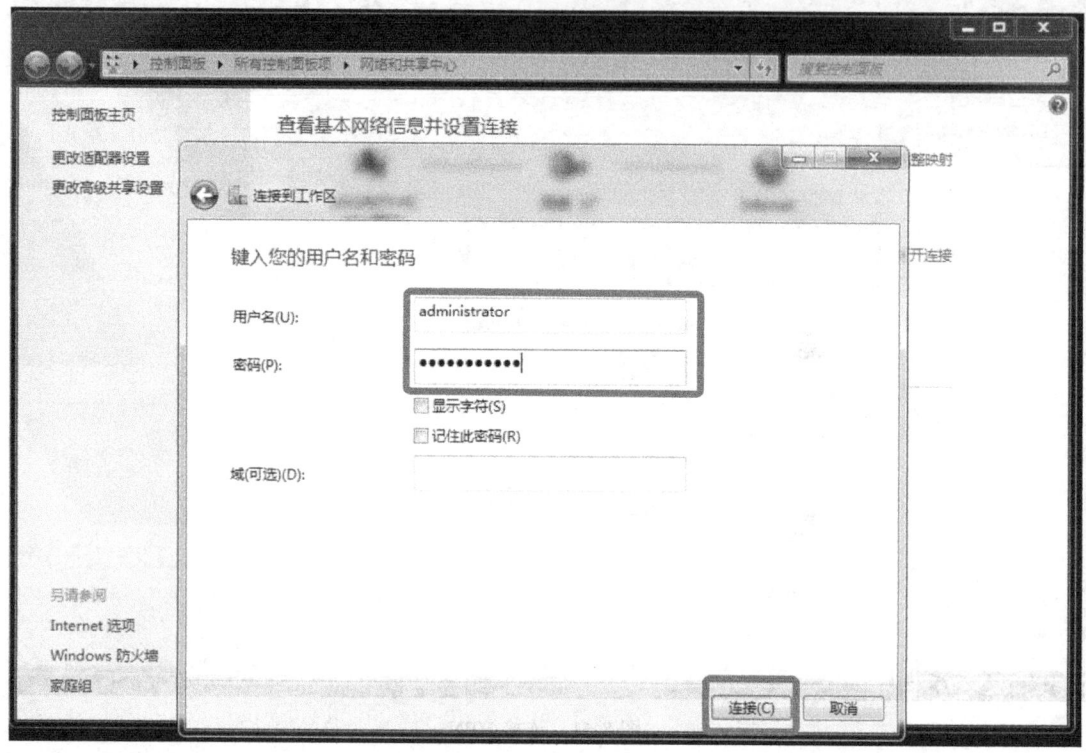

图 8-63 填写用户名、密码

图 8-64 VPN 连接中

图 8-65 和图 8-66 所示的界面显示连接成功。

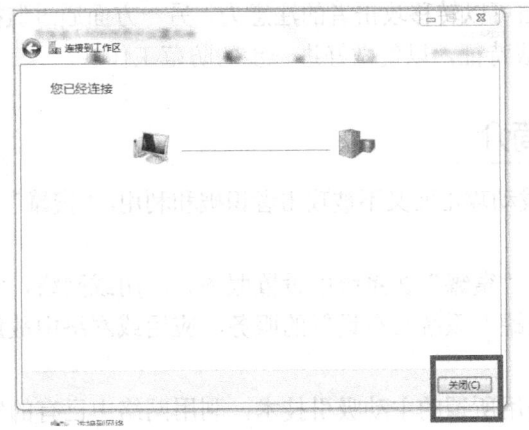

图 8-65　连接成功（一）

图 8-66　连接成功（二）

8.5　"蜜罐"与"蜜罐"技术

8.5.1　"蜜罐"与"蜜罐"技术定义

在网络安全技术中，"蜜罐"技术是一种颇具神秘感的安全技术，即使对阅历丰富的安全专家来说也是如此。因为尽管很多年前"蜜罐"技术就已经出现，但是业内至今对其在安全领域的意义、价值、地位都未有一个公认的结论。"蜜罐"的定义还存在一定的分歧，但是为了方便讨论，还是统合各种意见，对"蜜罐"下一个相对通用的定义："蜜罐"是一种供攻击者攻击从而产生价值的安全设施。

"蜜罐"技术是指一类攻击、攻击者信息的收集技术，而"蜜罐"就是完成这类收集的设备或系统，它通过诱使攻击者入侵"蜜罐"系统搜集、分析相关的信息。"蜜罐"还有一些类似的称呼，如"鸟饵"（Decoys）、"鱼缸"（Fishbowls）等。从更高的层次上看，"蜜罐"技术是网络陷阱与诱捕技术的代表。

为了引诱攻击者实施攻击,"蜜罐"一般包含了一些对攻击者有诱惑力但实际并不重要的数据或应用程序。它一方面可以转移攻击者的注意力,另一方面通过监控入侵并收集相关的数据来了解攻击的基本类型或特征,以便做好进一步的防范工作。

8.5.2 "蜜罐"技术简介

为诱使潜在的攻击者发动攻击而又不被攻击者识破和利用,"蜜罐"主要采用以下技术。

1. 伪装和引入技术

伪装和引入技术是指,"蜜罐"在系统中设置服务、应用或网络,它们仅供引诱攻击者使用。为了吸引攻击者,"蜜罐"系统常在设置的服务、应用或网络中故意留下后门、漏洞或看似敏感的信息。

"蜜罐"系统还可以采用所谓的主动吸引技术,利用网络中已有的安全设备建立相应的数据转发机制,将入侵者或可疑的连接主动引入"蜜罐"系统中。

例如,Honeyd 是由 Provos 开发的一个开放源代码的"蜜罐",它运行在 UNIX 平台上,可以模仿多类操作系统,可以同时呈现上千个 IP 地址。Honeyd 主要用于攻击检测,它对大范围的未使用 IP 地址进行监控。当发现攻击者时,Honeyd 会用网络欺骗的方式假冒这个 IP 地址通过设置的服务与攻击者交互,并收集攻击和攻击者的信息。

2. 信息控制技术

一旦"蜜罐"被攻破,攻击者完全可能利用被攻破的系统向其他网络发起攻击,因此,对"蜜罐"中的信息需要进行全面控制,这类技术就是信息控制技术。信息控制不仅要控制攻击者利用被攻破的系统发现的操作和连接,而且要保护这类控制的隐蔽性,这一般通过给予攻击者一定的操作权限并用防火墙等安全设备监管攻击者的通信实现(见图 8-67)。

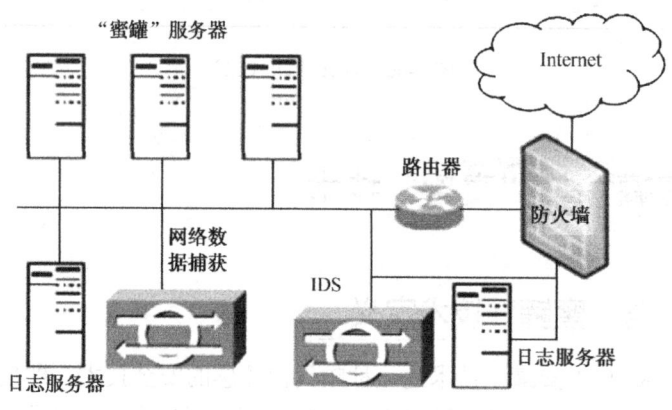

图 8-67 "蜜罐"的系统结构

3. 数据捕获和分析技术

数据捕获是指"蜜罐"能够记录攻击者的行为,为分析和识别攻击做好准备。当前有 3 种数据捕获途径:第一种是在"蜜罐"中设置专门的信息、操作监控和记录程序,并设置日志服务器;第二种和第三种分别是利用防火墙和 IDS 捕获,其中防火墙和 IDS 也用于前面提到的信息控制。

对捕获数据的分析类似在 IDS 设计中采取的方法,一般通过对攻击数据进行由一般到抽象的分析，既能得到具体攻击和攻击者的信息，也能得到相应的攻击行为模式。

8.5.3 "蜜罐"技术的发展

20世纪90年代初，"蜜罐"技术就经历了欺骗系统、"蜜罐"和"蜜网"、"虚拟蜜网"等不同阶段的发展。其中欺骗系统，即为经欺骗目标入侵的动作，实现追踪入侵人员行为的目的，并可对系统实行全面的保护。"蜜罐"阶段，是从DTK欺骗工具包——Honeypot起步，并发展起来的，其中不乏有一些商业的"蜜罐"产品。"蜜网"阶段是在"蜜罐"技术之上逐渐发展起来的，它本身就是一个网络体系架构，在网络体系内运用多种工具收集入侵者信息，同时提高了网络的可控性。"虚拟蜜网"是利用虚拟计算机技术组建而成的一套网络系统，可有效实现降低"蜜网"设计成本的目的，并可实行维护、管理。

8.5.4 "蜜罐"的应用

1. "蜜罐"系统的网络部署

"蜜罐"系统的网络部署相对来说比较简单：安装一台操作系统机器，不需安装系统补丁程序，将设备连接于互联网，即可完成"蜜罐"系统部署操作。还可以利用虚拟机技术来将一台虚拟机连接到互联网上。一般的网络拓扑中都会有防火墙，"蜜罐"系统可以放置在防火墙之前，也可以放置在防火墙之后，其放在不同的位置也会得到不一样的结果。如果把"蜜罐"系统设置于防火墙前，则"蜜罐"会吸引较多的扫描攻击。"蜜罐"自身对攻击信息实施准确的记录，对防火墙内部的其他设备不会产生任何影响，也不用在防火墙上配置关于"蜜罐"系统的任何策略，不会给内部其他设备增加新的风险。但是如果入侵者来自内部，则无法获取对应的入侵行为。如果将"蜜罐"系统部署在防火墙内部，则可以收集到内部入侵信息，还可以收集到透过防火墙的入侵行为，但是需要对防火墙实行有效的调整。若"蜜罐"系统被外部入侵，这对整个内网的信息安全无疑会构成严重的危害。

2. "蜜罐"系统与入侵检测系统

在过去入侵检测系统使用过程中，在系统受到攻击后，需结合攻击行为实行严格的特征分析。和特征库比对后，若入侵行为满足特征库的条件，则系统会做出相关的回应。因此，入侵检测系统特的征库应不断更新，以确保当下最新入侵活动能够被记录下来。

"蜜罐"技术能从根本上规避上述的现象。"蜜罐"系统获得入侵者的行为信息，将信息传递到入侵检测系统，入侵检测系统结合行为信息提取攻击特征，最后将新的特征信息插入特征库，实现对入侵信息、最新入侵方式、入侵目的检测的效果，进而使得"蜜罐"系统与入侵检测系统的配合能够加强网络防御。

3. "蜜罐"系统与僵尸网络系统

"蜜罐"系统可对僵尸网络加以合理的检测。僵尸网络具有分布式特点，一般多可发出攻击性指令，"蜜罐"系统可以根据这个特点进行反向跟踪与分析。我们搭建一个"蜜罐"系统，获取僵尸网络程序样本，通过监控流量与系统状态等分析控制者的攻击行为，可以知道黑客所攻击的目标、黑客经常发动攻击的时间及其所使用的攻击方式，通过逆向分析程序样本得到僵尸程序控制端所在服务器的信息，通过这些信息可以快速地追踪僵尸网络，并获取攻击者信息。

4. "蜜罐"与电子邮件

目前电子邮件已经成为企业工作交流及日常信息传递的一种非常流行的沟通方式，但是黑客往往也通过电子邮件传播病毒，这也是入侵者发起攻击的一种手段。利用"蜜罐"技术可以有效控制并防止垃圾电子邮件传播。

5. "蜜罐"与蠕虫病毒

蠕虫病毒一般具有扫描、感染、复制的特性，根据这一特性，可以利用"蜜罐"技术进行管理，主要目的是控制蠕虫病毒的大量传播。"蜜罐"能够在较短的时间内将蠕虫病毒感染情况显示出来。已知蠕虫病毒可通过防火墙与 IDS 的策略规则进行重定向，把已知的蠕虫病毒都重定向于"蜜罐"中。若检测的计算机病毒为新型的蠕虫病毒，则网络层可通过特定伪造数据包延退应答，以控制计算机病毒扫描的速度。此外，需采取软件工具、算法等方式，对系统日志实行严格的分析，以便实现阻断、连接的目的。

与传统被动防御的设备、软件相比，"蜜罐"技术作为一种新型主动的防御技术，能够有效地避免传统技术的纰漏。"蜜罐"技术经不同的方式，获取有利的信息，并在较短的时间内发现新的攻击行为和模式。"蜜罐"技术还结合入侵人员活动、入侵的目的，制定针对性的防御措施，以为日后处理不同类型的网络信息安全问题，提供有利的参照。

第 9 章

计算机病毒防治

害人之心不可有，防人之心不可无。

——《菜根谭》

必索敌人之间来间我者。

——《孙子兵法》

常见的计算机病毒有蠕虫病毒、木马病毒、勒索软件等，它们以各种方式侵入计算机系统，具有破坏性、潜伏性、传染性、隐蔽性等特点，对计算机和计算机网络的正常使用及信息的安全造成了危害。本章主要涉及计算机病毒发展趋势、计算机病毒的特征和分类，以及典型计算机病毒的分析与消除方法。

本章的主要目的是使学生了解计算机病毒发展趋势、计算机病毒的特征和分类；可以从计算机病毒命名看出计算机病毒的特性；掌握典型计算机病毒的分析与消除方法；面对新的计算机病毒，能够查找和使用有效方法消除计算机病毒。

9.1 笑话与事实

笑话　PC 与苹果机"对话"

人们在发明了"第二颗脑袋"——计算机这个伟大工具的同时，也发明了让这个"脑袋"短路、迟缓、疼痛不已的方法：计算机病毒。

有一段关于个人计算机（Personal Computer，PC）和苹果计算机（MAC）的对话。

PC：我今天又中毒了……

苹果机：哈哈，我就不会中毒。

PC：胡扯！你们早就被一个 9 年级的学生征服了，那是世界上第一个计算机病毒，从那时起我们就一直在受苦。

苹果机：好吧，但现在我们再也不会中毒了。

PC：明明是你们招来了祸害，现在却躲得远远的。

这个笑话里提到的学生就是里奇·斯格伦塔（Rich Skrenta），当年他是美国宾夕法尼亚州的 9 年级学生。多年后，他提起当初编写的第一个计算机病毒程序时说："那是结合了玩笑和成功做了黑客后喜悦心情的表达，并没有任何恶意。"的确，第一个个人计算机病毒"麋鹿克隆者"在 1982 年诞生，程序本身不会毁坏任何数据，只会感染苹果Ⅱ型个人计算机，将自己从软盘复制到内存中，自动感染下一张被插入的软盘，这是世界上第一次出现的自我传播的计算机病毒。"麋鹿克隆者"会自动计数，当感染了该计算机病毒的软磁盘使用达 50 次时，屏幕上会显示一首诗，标题是《一个有个性的程序》，内容只有 6 行：它将占据你的磁盘，它将渗透你的芯片……（见图 9-1）。

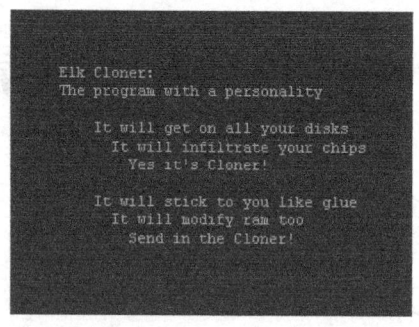

图 9-1 《一个有个性的程序》显示界面

事实　最跨界的计算机病毒

计算机病毒不仅可以让计算机死机，甚至还会让人的身体也"死机"。英国雷丁大学（University of Reading）的电子工程方面的专家马克·贾森（Mark Jason）博士成为世界上第一个感染计算机病毒的人。他是如何做到引毒上身的呢？原来，2009 年贾森曾在自己左手腕上植入一枚无线射频芯片（见图 9-2）。

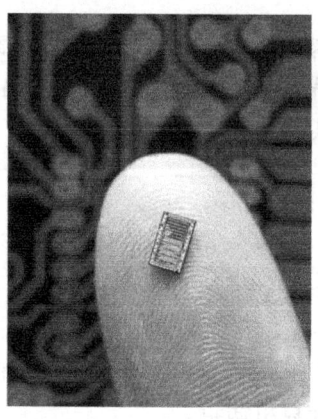

图 9-2 马克·贾森（Mark Jason）博士植入其体内的芯片

他说："这是一枚高端芯片，这种芯片现在常被用于识别目标对象，如用于超市防盗，或者防止宠物走失等。如果系统读取这枚芯片上的信息，系统也会被感染，而其他连入系统的设备也会随之遭殃，其效果跟计算机病毒传播一样。"植入芯片后，贾森出入办公楼时只需晃晃左手，门禁系统就会打开，而他的手机也只认这枚芯片，别人无法使用。

贾森出于实验的目的故意让体内芯片感染计算机病毒，希望测试芯片上的计算机病毒是否会向其他芯片传播，果然该病毒从他的"身体"传播到了办公桌上的计算机中。贾森介绍说，被计算机病毒感染的滋味并不好受。在植入芯片一年后,他觉得芯片已成为自己身体的一部分,以至于感染计算机病毒后有生活被扰乱和被侵犯的感觉。

他说,技术进步使许多人体内得以植入电子设备,如心脏起搏器等,作为首个"吃螃蟹"的人,他做这次实验就是想证明,这些技术在带来好处的同时也有被计算机病毒控制的风险。例如,心脏起搏器中的芯片可以控制心跳,并通过特殊的读取设备与医生进行沟通,但是计算机病毒会使得它无法正常工作,这对病人的影响将是致命的。在2013年全球黑帽大会上,美国著名黑客巴纳比·杰克已经能够对心脏起搏器进行入侵。

9.2 认识计算机病毒

9.2.1 了解计算机病毒的起源和发展

计算机病毒几乎无处不在,一台没有安装任何系统补丁程序和软件防火墙的计算机,一旦接入互联网就会立刻感染计算机病毒。计算机病毒的起源远远比人们想象的要早,早在1949年,电子计算机之父、匈牙利数学家约翰·冯·诺伊曼(John Von Neumann,1903—1957年)就为计算机埋下了病毒的种子。他在论文《复杂自动装置的理论》(*Theory of Self-Reproducing Automata*)中提出了计算机程序自我复制理论:"一部事实上足够复杂的机器能够复制自身。"当时,大多数计算机专家都不相信这个说法,他们无法理解。只有个别人敏锐地接受了这一新兴概念,开始默默地进行程序自我复制的研究。

20世纪60年代初,美国AT&T公司的贝尔实验室里,3位只有20多岁的程序员H.道格拉斯·麦基尔罗伊(H.Douglas McIlroy)、维克托·维索特斯基(Victor Vysottsky)及罗伯特·T.莫里斯(Robert T. Morris)编写了一款名为"磁心大战"(Core War)的游戏,游戏中的爬行者(Creeper)程序可以独立取得ARPANET的访问权限,并将自己复制到远程计算机中,并显示:"我是爬行者,来抓我呀!"游戏另一方则利用收割者(Reaper)程序,寻找爬行者并杀掉它,然后自杀。爬行者程序被广泛视为计算机病毒的最早雏形,而收割者程序虽然本身也算是计算机病毒,但被视为第一个反病毒程序。有趣的是,罗伯特·T.莫里斯就是后来写了第一个Morris蠕虫,把Internet搞得天翻地覆的美国康奈尔大学学生小莫里斯(Robert T. Morris Jr.,1965年12月8日出生,1988年Internet上第一个Morris蠕虫制造者)的父亲。在小莫里斯编写第一个Morris蠕虫时,罗伯特·T.莫里斯刚好负责ARPANET网络安全。

1970年,剑桥三一学院的数学家约翰·霍顿·康维创造了"生命游戏",为计算机病毒的另一重要特征——"感染"提供了注解。当然,约翰并不知道自己的小游戏对后来的计算机病毒产生了多大的影响。

计算机病毒一词广为人知是因为两部科幻小说。一部是20世纪70年代中期著名科幻小说作家大卫·杰洛德的小说《当哈维曾是一》,描述了一个"病毒"的程序和"抗体"间对战的故事。另一部是1975年美国科普作家约翰·布伦纳(John Brunner)的名为《震荡波骑士》(*Shock Wave Rider*)的书,该书讲述在信息社会中正义和邪恶两种势力如何利用计算机展开斗争:一个集权政府利用无所不能的计算机网络操纵一切,直到勇敢的程序员设计出蠕虫程序感染网络与政府作战。该书深刻地影响了美国一代计算机迷,成为当年最佳畅销书。

1977年夏天,美国科幻作家托马斯·捷·瑞安(Thomas J.Ryan)的科幻小说《P-1的春天》

(*The Adolescence of P-1*)引发轰动,作者设计出一个神秘且可以自我复制的计算机程序,称为"计算机病毒",该病毒最后控制了 7000 台计算机,引发了极大的混乱。

早期的计算机病毒很多都是研究者们为了辅助科学实验而设计的程序。1979 年,施乐 PARC 研究中心(Xerox Corporation)的程序员约翰·F.索殊(John F.Shoch)设计出一种蠕虫,为了节省处理器使用率而"清理"网络。这个蠕虫正是充满危害性的现代蠕虫病毒的"祖宗"。

1983 年 11 月 3 日,被称为计算机病毒之父的美国南加州大学数学家弗雷德·科恩(Fred Cohen)博士研制出一种在运行过程中可以复制自身的破坏性程序,莱恩·阿德尔曼(Len Adleman)将它命名为"计算机病毒"(Computer Viruses),并在每周一次的计算机安全讨论会上正式提出,专家们在 VAX11/750 计算机系统上运行,第一个计算机病毒实验成功,一周后又获准进行 5 个实验的演示,从而在实验上验证了计算机病毒的存在。

肯尼思·莱恩·汤普森(Kenneth Lane Thompson,1943 年 2 月 4 日出生,与丹尼斯·里奇同年获得图灵奖),UNIX 系统的创造者,1983 年获得计算机界大奖——图灵奖。在颁奖典礼演讲时,他向美国计算机协会公开了自我复制程序的潜在威胁。同年,《科学美国人》(*Scientific American*)月刊的专栏作家杜特尼(A. K. Dewdney)写了第一篇讨论"核心大战"的文章,且宣称:只需寄来两美元,读者就可以收到他所撰写的程序纲要,在自己家中的计算机里开辟战场。杂志引发的轰动效应震动了美国学术界,科学家们纷纷开始对计算机病毒进行深入研究。

1986 年年初,在巴基斯坦的拉合尔(Lahore),巴西特(Basit)和阿姆贾德(Amjad)两兄弟经营着一家 IBM-PC 及其兼容机的小商店。他们为了防止自己设计的软件被盗版而编写了第一款攻击微软公司 DOS 操作系统的 Pakistan 智囊病毒(Brain Virus)。该病毒只传染软盘引导区,将 360KB 软盘上的未用空间填满,这是在世界上流行的第一个真正的计算机病毒。

1988 年 3 月 2 日,一种苹果机的病毒发作,当天受感染的苹果机停止工作,只显示"向所有苹果计算机的使用者宣布和平的信息",以庆祝苹果机生日。

1988 年年底,在我国国家统计部门发现的小球病毒是我国第一次遭遇的计算机病毒。

互联网的兴起使得计算机病毒的更广泛传播成为可能。1988 年出现的"耶路撒冷"(Jerusalem)病毒在每逢 13 日且同时为星期五的日子爆发,被称为"黑色星期五"病毒,主要感染 COM 和 EXE 文件。1989 年"数据犯罪"(Data Crime)病毒在荷兰和英国被发现,它会在当年的 10 月 12 日到年底的时间执行,对硬盘进行底层格式化而清除所有数据。这个病毒被认为是一群挪威的愤青编写的程序,他们认为当初发现美洲大陆的不是哥伦布,而是维京航海家红发埃里克,从而把该病毒发作日定为美国的哥伦布节(10 月 12 日)。同年的"富满洲"病毒,会在用户录入英国前首相撒切尔夫人的姓名时用脏话来覆盖这位首相的名字。

1989 年,全世界计算机病毒攻击十分猖獗,其中"米开朗琪罗"病毒给许多计算机用户造成极大损失。

1991 年,在海湾战争中,美军第一次将计算机病毒用于实战,在空袭巴格达的战斗中,成功地破坏了对方的指挥系统,使之瘫痪。

1992 年,出现针对杀毒软件的"幽灵"病毒,如 Ghost/One_Half/3544。还出现了实现机理与以往文件型病毒有明显区别的 IR2 病毒。

1994 年 5 月,南非第一次全民大选计票工作,因计算机病毒的破坏停止 30 余小时,被迫推迟公布选举结果。

1996 年,出现针对微软 Windows 95 的 Word "宏病毒"。

1997 年被公认为计算机反病毒界的"宏病毒年"。

1998 年，发生了利用 Sun 公司的 Solaris 操作系统漏洞的计算机病毒入侵了超过 500 个美国军方、政府和私营企业的计算机网络系统的事件。调查人最初认为攻击来自伊拉克，不过很快就发现攻击者其实是美国加州的两名不到 20 岁的少年黑客。

1998 年，中国台湾的大学生陈盈豪编写的 CIH 病毒在每年 4 月 26 日感染微软的视窗 Windows 95/98 系统，彻底破坏所有硬盘数据，并且它是第一个可以破坏计算机硬件的计算机病毒，会改变计算机主板的基本输入/输出系统（BIOS）的数据。在短期内全球超过 6000 万台计算机被 CIH 病毒感染，引起人们的恐慌。

1999 年 3 月 26 日，"梅丽莎"病毒爆发。当用户打开一封电子邮件的附件时，该病毒便会自动发送到用户通信簿中的前 50 个地址。数小时之内，这个病毒传遍全球，导致了 8000 万美元的损失。病毒制作者大卫·史密斯被判入狱 20 个月。

世纪之交的 2000 年则是"爱虫"病毒的盛行年份，和"梅丽莎"病毒一样，它通过电子邮件传播，把自己伪装成一封求爱信来欺骗收件人打开，然而它的破坏性却比梅丽莎强得多，它可以删除本地部分图片和文本，甚至将计算机储存的密码、账号等发送给计算机病毒编写者。"爱虫"病毒大约造成了 1500 万美元的损失。

2000 年，雅虎、亚马逊和 Ebay 等国际知名网站在几个小时内分别被一种称为"分布式拒绝服务"攻击导致瘫痪。研究者后来发现，原因是数以百计的计算机对一个网站同时进行数据请求，这昭示着新世纪更大骚动的开始。

2001 年 3 月 27 日，"美丽杀手"病毒大爆发，美国等发达国家损失惨重，大批网络瘫痪，受影响的计算机超过百万台，是继 Morris 病毒后，给美国造成的第二次大面积计算机灾难。

2001 年 6 月 10 日，美国又流行"探索蠕虫"，在短短几天内通过 Internet，以极快的速度传播。该病毒在世界各地发挥着强大的破坏力。美国有数十万台计算机中毒，多家知名企业，包括微软、AT&T、英特尔及波音公司的计算机，也都遭到该病毒入侵。美国联邦调查局一年内第二次警告民众，做好防毒工作。

2001 年 8 月 1 日，针对运行微软互联网信息服务软件（IIS）的网络服务器进行攻击的"红色代码"（Script.Redlof）全球发作，"红色代码"被认为是史上最昂贵的计算机病毒之一，它感染了 40 万台服务器，多达 100 万台计算机受到感染，损失逾 26 亿美元。

2002 年 3 月初，第二代"红色代码"（Script.Redlof）袭击了美国、日本等国家，一天之内感染了 50 万个网址。

2001 年 9 月 18 日，在美国现身的"概念蠕虫"（又称尼姆达，Nimda）病毒（见图 9-3）几乎用上了网络的所有资源和方式来进行传播，扩散速度史无前例，它既感染服务器又感染个人计算机，连续数日对全球数十万的企业网络造成严重影响，灾情有扩大之势。

2003 年 8 月，"冲击波"病毒利用了 Windows XP 的一个缺陷，对系统端口展开了疯狂攻击，导致系统崩溃并强行自动关机。有趣的是，病毒软件中暗含了一句话："比尔·盖茨，你为什么让这种事情发生？别再敛财了，修修你的软件吧！"

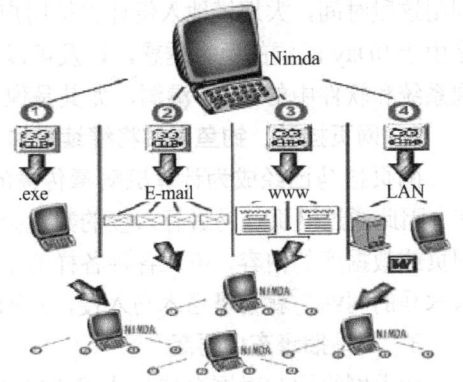

图 9-3 Nimda 病毒传播方式

2006年9月,"熊猫烧香"病毒诞生,并被《2006年度中国内地计算机病毒疫情和互联网安全报告》评为"毒王"。

2010年6月,"震网"病毒首次被检测出来,它是第一个专门定向攻击真实世界中基础(能源)设施的"蠕虫"病毒,如核电站、水坝、国家电网等。作为世界上首个网络"超级破坏性武器",它已经感染了全球超过45000个网络,伊朗遭到的攻击最为严重,其60%的个人计算机感染了这种病毒。

2017年5月,WannaCry蠕虫通过MS17-010漏洞在全球范围大爆发,感染了大量的计算机,该蠕虫感染计算机后会向计算机中植入敲诈者病毒,导致计算机大量文件被加密。这种勒索病毒是自熊猫烧香以来影响力最大的计算机病毒之一。

21世纪互联网经济的高速发展,造成了如今计算机病毒制造者、反计算机病毒产业及一些其他IT边缘产业互相纠缠不清的博弈局面。木马程序、流氓软件、广告软件等臭名昭著的互联网寄生虫"你方唱罢我登场",计算机病毒制造者也远非当初那样单纯。2005年11月4日,美国洛杉矶一名20岁青年涉嫌在利用"僵尸网络"攻陷的计算机上贩卖广告而被联邦调查局拘捕,被判57个月徒刑。攻击者在这个网络上随心所欲地安装广告软件,并且通过广告软件发送垃圾电子邮件、窃取QQ号、银行账号和密码,以此牟利。

2016年CNCERT/CC抽样监测结果显示,在利用木马或僵尸程序控制服务器对主机进行控制的事件中,控制服务器IP地址总数为96 670个,较2015年下降7.9%,受控主机IP地址总数为25 840 694个,较2015年下降10.1%。其中,境内木马或僵尸程序受控主机IP地址数量为16 995 381个,较2015年下降14.1%,境内控制服务器IP地址数量为48 741个,较2015年上升19.7%。2016年,奇虎360互联网安全中心共截获PC端新增恶意程序样本1.9亿个,同比2015年(3.6亿个)下降47.2%,平均每天截获新增恶意程序样本52.1万个。从拦截量看,2016年拦截恶意程序攻击627.3亿次,同比2015年(855.4亿次)下降26.7%,平均每天为用户拦截恶意程序攻击约1.7亿次。(CNCERT《2016年中国互联网网络安全报告》)

9.2.2 计算机病毒的发展趋势

1. 0Day漏洞层出不穷

0Day漏洞仍然是黑客入侵的主要方式,2010年伊始,谷歌被入侵事件就证明了这一点。由于0Day漏洞和安全补丁程序的推出,这两者之间在时间上有一段空白期。所以,黑客可以利用这段时间,大规模地入侵计算机用户的计算机系统,从中获取大量有价值的信息内容。正是由于0Day漏洞的巨大诱惑,以及可以从中获取大量的经济利益,黑客必然会更加深入地挖掘系统和软件中的0Day漏洞,尤其是像Windows 7操作系统等可能存在的漏洞。

2. 网页挂马、钓鱼网站将继续增加

网页挂马已经成为计算机病毒传播的主要途径之一。由于各种系统漏洞和软件漏洞的存在,因此通过网页挂马进行入侵的数量会继续增加。黑客在入侵网站系统以后,通过篡改网站网页或数据库的内容,植入各种各样的下载脚本代码。在系统存在漏洞时,只要用户浏览被植入木马的网站,就会遭遇木马入侵,从而造成个人信息和网络财富的损失。

3. 木马捆绑东山再起

随着网络用户对网页挂马认识的提高,通过网页挂马入侵的可能性有所降低。但是,与此相反的是,通过传统的文件捆绑进行入侵的事件则呈明显上升的趋势。黑客通过将木马病毒和

图片、Flash 动画、文本文件等进行捆绑,再配以迷惑性的文件图标,使得用户稍不注意就可能上当受骗。另外,现在最新版本的捆绑软件不仅可以完成木马病毒的捆绑,而且有的还可以增加文件属性等虚假信息,增加了用户识别的难度。

4. 无线攻击快速增加

随着移动互联网时代的到来,智能手机、平板电脑、无线路由器等无线接入设备已经成为黑客攻击的全新目标。现在,网络中已经出现大量无线破解的技术,轻则可以让攻击者免费蹭网,重则可以通过 ARP 攻击植入木马窃取信息。除此以外,利用手机短信或者 APP 进行诈骗的事件也会越来越多。2016 年,CNCERT 通过自主捕获和厂商交换,获得移动互联网恶意程序数量 205 万余个,较 2015 年增长 39.0%,近几年来持续保持高速增长趋势。

9.2.3 计算机病毒的特征和分类

1. 计算机病毒的特征

1994 年 2 月 18 日,我国正式颁布实施了《中华人民共和国计算机信息系统安全保护条例》,在该条例的第二十八条中明确指出:"计算机病毒,是指编制或者在计算机程序中插入的破坏计算机功能或毁坏数据,影响计算机使用,并能自我复制的一组计算机指令或者程序代码。"它具有以下特征。

1)破坏性。任何计算机病毒只要侵入系统,就会对系统及应用程序产生不同程度的影响,轻者占用系统资源,降低工作效率,重者可导致系统崩溃。根据破坏程度,计算机病毒分为良性病毒与恶性病毒。前者如 GENP、小球、W-BOOT 等只干扰屏幕,显示乱码或无聊的话。后者如 CIH、RedCode 等破坏数据、删除文件、加密磁盘,甚至格式化磁盘。

2)隐蔽性。计算机病毒程序通常附在正常程序或磁盘较隐蔽的地方,如果不经过代码分析,则很难区别计算机病毒程序与正常程序。

3)潜伏性。大部分计算机病毒感染系统之后不会马上发作,会长期隐藏在系统中,只有在满足特定条件时才会启动其破坏模块。例如,PETER-2 病毒在每年的 2 月 27 日会提 3 个问题,答错后会将磁盘加密。"黑色星期五"、CIH 都是在特定日期发作。

4)传染性。计算机病毒代码一旦进入计算机系统并得以执行,它就会搜寻其他符合其传染条件的程序或存储介质,确定目标后将自身代码植入其中,达到自我繁殖的目的。因此,是否具有传染性是判别一个程序是否为计算机病毒的最重要条件。例如,2002 年度十大流行计算机行病毒之一的"欢乐时光"病毒就是通过网络传播的。

2. 计算机病毒的分类

按计算机病毒的感染对象不同划分,可以将计算机病毒分为以下几类。

(1)引导扇区型病毒(Root Virus)

这类病毒攻击的对象是磁盘的引导扇区,在系统启动时获得优先的执行权,从而达到控制整个系统的目的。该病毒一般会造成系统无法正常启动,但查杀这类病毒比较容易。

(2)文件型病毒(File Virus)

早期,这类病毒一般是感染以*.exe、*.com 等为扩展名的可执行文件。近期,也有一些病毒感染以*.dll、*.ovl、*.sys 等为扩展名的文件,因为这些文件通常是某个程序的配置或链接文件,所以执行某个程序时该病毒也就被激活了。它们加载的方法是通过将病毒代码整段插入或分散插入到这些文件的空白字节中(如 CIH 病毒就是把自己拆分成 9 段,嵌入 PE 结构的可执行文件中)。通常,感染后的文件的字节数不增加。

(3) 复合型病毒 (Mix Virus)

这类病毒有文件型和引导扇区型两类病毒的共同特性。当执行一个被感染文件时,它将感染硬盘的引导扇区或主引导记录。

(4) 宏病毒 (Macro Virus)

这类病毒不仅感染可执行文件,而且还可以感染一般软件文件。虽然宏病毒不会对计算机系统造成严重的危害,但影响系统的性能及计算机工作效率。宏病毒是利用宏语言编写的,不受操作平台的约束,可在 DOS、Windows、UNIX,甚至在 OS/2 系统中传播。也就是说,宏病毒能被传播到任何可运行带有宏病毒的应用程序的计算机中。

(5) VBS 病毒 (脚本病毒)

这类病毒利用 VBScript 编写而成,利用 Windows 系统的开放性特点,通过调用一些现成的 Windows 对象、组件,可以直接对文件系统、注册表等进行控制,其脚本语言的功能非常强大。VBS 病毒编写非常简单,已成为 Internet 最为流行的计算机病毒之一。

(6) 蠕虫病毒 (Worm Virus)

网络蠕虫病毒较有名的代表包括"爱虫"、"欢乐时光"(VBS.Happytime)、"I LOVE YOU"、"库尔尼科娃"及"红色代码"(Script.Redlof),其破坏力越来越强。大多数情况下,人们容易把蠕虫病毒和 VBS 病毒相混淆,其实它们并不相同。蠕虫病毒主要体现了计算机病毒的一种攻击方式,而 VBS 病毒则体现了计算机病毒的一种编写方式。实际情况中,很多蠕虫病毒是用脚本语言(如 VBS)编写的。

(7) 缓冲区溢出

缓冲区溢出是指计算机程序向缓冲区内填充的数据位数超过缓冲区本身的容量。溢出的数据覆盖在合法数据上,可能导致一个程序或操作系统崩溃。有关缓冲区溢出相关知识在本书第 7 章已有详细叙述,这里不再赘述。

(8) 木马程序

黑客使用木马技术,渗透到对方的主机系统,从而实现对远程目标主机的控制。

(9) 勒索软件

勒索软件即勒索病毒,是一种特殊的恶意软件,被感染后会加密受害者硬盘上的文件,所有的勒索软件都会要求受害者缴纳赎金以取回对计算机的控制权,或者是要求受害者购买根本无从自行获取的解密密钥以便解密档案。

9.3 从计算机病毒命名看其特性

世界上存在多种多样的计算机病毒,反病毒公司为了方便管理,会按照计算机病毒的特性,对计算机病毒进行分类命名。一般格式如下:

〈病毒前缀〉.〈病毒名〉.〈病毒后缀〉

病毒前缀是指一个计算机病毒的种类,它是用来区别计算机病毒家族分类的。不同种类的计算机病毒,其前缀是不同的。例如,常见的木马病毒的前缀是 Trojan,蠕虫病毒的前缀是 Worm 等。

病毒名是指计算机病毒的家族特征，是用来区别和标识计算机病毒家族的。例如，著名的 CIH 病毒的家族名都是统一的"CIH"，曾传播非常广泛的"震荡波"蠕虫病毒的家族名是"Sasser"。

病毒后缀是指一个计算机病毒的变种特征，用来区别具体某个计算机病毒家族的某个变种，一般采用英文 26 个字母来表示。例如，Worm.Sasser.b 指"震荡波"蠕虫病毒的变种 B，因此一般称为"震荡波变种 B"。如果某个病毒变种非常多（生命力顽强），则可采用数字与字母混合标识变种。

下面介绍一些常见的病毒前缀。

1. 系统病毒

系统病毒的前缀为 Win32、PE、Win95、W32、W95 等。这些病毒的一般共性是可以感染 Windows 操作系统的*.exe 和*.dll 文件，并通过这些文件进行传播，如 CIH 病毒。

2. 蠕虫病毒

蠕虫病毒的前缀是 Worm。这种病毒的共性是通过网络或系统漏洞进行传播，大部分蠕虫病毒有向外发送带毒电子邮件、阻塞网络的特性，如冲击波（阻塞网络）、小邮差（发带毒电子邮件）等。

3. 木马病毒和黑客病毒

木马病毒的前缀是 Trojan，黑客病毒的前缀一般为 Hack。木马病毒的共性是通过网络或系统漏洞进入用户的系统并隐藏，然后向外界泄露用户的信息；而黑客病毒则有一个可视的界面，能对用户计算机进行远程控制。木马、黑客病毒往往是成对出现的，即木马病毒负责侵入用户的计算机，而黑客病毒则会通过该木马病毒来进行控制。现在，这两类病毒越来越趋于整合。比较常见的木马病毒有 QQ 消息尾巴木马 Trojan.QQ3344，还有针对网络游戏的木马病毒，如 Trojan.LMir.PSW.60 等，病毒名中 PSW 或 PWD 一般表示这个病毒有盗取密码的功能（字母为"Password"的缩写）。常见的黑客程序有网络枭雄（Hack.Nether.Client）等。

4. 脚本病毒

脚本病毒的前缀是 Script。脚本病毒的共性是使用脚本语言编写，通过网页进行传播，如红色代码（Script.Redlof）。脚本病毒还有 VBS、JS（表明是用何种脚本编写的）等前缀，如欢乐时光（VBS.Happytime）、十四日（Js.Fortnight.c.s）等。

5. 宏病毒

其实宏病毒也是脚本病毒的一种，它的前缀是 Macro，第二前缀是 Word、Word97、Excel、Excel97 等其中之一。该类病毒的共性是感染 Office 系列文档，然后通过 Office 通用模板进行传播，如著名的美丽莎（Macro.Melissa）病毒。

6. 后门病毒

后门病毒的前缀是 Backdoor。该类病毒的共性是通过网络传播，给系统开后门，给计算机带来安全隐患，如很多人遇到过的 IRC 后门 Backdoor.IRCBot。

7. 种植病毒程序病毒

这类病毒的共性是运行时会从体内释放出一个或几个新的计算机病毒到系统目录下，由释放出来的新病毒对计算机系统进行破坏，如冰河播种者（Dropper.BingHe 2.2C）、MSN 射手（Dropper.Worm.Smibag）等。

8. 破坏性程序病毒

破坏性程序病毒的前缀是 Harm。此类病毒的共性是利用本身具有的好看的图标来诱惑用户单击。当用户单击此类病毒时,病毒便会直接对用户计算机产生破坏,如格式化 C 盘(Harm. FormatC. f)、杀手命令(Harm. Command. Killer)等。

9. 玩笑病毒

玩笑病毒的前缀是 Joke,也称恶作剧病毒。此类病毒的共性也是利用本身具有的好看的图标来诱惑用户单击。当用户单击这类病毒时,病毒会做出种种破坏操作的假象来吓唬用户,而实际上并没有对用户计算机进行任何破坏,如女鬼(Joke. Girlghost)病毒。

10. 捆绑机病毒

捆绑机病毒的前缀是 Binder。此类病毒的共性是病毒制作者会使用特定的捆绑程序将病毒与一些应用程序,如 QQ、IE 捆绑起来,表面上看是一个正常的文件,当用户运行病毒时,表面上只是运行这些应用程序,但实际上会隐藏运行捆绑在一起的病毒,从而给用户造成危害,如捆绑 QQ(Binder. QQPass. QQBin)、系统杀手(Binder. Killsys)等。

另外,其他的病毒前缀还有 DoS(对主机或服务器进行 DoS 攻击)、Exploit(用于 Hacking 的溢出工具)和 HackTool(黑客工具)等。

9.4 典型计算机病毒的分析与消除

近几年最典型的计算机病毒主要是勒索软件、木马病毒等,其中勒索软件是最常见的。

勒索软件(Ransomware)是近几年流行的计算机病毒,通过骚扰、恐吓甚至采用绑架用户文件等方式,使用户数据资产或计算资源无法正常使用,并以此为条件向用户勒索钱财。这类用户数据资产包括文档、电子邮件、数据库、源代码、图片、压缩文件等多种文件。赎金形式包括真实货币、比特币等虚拟货币。

2005 年出现了一种加密用户文件的木马病毒(Trojan/Win32.GPcode)。该木马病毒在被加密文件的目录生成具有警告性质的 TXT 文件,要求用户购买解密程序。据国家计算机病毒应急处理中心统计,来自全国各地的该类计算机病毒及其变种的感染报告有 581 例。

在 2007 年,出现了另一款国产勒索软件 QiaoZhaz,该木马病毒运行后会弹出"发现您硬盘内曾使用过盗版了的我公司软件,所以将您部分文件移动到锁定了的扇区,若要解锁将文件释放,请电邮 liugongs19670519@yahoo.com.cn 购买相应软件"的对话框。

勒索软件已经成为网络犯罪的主要方式,每年至少导致数百亿美元资产损失,成为名副其实的"毒王"。中国科学院计算技术研究所、中国电子信息产业发展研究院联合策划编撰的《2017 年度网络空间安全报告》公布了 2017 年十大勒索软件,如表 9-1 所示。

表 9-1 十大勒索软件排行榜

排 名	中 文 名	英 文 名	病毒种类
1	WannaCry(也称 WannaCrypt)勒索软件(见图 9-4)	WannaCry	蠕虫、文件病毒
2	"坏兔子"勒索软件	Bad Rabbit	木马、文件病毒
3	GIBON 勒索软件	GIBON	木马、文件病毒
4	Sage 勒索软件	Sage	文件病毒
5	Matrix 勒索软件	Matrix	文件病毒

续表

排　名	中　文　名	英　文　名	病毒种类
6	Tyran 勒索软件	Tyran	文件病毒
7	Locky 勒索软件	Locky	木马、文件病毒
8	NotPetya 勒索软件	NotPetya	蠕虫、文件病毒
9	FakeCry 勒索软件	FakeCry	感染型、文件病毒
10	Miner 勒索软件	Miner	蠕虫、文件病毒

注：数据来源于《2017 年度网络空间安全报告》。

1．如何防范勒索软件

1）使用 Microsoft AppLocker 阻止扩展类型。Microsoft AppLocker 工具可以控制要运行的程序和文件，包括可执行文件、脚本、Windows 安装程序文件、动态链接库（Dynamic Link Library，DLL）、应用包和应用包安装程序。一般情况下，木马等病毒运行的目录是 users、appdata、local、temp、roaming、programdata，可以在这些常见目录下面禁止运行带有.exe、.cmd、.msi、.ocx、.scr、.url、.vb、.vbs、.wsh 等常见扩展名的文件。

2）提高安全意识，不安装非官方渠道下载的软件。

3）及时安装操作系统补丁程序。

4）定期备份文件。由于勒索软件会将所有文件数据加密，所以在无法恢复数据的情况下，恢复备份文件是最有效的方式。

5）使用安全厂商发布的勒索软件清理工具及专用勒索软件保护工具（见图 9-5）。

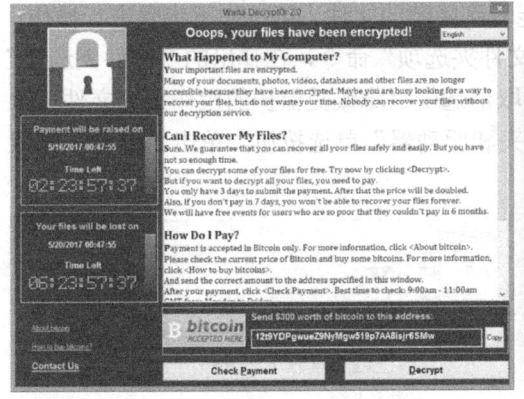

图 9-4　WannaCry 勒索软件

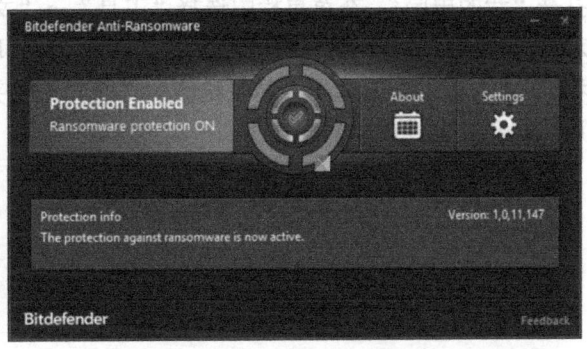

图 9-5　专用勒索软件保护工具

2．如何查杀防御 U 盘病毒

U 盘作为数据传输交换与存储工具，会在多种场合下使用，因此其感染计算机病毒的概率非常大。目前，几乎所有 U 盘病毒都是利用 autorun.inf 来入侵的，而事实上，autorun.inf 相当于一个传染途径，经过这个途径入侵的计算机病毒，理论上可以是"任何"病毒。因此，大家可以发现，当搜索到 autorun.inf 之后，其附带的计算机病毒往往有不同的名称，正是这个原因。就好像身体上有一个创口，有可能进入身体的细菌就不止一种，在不同环境下进入身体的细菌可以不同，这个 autorun.inf 就是创口。因此，目前无法单纯定义 U 盘病毒是什么病毒，也因此导致其在查杀方面会存在混乱，因为 U 盘病毒不止一种或几十种。

（1）病毒描述

autorun.inf 这个文件是很早就存在的，在 Windows 10 以前的其他 Windows 系统（如 Windows 98、Windows 2000、Windows XP 等）中，需要让光盘、U 盘插入机器自动运行时，就要利用 autorun.inf。这个文件是保存在驱动器的根目录下的（是一个隐藏的系统文件），它保存着一些简单的命令，以告诉系统这个新插入的光盘或硬件应该自动启动什么程序，也可以让系统将它的盘符图标改成某个路径下的 icon。所以，它本身是一个常规且合理的文件。

但相信你已经注意到，上面反复提到"自动"，这就是关键。病毒制作者就利用这一点，让移动设备在用户系统完全不知情的情况下，"自动"执行任何命令或应用程序。因此，通过这个 autorun.inf 文件，可以放置正常的启动程序，如我们经常使用的各种教学光盘，一插入计算机就自动安装或自动演示；也可以通过此种方式，放置任何恶意内容。

有了启动方法，病毒制作者肯定需要将病毒主体放进光盘或 U 盘里才能让其运行，但是堂而皇之地放在 U 盘中肯定会被用户发现而删除（即使不知道其是病毒），所以病毒会隐藏在一般情况下看不到的地方。

一种是假回收站方式：病毒通常在 U 盘中建立一个 RECYCLER 文件夹，然后把病毒藏在其很深的目录中，一般人以为这就是回收站，而事实上，回收站的名称是"Recycled"，而且两者的图标也是不同的，如图 9-6 所示。

另一种是假冒杀毒软件方式：病毒在 U 盘中放置一个程序，并命名为"RavMonE.exe"，这很容易让人以为是瑞星的程序，其实是病毒。

也许有人会问，为什么在你的机器上能看到上面的文件，而在我的机器上看不到呢？很简单，通常在系统安装时，默认是隐藏一些文件夹和文件的，病毒会将自己改造成系统文件夹、隐藏文件等，所以一般情况下看不到。要让自己能看到隐藏的文件，可按如下步骤进行操作：打开"我的电脑"，在菜单栏中选择"工具"→"文件夹选项"命令，在弹出的"文件夹选项"对话框中选择"查看"选项卡，然后对照图 9-7，取消选中"隐藏受保护的操作系统文件（推荐）"复选框，同时选中"显示隐藏的文件、文件夹和驱动器"单选按钮，单击"确定"按钮后，隐藏的文件就"显形"了。

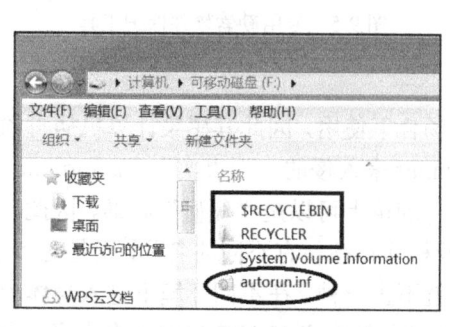

图 9-6　RECYCLER 文件夹

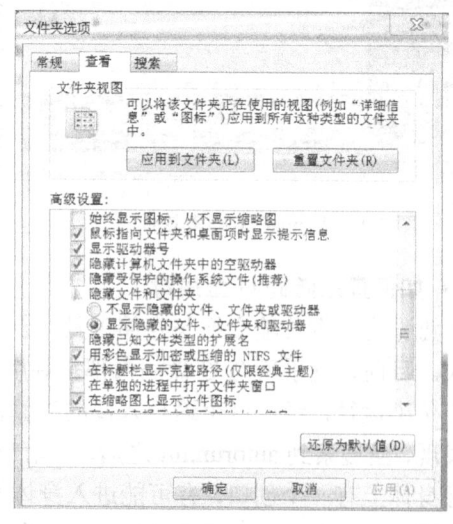

图 9-7　查看隐藏文件

如果 U 盘带有上述病毒，则还会出现一个现象，即当用户右击 U 盘时，右键快捷菜单会多了一些东西，如图 9-8 所示。

图 9-8 显示 U 盘自动运行的属性。2011 年 2 月 8 日发布的安全公告 KB967940 中，微软对 Windows 自动运行功能进行了最新升级，限定 Windows XP、Windows Server 2003、Vista、Windows 7 和 Windows Server 2008 平台上的自动运行功能仅支持 CD 和 DVD 媒体。当用户使用包含 autorun.inf 文件的 USB 设备、网络共享或其他非 CD/DVD 媒体时，系统不会执行自动运行。此次更新后，当插入 USB 设备时，用户不会收到程序安装的提示对话框，用户需要手动打开文件夹找到安装文件，然后双击安装软件。不过，在连接至计

图 9-8　U 盘属性

算机时，U 盘制造商利用 autorun.inf 进行自己的特色设计，有些 USB 的固件会让系统将其识别为 CD，那么本次针对自动运行功能的升级就对它们无效了。

（2）U 盘病毒的查杀

如果 U 盘不慎中毒，则可以采用以下方法进行操作。

1）将 U 盘插入 USB 接口，打开资源管理器，右击 U 盘盘符，在弹出的快捷菜单中选择"属性"命令，打开 U 盘属性对话框。

2）选择"工具"选项卡，单击"开始检查"按钮对 U 盘进行检查。

3）检查后单击"立即进行碎片整理"按钮。

4）使用腾讯电脑管家、360 安全管家等杀毒软件对计算机病毒进行查杀。

（3）U 盘病毒的防御

1）关闭自动播放功能。在 Windows 下选择"开始"→"运行"命令，输入"gpedit.msc"，进入"本地策略编辑器"窗口，展开左窗格的"本地计算机策略"→"计算机配置"→"管理模板"→"系统"选项，在右窗格的"设置"选项组下，双击"关闭自动播放"选项进行设置。

2）修改注册表，禁止 U 盘病毒自运行。虽然关闭了 U 盘的自动播放功能，但是 U 盘病毒依然会在双击 U 盘盘符时入侵系统，可以通过修改注册表来阻断 U 盘病毒。操作方法：打开注册表编辑器，找到注册项"HKEY_CURRENT_USER\Software\Microsoft\Windows\CurrentVersion\Explorer\MountPoints2"，右击 MountPoints2 选项，针对该键值的访问权限进行限制，从而隔断病毒的入侵。

3）创建 autorun.inf 文件夹。U 盘病毒是利用 autorun.inf 文件来进行传播的，所以可以在 U 盘中自己创建名为"autorun.inf"的文件夹，并将权限设置为只读、隐藏、系统文件属性，防治 U 盘病毒删除自己创建的 autorun.inf 文件。

4）安装 U 盘杀毒监控软件和防火墙。通过下载安装腾讯电脑管家、USBCleaner、USBStarter 等软件，提高对 U 盘的实时监控和查杀能力，也是防止 U 盘中毒的好办法。

3. 典型手机病毒

2018 年 6 月 20 日，中国互联网协会、国家互联网应急中心在北京联合发布《中国移动互联网发展状况及其安全报告（2018）》，这是国内针对中国移动互联网发展状况及其安全的顶级、专业、权威的研究报告，报告对中国移动互联网发展状况、移动互联网安全态势情况及移动互联网治理情况等方面进行了全面、综合、深入的统计、分析和研究。

报告显示，2017 年，4G 网络建设全面铺开，4G 基站净增 65.2 万个，总数达到 328 万个。中国开始 5G 第三阶段试验，并着手部署 6G 网络研发，窄带物联网也进入快速部署阶段。移动互联网用户总量增长放缓，但提速降费使用户结构优化，数据流量成倍增长，2017 年中国移动互联网接入流量达 246 亿 GB，全年用户月均移动互联网接入流量达到 1775MB，是 2016 年的 2.3 倍。2017 年国内手机市场出货量下降，但部分提前布局海外的厂商依然保持增长。2017 年全球智能手机出货量前 5 名中，华为、OPPO 和 vivo 占据 3 席，合计出货量份额达到 23.6%。

随着智能手机的不断普及，手机病毒（Cell Phone Virus）成为病毒发展的又一个方向。手机病毒是一种破坏性程序，和计算机病毒（程序）一样具有传染性、破坏性。手机病毒可能导致用户手机死机、关机、资料被删、向外发送垃圾电子邮件、拨打电话等，甚至还会损毁 SIM 卡、芯片等硬件。如今，受到计算机病毒的启发与影响，手机病毒也出现了混合式攻击的手法。

由于手机平台的特殊性和手机功能受限（相对于计算机而言），手机病毒对普通用户的危害更甚于计算机病毒。

1）导致用户信息被窃，如个人通信录、个人信息、日程安排、各种网络账号、银行账号和密码等。

2）传播非法信息，各种色情、非法的图片、语音、电影。

3）破坏手机软硬件，导致手机无法正常工作。

4）造成通信网络瘫痪。

历史上最早的手机病毒出现在 2000 年，当时，手机公司 Movistar 收到大量由计算机发出的名为"Timofonica"的骚扰短信，该病毒通过西班牙电信公司 Telefonica 的移动系统向系统内的用户发送垃圾短信。事实上，该病毒最多只能算作短信炸弹。真正意义上的手机病毒直到 2004 年 6 月才出现，即 Cabir 蠕虫病毒，这种病毒通过诺基亚 S60 系列手机复制，然后不断寻找安装了蓝牙的手机。从此，手机病毒开始泛滥。

目前，手机病毒主要还是针对 Android 操作系统，Android 操作系统平台用户成为最主要的攻击对象。2016 年，移动互联网恶意程序主要针对 Android 平台，共有 2 053 450 个，占 99.9% 以上，位居第一。

而其他的如 iOS、Windows Phone 等操作系统还没有受到手机病毒的威胁，因为在智能手机市场上，Symbian 操作系统的市场份额是最大的，而现在的 Symbian 病毒主要以蠕虫形式出现，只要不安装蠕虫程序，手机就不会被感染。

下面简单介绍 Dvmap 手机病毒。

Dvmap 手机病毒的别名包括 EPOC.Cabir、Worm.Symbian.Cabir.a、EPOC/Cabir.A、EPOC_CABIR.A 和 Symbian/Cabir 等，目标手机主要是 Symbian OS S60 操作系统平台手机，主要危害包括干扰蓝牙通信、加大电能消耗等。

2017 年 6 月 8 日下午，国际知名反病毒厂商卡巴斯基（Kaspersky）发布名为《Dvmap：第一种具备代码注入能力的安卓恶意软件》(*Dvmap: the first Android malware with code injection*) 的分析报告。Dvmap 是第一款对 Android 操作系统平台运行库进行恶意代码注入的手机病毒，并且会自动判断 Android 操作系统版本并尝试提升权限，从而实现对手机的完全控制。

Dvmap 病毒伪装成一个小游戏（见图 9-9），Android 操作系统的安装包名称为 com.colourblock.flood.apk，文件安装后，提升权限脚本如图 9-10 所示。

第9章 计算机病毒防治

图 9-9　伪装成小游戏

图 9-10　提升权限脚本

该病毒通过 Google 应用商店进行传播,在应用商店伪装成名为"colourblock"的解密游戏(见图 9-11),自 2017 年 3 月下旬起,该病毒采用同一天内交替上传该软件的恶意版本与无害版本,借以绕过 Google Play 对其进行安全性检查的方式,导致其一直利用 Google Play 市场进行传播。自 2017 年 3 月下旬起至被卡巴斯基公司举报下架为止,借由此种方法多次上传其恶意版本及对其恶意载荷的加密处理,该恶意软件已被累积下载超过 50 000 次。

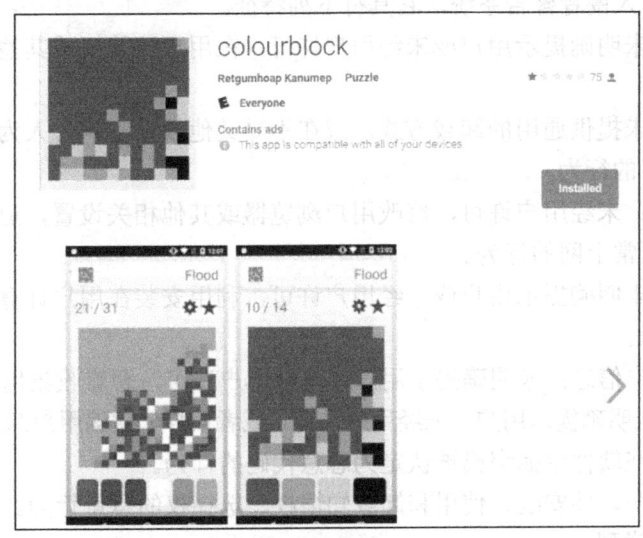

图 9-11　病毒伪装的手机应用

4. 杀毒软件

现在市面上的杀毒软件种类多,国外有诺顿、卡巴斯基、Mcafee 等,国内有 360、安天实验室、腾讯安全管家等。

这些软件有各自的优缺点,谈不上哪个杀毒软件更好一些。但要注意以下两点。

1)现在计算机操作系统通常为了安全起见,除安装防病毒软件外,还要安装防火墙软件和防恶意代码软件等工具。

2)杀毒软件通常需要对操作系统底层的文件系统进行处理,如果安装多种不同厂商的这类软件,通常会出现"死机""蓝屏""僵尸"等现象。例如,同时安装诺顿和 360 卫士两款杀毒软件,计算机会出现"僵尸"现象。一般来说,应尽量安装同一厂商的安全产品,以避免发生"死机""蓝屏"等现象。

9.5 认识恶意代码

恶意代码俗称流氓软件,是对破坏系统正常运行的软件的统称。恶意软件介于病毒软件和正规软件之间,同时具备正常功能(下载、媒体播放等)和恶意行为(弹广告、开后门),给用户带来实质性危害。

1. 恶意代码的定义及特征

在中国,对于恶意代码定义最权威的要属中国互联网协会反恶意软件协调工作组 2006 年向社会公布的定义:

恶意代码俗称"流氓软件",是指未明确提示用户或未经用户许可的情况下,在用户计算机或其他终端上安装运行,侵害用户合法权益的软件,但不包含我国法律规定的计算机病毒。

恶意代码通过动态地改变攻击代码,从而逃避入侵检测系统的特征检测(Signature-based Detection,也称模式匹配)。攻击者常常利用这种多变代码进入互联网上的一些带有入侵侦测功能的系统或 IDSes 入侵者警告系统,它具有下列特征。

1)强制安装:未明确提示用户或未经用户许可,在用户计算机或其他终端上安装软件的行为。

2)难以卸载:未提供通用的卸载方式,或在不受其他软件影响、人为破坏的情况下,卸载后仍然有活动程序的行为。

3)浏览器劫持:未经用户许可,修改用户浏览器或其他相关设置,迫使用户访问特定网站或导致用户无法正常上网的行为。

4)广告弹出:未明确提示用户或未经用户许可,利用安装在用户计算机或其他终端上的软件弹出广告的行为。

5)恶意收集用户信息:未明确提示用户或未经用户许可,恶意收集用户信息的行为。

6)恶意卸载:未明确提示用户、未经用户许可,或者误导、欺骗用户卸载其他软件的行为。

7)恶意捆绑:在软件中捆绑已被认定为恶意代码的行为。

8)其他侵害用户软件安装、使用和卸载知情权、选择权的恶意行为。

2. 恶意代码的类型

根据不同的特征和危害,困扰广大计算机用户的恶意代码主要有以下几类。

(1)广告软件(Adware)

广告软件是指未经用户允许,下载并安装在用户计算机上;或者与其他软件捆绑,通过弹出式广告等形式牟取商业利益的程序。

危害:此类软件往往会强制安装并无法卸载;在后台收集用户信息,危及用户隐私;频繁弹出广告,消耗系统资源,使其运行变慢等。例如,用户安装了某款软件后,会一直弹出带有广告内容的窗口,干扰用户的正常使用。还有一些软件在安装后,会在 IE 浏览器的工具栏位置添加与其功能不相干的广告图标,普通用户很难清除。

(2)间谍软件(Spyware)

间谍软件是一种能够在用户不知情的情况下,在其计算机上安装后门程序、收集用户信息的软件。

危害：用户的隐私数据和重要信息会被后门程序捕获，并发送给黑客、商业公司等。这些后门程序甚至能使用户的计算机被远程操纵，组成庞大的僵尸网络，这是目前网络安全的重要隐患之一。例如，某些软件会获取用户的软/硬件配置，并发送出去用于商业目的。

（3）浏览器劫持

浏览器劫持是一种恶意程序，通过浏览器插件、BHO（Browser Helper Object，浏览器辅助对象）、Winsock LSP（Layered Service Provider，浏览器劫持）等形式对用户的浏览器进行篡改，使用户的浏览器配置不正常，将其强行引导到商业网站。

危害：用户在浏览网站时会被强行安装此类插件，普通用户根本无法将其卸载。被劫持后，用户只要上网就会被强行引导到其指定的网站，严重影响正常上网浏览。例如，一些不良站点会频繁弹出安装窗口，迫使用户安装某浏览器插件，甚至根本不征求用户意见，利用系统漏洞在后台强制安装到用户计算机中。这种插件还采用了不规范的软件编写技术（此技术通常被病毒使用）来逃避用户卸载，往往会造成浏览器错误、系统异常重启等。

（4）行为记录软件（Track Ware）

行为记录软件是指未经用户许可，窃取并分析用户隐私数据，记录用户计算机使用习惯、网络浏览习惯等个人行为的软件。

危害：危及用户隐私，可能被黑客利用来进行网络诈骗。例如，一些软件会在后台记录用户访问过的网站并加以分析，有的甚至会发送给专门的商业公司或机构，此类机构会据此窥测用户的爱好，并进行相应的广告推广或商业活动。

（5）恶意共享软件（Malicious Shareware）

恶意共享软件是指某些共享软件为了获取利益，采用诱骗手段、试用陷阱等方式强迫用户注册，或者在软件内捆绑各类恶意插件，未经允许即将其安装到用户机器里。

危害：使用"试用陷阱"强迫用户进行注册，否则可能会丢失个人资料等数据。软件集成的插件可能会造成用户浏览器被劫持、隐私被窃取等。例如，用户安装某款媒体播放软件后，会被强迫安装与播放功能毫不相干的软件（搜索插件、下载软件）且不给出明确提示；用户卸载播放器软件时不会自动卸载这些附加安装的软件。又如，某加密软件的试用期过后，所有被加密的资料都会丢失，只有交费购买该软件才能找回丢失的数据。

（6）搜索引擎劫持

搜索引擎劫持是指未经用户授权，自动修改第三方搜索引擎结果，以实现从搜索引擎来的流量自动跳转到指定的网页。

危害：与白帽技术获取长远利益考虑不同，这类属于黑帽技术的软件会在第三方搜索引擎的结果中添加自己的广告或加入网站链接获取流量等，以获取短期利益。

（7）网络钓鱼（Phishing）

网络钓鱼（Phishing）一词是"Phone"和"Fishing"的综合体，由于黑客起初以电话作案，所以用"Ph"来取代"F"，创造了"Phishing"，Phishing 发音与 Fishing 相同。网络钓鱼攻击是一种"社会工程攻击"方式，它将收信人引诱到一个通过精心设计与正常网站非常相似的钓鱼网站上，并获取收信人在此网站上输入的个人敏感信息。

危害：网络钩鱼攻击极具欺骗性。受骗者往往在线泄露私人资料，如信用卡号、银行卡账户、身份证号、电话号码、电子邮箱、QQ 号等信息。

（8）ActiveX 控件

ActiveX 控件是指在网络环境中能够实现互操作性的一组技术。ActiveX 控件建立在

Microsoft 的组件对象模型（Component Objective Model，COM）基础上。尽管 ActiveX 控件能用于桌面应用程序和其他程序，但目前主要用于开发 WWW 的交互内容。

危害：ActiveX 控件是一种组件对象模型（COM）的对象，只要计算机用户可以完成的任务，它都可以完成。例如，它可以存取注册表，可以随意访问本地文件系统等。因此，它是一种极其危险的提供功能的方法。

3. 恶意代码的防范

防止恶意代码入侵可以采取以下方法。

1）建立良好的安全习惯。不要登录不了解的网站，不要随便单击小广告等。

2）尽量到该软件的官方网站，或者信任度高的下载站点下载软件。

3）安装软件的时候，每个安装步骤要仔细看清楚，防止捆绑软件入侵。

4）关闭或删除系统中不需要的服务。默认情况下，许多操作系统会安装一些辅助服务，如 FTP 客户端、Telnet 和 Web 服务器。这些服务为攻击者提供了方便，而对用户又没有太大用处，删除它们就能减少被攻击的可能性。

5）经常升级安全补丁程序。据统计，80%的网络病毒是通过系统安全漏洞进行传播的，如"红色代码""尼姆达"等病毒，所以用户应该定期到操作系统开发商网站去下载最新的安全补丁程序，以防患于未然。

6）安装专业的杀毒软件和防火墙进行全面监控；定时对系统进行诊断，查杀恶意代码。

7）经常升级病毒库。杀毒软件对病毒的查杀是以病毒的特征码为依据的，在网络时代，蠕虫病毒的传播速度快、变种多，所以必须随时更新病毒库，以便查杀新病毒。

8）不随意查看陌生电子邮件，尤其是带有附件的电子邮件。同时，由于有的病毒电子邮件能够利用 IE 和 Outlook 的漏洞自动执行，所以计算机用户需要升级 IE 和 Outlook 程序，以及其他常用的应用程序。

9）发现不良网站后，可立刻通过图 9-12 中"Internet 选项"对话框的"安全"选项卡将网站添加到"黑名单"中，如图 9-13 所示。

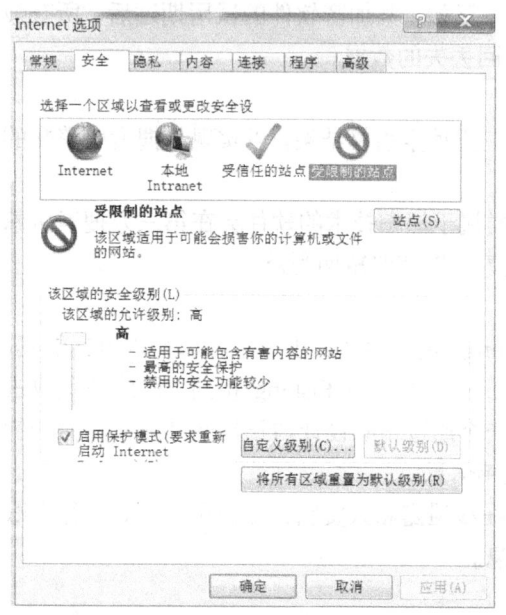

图 9-12 "Internet 选项"对话框的"安全"选项卡

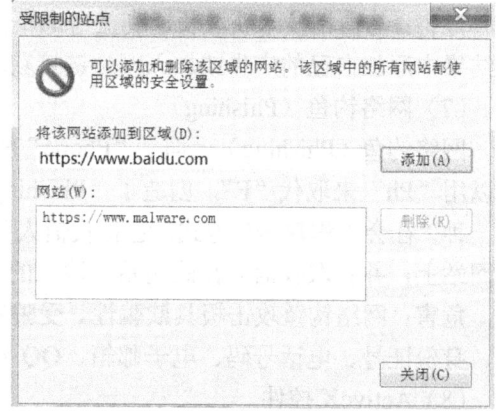

图 9-13 将不良网站添加到"黑名单"中

10)提高 IE 浏览器的安全级别。将 IE 的安全级别设置为"高",如图 9-14 所示。因为可疑网页主要是含有恶意代码的 Active X 或 Applet、JavaScript 的网页文件,所以在 IE 设置中将 Active X 插件和控件、Java 脚本等全部禁止,就可以大大减小被网页恶意代码感染的概率。

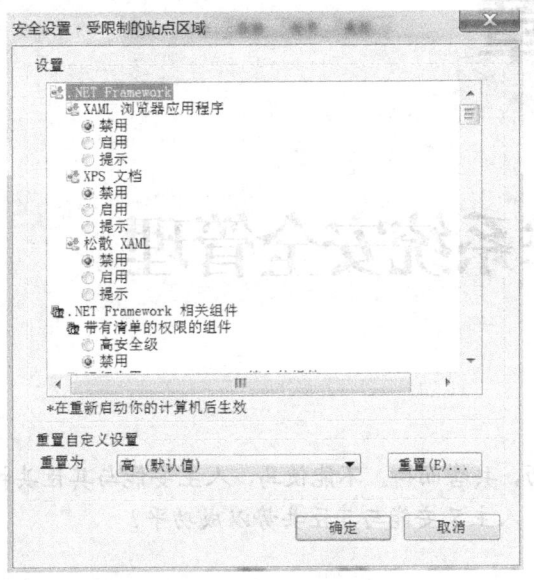

图 9-14 将 IE 的安全级别设置为"高"

第10章

操作系统安全管理

夫以王良、造父之巧，共辔而御，不能使马，人主安能与其臣共权以为治？以田连、成窍之巧，共琴而不能成曲，人主又安能与其臣共势以成功乎？

——《韩非子》

操作系统安全包含对系统重要资源的保护和控制，只有经过授权的用户和代表该用户运行的进程才能对计算机系统的资源进行访问。

本章的主要目的是使学生掌握 Linux 和 Windows 两种操作系统在进入系统前的启动安全、使用系统前的登录安全、使用系统过程中的运行安全及使用完成后安全分析与审核安全的管理技能。

10.1 操作系统入门

操作系统（Operating System，OS）是一组面向计算机和用户的程序，是用户程序和计算机硬件之间的软件接口，其目的是最大限度地、高效地、合理地使用计算机资源。操作系统的主要任务之一是为用户管理资源，这些资源包括计算资源、存储资源和外部设备。操作系统安全和其他系统安全的不同之处在于：操作系统需要提供一系列保护机制，使得用户操作、程序运行、资源分配和访问等不发生冲突，从而在一定的安全策略下实现资源共享和分离。

下面根据使用系统的流程，针对具体操作系统的默认的缺陷和存在的危险，实行安全的管理机制；列举几条重要的安全目标，据此制定相应的安全策略，并给出若干实现的案例。

10.1.1 混沌初开

操作系统是一种让计算机硬件和软件协同工作的特殊软件，像敲击键盘和移动鼠标这些动作就是由它来处理的。可以说，缺少了操作系统的计算机不过是一堆废铜烂铁。在操作系统发展的初期，主要有两大主流产品——DOS 和 UNIX。

1980 年，比尔·盖茨以 5 万美元从西雅图的黑客手中购得 DOS 操作系统，之后倚靠其著名的营销策略，使这个简单的操作系统悄悄地渗透到世界的每个角落。尽管苹果机性能卓越，但很少有 PC 用户能够承受其天价，因此 Mac OS 最终没有称雄市场，只能一声叹息作罢。

UNIX 诞生于贝尔实验室。为了追求高额利润，UNIX 的销售商把它的价码定得极其高，因此，普通的 PC 用户学习的第一个操作系统往往是 DOS。UNIX 在发展壮大的过程中，衍生出 SVR 4（商业的 UNIX）和 BSD（开源的项目）等主要派系，每个派系出现了很多的"变种"，如 Solaris、FreeBSD 等，如图 10-1 所示。

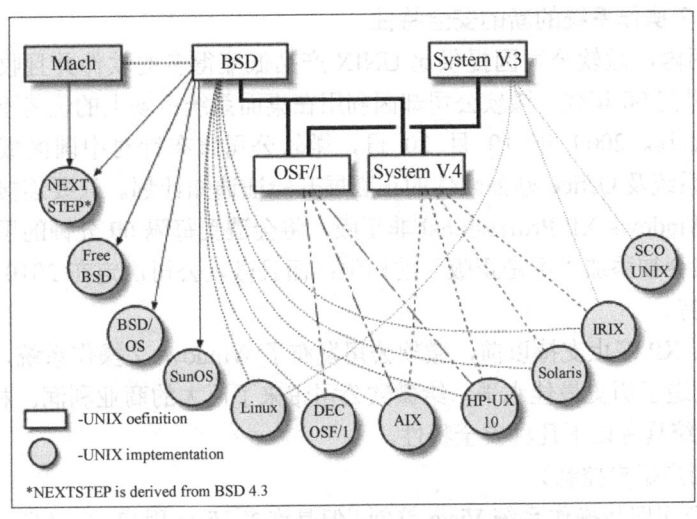

图 10-1　UNIX 家族的发展和演变

在 DOS 和 UNIX 两大阵营的夹缝中，还有一些应用面较窄的操作系统，典型的如 Minix——由一名荷兰籍教授 Andrew Tannebaum 编写的仅有 12000 行源代码的操作系统示教程序。经典教材《操作系统原理与实现》就是以 Minix 作为教学案例进行讲解的（Linux 之父——Linus Tovalds 也钻研过这本书）。早期的操作系统都是被软件商严格看管的，而这本书第一次以简洁的笔触，破解了程序爱好者通往操作系统设计之路的难题。

10.1.2　Windows 的精彩世界

Windows 是世界上使用最广泛的操作系统，微软是世上成功的软件公司，比尔·盖茨的故事，从来都为人们所津津乐道。

1. Windows NT 系列操作系统的优点

20 世纪 80 年代，IBM-PC 的普及使 MS-DOS 成为 PC 的标准操作系统，微软自此发迹。进入 90 年代以后，除在个人桌面领域收获巨大成功外，在服务器专业领域，微软先后推出了 Windows NT、Windows 2000、Windows Server 2003 和 Windows Server 2008，它们统称为 Windows NT 系列操作系统，目前已逐步占据了广大的中小网络操作系统的市场。与 Windows 9X 相比，Windows NT 系列操作系统的网络功能更加强大并且安全，它们具有以下 3 个方面的优点。

（1）支持多种网络协议

网络中可能存在多种客户机，这些客户机可能使用了不同的网络协议，而 Windows NT 系列操作系统支持几乎所有常见的网络协议。

（2）内置 Internet 功能

随着 Internet 的流行和 TCP/IP 的标准化，Windows NT 内置了 IIS，从而使网络管理员可以轻松配置 WWW 和 FTP 等服务。

（3）支持 NTFS 文件系统

Windows 9X 所使用的文件系统是 FAT，在 NT 中内置同时支持 FAT 和 NTFS 的磁盘分区格式，从而可以提高文件管理的安全性。

2. Windows 7 操作系统的新的安全特性

很长一段时间内，微软公司因提供比 UNIX 产品低廉得多的软件并且收益巨大而受到钦佩。然而，到 20 世纪 90 年代，微软公司却因利用在桌面系统市场上的优势不公平地剥削用户而逐渐被公众所批判。2009 年 10 月 20 日，微软公司宣布针对中国区域的 Windows XP Professional 操作系统及 Office 办公软件的正版展开验证通知计划。只要连接到网络的计算机被侦测到安装的 Windows XP Professional 非正版，将会遭受每隔 60 分钟的黑屏，而 Office 办公软件的菜单栏将会被添加"不是正版"的标记；而且微软公司决定在 2010 年 6 月后停止对 Windows XP 的支持。

在对 Windows XP 停止支持以前，微软公司发布了 Windows 7 操作系统，Windows 7 操作系统的销售业绩创造了历史最佳水平，给微软公司带来了巨大的商业利润。相比以前的版本，Windows 7 操作系统具有以下几种安全特性。

（1）UAC（用户账户控制）

UAC 是微软公司旧版操作系统 Vista 首创，但是许多 Vista 用户对 UAC 功能很不适应。因为 UAC 阻止未经许可操作的能力非常强大，它将可疑进程排除在内核之外，只有获得用户许可后方能运行。

（2）BitLocker（磁盘锁）

BitLocker 驱动器加密技术也是 Vista 新增的一种数据保护功能，主要用于解决计算机设备丢失导致的数据失窃或恶意泄露等问题。Windows 7 修改了 BitLocker 潜在被破解的漏洞，加强了 TPM（受信任的平台模块），可实现基于硬件的全盘加密。

（3）Suite B（加密支持）

Suite B 是由美国国家安全局（NSA）制定的，支持政府和军事系统的秘密（SECRET）和绝密（TOP SECRET）通信上的强制密码算法。凭借此算法，NSA 认为他们能促进美国国内部门之间的协作性。

按照安全需求不同，秘密级别可分为 128、256，甚至更高级别。其中，128 位或是 256 位密钥的 AES 和 SHA-256 被指定为保护机密情报最高到秘密（SECRET）级。保护绝密（TOP SECRET）信息则要求使用 256 位 AES 密钥并结合 SHA-384。

（4）Direct Access（直接访问）

Direct Acces 是 Windows 7 和 Server 2008 R2 中的一项新功能。凭借这个功能，外网的用户可以在不需要建立 VPN 连接的情况下，就可以高速、安全地从 Internet 直接访问公司防火墙之后的资源。

Direct Access 功能克服了 VPN 的很多局限性，它利用 IPv6 可以自动地在外网客户机和公司内网服务器之间建立双向的连接，并使用 IPSec 进行计算机之间的验证。

（5）Managed Service Accounts（服务账户管理）

服务账户通常拥有较高的权限，这也导致很难对其进行管理。保护安全的最简单、常用的方法就是经常更换密码，避免因密码丢失而造成的损失。但是修改服务账户非常烦琐，所以有必要对其进行统一管理。

3. Windows 10 操作系统的安全性工作

在 Windows 7 和 Windows 8 之后，微软公司又推出了 Windows 10 操作系统。目前，Windows 10 操作系统是微软公司推出的安全性最高的操作系统，可以抵御来自各种攻击平台的已知安全威胁和新兴安全威胁。Windows 10 操作系统执行的安全性工作有三大类。

1）身份标识和访问控制功能已进行了大幅度扩展，从而简化和增强用户身份验证的安全性。这些功能包括 Windows Hello 和 Microsoft Passport，它们能更好地通过易于部署和易于使用的多因素身份验证（MFA）保护用户身份。另一个新增功能是 Credential Guard，该功能使用基于虚拟化的安全（VBS）来帮助保护 Windows 身份验证子系统和用户凭据。

2）信息保护，即保护闲置信息、使用的信息，以及传输的信息。除 BitLocker 和 BitLocker To Go 可用于保护闲置数据外，Windows 10 还具有企业数据保护的文件级加密功能，该功能不仅可用于进行数据分离和包含，而且还可以在退出公司网络后对数据进行加密（如果将该功能与 Rights Management Services 结合使用）。Windows 10 还可以使用虚拟专用网络（VPN）和 Internet 协议安全来保护数据安全。

3）防恶意软件，包括可以使关键的系统和安全组件免遭威胁的体系结构更改。Windows 10 有几项新功能可帮助减轻由恶意软件造成的威胁，包括 VBS、Device Guard、Microsoft Edge 和全新版本的 Windows Defender。此外，来自 Windows 8.1 操作系统的许多防恶意软件功能（包括用于应用程序沙盒的 AppContainers，以及大量启动保护功能，如受信任启动）已在 Windows 10 中得到了沿用和改进。

10.1.3 Linux 的自由天地

Windows 的世界纵然精彩，然而离开了它，我们同样能见到美丽的"太阳"。

20 世纪 70 年代，UNIX 是应用最广泛的操作系统，然而其价格高不可攀。于是，有人提出建立一个庞大的开放系统，包含操作系统、应用软件、各种文档等，它们都遵循 GPL 协议（公开源代码，任何人都可以免费获得，也可以修改，甚至可以出售，只要保证修改后得到的软件和销售的软件也遵循 GPL 协议）。此人给这个开放系统一个响亮的名字：GNU。

"开源之父"Richard Stallman 曾以出神入化的技术，单枪匹马地实现了迄今最为优秀的一款 C 语言编译器——GCC，以及著名的 Emacs 编辑器等。他不但把自己的作品纳入 GNU 项目中，还以独特的人格魅力吸引了全世界的追随者们共同进行反版权软件的开发。

然而，GNU 项目发展到 20 世纪 90 年代初的时候开始停滞，一个最大的缺憾在于，一直没有一个完整的操作系统的内核来支持。当时，一位名叫 Linus Torvalds 的芬兰赫尔辛基大学的大三学生，因为不满课本上的 Minix 系统，想设计一个能够用于 386、486 或奔腾处理器的个人计算机，并且具有 UNIX 操作系统的全部功能的操作系统来替代 Minix。他根据从 Minix 学来的知识，从头编写了一个内核，并公布在网上，吸引了无数的内核爱好者竞相参与开发。这样，Linus 和朋友们拥有了一个操作系统的内核，而 Stallman 和他的朋友们正好拥有一个 UNIX 克隆系统的其余部分，人们把这两者组合起来，成为一个完整的免费系统——Linux，至此，GNU 项目的内核和应用软件基本完善了。可以说，GNU 项目是培育 Linux 这颗幼苗茁壮成长的沃土，而 Linux 内核的加入又驱动着 GNU 组织迅速发展。在 Internet 技术的推动下，在全世界开源程序员的共同努力下,Linux 终于成功地打破了微软帝国雄霸天下的格局。Linus Torvalds 也因此被称为"Linux 之父"。

作为开源精神的代表作品,作为与微软斗争的先锋战士,Linux 已经展露出舍我其谁的锋芒。它的流行源于自身的许多优势,集中体现在以下几个方面。

(1)血统高贵

作为 UNIX 这个成熟的主流操作系统的后代,Linux 理所当然地继承了 UNIX 极其优异的性能——可靠性高、充分支持多用户多任务、伸缩性极强、网络功能完善、数据库支持功能强大、开放性好。

(2)性价比高

Linux 从设计之初就被定位为一个基于 Intel x86 系列 CPU 的 UNIX 的兼容产品。由于能支持各种平台,并且完全免费,从而其在桌面、服务器、嵌入式等各个领域都得到了良好的应用,是一款极具性价比的优秀的操作系统。

(3)安全性好

Linux 是一款开源的操作系统,一旦发现系统中有安全漏洞,Internet 上来自世界各地的志愿者就会踊跃修补它。此外,针对 Linux 的入侵者数量相对较少。

10.2 系统安全始于安装

从安装操作系统开始,就要小心谨慎,把安全问题考虑周全。究竟如何才算是安全的安装呢?尽管对于不同的操作系统,不同的管理者,给出的答案五花八门,但大体的过程是一致的。建议在安装时参照以下步骤执行。

1)在安装过程中接入网络就有可能感染计算机病毒或者被入侵,因此建议暂不接入网络。
2)安装操作系统。
3)启用软件防火墙。
4)安装系统安全工具。
5)参考本章内容对操作系统进行安全设置。
6)接入网络,下载并安装最新的操作系统补丁程序,更新防火墙和系统安全工具。

若运行中的程序存在漏洞,则其可能被黑客利用来寻找系统漏洞。然而,软件在使用一段时间后总会出现安全漏洞或发现 BUG,系统内核也不例外。系统出现漏洞以后,厂家往往会发布安全公告,提供相应的漏洞处理程序——补丁程序,供用户修补漏洞,加固系统。因此,管理者需要定期升级和维护运行的服务器,及时打"补丁",不给黑客以可乘之机。目前,各操作系统厂家都有专门的网站来发布安全公告或提供补丁程序。因此,当使用中的操作系统出现问题时,首先应当及时访问相关网站。

7)安装数据恢复软件。
8)安装其他应用软件。为了使系统更加安全,还应对其进行加固。
9)启用系统屏幕保护程序。
10)配置本地安全策略。
11)加强用户密码强度。
12)对 Internet Explorer 进行设置。

13）启用 Windows 防火墙。

10.3 Linux 系统安全

10.3.1 引导系统时——GRUB 加密

对于多人共享的主机，应该为启动过程中涉及的程序（BIOS 或引导程序）设置密码，以防止物理性地使用光盘等引导，绕过系统正常启动来获取数据或破坏计算机。

GRUB 是 Linux 默认的多系统引导程序。如果在计算机上安装了多个操作系统，就可以用 GRUB 来选择用哪个操作系统启动。在默认情况下，无须输入密码就可进入 GRUB，如果普通用户利用这一点进入单用户模式，就能轻而易举地执行一些危险的操作。例如，修改 shadow 文件，将 root 的密码字段删除，导致以后不需要输入密码就能直接以 root 的身份进入系统，为系统安全埋下了隐患。通常的解决办法是为 GRUB 设置密码并且用 MD5 加密。

1）使用 GRUB 自己的 MD5 加密工具，生成 MD5 加密后的密码如图 10-2 所示。

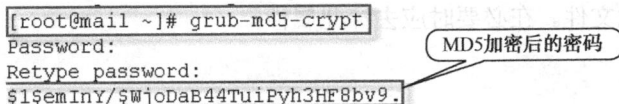

```
[root@mail ~]# grub-md5-crypt
Password:
Retype password:
$1$emInY/$WjoDaB44TuiPyh3HF8bv9.
```
MD5加密后的密码

图 10-2 生成 MD5 加密后的密码

2）编辑 GRUB 的配置文件/etc/grub.conf，在文件中添加图 10-3 所示的一行语句，把 GRUB 的密码设置成上一步所生成的密码。

```
# grub.conf generated by anaconda
#
# Note that you do not have to rerun grub after making changes to this file
# NOTICE:  You have a /boot partition.  This means that
#          all kernel and initrd paths are relative to /boot/, eg.
#          root (hd0,0)
#          kernel /vmlinuz-version ro root=/dev/VolGroup00/LogVol00
#          initrd /initrd-version.img
#boot=/dev/sda
default=0
timeout=5
splashimage=(hd0,0)/grub/splash.xpm.gz
#hiddenmenu
passwd --md5 $1$emInY/$WjoDaB44TuiPyh3HF8bv9.
title Red Hat Enterprise Linux Server (2.6.18-53.el5xen)
        root (hd0,0)
        kernel /xen.gz-2.6.18-53.el5
        module /vmlinuz-2.6.18-53.el5xen ro root=/dev/VolGroup00/LogVol00 rhgb quiet
        module /initrd-2.6.18-53.el5xen.img
```
MD5加密后的密码

图 10-3 在/etc/grub.conf 中设置 GRUB 密码

3）修改配置文件后保存退出，然后重启系统。以后必须输入正确的 GRUB 密码才允许编辑启动菜单，进入单用户模式。

10.3.2 进入系统时——身份认证

在进入 Linux 系统之前，所有用户都需要登录，也就是说，用户需要输入用户账号和密码，只有它们通过系统的验证之后，用户才能进入系统。

1. 密码安全

早期的 Linux 将加密后的密码存放在/etc/passwd 文件中。由于 passwd 文件能被所有用户读取，考虑到一般用户可以利用现成的密码破译工具以穷举法猜测出密码，因此后来采取的办法是将 passwd 文件中原有的密码字段转移到影子文件/etc/shadow 中，该文件默认只允许超级用户（root）读取。用户在登录时输入的密码经计算后与 shadow 文件中对应部分相比较，符合则允许登录，否则拒绝用户登录。

尽管 shadow 中保存的是利用 MD5 算法加密后的密码，但仍存在被暴力破解的可能。如果在相当长的一段时期内不需要添加新的用户和修改用户密码，则建议为 shadow 文件添加不可更改属性：

```
# chattr +i /etc/shadow
```

此后，连 root 自身都无法修改此文件。在必要时应去掉此属性：

```
# chattr -i /etc/shadow
```

2. 账户安全

（1）禁止用户登录系统

一台服务器上往往同时开启多种服务，这些服务默认使用系统中的账户进行认证，因此任何一种服务的疏忽导致的用户密码泄露都会危及整个系统的安全性。一种简单、有效的解决方案是，只允许服务账户连接相应的服务器，而禁止登录系统。下面列举了几种实现方法。

1）不设置密码：将/etc/passwd 或/etc/shadow 文件中的密码字段设置为"！！"。
2）使账户无效：在/etc/passwd 文件中的用户名字段前加一个"#"。
3）锁定账户：在/etc/shadow 文件中的密码字段前加"！"。
4）锁定密码：在/etc/shadow 文件中的密码字段前加"！！"。
5）在/etc/passwd 文件中设置默认的 shell 为/sbin/nologin 或/bin/false。

（2）禁止 root 从其他终端登录

Linux 中最重要的账户就是超级用户——root，它拥有系统管理的最高权限，因而容易被黑客利用来破坏系统安全。所以，应严格限制 root 只能在某一个终端登录。解决方案如下：编辑/etc/securetty 文件（其中列出了允许 root 用户登录的所有的终端），在不需要登录的 TTY 设备前添加"#"，禁止从该 TTY 设备进行 root 登录。

（3）禁止普通用户通过 su 命令变为 root 用户

尽管能禁止 root 从其他终端登录，但远程用户仍然有机会使用/bin/su 成为 root 用户，获得系统管理员权限。解决方案如下：编辑/etc/pam.d/su，将图 10-4 所示的两行语句的注释取消。

此后若希望用户 zhang3 能切换为 root，则必须将 zhang3 加入 wheel 组：

```
# gpasswd -a zhang3 wheel
```

```
#%PAM-1.0
auth            sufficient      pam_rootok.so
# Uncomment the following line to implicitly trust users in the "wheel" group.
#auth           sufficient      pam_wheel.so trust use_uid
# Uncomment the following line to require a user to be in the "wheel" group.
#auth           required        pam_wheel.so use_uid
auth            include         system-auth
account         sufficient      pam_succeed_if.so uid = 0 use_uid quiet
account         include         system-auth
password        include         system-auth
session         include         system-auth
session         optional        pam_xauth.so
```

（wheel组中的用户不需要密码即可切换到root）

（只有wheel组的成员才能用，通过命令成为root用户）

图 10-4　修改/etc/pam.d/su 文件

（4）删除不必要的特殊账户

Linux 系统默认已创建了很多对系统具备一定管理权限的账户，如果它们的口令遭到破解，那么黑客也就获得了对系统的部分管理权限。因此，必须要删除一些特殊账户。这些特殊账户包括 lp、shutdown、halt、news、uucp、operator、games、gopher 等。

采取逐个删除的办法非常麻烦，但可以通过脚本来实现。在一个文本文件中编辑以下行：

```
#! /bin/bash
userdel lp
groupdel lp
userdel shutdown
groupdel shutdown
...
```

保存该文本文件并为之赋予执行权限，然后以"./文件名"的方式执行即可。

3．PAM 认证模块

Linux 中的许多服务自身无认证功能。Linux 统一把这个任务交给一个中间的认证代理机构——PAM（Pluggable Authentication Modules，插入式认证模块）来完成。PAM 采用封闭包的方式，将所有与身份认证有关的逻辑全部隐藏在模块内，可以用来动态地改变身份验证的方法和要求。因此，它是采用影子文件的最佳帮手。PAM 认证过程如图 10-5 所示。

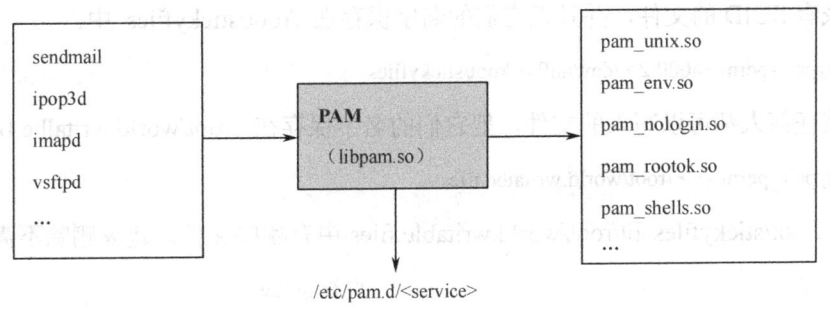

图 10-5　PAM 认证过程

当用户访问一个启用 PAM 的服务时，服务程序首先将请求发送到 PAM（如 libpam.so 文件）。不同服务的 PAM 是不一样的。接着，PAM 根据服务的类型在/etc/pam.d/目录下选择一个对应的服务文件。该服务文件专门定义了每种服务需要使用哪些模块、如何使用。如果要改变 PAM 的认证过程，则应首先改变与之对应的服务文件。

PAM 还有很多安全功能：它可以将传统的 DES 改写为其他功能更强的加密方法，以确保用户密码不会轻易地遭人破译；它可以设定每个用户使用计算机资源的上限；它甚至可以设定用户的上机时间和地点。Linux 系统管理员只需花费几小时去安装和设定 PAM，就能大大提高 Linux 系统的安全性，把很多攻击阻挡在系统之外。

10.3.3 使用系统时——权限设置

对文件和目录设置权限能够有效保证敏感数据的机密性。方法是将文件或目录的权限设置到最低，然后基于需要逐一放开。

一个全体可写的文件往往是计算机病毒和木马的攻击目标，即使不被攻击，也可能被不断写入直到将硬盘填满，从而影响服务器的正常运行。若此类文件是可执行的，则其在执行中将会有很高的风险，因此应坚决杜绝服务器上存在此类公共文件。

特别要当心设置了 SUID（第 1 个 "x" 位被改为 "s"）的程序，由于普通用户在执行此类程序时具有宿主的权限，也就是说，如果此类程序属于管理员所有，那么普通用户在执行时可以暂时获得管理员的权限。因此，它们会使非法命令执行的权限提升，从而威胁系统安全。一个典型的例子是，允许每个用户修改自己的密码，但是修改密码时又需要 root 权限，因此，用于修改用户密码的 passwd 程序就设置了 SUID 位：

另一个典型的例子是，每个用户都可以运行 su 命令来切换到其他用户：

系统中存在上述几种易被攻击的目标，无异于隐匿在身边的定时炸弹，管理者需要经常检查并及时应对。下面是定位和处理此类文件的方法。

1）查找有 SUID 的文件，并且把它们的名字保存在 /root/stickyfiles 中：

find / -type f -perm +4000 2> /dev/null > /root/stickyfiles

2）查找任何人都可以写入的文件，把它们的名字保存在 /root/world.writalbe.files 中：

find / -type f -perm -2 > /root/world.writalbe.files

3）查看/root/stickyfiles 和/root/world.writable.files 中有哪些文件。建议删除不需要的文件：

rm file   # 删除 file

或者使用 chmod 命令去掉 SUID/SGID 位：

chmod u-s file   # 去掉 file 的 SUID 位

10.3.4 网络通信时——数据加密

如果服务器提供了某种需要身份认证的服务，那么任何与之通信的过程中传输的用户密码及敏感数据都应该被加密。许多普通协议（FTP、IMAP、POP3、SMTP、HTTP、Telnet 等）都使用明文通信，因此建议使用安全协议（在普通协议上增加 SSL 安全层）来代替它们。例如，用 SFTP/FTPS 代替 FTP，用 IMAPS 代替 IMAP，用 POP3S 代替 POP3，用 SMTPS 代替 SMTP，用 HTTPS 代替 HTTP，用 SSH 代替 Telnet 等。

10.3.5 提供服务时——访问控制

服务就是运行在网络服务器上监听用户请求的进程，服务是通过端口号来区分的。使用 netstat 命令可以查看当前打开的端口。文件 /etc/services 规定了各种服务对应的端口。

计算机通常安装了一些不必要的服务，最好将这些服务全部取消。管理服务的方法如下。

1）管理当前的运行状态：

service 服务名 start/stop/restart

2）管理系统启动时的运行状态：

chkconfig --level runlevellist 服务名 on/off

此外，使用 iptables 防火墙能提供有效的网络服务访问控制。例如，限制连接服务器的客户主机地址；限制可以访问的网站；限制局域网客户只能访问 FTP 站点，互联网客户只能访问 Web 网站；限制同一时段并发用户连接的数量；限制联机频率等。

10.3.6 贯穿始终的安全分析

在 Linux 操作系统中，常用的系统安全分析工具有扫描器 netstat、嗅探器 tcpdump 和日志服务器 syslog。

1. 扫描器 netstat

netstat 可以扫描一台服务器上开启的各种端口，它能帮助管理员分析服务器是否存在潜在的攻击漏洞，如图 10-6 所示。

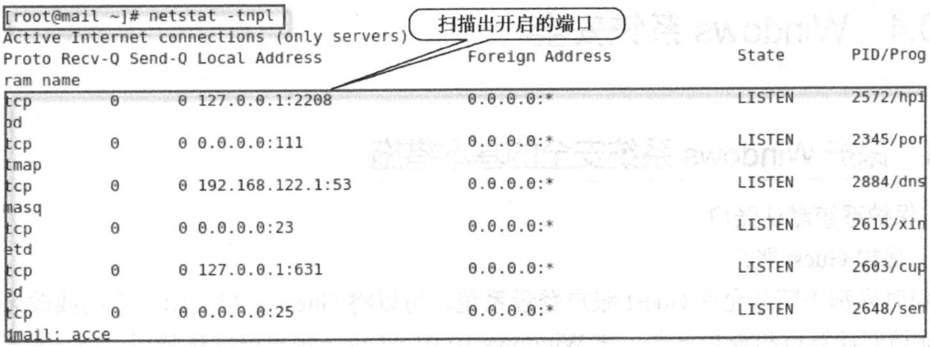

图 10-6 netstat 扫描结果

2. 嗅探器 tcpdump

tcpdump 可以分析整个局域网内的数据包的流量，以及分析数据包的具体情况。

例如，在接口 eth0 上监听目标地址为 192.168.1.200 并且目标端口为 22 的数据包，然后在客户机 192.168.1.102 上以 SSH 方式登录服务器 192.168.1.200 进行测试，如图 10-7 所示。

```
[root@mail ~]# tcpdump -i eth0 -X dst 192.168.1.200 and dst port 22
tcpdump: verbose output suppressed, use -v or -vv for full protocol decode
listening on eth0, link-type EN10MB (Ethernet), capture size 96 bytes
15:32:16.441190 IP 192.168.1.103.rootd > ns.xyz.com.ssh: S 3340813702:3340813702(0) win 65535 <m
ss 1460,nop,nop,sackOK>
        0x0000:  4500 0030 11da 4000 8006 646e c0a8 0167  E..0..@...dn...g     捕捉到的SSH数据包
        0x0010:  c0a8 01c8 0446 0016 c720 c586 0000 0000  .....F..........
        0x0020:  7002 ffff 6d9c 0000 0204 05b4 0101 0402  p...m...........
15:32:16.453063 IP 192.168.1.103.rootd > ns.xyz.com.ssh: . ack 1684719585 win 65535
        0x0000:  4500 0028 11db 4000 8006 6475 c0a8 0167  E..(..@...du...g
        0x0010:  c0a8 01c8 0446 0016 c720 c587 646a c7e1  .....F......dj..
        0x0020:  5010 ffff 6e04 0000 0000 0000 0000       P...n.........
```

图 10-7　tcpdump 捕捉结果

3. 日志服务器 syslog

尽管在各个环节仔细做了安全设置，并且使用了必要的安全防护工具，Linux 操作系统的安全性大为提高，但是并不能保证可以阻止那些网络黑客的入侵。

平时，服务器出了任何问题都会记录进日志，它会及时通知系统发生的各种事件。网络管理者要保持警惕，随时注意各种可疑状况，并且按时检查各种系统日志文件，包括一般信息日志、网络连接日志、文件传输日志及用户登录日志等。在检查这些日志时，要注意是否有不合常理的时间记录，以及过多过频发生的事件。例如：

- 正常用户在半夜三更登录；
- 日志记录不正常，如日志只记录了一半就切断了，或者整个日志文件被删除了；
- 用户从陌生的 IP 地址进入系统；
- 因密码错误或用户账号错误被摒弃在外的日志记录，尤其是那些一再连续尝试进入失败，但有一定模式的试错法；
- 非法使用或不正当使用超级用户权限 su 的指令；
- 重新开机或重新启动各项服务的记录。

日志服务器 syslog 的配置文件/etc/syslog.conf 中保存了各种消息的类型及其记录的位置。日志文件非常大，仅依靠肉眼观察往往难以看出问题，建议使用专门的工具来进行分析。

10.4　Windows 系统安全

10.4.1　保护 Windows 系统安全的基本措施

1. 保护系统默认账户

（1）保护 Guest 账户

任何时候都不随意允许 Guest 账户登录系统。可以将 Guest 账户关闭、停用或改名，以防止 Guest 访问计算机和查看日志。在 Windows 10 中，Guest 账户已默认禁用。

（2）保护 administrator 账户

Windows 中的管理员账户无法被停用。为防止密码被不断地尝试，应把 administrator 的名字伪装成一个普通用户。注意，既要修改用户名，也要修改全名。

建议在本地另外创建一个名为"administrator"的陷阱账户，并设置一个超级复杂密码，如图 10-8 所示。然后把它的权限设置得足够低。例如，将该陷阱账户隶属于 Guests 组，使得非法用户很难获得真正的管理员的权限，并且可以借此发现他们的入侵企图。

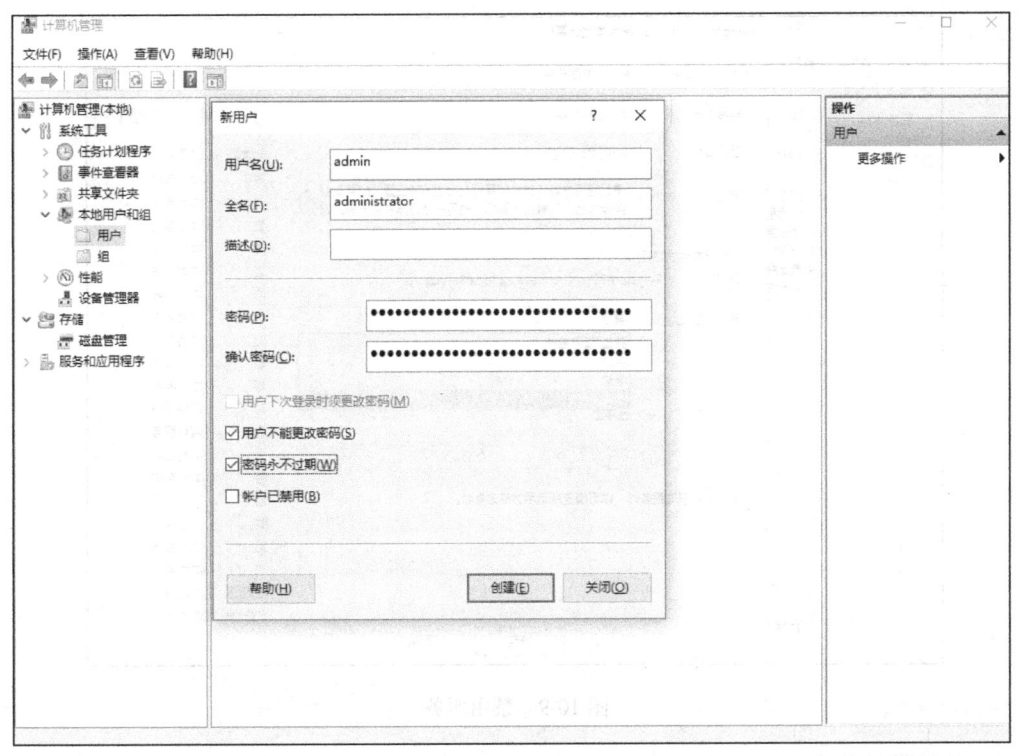

图 10-8　建立陷阱账户 administrator[①]

2．不显示上次登录的用户名

尽管系统管理员可以改名，但若注销后重新登录，Windows 默认显示上次登录的用户名，从而可能暴露系统管理员的用户名。借助组策略可以很方便地解决这个问题。

3．保护重要的文件

对于重要的机密性的数据的存放，建议遵循以下原则。

1）不要存放在系统所在的分区（存放了 Windows 文件夹的分区），以防止被黑客攻击。

2）存放的分区必须是安全性高的 NTFS 文件系统。

3）根据需要设置共享权限和 NTFS 权限，进行 NTFS 的加密等。

4）启用对文件夹的审核，以便观察是何人对文件夹进行了何种操作。

4．关闭不必要的服务和端口

多余的服务永远是威胁系统安全的重要隐患。例如，Remote Registry（远程注册）服务允许远程用户修改此计算机上的注册表设置，这是非常危险的，Windows 10 默认禁止这种行为。

在 Windows 中禁用服务的方法如下：运行"services.msc"，打开服务控制台，双击要管理的服务名，设置"启动类型"为"禁用"即可，如图 10-9 所示。

注意，Remote Registry 服务的"启动类型"为"自动"，如果选择"已停止"，则此服务在下次开机时还会自动启动。

每种服务都唯一地对应于某个端口，关闭端口就相当于禁止了相关的服务。在 Windows 10 中，可通过设置 IPSec 来关闭不必要的端口。

---

① 本书中多个窗口图中有"帐户"这个词，正确写法应为"账户"，在此特别说明。

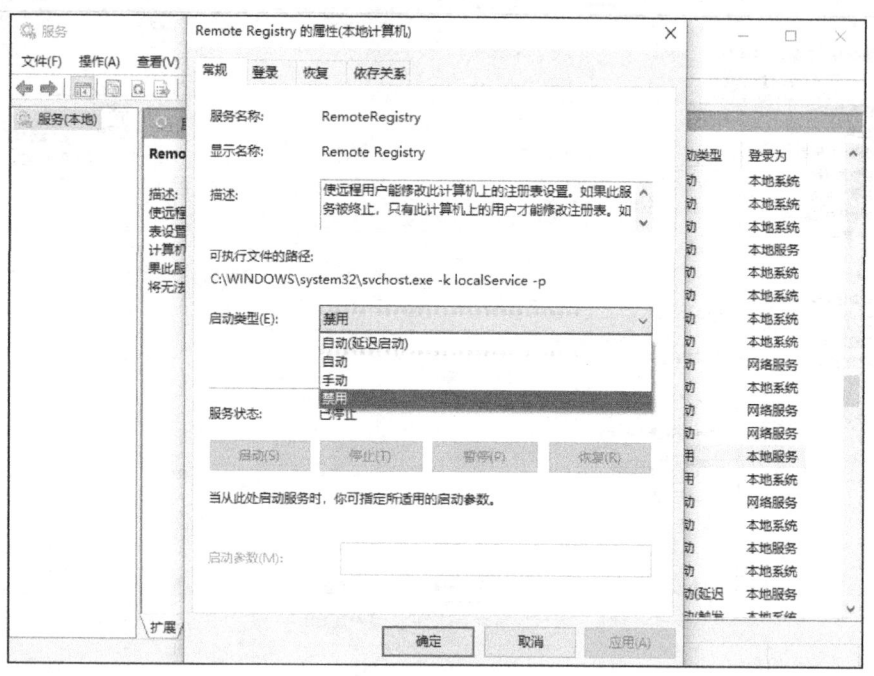

图 10-9　禁用服务

5. 关闭默认共享

系统安装好以后，默认所有的驱动器都打开了共享，很容易被黑客利用来放置危险的文件。使用 net share 工具可以查看系统中的默认共享，如图 10-10 所示。

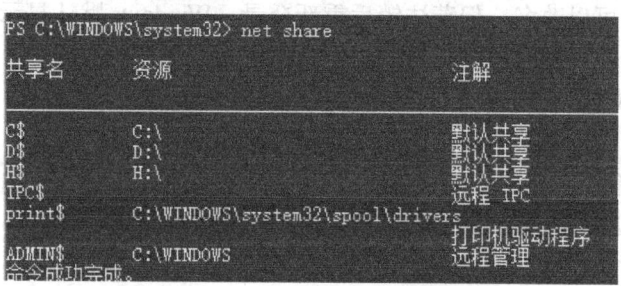

图 10-10　查看 Windows 中的默认共享

使用 net share 工具可以关闭这些默认的共享（其中，IPC$用于在网络上提供一些基本的文件共享，无法将它关闭），方法如下。

1) 使用命令：

net share c$ /delete
net share admin$ /delete

注意，使用命令关闭的默认共享，在下次开机后又重新开启。

2) 若希望每次开机后自动关闭默认共享，则可以把以上命令写进一个脚本程序（.bat 文件），然后进入"程序"文件夹下的"启动"文件夹。Windows 10 系统"启动"文件夹的路径为 C:\ProgramData\Microsoft\Windows\Start Menu\Programs\StartUp（ProgramData 为隐藏文件夹），Windows 10 某个用户的"启动"文件夹路径为 C:\Users\用户名\AppData\Roaming\Microsoft\

Windows\Start Menu\Programs\Startup，把这个脚本程序放进"启动"文件夹中即可，如图 10-11 所示。

图 10-11　设置系统启动脚本

6. 打开审核策略

开启审核策略是 Windows 最基本的入侵检测方法。当有人尝试以某些方式入侵系统（如尝试用户密码、改变账户策略、未经许可的文件访问等）时，都可以被记录到安全日志里，供管理员事后查看，以便发现系统中一些危险因素，防患于未然。

例如，用户可能并不知道黑客已对自己的密码测试了一个星期，直到系统遭到破坏。若预先启用了审核策略，并且用户有经常检查系统日志的良好习惯，就能及时发现这些状况。

审核策略在默认的情况下是没有开启的。为便于以后出现安全事件的时候进行查找，下面的这些审核策略是必须开启的，其他的可以根据需要增加。

- 审核账户登录事件　　　成功、失败
- 审核账户管理　　　　　成功、失败
- 审核登录事件　　　　　成功、失败
- 审核对象访问　　　　　成功
- 审核策略更改　　　　　成功、失败
- 审核特权使用　　　　　成功、失败
- 审核系统事件　　　　　成功、失败

10.4.2　使用 MBSA 检查系统漏洞

你是否已做了正确的安全配置？你的系统是否还存在安全漏洞？这里推荐使用微软公司免费提供的工具 MBSA（Microsoft Baseline Security Analyzer，微软基线安全分析器），对 Windows 主机进行一次全面的体检。

MBSA 程序有三大主要功能。

- Scan a computer：使用计算机名称或 IP 地址来检测单台计算机。
- Scan multiple computers：使用域名或 IP 地址范围来检测多台计算机。
- View existing security scan reports：查看已经检测过的安全报告。

下面以设置单机扫描为例，讲解 MBSA 的使用方法。

1. 设置扫描选项

在 MBSA 程序运行主界面上选择"Scan a computer"选项，接着会出现一个扫描设置的窗口，如图 10-12 所示。这里仅针对本机，无须设置"Computer name"和"IP address"，MBSA 会自动获取本机的计算机名。如果要扫描网络中的计算机，则需要在"IP address"文本框中输入欲扫描的 IP 地址。

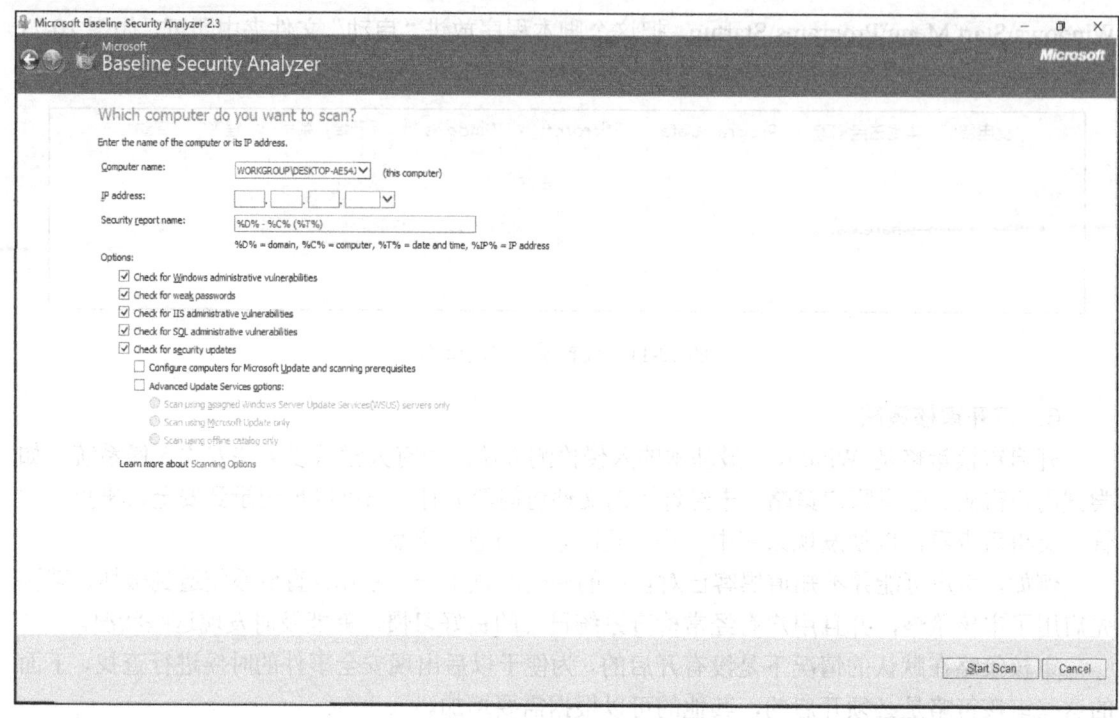

图 10-12 设置 MBSA 扫描选项

保持默认的安全扫描报告名称,然后根据需要选择检测"Options"选项组中的以下安全项目。
- Check for Windows administrative vulnerabilities:检测 Windows 管理方面的漏洞。
- Check for weak passwords:检测弱口令。
- Check for IIS administrative vulnerabilities:检测 IIS 管理方面的漏洞。
- Check for SQL administrative vulnerabilities:检测 SQL 程序设置等方面的漏洞。
- Check for security updates:检测安全更新。选择此项的前提是能正常访问微软公司的官网。

2. 扫描漏洞

在图 10-12 中单击"Start Scan"按钮开始对计算机进行安全扫描,扫描结束后,程序会自动跳转至扫描结果窗口,可通过 MBSA 提供的扫描报告查看本次扫描的详细信息。扫描报告是进行安全加固的参考,其中,项目前打钩表示设置正确,惊叹号表示警告,打叉表示设置错误。

3. 修正安全问题

若扫描结果显示系统缺少某个补丁,则可以单击"Download"下面的相应图标下载补丁,然后直接运行该程序进行安装。若结果中出现了"How to correct this",则表明系统或应用存在安全问题,需要根据实际情况,参考具体的修复建议进行修补。

4. 再次安全扫描

在安装补丁程序的过程中或下载过程中有可能会产生一些遗漏,或者在更新某一个补丁后又可能出现一些新的补丁,因此在进行安全加固或安全扫描后需要重新对系统进行安全扫描,以确认前面的安全更新和安全加固是完整的。例如,使用 360 安全卫士进行漏洞扫描,检测结果显示系统无漏洞,但通过 MBSA 扫描仍然发现系统中存在数个未更新的补丁,说明第三方扫描软件更新和扫描未必绝对安全可靠。

5. 查看所有的扫描报告

使用 MBSA 对系统进行扫描后，会自动保存扫描报告，在 MBSA 程序的主界面选择"View existing security scan reports"选项即可查看，这些报告可以作为安全检查的依据，通过对比加固前后的报告可以知道系统目前的安全情况。

10.4.3 综合案例

1. 要求

重命名系统管理员账户；注销后不显示上次登录的用户名；记录所有用户对某个重要文件夹的各种操作；记录密码输入错误导致的登录失败事件。

2. 操作步骤

1）选择"开始"→"管理工具"→"本地安全策略"命令，在"本地安全策略"控制台中依次展开"安全设置"→"本地策略"→"安全选项"选项，将"策略"→"交互式登录：不显示上次登录"设置为"已启用"，如图 10-13 所示。

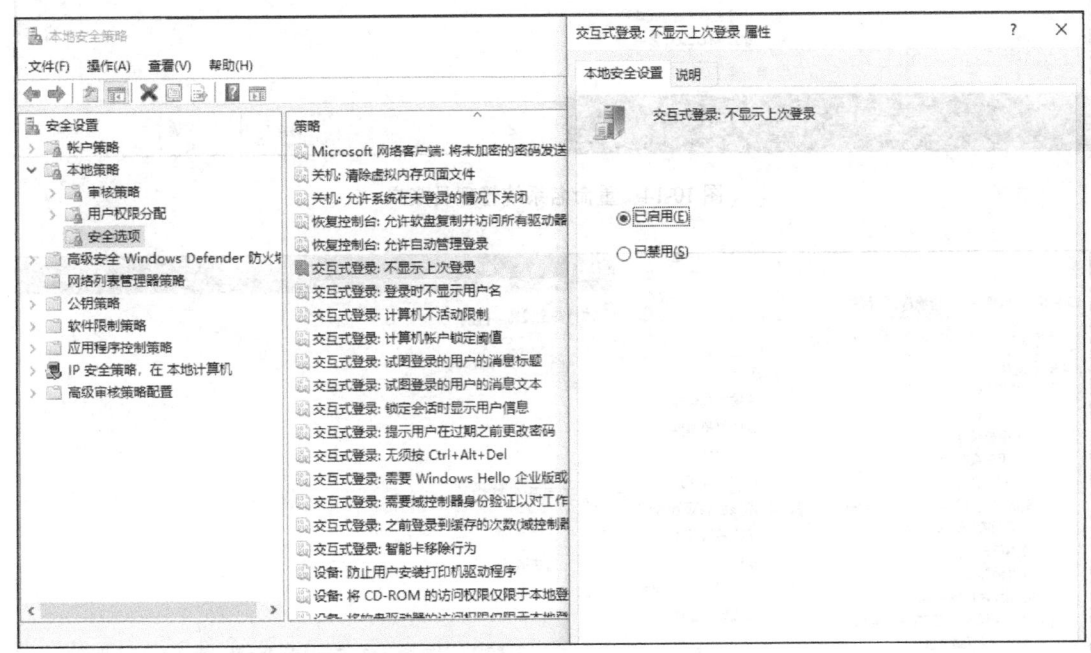

图 10-13　不显示上次登录用户名

2）双击策略"账户：重命名系统管理员账户"，将默认的系统管理员 Administrator 的用户名设置为一个普通的名字，如图 10-14 所示。

3）由于黑客暴力破解密码可能导致大量的操作"失败"，因此不但要记录"成功"的登录记录，更有必要记录"失败"的操作。在"本地安全策略"控制台中，依次展开"安全设置"→"本地策略"→"审核策略"选项，双击"策略"→"审核登录事件"，设置要审核的操作为"成功"和"失败"，如图 10-15 所示。

4）双击"策略"→"审核对象访问"，设置要审核的操作为"成功"和"失败"。

5）双击"策略"→"审核账户登录事件"，设置要审核的操作为"成功"和"失败"。

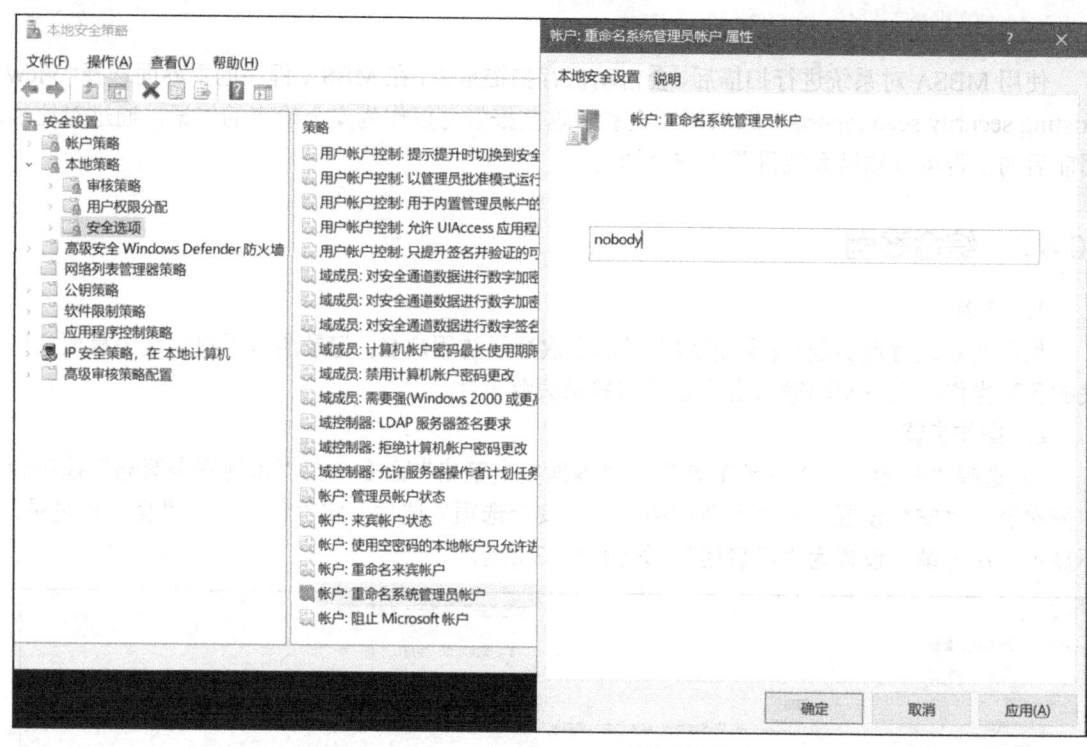

图 10-14 重命名系统管理员账户

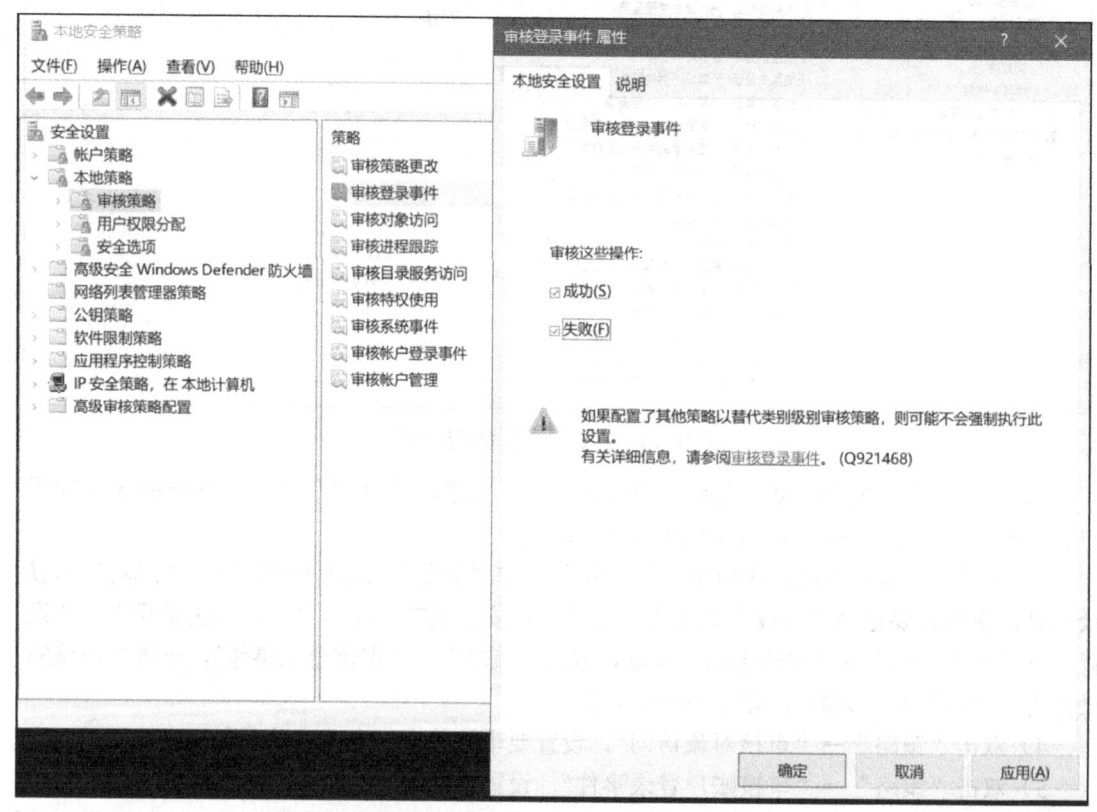

图 10-15 审核"成功"和"失败"的登录事件

6）由于系统默认隔一段时间才会自动更新一次策略，因此以上策略在设置完成后一般不会立即看到效果。执行命令"gpupdate /force"可立即更新策略，使之生效。

7）在 NTFS 分区建立一个用于保存重要信息的文件夹"important"，然后设置需要审核哪些用户对此文件夹可以进行何种操作。方法：右击文件夹"important"，在弹出的快捷菜单中选择"属性"命令，在打开的属性设置对话框中选择"安全"选项卡，单击"高级"按钮，选择"审核"选项卡，单击"编辑"按钮，再单击"添加"按钮，添加"Everyone"组对此文件夹所有的"成功"和"失败"的操作，如图 10-16 所示。

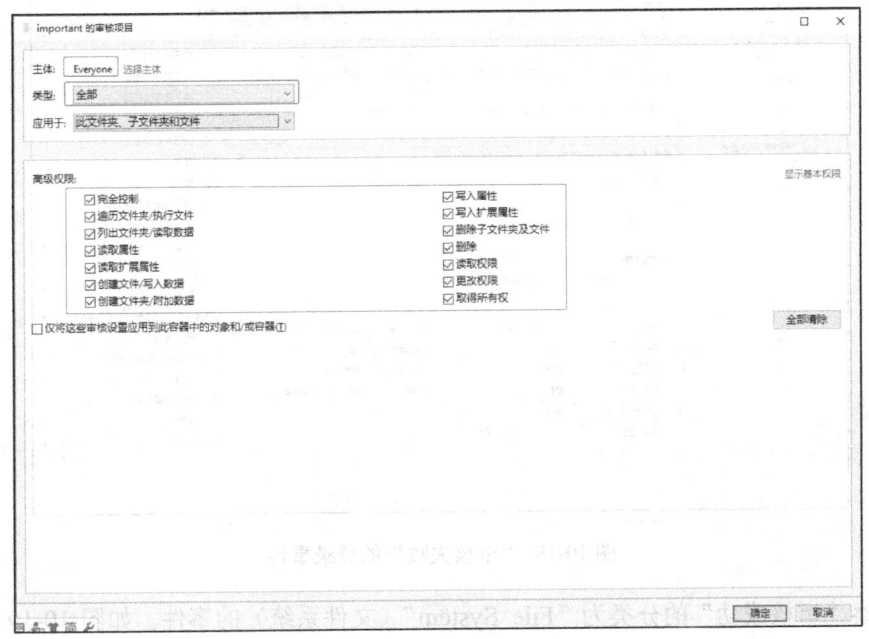

图 10-16　对文件夹设置要审核的项目

注意，还要设置 Everyone 对此文件夹具有相应的访问权限。

8）测试效果。

- 注销。在按下 Ctrl+Alt+Delete 组合键后，屏幕上未显示上次登录的用户信息，如图 10-17 所示。

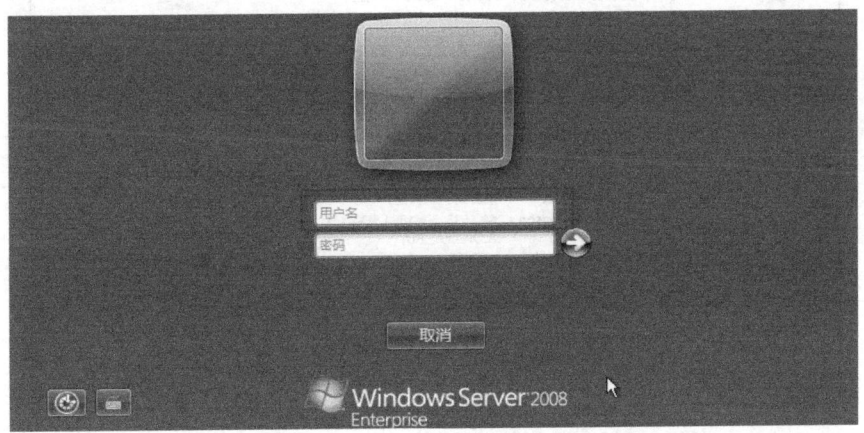

图 10-17　未显示上次登录的用户信息

- 尝试以 Administrator 连接，输入 4 次错误密码。
- 以真正的管理员账户进入系统，在 "important" 中建立一个文件，修改文件名。
- 选择 "开始" → "管理工具" → "事件查看器" 命令，打开事件查看器。打开 Windows 日志中的 "安全" 日志，观察是否共有 4 次 "审核失败" 的分类为 "Logon"（登录）的事件，如图 10-18 所示。

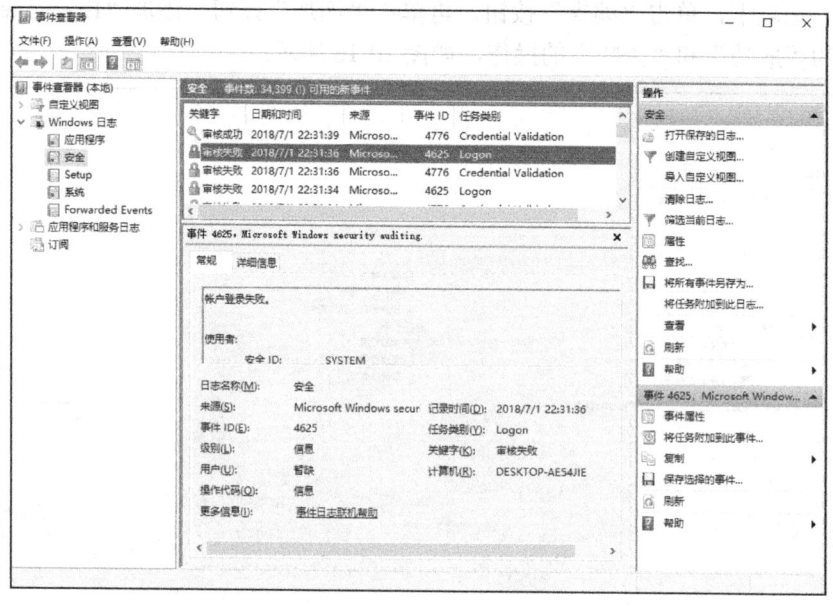

图 10-18 "审核失败" 的登录事件

- 观察 "审核成功" 的分类为 "File System"（文件系统）的事件。如图 10-19 所示，选择 "详细信息" 选项卡，了解是何人对哪个文件夹做了何种操作。

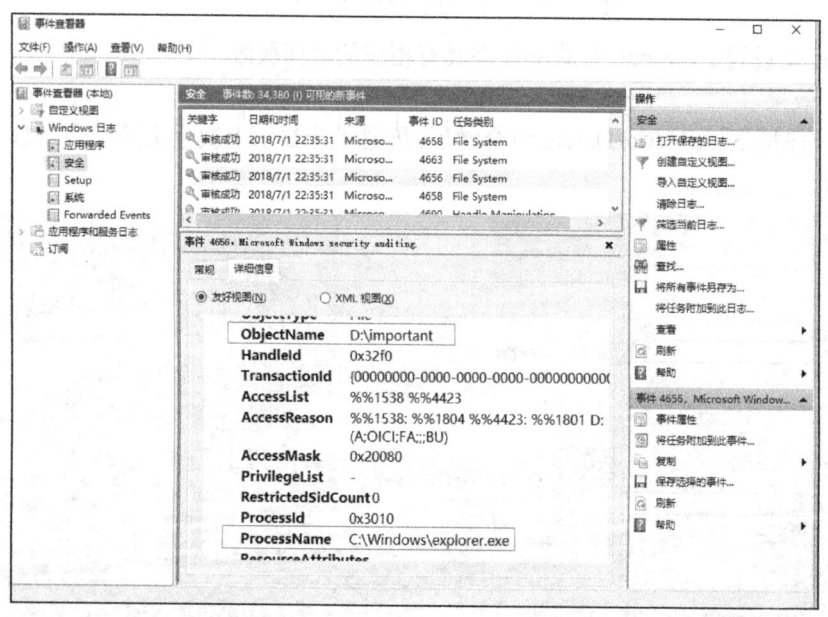

图 10-19 "审核成功" 的文件系统事件

第11章 无线局域网安全与管理

千丈之堤，以蝼蚁之穴溃；百尺之室，以突隙之烟焚。

——《韩非子·喻老》

无线局域网是一种柔性数据交换系统，是对有线局域网的延伸。无线局域网允许用户建立远距离无线连接的全球语音和数据网络，也包括为近距离无线连接进行优化的红外技术及射频技术，具有移动灵活、安装简单快速、运行成本低和可扩展性等特点。随着无线网络设备（如华为智能手机、iPhone、iPad、iPod 等）不断推陈出新、传输速率全面迈向 G+时代，无线局域网已广泛应用于移动办公系统、旅游服务、展览和会议、生产管理、医护管理等领域。无线局域网在给人们的生活和工作带来便利的同时，其安全问题也日益突出。

本章的主要目的是使学生了解无线局域网的相关知识，认识无线局域网面临的安全问题及产生原因，熟练掌握无线局域网安全防护基本知识和措施，具备公司无线局域网安全的设备设置与管理能力。

在书房待久了，小明带着笔记本来到了客厅，奇怪的现象出现了：小明发现网速突然变快。难道远离了放在书房的无线接入点（Access Point，AP），上网速度会更快？当然不会。原来是因为客厅离邻居的书房较近，小明无意间访问了邻居的无线网络，而邻居申请的网络速度比小明的快得多。假设，小明接着访问了邻居的共享磁盘，正好磁盘里有银行卡密码、投标书、个人日记，甚至是一些私人图片，结果会怎么样？

这不是凭空假设，而是事实。相关机构最近一次调查表明，85%的 IT 企业网络经理认为无线网络的安全防范意识和手段还需要进一步加强。由于 Wi-Fi 的 802.11 规范的安全协议考虑不周等原因，无线网络存在安全漏洞，这就给攻击者进行中间人攻击提供了机会。而鉴于无线网络自身特性，攻击者可以不费吹灰之力就可以找到一个网络接口，在企业的建筑旁边接入客户网络，肆意盗取企业机密或进行破坏。另外，企业员工对无线设备不负责任地滥用也会造成安全隐患，如随意开放 AP，随意打开无线网卡的 Ad-Hoc 模式，或者误上别人假冒的 AP 导致信息泄露等。无线网络行业下一个竞争点在于安全，要想开创无线网络应用新纪元，就必须建立更安全的无线网络。因此，无线网络安全将引发下一轮无线网络的技术革命，谁率先突破技术瓶颈，打造出最安全的无线网络，谁就将成为推动行业进步的主导力量。

11.1 无线局域网

无线网络就是利用无线电波（Radio）或红外线（Infrared）作为信息传输的媒介构成的网络，与有线网络的用途十分类似，最大的不同在于传输媒介的不同。无线网络利用无线电通信技术（Radio Communications Technology，RCT）或红外数据组织（Infrared Data Association，IrDA）技术取代网线，可以和有线网络互为备份。无线网络模型如图 11-1 所示。

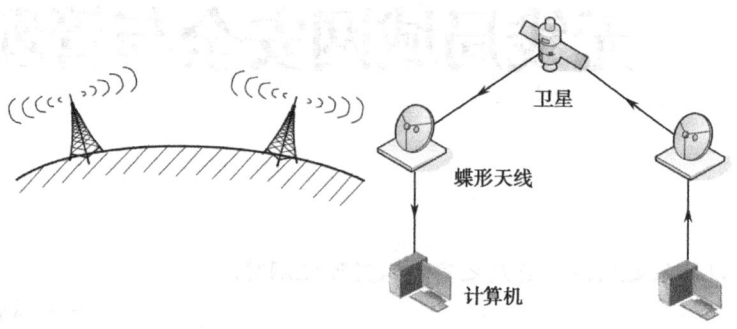

图 11-1　无线网络模型

无线局域网（Wireless Local Area Network，WLAN）是计算机网络与无线通信技术相结合的产物。通俗地讲，无线局域网是指在不采用传统电缆线的同时，实现传统有线局域网的所有功能，而网络却能够随着实际需要移动或变化。之所以称其为局域网，是因为其会受到无线连接设备与计算机之间距离的远近限制而影响传输范围，所以必须在区域范围之内才能连接网络。

无线局域网的基础还是传统的有线局域网，是有线局域网的扩展和替换。它只是在有线局域网的基础上通过无线网卡、无线交换机、无线集线器、无线访问节点、无线网桥等设备使无线通信得以实现。与有线网络一样，无线局域网同样需要传送介质，只是无线局域网采用的传输介质不是双绞线或光纤，而是红外线或无线电波。

红外线局域网采用波长小于 1μm 的红外线作为传输介质，有较强的方向性，由于它采用低于可见光的部分频谱作为传输介质，因而其使用不受无线电管理部门的限制。红外信号的特点是要求视距（直观可见距离）传输，窃听困难，对邻近区域的类似系统不产生干扰。

无线电波局域网采用无线电波作为无线局域网的传输介质，是目前应用最多的网络类型，这主要是因为无线电波的覆盖范围较广，应用较广泛。扩频方式通信（特别是直接序列扩频调制方法）因其发射功率低于自然背景噪声，因而具有很强的抗干扰、抗噪声、抗衰落能力，这使其通信非常安全，基本避免了通信信号被偷听和窃取，具有很高的可用性。另外，无线局域网使用的频段主要是 S 频段（2.4～2.4835GHz），这个频段也叫工业科学医疗（Industry Science Medical，ISM）频段，该频段在美国不受美国联邦通信委员会的限制，属于工业自由辐射频段，不会对人体健康造成伤害。所以，无线电波成为无线局域网最常用的无线传输介质。

除传输介质有别于传统局域网外，无线局域网技术区别于有线接入的特点之一就是标准不统一，不同的标准有不同的应用。目前比较流行的有 802.11 标准（包括 802.11a、802.11b 及 802.11g

等标准)、蓝牙(Bluetooth)标准及家庭网络标准——HomeRF(Home Radio Frequency,家用无线电频率)标准等。

11.2 无线局域网典型设备

1. 无线路由器

无线路由器(Wireless Router,见图 11-2)可看作将单纯性无线 AP 和宽带路由器合二为一的扩展型产品,它不仅具备单纯性无线 AP 的所有功能,如支持 DHCP(Dynamic Host Configuration Protocol)服务、VPN(Virtual Private Network)、防火墙、MAC(Media Access Control)地址过滤、WEP(Wired Equivalent Privacy)加密等,而且还包括了网络地址转换(NAT)功能,可支持局域网用户的网络连接共享,可实现家庭无线网络中的 Internet 连接共享,实现 ADSL(Asymmetric Digital Subscriber Line)和小区宽带的无线共享接入。

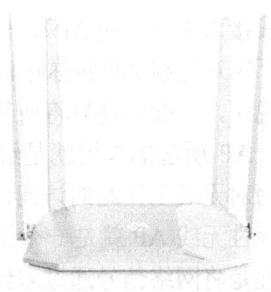

图 11-2 无线路由器

2. 无线网卡

接收信号的无线网卡是必不可少的部件,是终端无线网络的设备,是在无线局域网的无线覆盖下通过无线连接网络进行上网使用的无线终端设备。具体地讲,无线网卡就是使计算机可以利用无线来上网的一个装置,但是有了无线网卡还需要一个可以连接的无线网络,如果家里或所在地有无线路由器或无线 AP 的覆盖,就可以通过无线网卡以无线的方式连接无线网络上网。无线网卡按接口类型的不同,目前主要分为台式机专用的 PCI 接口无线网卡(见图 11-3)、笔记本电脑专用的 PCMCIA 接口网卡(见图 11-4)、笔记本电脑内置的 MINI-PCI 无线网卡(见图 11-5)和 USB 接口无线网卡(见图 11-6)4 种类型。

图 11-3 台式机专用的 PCI 接口无线网卡
(台式机专用带加强信号天线)

图 11-4 笔记本电脑专用的 PCMCIA 接口网卡

图 11-5 笔记本电脑内置的 MINI-PCI 无线网卡

图 11-6 USB 接口无线网卡

无线网卡按使用频率与传输速率分为以下 4 个标准。

1）IEEE 802.11a：使用 5GHz 频段，传输速度为 54Mb/s，与 802.11b 不兼容。

2）IEEE 802.11b：使用 2.4GHz 频段，传输速度为 11Mb/s。

3）IEEE 802.11g：使用 2.4GHz 频段，传输速度为 54Mb/s，可向下兼容 802.11b。

4）IEEE 802.11n（Draft 2.0）：使用 2.4GHz 频段和 5GHz 频段，传输速度为 300Mb/s，最高可达 600Mb/s，可向下兼容 802.11b、802.11g，目前还不是一个正式的标准。

3. 无线接入点

无线接入点（Wireless Access Point，见图 11-7）是一个含义很广的名称，它既包含单纯性无线接入点（无线 AP），也是无线路由器（含无线网关、无线网桥）等设备的统称。各种文章或厂家对无线 AP 的称呼目前比较混乱，但随着无线路由器的普及，目前的情况下如没有特别的说明，一般还是只将所称呼的无线 AP 理解为单纯性无线 AP，从而和无线路由器加以区分。

AP 所起的作用就是给无线网卡提供网络信号，提供无线工作站对有线局域网和从有线局域网对无线工作站的访问，在访问接入点覆盖范围内的无线工作站可以通过它进行相互通信。单纯性无线 AP 就是一个无线的交换机，仅提供无线信号发射的功能。单纯性无线 AP 的工作原理是将网络信号通过双绞线传输过来，经过 AP 产品的编译，将电信号转换成无线电信号发送出来，形成无线网的覆盖。根据不同的功率，可以实现不同程度、不同范围的网络覆盖。按照协议标准，IEEE 802.11b 和 IEEE 802.11g 的覆盖范围是室内 100m、室外 300m。但在实际应用中，会碰到各种障碍物，其中以玻璃、木板、石膏墙对无线信号的影响最小，而混凝土墙壁和铁质物品对无线信号的屏蔽最大。所以，实际使用范围通常是室内 30m、室外 100m（没有障碍物），支持多用户（30～100 台计算机）接入。

目前销售的 AP 主要分为不带路由功能的单纯性 AP 和带路由功能的 AP 两种。简单地说，前者仅提供一个无线信号发射的功能，不具备路由功能，包括 DNS、DHCP、防火墙在内的服务器功能都必须由独立的路由或计算机来完成。而路由 AP 可以实现为拨号接入 Internet 的 ADSL 等提供自动拨号功能，也就是当用户开机时，网络实际上就自动接通了，而不再需要手动拨号。另外，路由 AP 具有相对更完善的安全防护功能。

4. 手持设备

手持设备也称"个人数字助理"（Personal Digital Assistant，PDA），含义广泛，包括 iPhone、iPad、iPod 等，图 11-8 所示的智能手机也为手持设备。

图 11-7　无线接入点（D-LINK 无线 AP）

图 11-8　智能手机

11.3 无线局域网的安全威胁及安全技术

无线局域网（WLAN）具有安装便捷、使用灵活、经济节约、易于扩展等有线网络无法比拟的优点，因此得到越来越广泛的使用。但是无线局域网信道开放的特点，使得攻击者能够很容易进行窃听、恶意修改并转发信息，因此安全性成为阻碍无线局域网发展的最重要因素。虽然人们对无线局域网的需求不断增长，但同时许多潜在的用户对是否使用那些不能够得到可靠的安全保护的无线局域网表现得犹豫不决。

目前，有很多种无线局域网的安全技术，包括 MAC 地址过滤、服务区标识符（Service Set Identifier，SSID，也称 Extended Service Set Identifier，ESSID）匹配、有线等效保密（Wired Equivalent Privacy，WEP）、端口访问控制技术（IEEE 802.1x）、WPA（Wi-Fi Protected Access）、IEEE 802.11i 等。面对如此多的安全技术，应该选择哪些技术来解决无线局域网的安全问题，才能满足用户对安全性的要求呢？

1. 无线局域网的安全威胁

利用 WLAN 进行通信必须确保其具有较高的通信保密能力。现有的 WLAN 产品的安全隐患主要有以下几点。

（1）未经授权使用网络服务

由于无线局域网的开放式访问方式的特点，所以非法用户可以未经授权而擅自使用网络资源，这不仅会占用宝贵的无线信道资源，增加带宽费用，降低合法用户的服务质量，而且未经授权的用户不遵守运营商提出的服务条款，甚至可能导致法律纠纷。

（2）地址欺骗和会话拦截（中间人攻击）

在无线环境中，非法用户通过侦听等手段获得网络中合法站点的 MAC 地址比有线环境中要容易得多，这些合法的 MAC 地址可以被用来进行恶意攻击。

另外，由于 IEEE 802.11 没有对 AP 身份进行认证，非法用户很容易装扮成 AP 进入网络，并进一步获取合法用户的身份鉴别信息，通过会话拦截实现网络入侵。

（3）高级入侵（企业网）

一旦攻击者进入无线网络，它将成为进一步入侵其他系统的起点。多数企业部署的 WLAN 都在防火墙之后，这样 WLAN 的安全隐患就会成为整个安全系统的漏洞，只要攻破无线网络，就会使整个网络暴露在非法用户面前。

2. 基本的无线局域网安全技术

通常，网络的安全性主要体现在访问控制和数据加密两个方面。访问控制可以保证敏感数据只能由授权用户进行访问，而数据加密则保证发送的数据只能被其期望的用户接收和理解。

下面对在无线局域网中常用的安全技术进行简要介绍。

（1）MAC 地址过滤

每个无线客户端网卡都由唯一的 48 位物理地址标识，可在 AP 中手动维护一组允许访问控制（Access Control）的 MAC 地址列表，从而实现 MAC 地址过滤。非法用户通过网络侦听就可获得合法的 MAC 地址列表，且 MAC 地址并不难修改，因而非法用户完全可以盗用合法用户的 MAC 地址来非法接入。MAC 地址过滤示意图如图 11-9 所示。

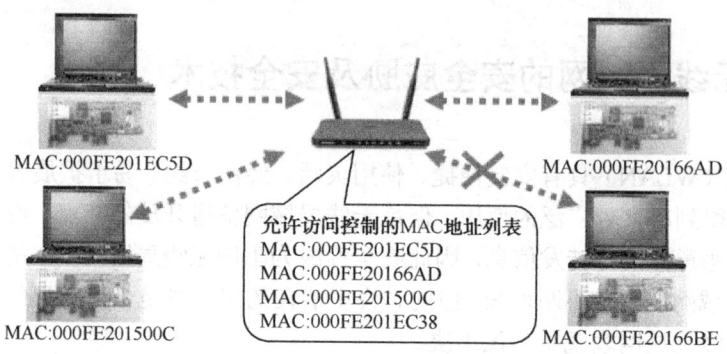

图 11-9　MAC 地址过滤示意图

（2）服务区标识符（SSID）匹配

无线客户端必须设置与无线 AP 相同的服务区标识符（SSID，也称 ESSID），才能访问 AP；如果出示的 SSID 与 AP 的 SSID 不同，那么 AP 将拒绝它通过本服务区上网。利用 SSID 设置，可以很好地进行用户群体分组，避免任意漫游带来的安全和访问性能的问题。可以通过设置隐藏接入点（AP）、划分 SSID 区域和权限控制来达到保密的目的，因此可以认为 SSID 是一个简单的口令，通过提供口令认证机制，实现一定的安全。服务区标识符匹配如图 11-10 所示。

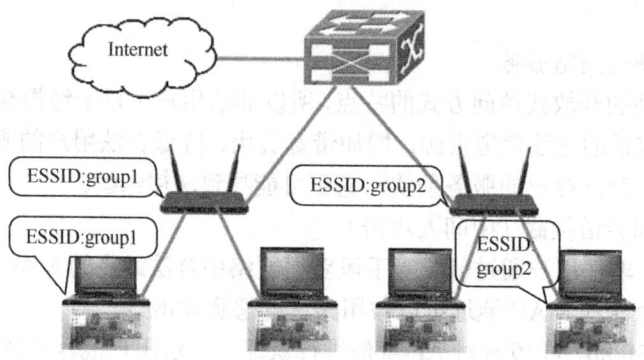

图 11-10　服务区标识符匹配

（3）有线等效保密（WEP）

IEEE 802.11 定义了有线等效保密（Wired Equivalent Privacy，WEP）标准来对无线传输的数据进行加密，WEP 的核心是采用的 RC4（Ron Rivest Cipher 4）算法。在标准中，加密密钥长度有 64 位和 128 位两种。其中，24 位的初始向量（Initialization Vector，IV）是由系统产生的，需要在 AP 和 Station 上配置的密钥就只有 40 位或 104 位。图 11-11 所示为 WEP 加密原理图。WEP 加密步骤如下。

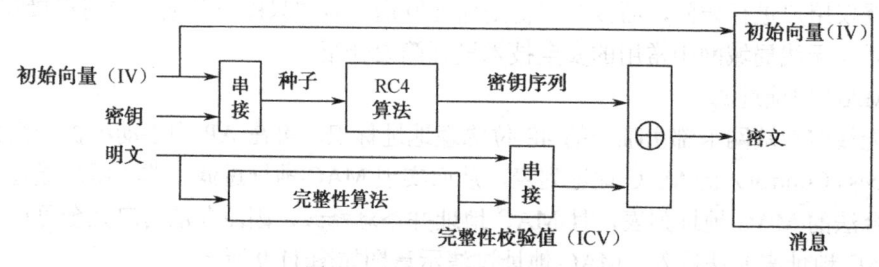

图 11-11　WEP 加密原理图

1）AP 先产生一个 IV，将其同密钥串接（IV 在前）作为 WEP 种子（WEP Seed），采用

RC4 算法生成密钥序列。

2）对需要加密的明文采用完整性算法，生成完整性校验值（ICV，32 位），将其串接在明文之后。

3）将上述两步的结果按位异或，生成加密数据（密文）。

4）将 IV 添加到加密数据（密文）的前面，进行传输。

图 11-12 所示为 WEP 解密原理图。WEP 解密步骤如下。

1）找到解密密钥。

2）将密钥和 IV 串接（IV 在前）作为 RC4 算法的输入生成和待解密数据（密文）等长的密钥序列。

3）将密钥序列和待解密数据（密文）按位异或，最后 4 字节是 ICV，前面是明文。

4）对明文计算 ICV′，并和 ICV 比较，如果相同则解密成功，否则丢弃该数据。

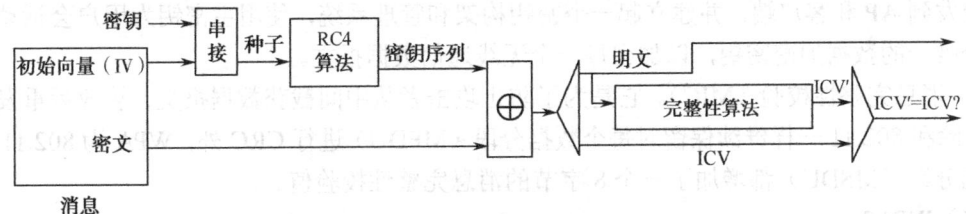

图 11-12　WEP 解密原理图

（4）端口访问控制技术（IEEE 802.1x）和可扩展认证协议（EAP）

IEEE 802.1x 并不是专为 WLAN 设计的，它是一种基于端口的访问控制技术。

该技术也是用于无线局域网的一种增强网络安全解决方案。当无线工作站 STA 与无线 AP 关联后，是否可以使用 AP 的服务要取决于 802.1x 的认证结果。如果认证通过，则 AP 为 STA 打开这个逻辑端口，否则不允许用户连接网络。

IEEE 802.1x 提供无线客户端与 RADIUS（Remote Authentication Dial In User Service）服务器之间的认证，而不是客户端与无线 AP 之间的认证；采用的用户认证信息仅是用户名与口令，在存储、使用和认证信息传递中存在很大安全隐患，如泄露、丢失；无线 AP 与 RADIUS 服务器之间基于共享密钥完成认证过程协商出的会话密钥的传递，该共享密钥为静态，存在一定的安全隐患。

802.1x 协议仅关注端口的打开与关闭，当合法用户（根据账号和密码）接入时，该端口打开，而当非法用户接入或没有用户接入时，该端口处于关闭状态。802.1x 端口控制示意图如图 11-13 所示。认证的结果在于端口状态的改变，而不涉及通常认证技术必须考虑的 IP 地址协商和分配问题，是各种认证技术中最简化的实现方案。

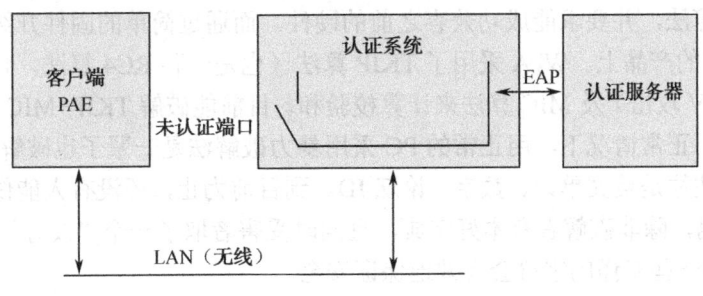

图 11-13　802.1x 端口控制示意图

(5) WPA

在最终确定 IEEE 802.11i 标准前，WPA 标准是代替 WEP 的无线安全标准协议，为 IEEE 802.11 无线局域网提供更强大的安全性能。WPA 是 IEEE 802.11i 的一个子集，其核心就是 IEEE 802.1x 和 TKIP（Temporal Key Integrity Protocol）。

1）认证。在 802.11 中几乎形同虚设的认证阶段，到了 WPA 中变得尤为重要起来，它要求用户必须提供某种形式的证据来证明它是合法用户，并拥有对某些网络资源的访问权，并且是强制性的。

2）加密。WPA 采用 TKIP 为加密引入了新的机制，它使用一种密钥构架和管理方法，通过认证服务器动态生成分发的密钥来取代单个静态密钥，以及把密钥首部长度从 24 位增加到 48 位等方法增强安全性，而且 TKIP 利用了 802.1x/EAP 构架。认证服务器在接收了用户身份认证信息后，使用 802.1x 产生一个唯一的主密钥处理会话。然后，TKIP 把这个密钥通过安全通道分发到 AP 和客户端，并建立起一个密钥构架和管理系统，使用主密钥为用户会话动态产生一个唯一的数据加密密钥，以加密每一个无线通信数据报文。

3）消息完整性校验（MIC）。它是为了防止攻击者从中间截获数据报文、篡改后重发而设置的。除和 802.11 一样继续保留对每个数据分段（MPDU）进行 CRC 外，WPA 为 802.11 的每个数据分组（MSDU）都增加了一个 8 字节的消息完整性校验值。

(6) WPA2

为了提高安全性，美国电气和电子工程师协会（IEEE）过去曾一直致力于制定"IEEE 802.11i"方式，但标准化工作花费了相当长的时间。因此，Wi-Fi 联盟就在 2002 年 10 月发表了率先采用 IEEE 802.11i 功能的 WPA，希望以此提高 WLAN 的安全性。

此后，到了 2004 年 6 月 IEEE 802.11i 制定完毕。于是，Wi-Fi 联盟经过修订后重新推出了具有与 IEEE 802.11i 标准相同功能的 WPA2。该联盟表示，WPA2 可以满足部分企业和政府等机构的需要导入 AES。

1）安全性。一度认为是 100%安全的 WPA2 加密模式，目前也被认为是极度不安全了。早在 2009 年，日本的两位安全专家称，他们已研发出一种可以在一分钟内利用无线路由器攻破 WPA2 加密系统的办法。这种攻击为黑客提供了扫描计算机和使用 WPA 加密系统的路由器之间加密流量的方法。这种攻击是由日本广岛大学的 Toshihiro Ohigashi 和神户大学的 Masakatu Morii 两位学者开发的，他们在广岛召开的一次技术会议上对该攻击进行了更详尽的讨论。不过，截至目前，这种破解方法没有公布于众，但是这并不意味着 WPA 是安全的。

近几年，随着对无线安全的深度了解，黑客发现了最新的 WPA2 加密破解方法：通过字典及 PIN 码破解，几乎可以（60%）轻易化解 WPA2 加密。

2）与 WPA 的区别。WPA 只是 IEEE 802.11i 的草案，但是芯片厂商已经迫不及待地需要一种更为安全的算法，并要求能成功兼容之前的硬件。而通过简单的固件升级，WPA 就能使用在之前的 WEP 的产品上。WPA 采用了 TKIP 算法（也是一种 RC4 算法，相对 WEP 有些许改进，避免了弱 IV 攻击）及 MIC 算法来计算校验和。目前能破解 TKIP+MIC 的方法只有暴力破解法和字典法。正常情况下，用正常的 PC 采用暴力破解法是一辈子也破解不了的。字典法破解利用的字典往往是英文单词、数字、论坛 ID。到目前为止，还没有人能像破解 WEP 一样"点杀"WPA 密码，除非破解者有本好字典，且同时受害者取了一个"友好"的名字。因此，往 WPA 密码中加一些奇怪的字符会有效地保证安全。

WPA2 是 WPA 的升级版，现在新型的网卡、AP 都支持 WPA2 加密，WPA2 则采用了更为安全的算法。CCMP 取代了 WPA 的 TKIP，AES 取代了 WPA 的 MIC。同样地，因为算法本身几乎无懈可击，所以也只能采用暴力破解法和字典法来破解。暴力破解是"不可能完成的任务"，字典破解猜密码则像买彩票。可以看到，无线网络的环境如今越来越安全了，且覆盖范围越来越大，速度越来越快。

（7）IEEE 802.11i

为了进一步加强无线网络的安全性和保证不同厂家之间无线安全技术的兼容，802.11 工作组开发了新的安全标准——IEEE 802.11i，并且致力于从长远角度考虑解决 IEEE 802.11 无线局域网的安全问题。IEEE 802.11i 标准主要包含加密技术 TKIP 和 AES（Advanced Encryption Standard），以及认证协议 IEEE 802.1x。IEEE 802.11i 标准已在 2004 年 6 月 24 日美国新泽西州的 IEEE 标准会议上正式获得批准。

11.4 无线网络攻击方法

11.4.1 方法与过程

对无线网络安全攻击一般采用现成工具，Internet 上有很多免费的工具。攻击的方法和过程如下。

1. 找到无线网络

找到无线网络是攻击的第一步，这里介绍两款常用工具。

1）Network Stumbler a.k.a NetStumbler。这个基于 Windows 的工具可以非常容易地发现一定范围内广播出来的无线信号，还可以判断哪些信号或噪声信息可以用来进行站点测量。

2）Kismet。NetStumbler 缺乏的一个关键功能就是显示没有广播 SSID 的无线网络。如果将来想成为无线安全专家，就应该认识到 AP 会常规性地广播这个信息。Kismet 会发现并显示没有被广播的那些 SSID，而这些信息对发现无线网络是非常关键的。

2. 连上找到的无线网络

发现了一个无线网络后，下一步就是连上它。如果该网络没有采用任何认证或加密安全措施，则可以很轻松地连上它的 SSID。如果 SSID 没有被广播，则可以用这个 SSID 的名称创建一个文件。如果无线网络采用了认证和/或加密措施，则也许需要以下工具中的某一个。

1）Airsnort。这个工具可以用来嗅探并破解 WEP 密钥。它可以捕获大量抓来的数据包，以破解 WEP 密钥。

2）CowPatty。这个工具用来暴力破解 WPA-PSK。该软件非常简单地尝试各种不同选项，来查看哪一个刚好和预共享的密钥相符。

3）ASLeap。如果某无线网络用的是 LEAP，则这个工具可以收集通过网络传输的认证信息，并且这些抓取的认证信息可能会被破解。LEAP 不对认证信息提供保护，这也正是 LEAP 可以被攻击的主要原因。

4）Aircrack-ng。该工具是一个与 IEEE 802.11 标准的无线网络分析有关的安全软件，主要功能有网络侦测、数据包嗅探、WEP 和 WPA/WPA2-PSK 破解。

3. 抓取无线网络上的信息

不管是否直接连到了无线网络，只要所在的范围内存在无线网络，就会有信息传递。要看到这些信息就需要 Ethereal 工具。Ethereal 可以扫描无线网和以太网信息,具备非常强的过滤能力。它可以嗅探 IEEE 802.11 管理信息,也可以嗅探非广播 SSID。

知道怎样使用各种工具是非常重要的,不过,知道怎样防范这些工具、保护无线网络安全更重要。

1)防范 NetStumbler:不要广播 SSID,保证 WLAN 受高级认证和加密措施的保护。

2)防范 Kismet:没有办法让 Kismet 找不到 WLAN,所以一定要保证有高级认证和加密措施。

3)防范 Airsnort:使用 128 位的而不是 40 位的 WEP 加密密钥,这样可以让破解需要更长时间。如果设备支持的话,则使用 WPA 或 WPA2,不要使用 WEP。

4)防范 Cowpatty:选用一个长且复杂的 WPA 共享密钥。密钥的类型存在于黑客归纳的文件列表中的可能性要小,这样攻击者猜测密钥就需要更长的时间。如果在交互场合,则不要用共享密钥使用 WPA,可以用一个好的 EAP 类型保护认证。

5)防范 ASLeap:使用长且复杂的认证,或者转向 EAP-FAST 或其他 EAP 类型。

6)防范 Ethereal:使用加密,这样任何嗅探出的信息就很难或几乎不可能被破解,普通黑客是不可能破解 WPA2(使用 AES 算法)的。一般不提供加密的公共无线网络区域,可使用应用层的加密来加密 IM 会话,如 Simplite,或使用 SSL。对于需要交互的用户,可使用 IPSec VPN,并关闭分隧道功能,这就强制所有的流量都必须通过加密隧道。

11.4.2　空中传播的病毒

2015 年 9 月,猎豹移动安全实验室发布紧急安全警报,一个名为"幽灵推(Ghost Push)"的病毒感染了全球大量安卓手机。据统计,每日有超过 60 万部手机中毒,预计真实受害用户应更多。受害用户主要集中在美国、印度、中国、墨西哥等,其中中国的云南、广东等省受害严重。"幽灵推"病毒及其作案手法如图 11-14 和图 11-15 所示。

图 11-14　"幽灵推"病毒

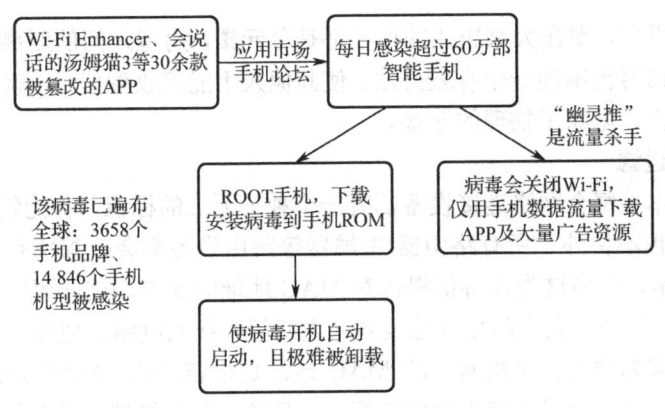

图 11-15 "幽灵推"病毒作案手法

有关网络专家表示,"幽灵推"病毒是在安卓手机上发现的迄今为止影响最严重的手机病毒。

1)它是一款安装之后直接 ROOT 手机的病毒,技术含量非常高。
2)它的感染量非常高,遍布全球。
3)它的影响面超级广,ROOT 功能已经影响了 3000 多个手机品牌和约 1.5 万个手机机型。

"幽灵推"病毒的危害如下。

1)"幽灵推"病毒会"帮"用户不断地下载该病毒推广的应用,在这个过程中,假如用户使用的是 Wi-Fi,它就会把 Wi-Fi 网络关掉,而使用 3G、4G 网络直接消耗用户的资费。
2)这款病毒有很高的技术含量,它可以直接安装在手机系统里,并取得最高权限。
3)杀毒软件根本无法删除它,因为杀毒软件无权更改删除系统文件。
4)感染量大,影响范围广。

11.5 无线局域网安全防护措施

不同于有线局域网,无线局域网应用有其特殊性。例如,用户要想将自己连入一个有线局域网,就必须通过网线,而无线局域网则不需要专门的网线。无线局域网采用无线电作为载体,只要是在其发射的电磁波所覆盖范围内的无线网卡都可接入无线局域网。

非法用户或非指定用户进入所设立的无线局域网共享宽带,窃取硬盘上的重要资料、银行卡密码,或者窃听、干扰用户的聊天,会给合法用户带来很大的损失。所以,使用无线局域网时灵活掌握一些无线局域网的安全设置基本知识还是很有必要的。

1. 更改无线路由的默认密码

一般的家庭无线网络是通过一个无线路由器或中继器来访问外部网络的。通常,这些路由器或中继器设备制造商为了便于用户设置这些设备建立起无线网络,都提供了一个管理页面工具。这个页面工具可以用来设置该设备的网络地址及账号等信息。在设备出售时,制造商给每个型号的设备提供的默认用户名和密码都是一样的,家庭用户购买这些设备之后,应立即修改设备的默认用户名和密码。

2. 合理放置无线设备

众所周知,无线网络的信号是弥漫在空气中的,用户看不见、摸不着。所以,任何一个无线终端进入了设备信号的覆盖范围,都将有可能连接到无线网络,这通常是用户不希望看到的现象。尤其是家庭用户，现在大家居住的很多都是单元楼，房屋之间的距离太近，所以合理放置无线设备是控制信号范围的一个有效方法。使其他人不能接收到信号，就如同在传统的网络中没有插入网卡一样，阻断了物理的连接。

3. MAC 地址过滤

众所周知，基本上每个网络连接设备都有一个独一无二的标识，称为物理地址或 MAC 地址，无线网络设备也不例外。所有路由器/中继器等路由设备都会跟踪所有经过它们的数据包源 MAC 地址。通常，许多这类设备都提供对 MAC 地址的操作，这样可以通过建立自己的允许访问控制的 MAC 地址列表来防止非法设备（主机等）接入网络。值得一提的是，该方法并不是绝对有效的，因为修改计算机网卡的 MAC 地址是很容易的。MAC 地址过滤的方法比较适合家庭用户使用，对企业用户来说比较麻烦，一旦接入新的终端，或者更换无线终端，都需要对 MAC 地址列表进行维护。

4. 禁用 DHCP 和 SNMP 设置

由于 DHCP 配置起来比较简单，许多家庭无线网络用户使用 DHCP 服务来动态分配 IP 地址，这就带来了一个新的安全隐患，即入侵者很容易通过 DHCP 服务得到一个合法的 IP 地址。然而家庭用户一般是比较固定的，这样就可以为终端设备分配一个固定的 IP 地址，通过路由器设定合法的 IP 地址列表，从而有效地防止非法入侵，保护无线网络。

禁用 DHCP 设置对家庭用户而言是很有意义的。如果家庭用户采取这项措施，当入侵者试图接入网络时，则不得不先破译 IP 地址、子网掩码及所需的 TCP/IP 参数，不仅破译的难度很高，而且需要以时间为代价。无论入侵者怎样利用无线接入点，都需要先清楚 IP 地址。对于 SNMP 设置，要么禁用，要么改变公开或专用的公用字符串。如果没有使用这项措施，则入侵者就可能利用 SNMP 获得用户网络的一些重要信息。企业用户也可以采取这两项措施来加强安全管理，同时还需要根据无线接入点的情况和实际的需要灵活选择。

5. 修改默认的服务区标识符（SSID）

通常，每个无线网络都有一个服务区标识符，无线客户端需要加入该网络的时候需要有一个相同的 SSID，否则将被"拒之门外"。通常，路由器/中继器设备制造商都在其产品中设了一个默认的相同的 SSID。例如，Linksys 设备的 SSID 通常是"linksys"。如果一个网络不为其指定一个 SSID 或者只使用默认 SSID，那么任何无线客户端都可以进入该网络，这无疑为黑客入侵网络打开了方便之门。

6. 禁用 SSID 广播

通俗地说，SSID 就是用户给自己的无线网络所取的名字。需要注意的是，同一生产商推出的无线路由器或 AP 都使用了相同的 SSID，一旦那些企图非法连接的攻击者利用通用的初始化字符串来连接无线网络，就极易建立起一条非法连接，从而给无线网络带来威胁。因此，建议将 SSID 命名为一些较有个性的名字。

无线路由器一般会提供"允许 SSID 广播"功能。如果不想让自己的无线网络被别人通过 SSID 名称搜索到，那么最好禁用 SSID 广播，无线网络仍然可以使用，只是不会出现在其他人所搜索到的可用网络列表中，如图 11-16 所示。

需要注意的是，进行禁用 SSID 广播设置后，无线网络的效率会受到一定的影响，但以此换取安全性的提高还是很划算的。另外，由于没有进行 SSID 广播，该无线网络被无线网卡忽略了，尤其是在使用 Windows XP 管理无线网络时，达到了"掩人耳目"的目的。

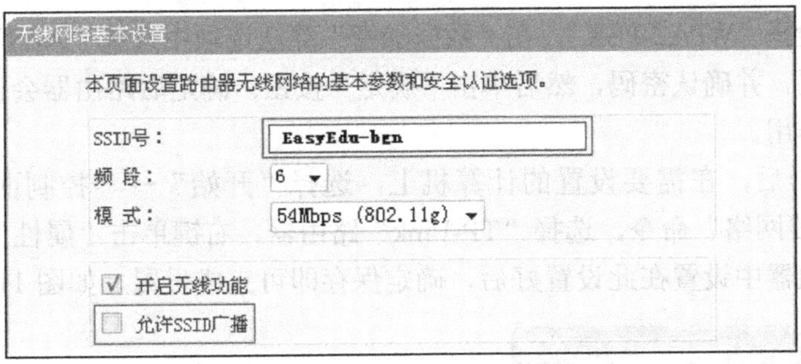

图 11-16 无线网络 SSID 广播禁用设置

首先进入路由器设置，选择无线参数，取消"允许 SSID 广播"。一般路由器设置的 SSID，厂家都会默认使用厂家的标识或机型，因此，如果不想别人猜出无线网络的 SSID，可手动修改 SSID，可指定任意个性化的 SSID，也可不指定，采用默认的 SSID。

禁用 SSID 广播，虽然达到了防范别人检测无线网络的目的，但也会使自己无法检测和管理网络，因此需要在自己机器的无线网络配置中手动指定 SSID：选择"开始"→"控制面板"→"网络连接"命令，在"无线网络连接"上单击鼠标右键，在弹出的快捷菜单中选择"属性"命令，进入"无线网络连接 属性"对话框，选择"无线网络配置"选项卡，单击"添加"按钮，输入与路由器一样的 SSID 确定即可，如图 11-17 和图 11-18 所示。

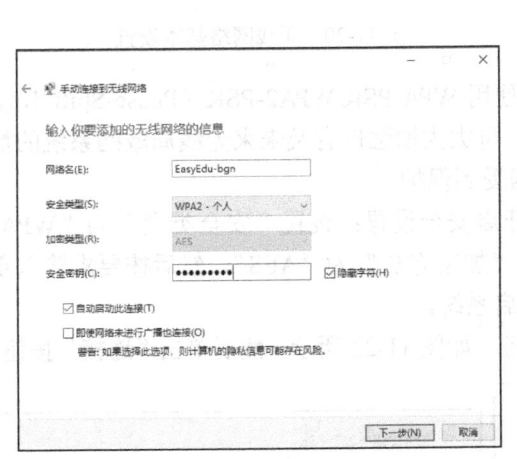

图 11-17 手动连接无线网络

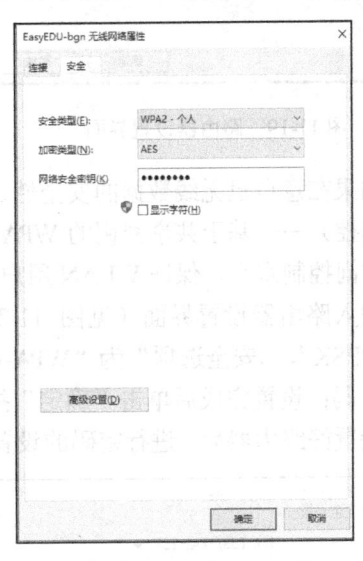

图 11-18 无线网络属性设置

由于在路由器中只设置了禁用 SSID 广播，其他数据加密并没有设置，因此在无线网络属性中设置 SSID 时，其他选项并不需要设置，设置好 SSID 确定即可。设置完成后，在无线网络连接状态中，选择查看"无线网络"→"刷新网络列表"命令，选择搜索到的无线网络，连接即可。

7. 使用 WPA2 加密

WPA2 主要用于无线局域网中链路层信息数据的保密。WPA2 采用对称加密机理，数据的加密和解密采用相同的密钥和算法。

进入路由器设置界面（见图 11-19），选择"无线网络属性"，开启安全设置；在"网络身份验证"选项中选择"WPA2-PSK",在"数据加密"算法选项中选择"AES",在"网络密钥"中按需要输入密码,并确认密码,然后单击"确定"按钮;确定后路由器会提示重启,只有重启后设置才可起作用。

设置好路由器后,在需要设置的计算机上,选择"开始"→"控制面板"→"网络和Internet"→"无线网络"命令,选择"TP-Link"路由器,右键单击"属性"命令,即可进入设置界面,按路由器中设置在此设置好后,确定保存即可完成设置,如图11-20所示。

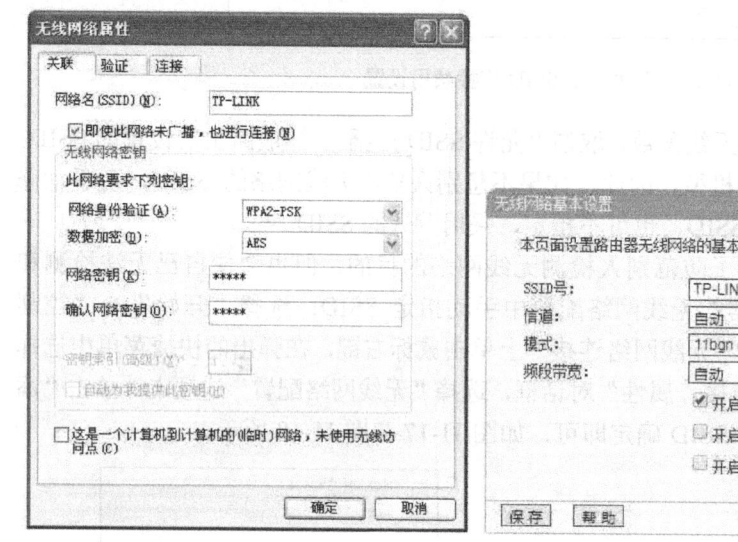

图 11-19　路由器设置界面　　　　　　　图 11-20　无线网络基本设置

如果在意自己无线数据的安全性,最好使用 WPA-PSK/WPA2-PSK(Phase-Shift Keying,相移键控)——基于共享密钥的 WPA 模式,可大大增强现有及未来无线局域网系统的数据保护和访问控制水平,保证 WLAN 用户的数据受到保护。

进入路由器设置界面(见图 11-21),开启安全设置;设置"安全类型"为"WPA-PSK/WPA2-PSK","安全选项"为"WPA-PSK","加密方法"为"AES",然后按要求输入正确的PSK 密码;设置完成后单击"确定"按钮重启系统。

设置好路由器后,进行密码的设置与验证,如图 11-22 所示,然后单击"连接"按钮即可。

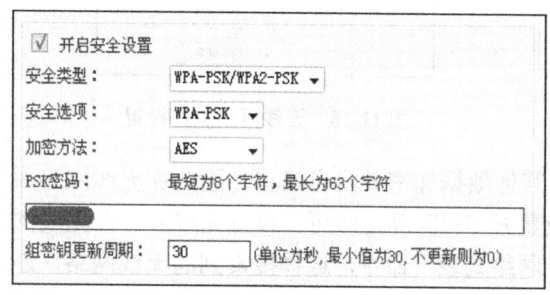 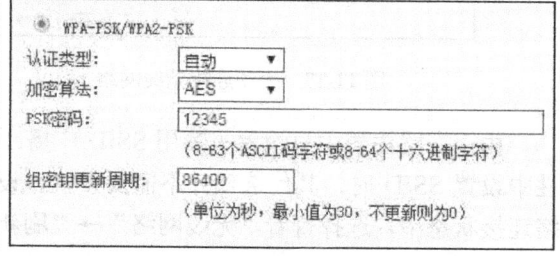

图 11-21　WPA-PSK/WPA2-PSK 加密设置　　图 11-22　WPA 加密的无线网络连接

8. AP 隔离

类似于有线网络的 VLAN,将所有的无线客户端设备完全隔离,使之只能访问 AP 连接的固定网络。

该方法用于对酒店和机场等公共热点（Hot Spot）的架设，让接入的无线客户端保持隔离，提供安全的 Internet 接入。该措施对家庭用户来说没有太多的实际意义，但企业用户在一些特殊的场合可以采用这种方式来加强无线网络的安全性，如有客户或外单位人员参加的会议等公共活动。

9. 802.1x 协议

802.1x 协议由 IEEE 定义，用于以太网和无线局域网中的端口访问与控制。802.1x 引入了 PPP 定义的扩展认证协议（Extensible Authentication Protocol，EAP）。作为扩展认证协议，EAP 可以采用 MD5、一次性口令、智能卡、公共密钥等更多的认证机制，从而提供更高级别的安全。在用户认证方面，802.1x 的客户端认证请求也可以由外部的 RADIUS 服务器进行认证。

除了上述安全防护措施外，还有第三方安全方案，如通过防火墙解决安全问题、通过 VPN 增强无线网络安全和基于 RADIUS 的无线接入认证等方法。

11.6 无线局域网安全管理实例

现有一个大型企业需要建设一个办公网络，如图 11-23 所示。

需求分析如下。

1）部署方便，上网快速、稳定——对企业办公区域、会议室、报告厅、领导办公室、走廊过道、休息区域等区域进行无死角无线覆盖，要求无线网络稳定、快速，满足日常办公终端和手机接入需求。

2）移动上网无感知，无缝漫游——已经接入无线网络的终端在移动过程中，不会出现卡顿现象而影响移动办公体验，要求支

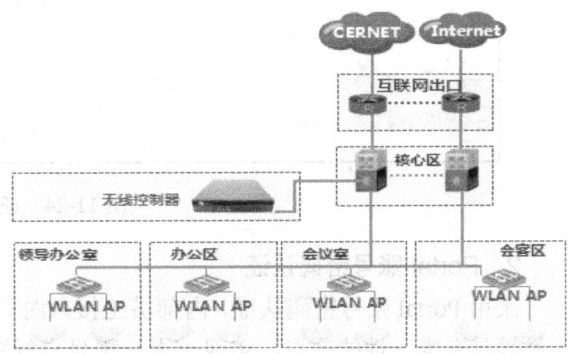

图 11-23 某公司无线网络拓扑结构

持无缝漫游，在无线覆盖范围内，能够自由无缝切换，给人无感知无线漫游体验。

3）无线连接方式既方便又安全——无线网络接入对象有内部员工及外来访客，要求无线组网时针对不同角色设计接入便捷而安全的步骤，尽量不要使用简单的 PSK 认证，因为 PSK 认证不仅不安全，而且连接过程麻烦。

4）企业 IT 工程师管理起来方便——无线覆盖时接入设备比较多，要求能统一管理，避免跟家用无线网络一样需要每个设备逐一配置，出现无线网络故障时能快速定位到具体设备，减少网络管理人员的工作量。

5）关键上网要安全，不影响主要业务——Wi-Fi 不受"永恒之蓝"等网络病毒攻击所影响，有安全防御功能；同时，无线覆盖是基于提高办公效率的初衷的，避免带宽资源大部分被非办公需求的 P2P 所占用。

6）企业已部署过其他品牌无线设备，要利旧，不要搞两套无线网络——公司事先已经部署了其他品牌无线设备，但由于覆盖效果一般，想要进行无线改造，但原有设备不能直接荒废，希望能在最大限度利用原有设备的基础上进行无线覆盖升级。

1. 无线解决方案

如何连接 Wi-Fi？信锐 AC 内置认证服务器，免费支持业内最全的 13 种认证方式，区分内

部员工和外来访客。不需要相互问"你们的 Wi-Fi 是哪一个，密码是什么"，同时内部员工连接 Wi-Fi 后永久有效，无须重复登录；对于外来访客，则可以根据实际情况设置是否每次连接 Wi-Fi 需要重复登录。采用 802.1x 认证，内部员工通过安全证书、用户名和密码作为接入网络的凭据，如图 11-24 所示。

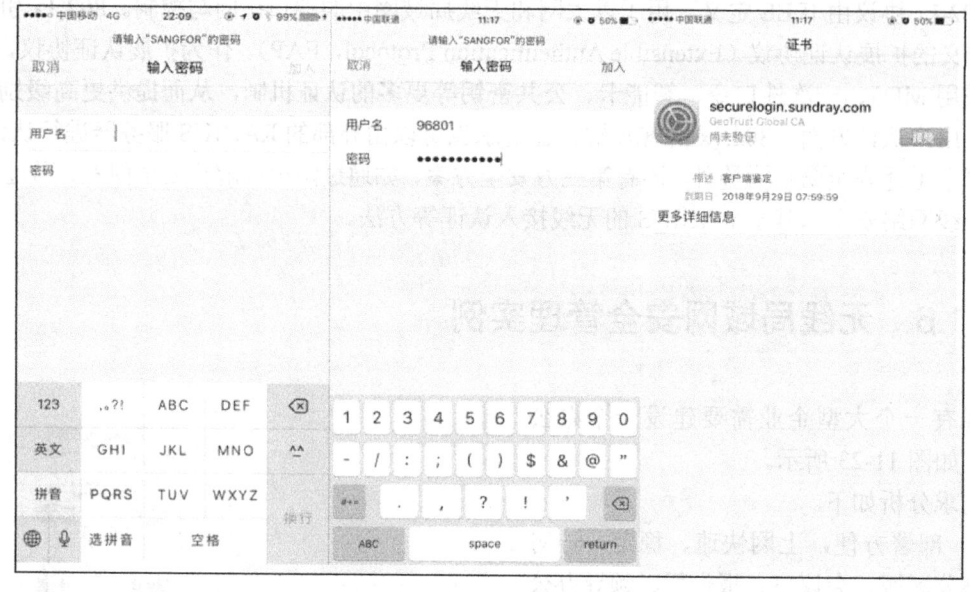

图 11-24　证书认证

2. Portal 账号密码认证

采用 Portal 账号密码认证，内部员工接入时即需要认证，登录的账号可以为姓名、手机号、工号等具有唯一性的信息，实现一人一账号自行登录，如图 11-25 所示。

图 11-25　账号密码认证

3. 保障无线网络的快速、稳定

前期信锐技术专业工程师对企业场地进行实际勘查，通过业内最专业的工勘工具

AirMagnet Planner，对复杂的环境进行无线信道规划及点位部署建议，保证覆盖的最佳效果。同时，在无线使用上配合应用带宽精细管理、智能负载均衡、Portal 弹窗优化等软件技术，保障企业无线网络快速、稳定运行及无感知漫游体验。覆盖效果如图 11-26 所示。

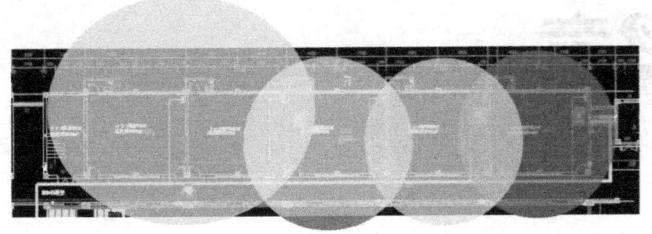

图 11-26　覆盖效果

4. 极简地管理企业无线网络

信锐自带无线网络管理平台，如图 11-27 所示。它支持 Web 和 APP 端管理。手机 APP 移动运维管理，能查看到用户和无线 AP 信息，并能对用户进行注销、加黑、紧急放通、二维码审核等操作，具有分级管理功能；能增加临时访客账号、密码及有效期。

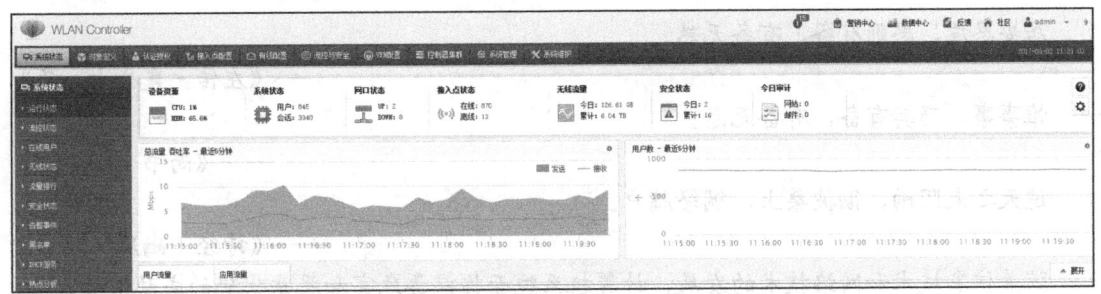

图 11-27　信锐无线网络管理平台

第12章 数据备份与恢复

居安思危，思则有备，有备无患。

——《左传·襄公十一年》

惟事事，乃其有备，有备无患。

——《尚书·说命中》

迨天之未阴雨，彻彼桑土，绸缪牖户。

——《诗经·豳风·鸱鸮》

随着信息技术和网络技术的发展，计算机系统面临病毒危害和恶意代码的威胁形势严峻，系统可能随时崩溃，另外随着使用时间的增加，Windows 操作系统越来越臃肿，速度越来越慢，所以用户要随时做好数据备份，以便重装系统。中小企业存储在计算机系统中的数据量越来越大，对数据的安全性认识更加重视，因此，数据备份工作在中小企业 IT 系统中具有非常重要的地位。

本章的主要目的是使学生掌握借用系统工具和专用软件对系统文件和数据文件进行备份与恢复的方法，提高保证系统和数据安全的能力。

计算机用户都会有这样的经历，在使用计算机过程中敲错了一个键，几个小时，甚至是几天的工作成果便会付诸东流。据统计，80%以上的数据丢失是由错误操作引起的。即使不出现操作错误，也会因为病毒、木马等攻击，计算机出现无缘无故的死机、重启，导致数据丢失等现象。因此，随着计算机和网络的不断普及，确保系统数据信息安全就显得尤为重要。在这种情况下，备份和恢复就成为日常操作中非常重要的举措。

备份如今已不是一件烦琐的事情，软、硬件产品的不断推出，使得数据备份具有速度快、可靠性高、自动完成等特点，减轻了系统管理员的负担。如果能合理地进行数据备份，那么无论是网络硬件问题还是软件出了问题，都能够轻松地恢复数据。

12.1 初识数据备份与恢复

顾名思义，数据备份就是将数据以某种方式加以保留，以便在系统遭受破坏时或在其他特定情况下，重新加以利用的一个过程，保证及时恢复系统中的重要数据，不影响整个单位业务的运营。数据备份的根本目的是重新利用，也就是说，备份工作的核心是恢复，一个无法恢复的备份，对任何系统来说是毫无意义的。数据备份作为存储领域的一个重要组成部分，其在存储系统中的地位和作用是不容忽视的。对一个完整的企业 IT 系统而言，备份工作是其中必不可少的组成部分。其意义不仅在于防范意外事件的破坏，而且还是历史数据归档保存的最佳方式。换言之，即便系统正常工作，没有任何数据丢失或破坏发生，备份工作仍然具有非常大的意义——为历史数据查询、统计和分析，以及重要信息归档保存提供了可能。而在系统遭受破坏时或在其他特定情况下，如果没有可靠的数据备份和恢复机制，就会带来系统瘫痪、工作停滞、经济损失等不堪设想的后果。常用的数据备份与恢复方法如下。

（1）备份与恢复 Windows/Linux 环境下的数据

许多操作系统自带了许多备份与恢复工具，可以对数据、文件、磁盘、注册表、操作系统、驱动程序等进行备份与恢复。

（2）备份与恢复数据库系统自带的数据

许多数据库系统自带有数据备份与恢复功能。例如，SQL Server、Oracle 等数据库系统都带有数据备份与恢复功能。

（3）借用数据备份与恢复软件

数据备份与恢复可以通过专业的软件来完成。目前，有许多专用的数据备份与恢复软件，如 Easy Recovery 等。

（4）手动复制数据文件

数据备份与恢复还可以通过最原始的方法，即通过手动复制的方式来进行。例如，将数据备份到一个 FTP 服务器当中，或将数据备份到移动硬盘、U 盘、光盘中等。

12.2 Windows 数据备份典型方法

任何稳健的系统和熟练的网络管理员都无法绝对保证计算机系统永远不会出现问题甚至崩溃，因此很有必要在系统出现故障之前，先采取一些系统安全和数据备份措施，做到未雨绸缪。

12.2.1 备份系统文件

备份系统文件能保证系统出现问题时恢复系统文件。步骤如下：选择"开始"→"程序"→"附件"→"系统工具"→"备份"命令，依次按照图 12-1 至图 12-5 所示操作即可。图 12-6 所示为备份完成后的统计报告。

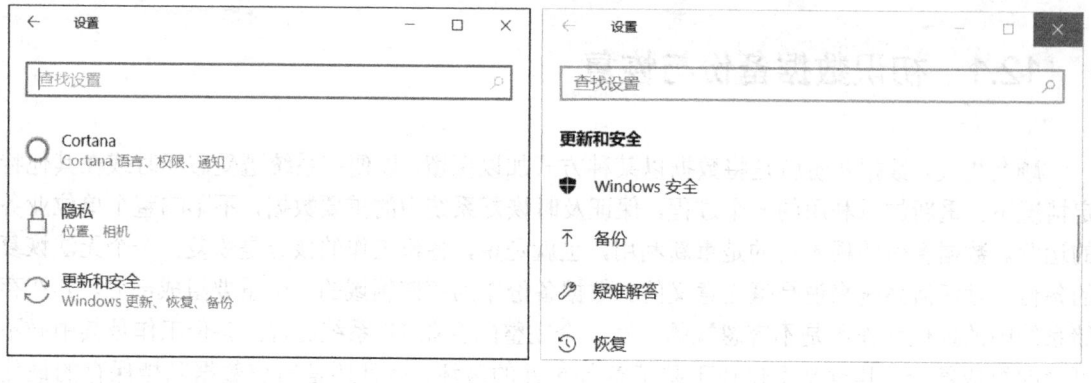

图 12-1　备份或还原向导　　　　　　图 12-2　备份或还原选项

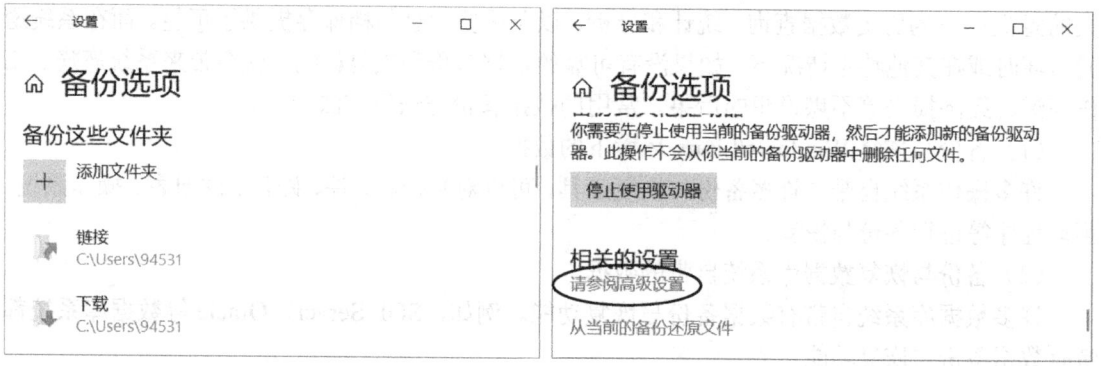

图 12-3　选择要备份的内容　　　　　　图 12-4　确定备份文件的位置和名称

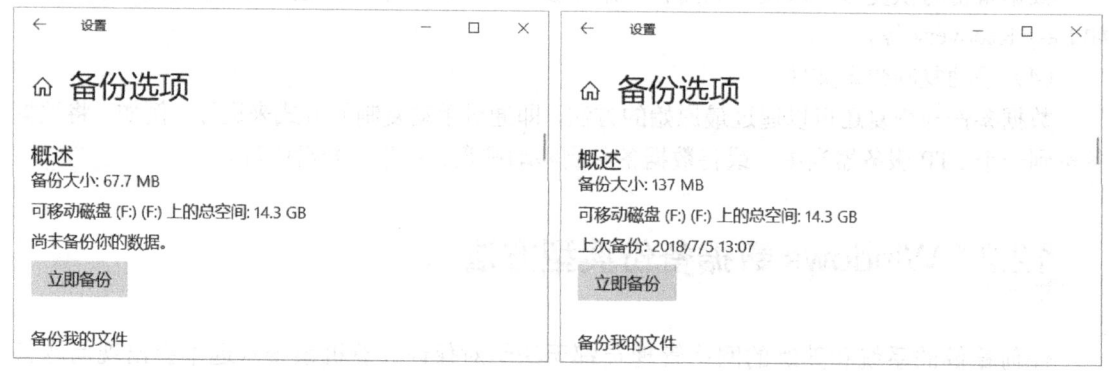

图 12-5　完成备份目录　　　　　　图 12-6　备份完成后的统计报告

12.2.2　备份注册表文件

注册表是 Windows XP 系统的核心文件，它包含计算机中所有的硬件、软件和系统配置信息等重要内容。注册表文件的备份步骤如下：执行"开始"→"运行"→"Regedit.exe"命令，打开注册表编辑器；如图 12-7 所示，选择根目录，然后右击，在弹出的快捷菜单中选择"导出"命令，打开"导出注册表文件"对话框；在"文件名"文本框中输入新的名称，选择好具体路径，单击"保存"按钮即可。

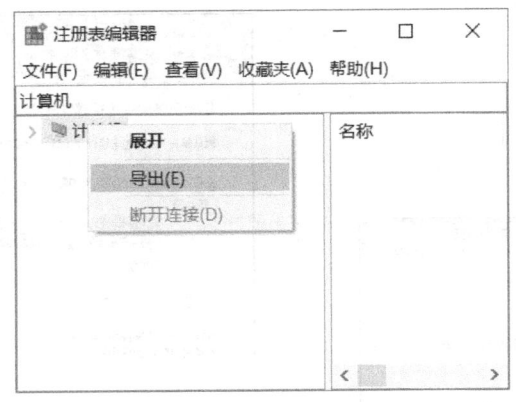

图 12-7　注册表文件的备份

注册表文件的恢复与上述步骤基本一样，在右键快捷菜单中选择"导入"命令即可。

12.2.3　制作系统的启动盘

制作系统的启动盘有 3 种方法。

1）在安装 Windows XP 时，根据安装向导可以很方便地制作启动盘。

2）利用 USBOOT 或 EASYBOOT 专用软件制作 U 盘启动盘。

3）准备一张格式化好的空白磁盘，进入"我的电脑"，找到系统分区的根目录并打开，然后选择菜单栏中的"工具"→"文件夹选项"命令，在弹出的"文件夹选项"对话框中选择"查看"选项卡，取消选中"隐藏受保护的操作系统文件"复选框，再选中"隐藏文件和文件夹"→"显示所有文件和文件夹"单选按钮，然后单击"确认"按钮，再看看系统分区的根目录，多出 ntldr、ntdetect.com 和 boot.ini 3 个隐藏文件，将它们发送到磁盘，一张 Windows XP 的启动盘就做好了。

当然，也可以从 Windows XP 的安装 CD 的 i386 目录下找到 ntldr 和 ntdetect.com 这两个文件，将它们复制到磁盘，但 boot.ini 文件在 Windows XP 的安装 CD 上找不到，按照上面介绍的方法，在系统分区的根目录下可以找到它，将其复制到磁盘上。

注意，在用自制的系统启动盘启动计算机时，必须保证系统允许从磁盘启动或 U 盘启动，这可通过修改 BIOS 参数实现。

12.2.4　备份整个系统数据

计算机系统中往往存放着一些非常重要的常规数据，它们有的甚至比系统数据都重要，如公司的财务数据和业务数据等。因此，在备份系统数据的同时，还应该注意备份一些常规重要数据。

要备份整个系统数据可按如下步骤进行：打开图 12-8 所示的备份和还原向导，选择"创建系统映像"选项，出现图 12-9 所示的界面，然后单击"下一步"按钮继续备份。

需要注意的是，在"要备份的内容"对话框中，如果只需要备份指定的数据，则可选择"让我选择要备份的内容"选项，单击"下一步"按钮，继续指定要备份的文件、驱动器或网络数据等内容。

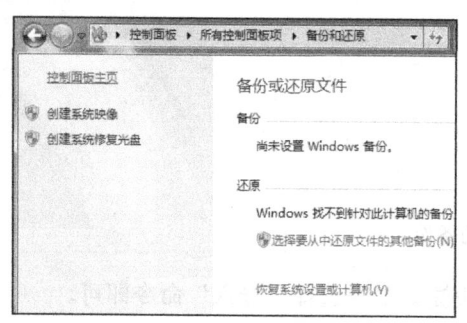

图 12-8　备份和还原向导

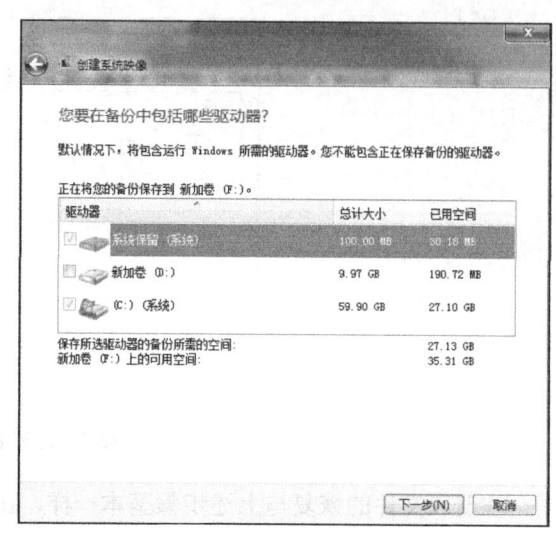

图 12-9　"创建系统映像"界面

12.2.5　创建系统还原点

在 Windows XP 中，最好的备份系统设置、驱动程序、关键系统文件的方法是使用系统备份。只要定义一张时间表，系统就会自动地进行相应的备份。执行"开始"→"程序"→"附件"→"系统工具"→"系统还原"→"创建一个还原点"命令，这样当系统被破坏时，就可以选择这个还原点进行还原。

12.2.6　恢复上一次正确配置

每次关闭计算机的时候，Windows 就会备份某些注册表和驱动设置（如 HKEY_LOCAL_MACHINE\System\CurrentControlSet 项），如果出现了一个错误并不能正常启动 Windows，则可以通过重新启动计算机来恢复到之前的正常状态。在 Windows 启动之前按 F8 键，然后利用方向键选择"上一次正确配置"选项，按 Enter 键，计算机就能恢复到最近一次正常启动计算机的注册表等一系列设置。

12.2.7　返回驱动程序

每当更新设备驱动时，Windows XP 就会自动备份旧的设备驱动。一旦驱动出现问题，就可以利用这个备份来使其恢复到正常运行状态。执行"开始"→"运行"→"devmgmt.msc"→"设备管理器"命令，双击要返回驱动的设备，就会打开其属性对话框，选择"驱动程序"选项卡，选择"回退驱动程序"选项，单击"确定"按钮即可，如图 12-10 所示。

12.2.8　设置硬件配置文件

这种方法对于测试新的硬件或设备驱动程序非常有用。执行"开始"→"运行"→"sysdm.cpl"→"硬件"→"硬件配置文件"命令，在列表中选择当前的配置文件或想要备份的配置文件，然后单击"复制"按钮，为复制文件命名，如"TEST"。在列表中选择"TEST"，然后更改配置文件的属性,当重新启动计算机时,系统就会使用新的配置文件。如果配置文件出现错误,或者想使用原来的配置文件,则可以使用同样的方法,在列表中选择原来的配置文件,实现还原的目的,如图 12-11 所示。

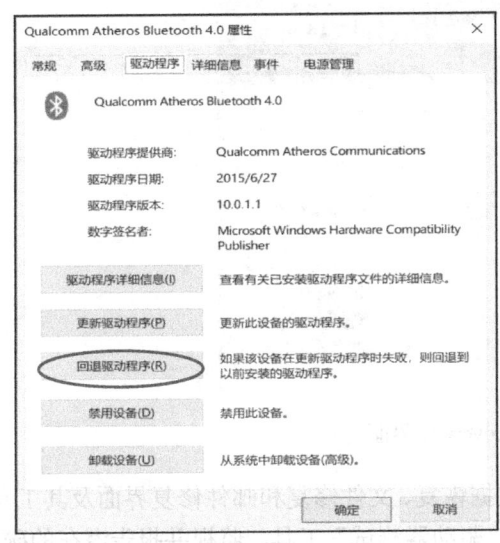

图 12-10 返回驱动程序

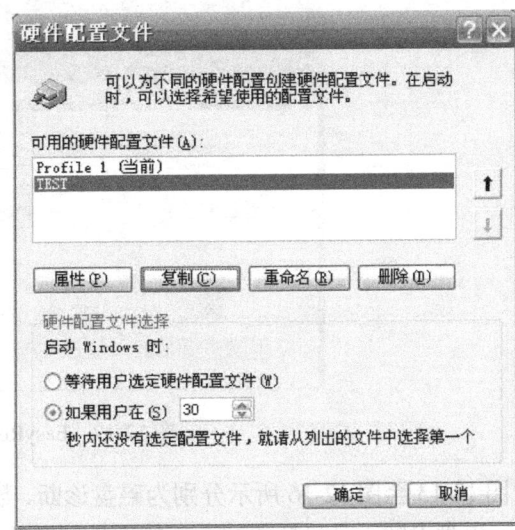

图 12-11 设置硬件配置文件

12.2.9 一键还原

首先下载"一键还原小精灵"软件并安装(下载地址为 www.yjhy.net),然后在菜单导引下,在 DOS 系统内进行系统文件备份。装了"一键还原小精灵"之后,开机引导 Windows 之前,会先出现一行字(仅停留 2s),这时按下 F11 键,"一键还原小精灵"的界面就出来了,然后按提示操作即可。

12.3 巧用数据恢复软件

EasyRecovery 是世界著名数据恢复公司 Ontrack 的技术杰作,其 Professional(专业)版更是囊括了磁盘诊断、数据恢复、文件修复、E-mail 修复全部四大类目 19 个项目的各种数据文件修复和磁盘诊断方案。EasyRecovery 主界面如图 12-12 所示。具体来说,使用 EasyRecovery 可进行以下修复。

1)修复主引导扇区(Master Boot Record,MBR)。
2)修复 BIOS 参数块(BIOS Parameter Block,BPB)。
3)修复分区表。
4)修复文件分配表(File Allocation Table,FAT)或主文件表(Master File Table,MFT)。
5)修复根目录。
6)修复病毒造成的影响。
7)格式化或分区。
8)修复误删除造成的影响。

9）修复由于断电或瞬间电流冲击造成的数据毁坏。

10）修复由于程序的非正常操作或系统故障造成的数据毁坏。

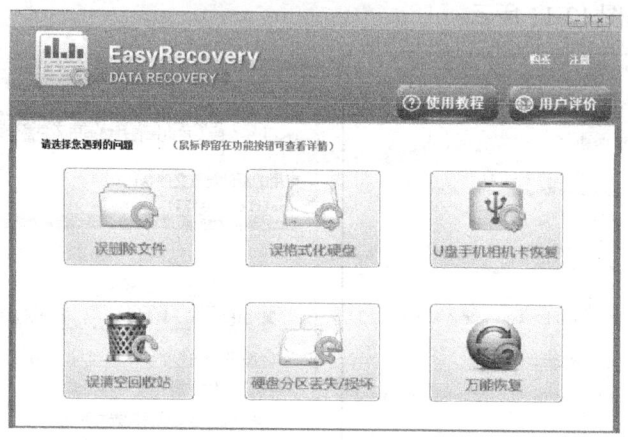

图 12-12　EasyRecovery 主界面

图 12-13 至图 12-16 所示分别为磁盘诊断、数据恢复、文件修复和邮件修复界面及其工具。其中，磁盘诊断工具包括测试潜在的硬件问题的"驱动器测试"工具、监视并报告潜在的磁盘驱动器问题的"智能测试"工具、报告磁盘空间使用的详细信息的"大小管理器"工具、查找磁盘驱动器的跳线布置的"跳线查看器"工具和分析现有文件系统结构的"分区测试"工具等；数据恢复工具包括查找并恢复已删除文件的"删除恢复"工具、从已格式化的卷中恢复文件的"格式化恢复"工具、创建紧急引导盘的"紧急引导盘"工具和"高级恢复"工具等。

信息安全新领域

大方无隅,大器晚成。大音希声,大象无形。

——《道德经》

众人拾柴火焰高,三家四靠糟了糕。

——《中国谚语总汇·汉族卷》

互联网技术快速发展,计算机和网络技术在快速迭代发展过程中朝细分领域发展。Web 2.0 和 HTML5 在改变着 Web 应用的交互方式。云计算技术的兴起、移动互联网的普及应用等,使得互联网技术由传统客户端 PC 和服务器基础架构转型为云计算和云网络模型,互联网技术已经深入大众生活并成为衣食住行不可或缺的组成部分。随着互联网技术的普及应用,工业控制系统朝"工业 4.0""互联网+"转变,传统工业信息化系统开始与互联网融合,构建更加高效的智慧工厂和商业流程。

以上新技术的商业应用,都会产生各种类型的信息安全问题。信息化和互联网化的程度越高,信息安全问题将变得越来越重要。

本章的主要目的是使学生对 Web 应用安全、云计算技术及安全、工业控制系统安全有所认识。

13.1 从"心脏滴血"漏洞看 Web 应用安全

2014 年 4 月 8 日,OpenSSL 公开披露由 Google 安全团队和芬兰网络安全公司工程师发现的 OpenSSL 信息泄露漏洞,这个漏洞被安全研究人员命名为"heartbleed",意思是"心脏滴血"——代表着最致命的内伤。利用该漏洞,恶意攻击者只需要坐在自己的计算机前,就可以实时获取到 HTTPS 网站用户加密传输的账号、密码、网银、电子邮件等信息。HTTPS 设计的初衷是使用 SSL 协议对 HTTP 明文传输数据进行加密,但"心脏滴血"漏洞可以直接获取到未加密的敏感数据。

"心脏滴血"漏洞被公布后,据统计约有 50 万使用 HTTPS 加密的网站受到影响,其中包括 Google、Facebook、Yahoo 等知名网站,同时还影响到网银、电商、网上支付、电子邮箱等

Web 应用系统。2014 年 4 月 8 日在漏洞发布后的 6 个小时内，加拿大税务局声称纳税人社会保险号遭窃。2014 年 4 月 15 日，黑客利用漏洞窃取了美国第二大营利性连锁医院机构社区卫生系统的安全密钥，导致 450 万份病人病历泄密。除此以外，惠普服务器应用程序、LibreOffice、MySQL、McAfee 病毒防护软件等各类应用软件均受到"心脏滴血"漏洞的影响。更加恐怖的是，根据搜索引擎公司 Shodan 发布的报告，截至 2017 年 1 月，全球约有 20 万台服务器依然受到"心脏滴血"漏洞的影响，极有可能遭受黑客攻击。

随着互联网应用技术的快速发展，Web 2.0 技术发展迅速，Web 应用程序（网站）已经形成 Web 应用栈，即 Web 服务器、中间件、反向代理服务器、缓存服务器、Web 应用框架、Web 应用业务接口、Web 前端框架等越来越复杂的应用程序组合体。越复杂的架构，往往存在越多的问题，因此 Web 应用安全成为目前亟须解决的主要信息安全问题。

全球知名应用安全组织 OWASP（Open Web Application Security Project）发布的全球 Web 应用安全威胁 Top 10 指出：SQL 注入攻击依然是排名第一的 Web 应用安全问题，其次是不安全的访问控制（Broken Authentication）和敏感数据泄露（Sensitive Data Exposure）。SQL 注入攻击最早发生于 2000 年左右，经过近 20 年时间，依然是目前危害最严重的应用层安全威胁。导致 SQL 注入的最根本原因是软件研发人员没有正确过滤输入数据。

需要补充的是，OWASP Top 10 自 2003 年发布首个版本以来，共发布了 6 个版本（2003 版本、2004 版本、2007 版本、2010 版本、2013 版本、2017 版本）。其中，历史上最重要一次更新当属 2010 版本，首次用风险管理方法论分析 Web 应用安全问题的根源，使用安全风险评估方法得出 Top 排名，此后版本均延续了风险评估的方法。

近几年，随着云计算技术、Web API 服务等技术的广泛应用，软件开发过程引入敏捷开发和 DevOps 实现开发和运维工作自动化、版本快速迭代，迅速扩张的攻击面也伴随而来，攻击者总是能找到新的攻击面。在此背景下，要保障 Web 应用程序（网站）的安全性，不仅需要考虑 Web 应用程序本身的安全，还需要考虑操作系统、Web 服务器软件、中间件、Web 应用框架等整体安全性。往往一个环节没有做好安全保障，就导致黑客攻击成功。例如，在 Web 应用程序自身安全的前提下，可能会因为 Web 服务器软件配置缺陷或 Web 应用框架出现安全漏洞而导致 Web 应用系统被黑客控制。

未来的 Web 应用安全需要深度防御和多层次防御方法，才能更好地保障互联网业务系统的安全性。

13.2 Web 应用安全

1991 年 HTTP（Hypertext Transfer Protocol，超文本传输协议）诞生，之后随着 Mosaic、NetScape、Opera、IE 等浏览器的诞生，Web 成为互联网快速发展的重要应用工具和承载体。二十多年后的今天，Web 技术因其轻便部署、跨平台等特性，历经 Web 1.0、Web 2.0 等关键发展阶段，已经几乎替换原有的 C/S（客户端/服务端）通信软件，B/S（Browser/Server，浏览器/服务端）架构的应用软件成为当今主流的应用架构，因此又称为 Web 应用程序。如果大家对 Web 发展历史感兴趣，那么可以访问 www.evolutionoftheweb.com，了解详细的 Web 应用技术发展过程中的热点事件。

Web 应用技术的快速更新迭代过程也是互联网的发展过程，任何新技术的快速更新迭代必然会带来各种信息安全问题。国家互联网应急中心（CNCERT）发布的《2017 年中国互联网网络安全报告》显示，2017 年收录漏洞按影响对象类型分类统计，应用程序漏洞占比 59.2%，Web 应用漏洞占比 17.6%，远超操作系统漏洞和网络设备漏洞的占比（见图 13-1）。应用安全已经成为各政府机构及企业亟须解决的安全问题。

图 13-1 漏洞影响分类统计

2003 年后，由于 Web 2.0 技术的快速发展，Web 应用安全问题受到网络安全专家的关注，先后涌现出一批优秀的网络安全组织和开源免费软件。其中，最著名的组织是 OWASP（Open Web Application Security Project），优秀的开源免费软件有 SQLMap、BeeF、BurpSuite 等。接下来，让我们从了解这些优秀的网络安全组织和开源免费软件开始，了解 Web 应用安全主要关注的技术方向和攻防技术。

OWASP 是一个开源的非营利性全球性安全组织，致力于应用软件的安全研究。OWASP 的使命是使应用软件更加安全，使企业和组织能够对应用安全风险做出更清晰的决策。目前，OWASP 全球拥有超过二百个分部，共同推动了安全标准、安全测试工具、安全指导手册等应用安全技术的发展。

OWASP 发展历程中最关键的节点是 2004 年发布的 OWASP Top 10。OWASP Top 10 从 Web 应用的漏洞影响进行分级和评测，评选出全球最为严重的十大 Web 应用安全威胁。图 13-2 所示为 2017 年发布的最新版 OWASP Top 10 中公布的 Web 应用安全威胁。从严重程度上看，危害最大的 Web 应用安全问题依次是 A1（注入攻击）、A2（失效的身份认证）、A3（敏感信息泄露）、A4[XML 外部实体（XXE）攻击]、A5（失效的访问控制）、A6（安全配置错误）、A7[跨站脚本（XSS）攻击]、A8（不安全的反序列化）、A9（使用含有已知漏洞的组件）、A10（不足的日志记录和监控）。关于 OWASP Top 10 更加详细的介绍，大家可以访问 www.owasp.org 获取更多课外学习资料。

OWASP Top 10 - 2017
A1:2017-Injection
A2:2017-Broken Authentication
A3:2017-Sensitive Data Exposure
A4:2017-XML External Entities (XXE) [NEW]
A5:2017-Broken Access Control [Merged]
A6:2017-Security Misconfiguration
A7:2017-Cross-Site Scripting (XSS)
A8:2017-Insecure Deserialization [NEW, Community]
A9:2017-Using Components with Known Vulnerabilities
A10:2017-Insufficient Logging&Monitoring [NEW,Comm.]

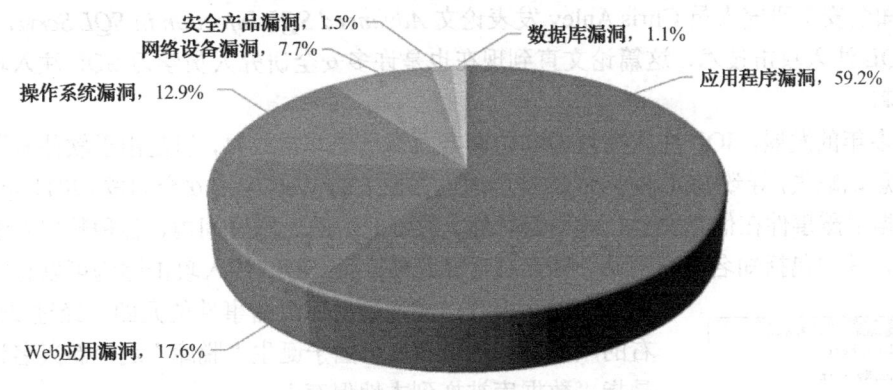

图 13-2 OWASP Top 10-2017

我们重点讲解 A1，即注入攻击，从注入攻击来了解 Web 应用安全的重要性。1998 年 12 月，知名安全研究人员 RFP 在著名的黑客杂志 *Phrack* 第 54 期上发表 *NT Web Technology Vulnerabilities*，第一次提到 SQL 注入漏洞；1999 年 2 月，知名安全研究人员 Allaire 发出警告 “Multiple SQL Statements in Dynamic Queries”，声称 SQL 动态查询时会导致安全隐患；1999 年 5 月，知名安全研究人员 RFP 与 Matthew Astley 联合发出警告 "NT ODBC Remote Compromise"，指出当使用 ODBC 进行数据库查询时会导致远程攻击；2000 年 2 月，RFP 再次发表文章 *How I hacked Packetstorm—A look at hacking www threads via SQL*，详细披露通过 SQL 注入攻击渗透全球最大黑客网站 Packetstorm.com 的整个过程；2002 年 1 月，知名安全研究人员 Chris Anley 发表论文 *Advanced SQL Injection in SQL Server*，首次深度讲解 SQL 注入攻击技术，这篇论文直到现在也是许多安全研究人员学习 SQL 注入攻防技术的必读材料。

经过多年的发展，SQL 注入在攻击和防御方面都已经非常成熟，但是由于软件研发人员的安全编码意识缺失，导致 SQL 注入依然是全球危害最大的 Web 应用安全问题。2011 年春节前，CSDN 数据泄露事件在信息安全行业引起轩然大波，此后的一段时间内，各种数据库泄露事件层出不穷，其中包括知名电商网站、知名社区论坛等。而 SQL 注入攻击因为可以直接访问和下载数据库内容，成为数据库泄露事件的元凶。经过 2011 年左右的风波后，互联网安全圈子诞生"脱库"这个新兴名词，意思是指"数据库被拖到本地保存"。

接下来，我们从搭建 Web 应用安全攻防实验室入手，讲解如何学习 Web 应用安全技术，并初步了解使用 SQLMap 自动化攻击工具实施一次成功的 SQL 注入攻击。

1）安装 WampServer，它是一个集成化很强的 Web 应用开发和测试环境，可以从 wampserver.com 下载该软件，如图 13-3 所示。

图 13-3　WampServer 运行环境

2）安装 DVWA 攻防演练环境，可以从 www.dvwa.co.uk 下载安装包，如图 13-4 所示。

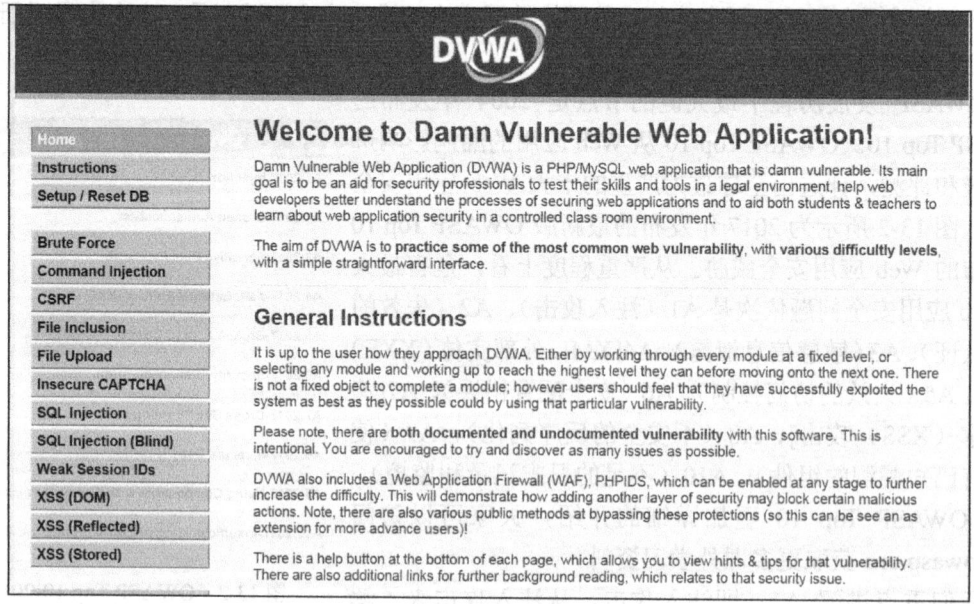

图 13-4　DVWA 攻防演练环境

3）安装 Python 环境，可以从 python.org 下载 2.x 版本的 Python 安装包，如图 13-5 所示。

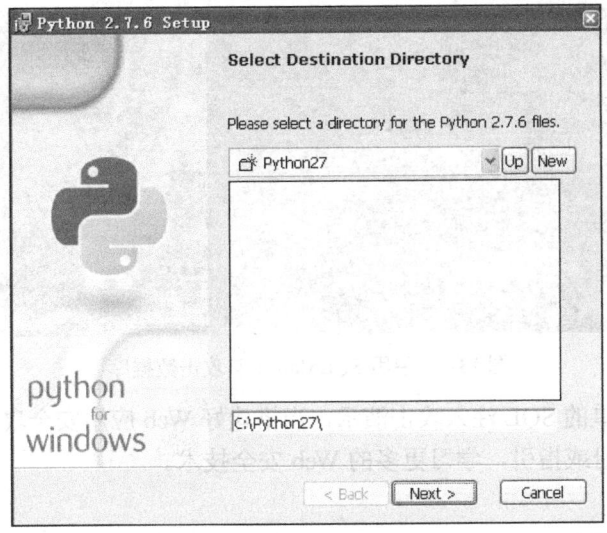

图 13-5　安装 Python 环境

4）下载 SQLMap 工具，可以从 sqlmap.org 下载最新版安装包，如图 13-6 所示。

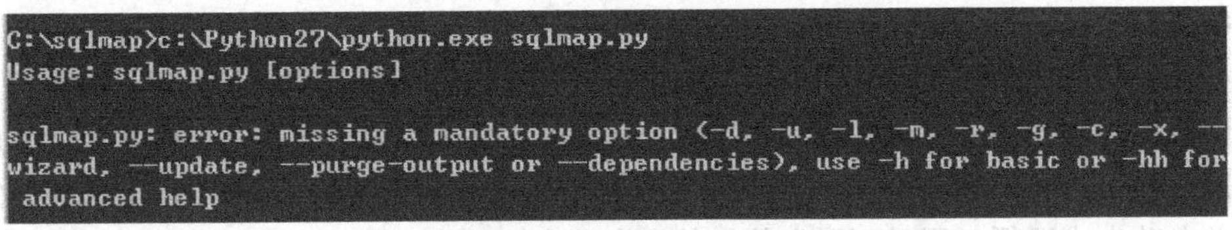

图 13-6　SQLMap 工具

5）使用 SQLMap 工具分别运行以下命令，在 Web 应用安全攻防实验室环境里就可以完成对 Web 应用和数据库的攻击。

运行 sqlmap -u "http://url/bWAPP/sqli_1.php?title=1&action=search" --cookie "cookie 值" -b --current-db --current-user ，可以获取当前数据库名称、用户名称，如图 13-7 所示。

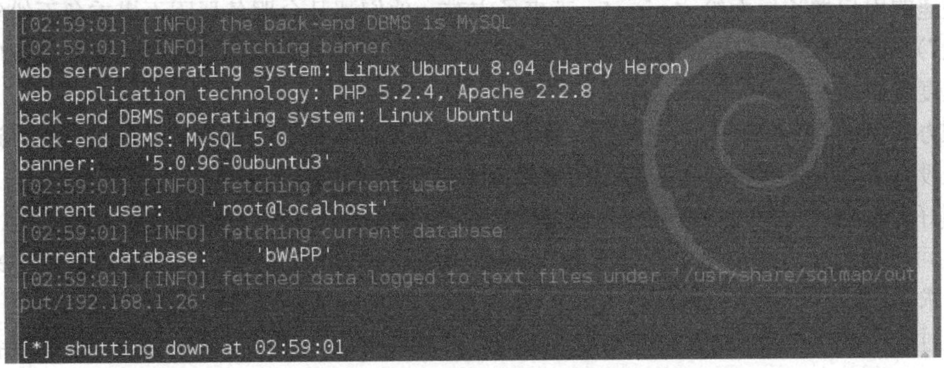

图 13-7　使用 SQLMap 工具获取当前数据库名称和用户名称

运行 sqlmap -u "http://url/bWAPP/sqli_1.php?title=1&action=search" --cookie "cookie 值" -D bWAPP -T users -C login, password --dump，可以获取当前用户表保存的用户名和密码，如图 13-8 所示。其中，-T 参数代表要枚举的数据表名称，-C 参数代表要枚举的数据表的列名称，--dump 代表下载数据库到本地（即脱库）。

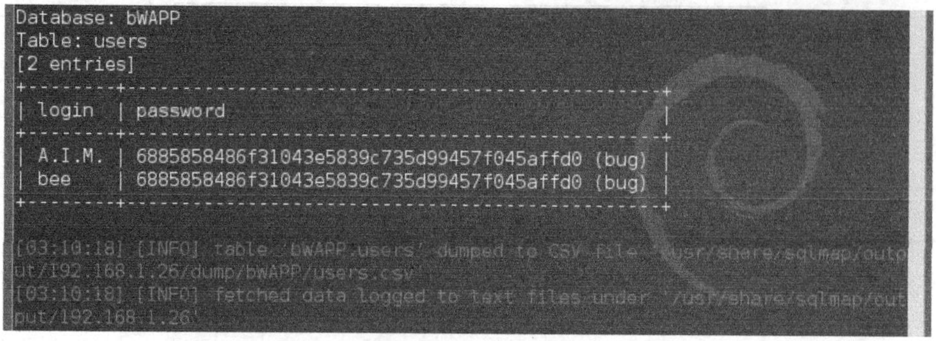

图 13-8　使用 SQLMap 工具攻击数据库

以上只是比较简单的 SQL 注入攻击演示，当搭建好 Web 应用安全攻防实验室后，可以按照官方网站的学习手册或指引，学习更多的 Web 安全技术。

13.3　云计算技术

2006 年 8 月，一家名为 Animoto 的小公司在纽约悄然成立。其创始人史蒂维·克利夫顿（Stevie Clifton）是一个刚从大学毕业不久的年轻人，他热衷于拍照和照片处理，他看到人们有把旅行中拍摄的照片变成 Flash 短片的需求，于是和几个年轻人一起在几台服务器上完成了一个基于网络的视频展示服务平台。通过这个平台（Facebook 前身），客户可以上传他们的图片和音乐并自动生成视频，同时可以和他们的朋友分享这些视频。

公司创建之初，他们把这几台服务器就放在办公室里，当时，每天约有 5000 个访客。这几台服务器，恰能分担这些负载。他们的商业模式跟一般的网站并无太大差异，基本上是靠广告收费和对用户进行某些服务收费。

2008 年 4 月中旬，Facebook 社区热门推荐了 Animoto 这个应用给它的成员。这使得该 Animoto 公司的注册量上升到 75 万。在高峰期，每小时约有 25 000 人使用 Animoto 的服务。如此快速的用户增长反而给 Animoto 带来了灾难，他们那几台服务器因不堪重负而纷纷宕机（"死机"），史蒂维他们几个忙得不可开交，焦头烂额。由于并发用户数太多，该互联网应用的响应速度慢如蜗牛，引起 Facebook 社区成员对其恶评不断。

创办公司的几个年轻人一筹莫展。为了填补服务器的需求，必须增容 100 倍以上。这对这几个既没有资本又没有增容技术能力的年轻人来说简直是灾难。

刚好史蒂维的大学同学看到亚马逊弹性计算云（Amazon Elastic Compute Cloud，Amazon EC2），可以租用亚马逊的简单存储服务（Amazon Simple Storage Service，Amazon S3）来实现应用要求。

通过这个合作，Animoto 只需要为 3 天的流量激增付费，并不需要购买任何新的设备。当服务量下降后，Animoto 会自己降低对服务器租用的量。Animoto 的创业故事就是一个典型的云计算应用实例。

2008 年 11 月，美国《商业周刊》发表了著名文章《Google 及其云智慧》，开篇宣称"这项全新的远大战略旨在把强大得超乎想象的计算能力分布到众人手中"，它预示着云计算（Cloud Computing）作为一种革命性的技术受到了产业界的普遍关注。当然对云计算持反对意见的亦不在少数。

2008年9月,自由软件运动的发起者斯托尔曼的身影陡然活跃起来,而他批评的锋芒所向,正是近期以来被硅谷很多人挂在嘴边的所谓云计算。他慷慨激昂的言论首先被报纸刊登,然后就在众多科技博客中引发了一场口水大战。斯托尔曼强调,这一趋势其实是意味着用户将失去控制权,他们将再也无法控制自己的程序、自己的资料和自己的隐私。

一些批评家认为,云计算意味着历史的倒退和大型机的复辟,意味着所有用户再度蜕变为大型计算机系统中没有什么发言权的终端。

毋庸赘言,云计算的支持者和反对者都不会轻易放弃自己的观点,争论还将持续下去。很多人都相信所谓云计算就是科技行业乃至于这个世界的未来。

2008年年初出版的书《大转变》(*The Big Switch*)提出了一个非常有力的观点,即通过另外一个提供商将许多计算机的计算能力连接在一起,这是未来的趋势。作者尼古拉斯·卡尔(Nicholas Carr)将云计算和电力的发展历史进行比较,给人留下了极为深刻的印象,他宣称,计算领域迄今为止最大的转变正在酝酿之中(见图13-9)。

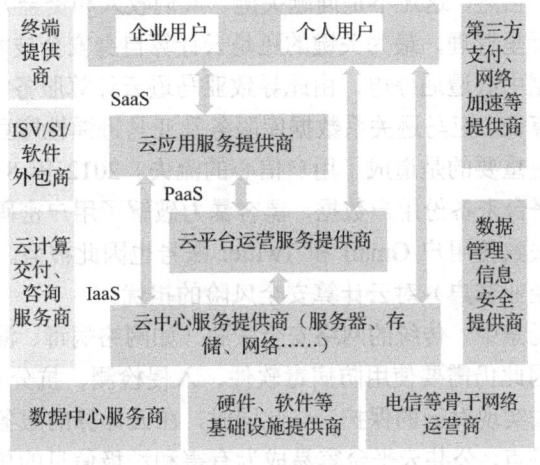

图13-9 云计算组成——产业链和生态系统

云计算概念是由Google提出的,这是一个全新的网络应用模式。2017年6月16日,国际知名调研机构Gartner公布了2017年全球云计算IaaS魔力象限,阿里云强势崛起成为这一核心领域的第四名。这也是中国云计算厂商首次进入Gartner的IaaS魔力象限。排在阿里云之前的是亚马逊AWS、微软和Google。Gartner同时指出,阿里云是中国市场的领导者,也是国际市场的有力竞争者。

云计算在中国发展非常迅速,除了阿里云强势崛起外,国内知名互联网公司均建立了自己强大的云计算基础架构,主要有腾讯云、百度云、京东云、华为云等,其中华为云在企业化应用领域发展势头迅速。

今天,云计算已经为我们带来越来越多的便利性。苹果公司提供的 iCloud 云存储服务,可以将计算机、手机和平板电脑上的数据进行实时同步,日程安排、闹铃、通信录、通话记录都将实时进行同步传输,信息已经实现无处不在、随时可取可用的状态。当两台 iPhone 手机使用同一个 iCloud 账号时,在用户登录成功后,仅需要十几分钟就可以将通信录、通话记录、短信等信息同步到另一台手机上,这在原来是很难实现的信息同步技术,而现在已经变得唾手可得。

类似苹果 iCloud 云计算服务的例子还有很多,如百度网盘的云存储服务、阿里云和华为云提供的公有云服务（随时按需开通云主机）等，云计算已经与我们的生活密不可分。

13.4 云计算安全

  云计算是一种新的计算方式，它是依托于互联网，以网络技术、分布式计算为基础，实现按需自服务、快速弹性构建、服务可测量等特点的新一代计算方式。然而，任何以互联网为基础的应用都存在一定危险性，云计算也不例外，安全问题从云计算诞生那天开始就一直受人关注。当所有的计算行为和数据存储都散布在聚散无形、虚无缥缈的云中时，人们将会普遍感到失控的恐慌。还记得《手机》这部电影吗？手机给生活提供了极大便利，但也给人带来了无尽烦恼，将人与人之间的距离拉得太近了，有时让人喘不过气来。云计算可以说比手机还甚，云计算中的数据对于数据所有者以外的其他云计算用户是保密的，但是对提供云计算的商业机构而言是毫无秘密可言的。当然，这还不是问题关键，人们收入和资金方面有隐私，但并不妨碍人们乐于将资金放到银行里管理，最为关键的还是云计算自身安全技术的问题。2012 年 6 月，亚马逊北弗吉尼亚的数据中心遭遇停电，由此导致亚马逊云计算服务（AWS）中断约 6 小时，影响波及亚马逊弹性计算云、亚马逊关系数据库服务及亚马逊弹性魔豆，宕机事故带来的不仅仅是用户数据的丢失，更重要的是造成了用户信心的流失。2012 年 8 月，苹果公司的 iCloud 服务被黑客攻击，因云平台未备份用户数据，黑客暴力破解了用户密码，导致部分用户资料被删除，而用户数据的丢失致使用户 Gmail 和 Twitter 账号也因此被盗。这些安全事件进一步加剧了用户（尤其是重要企业客户）对云计算安全风险的担忧。

  由于在云计算应用场景中，传统的网络安全威胁（如网络病毒、漏洞入侵、内部泄露、网络攻击等）依旧存在，因此仍需要使用防病毒软件、入侵检测、抗分布式拒绝服务（DDoS）攻击等技术或安全设备去实现对云的保护。与此同时，在云计算的服务模式下，信息的发布和传播具有不同于以往的特点，公共云平台容易成为有害和垃圾信息的传播渠道，给信息安全带来了新的挑战。

  云计算作为一种新计算技术，面临更多安全威胁。据云安全联盟（中立的非营利性世界性行业组织）2016 年报告中提出的云安全威胁，云计算主要存在以下问题。

  （1）安全域无边界

  在对外提供云计算业务之前，数据中心都是独立机房，由边界防火墙隔离成内、外两块。防火墙内部属于可信区域，自己独占，外部属于不可信区域，所有的攻击者都在这里。安全人员只需要对这一道隔离墙加高、加厚即可保障安全，也可以在这道墙之后建立更多防火墙以形成纵深防御。在开始提供云计算业务之后，这种简洁的内外隔离安全方案已经行不通了，通过购买云服务器，攻击者已经深入提供商网络的腹地，穿越了边界防火墙。云计算内部的资源不再是由某个用户独享，而是由几万、几十万甚至更多互相不认识的用户共有，当然也包含一些恶意用户，这些用户可以轻而易举地进入云计算内部，窃取私密信息。传统划分安全域进行隔离已经行不通了，哪里有云计算提供的服务，哪里就需要安全，安全防护要贯穿到整个云计算的所有环节，这无疑将提升云计算安全部署的成本，即便这样，防御效果还不见比以前效果好。

  （2）虚拟化难捕捉

  云计算时代，一台服务器上可以运行十台虚拟机，这些虚拟机还可能属于十个不同用户。攻击者虚拟机可直接运行在这台服务器的内存里面，仅仅使用一个虚拟层隔离，一旦攻击者掌握了可以穿透虚拟层漏洞的方法，就可以毫不费力完成入侵，常见的虚拟化层软件如 VMWare、KVM 都找到过类似安全漏洞。一般服务器是一台标准 Linux 服务器，运行着标准的 Linux 操作系统及各种标准的服务，攻击面大幅提升。为了实现虚拟机自动迁移，虚拟化技术被应用于云计算网络中，这种虚拟网络属于二层网络架构，甚至是跨越机房、跨越城市的大二层网络架构。在这样一个超大的二层虚拟网络中，ARP 欺骗、以太网端口欺骗、ARP 风暴、NBNS 风暴等二层网络内部的攻击问题，危害性都远远超过了它们在传统网络中的影响。

（3）数据泄露量大

传统网络中存在数据泄露威胁，但在云计算环境中，数据泄露的严重性更高。由于云服务器上保存了大量客户的隐私数据，在多客户环境下，一个客户应用存在漏洞可能就会导致其他客户数据的泄露。数据泄露不仅导致商业机密、知识产权和个人隐私的泄露，而且对企业而言可能会产生毁灭性打击。云计算依托的基础就是海量数据，只有在超大型的数据中心才能充分发挥作用，而海量数据若发生泄露，造成的损失很大，尤其是各种数据混杂在一起，做不好数据防护，很容易被人所窃取。恶意黑客会使用病毒或直接攻击方法永久删除云端数据来危害云系统安全。

（4）攻击频率急剧升高

没有部署云计算时，承载信息服务的各个数据中心散列在各处，即便被攻击，受影响的面都不会太大。现在的数据中心建设规模都很大，因为只有规模上去，云计算的优势才能更加明显。所以，现在拥有数十万台服务器的数据中心屡见不鲜，这就将很多数据集中在一起，再交由云计算处理。拥有海量数据的数据中心，目标太大，很容易成为别人的目标。另外，云计算用户呈多样性而且规模巨大，这样遭受的攻击频率也是急剧升高。以阿里云为例，平均每天遭受数百起 DDoS 攻击，其中 50%攻击流量超过 5GB/s。针对 Web 应用的攻击及密码破解攻击更是以亿计算。这种频度的攻击，给安全运维带来巨大的挑战。

除此之外，不安全的接口和界面、新的攻击方式、混乱的身份管理、高级持续性威胁、审查不充分、恶意 SaaS 应用、共享技术问题等，都是云计算面临的安全威胁。解决好云计算安全威胁问题，将会为云计算的发展打下坚实的基础，让更多的人乐于接受云计算，将自己的信息数据安心放到云计算应用中来。

13.5 工业控制系统安全

2015 年 12 月 23 日，乌克兰电力部门遭到黑客攻击，乌克兰新闻媒体 TSN 在 24 日报道称："至少有三个电力区域被攻击，并于当地时间 15 时左右导致了数小时的停电事故。""攻击者入侵了监控管理系统，超过一半的地区和部分伊万诺-弗兰科夫斯克地区断电几个小时。" Kyivoblenergo 电力公司发布公告称："公司因遭到入侵，导致 7 个 110kV 的变电站和 23 个 35kV 的变电站出现故障，导致 80 000 用户断电。"

安全公司 ESET 在 2016 年 1 月 3 日最早披露了本次事件中的相关攻击程序，表示乌克兰电力部门感染的是 BlackEnergy（黑暗力量），BlackEnergy 被当作木马后门使用，并释放了 KillDisk 破坏数据来延缓系统的恢复。同时在其他服务器中还发现一个添加后门的 SSH 程序，攻击者可以根据内置密码随时连入受感染主机。BlackEnergy 曾经在 2014 年被黑客团队"沙虫"用于攻击欧美 SCADA 工业控制系统，当时发布报告的安全公司 iSIGHT Partners 在 2016 年 1 月 7 日发文，将此次断电事件矛头直指"沙虫"团队，而在其 2014 年关于"沙虫"的报告中，

iSIGHT Partners 认为该团队与俄罗斯密切相关。

电影《骇客交锋》（原名《黑帽》）是根据"震网"（Stuxnet）病毒（针对伊朗核设施的攻击事件，导致核设施停止运转）事件改编的电影，引发了人们对工业控制安全的无限想象。Google 的工程主管、被称为"信息安全公主"的帕里萨·塔布瑞兹评价该片是她所见过的"最为准确的有关信息安全的电影"。

2014 年 1 月，网络安全公司 CrowdStrike 曾披露了一项被称为"Energetic Bear"的网络间谍活动，在这项活动中，黑客们可能试图渗透欧洲、美国和亚洲能源公司的计算机网络。据称，那些网络攻击中所用的恶意软件是 Havex RAT 和 SYSMain RAT。该公司怀疑 Havex RAT 有可能以某种方式被俄罗斯黑客连接，或者由俄罗斯政府资助实施。赛门铁克也发现俄罗斯黑客组织使用一种复杂的网络武器 Havex，已经使 1000 多家欧洲和北美能源公司受损，并认为 Havex 与"震网"（Stuxnet）病毒相似，能使黑客们访问到能源部门的控制系统。赛门铁克的研究报告称，黑客组织 Energetic Bear 也称为"蜻蜓（Dragonfly）组织"，这是一个至少自 2011 年起便开始活跃的东欧黑客团体。"蜻蜓组织"最初的攻击目标是美国和加拿大的国防和航空企业，但从 2013 年开始，"蜻蜓组织"的主要目标转向许多国家的石油管道运营商、发电企业和其他能源工业控制设备提供商，即以那些使用工业控制系统来管理电、水、油、气和数据系统的机构为新的攻击目标。赛门铁克专门针对"蜻蜓组织"的活动进行了跟踪分析与研究，研究认为：自 2013 年年初开始，"蜻蜓组织"为达到通过远程控制木马（RAT）访问工业控制系统的目的，一直在使用不同的技术手段对美国和其他一些欧洲国家的能源供应商实施攻击，并利用特殊编制的恶意代码感染其工业控制软件，在 18 个月的时间里影响了几乎 84 个国家，但是大多数受害者机构位于美国、西班牙、法国、意大利、德国、土耳其和波兰等国家。显然，"蜻蜓组织"所使用恶意代码的破坏能力可能会造成多个国家的能源供应中断，具有极大的社会危害性。

自从 2010 年"震网"事件之后，世界各国对工业控制系统安全问题的关注被提升到一个新的高度。世界各国都在政策、标准、技术、方案等方面展开了积极应对。最近工业控制系统安全更成为备受工业和信息安全领域研究机构关注的研究热点。图 13-10 所示为现实中工业控制系统简化模型。

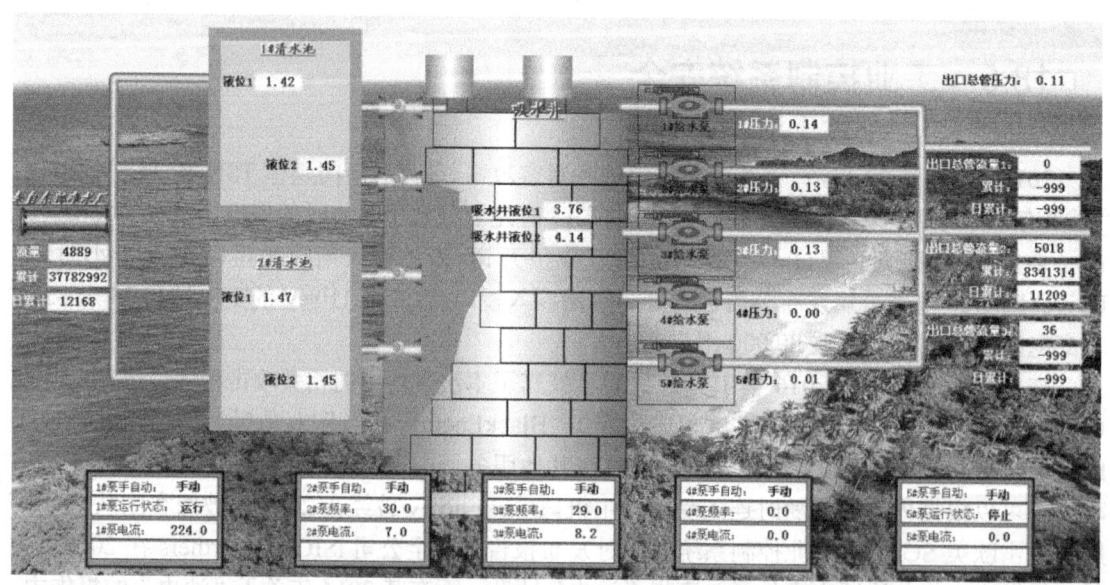

图 13-10　现实中工业控制系统简化模型

工业控制系统安全已经成为影响国家安全和社会稳定的重大安全问题，试想交通信号灯控制系统、地铁控制系统、污水控制系统、燃气控制系统等工业控制系统和国家关键基础设施被黑客攻击和控制后，将导致多大的危害和隐患？

随着信息化与工业化技术的深度融合及潜在网络战威胁的影响，工业控制系统也将从传统的仅关注物理安全、功能安全转向更为关注信息系统安全，这种转变将在国家政策的推动下对传统的工业企业产生较大的影响。确保国计民生相关的工业控制系统安全已被提升到了国家安全战略的高度，再加上工业控制系统跨学科、跨行业应用的特殊性，其安全保障体系的建立必须在国家、行业监管部门、工业控制系统企业、工业控制系统提供商、信息安全厂商等多方面的协同努力下才能够实现。

第14章 信息安全法律法规案例分析

前事之不忘，后事之师。

——《战国策·赵策一》

博学之，审问之，慎思之，明辨之，笃行之。

——《礼记》

了解信息安全方面的法律法规是非常必要的，应用这些知识分析案例更为重要。因为很多职业人士有时违反了相关法律法规却浑然不知，有的甚至走上犯罪道路，也有的个人权益和隐私受到伤害也不知如何去维权。

本章的主要目的是使学生了解什么是犯罪、刑法中关于计算机犯罪的规定、计算机犯罪的特征和计算机犯罪的常用方法；初步具有通过相关法律法规解释典型案例的能力，主动避免违反相关条例和刑法的可能性；同时在权益受到伤害时，有能力保护好自己。

14.1 《网络安全法》

1. 简要介绍

《中华人民共和国网络安全法》（以下简称《网络安全法》）是为保障网络安全，维护网络空间主权和国家安全、社会公共利益，保护公民、法人和其他组织的合法权益，促进经济社会信息化健康发展而制定的，由全国人民代表大会常务委员会于2016年11月7日发布，自2017年6月1日起施行。

《网络安全法》是我国第一部网络安全领域的法律，是保障网络安全的基本法。《网络安全法》不是网络安全立法的终点，相反，是网络安全立法的起点。与《网络安全法》相关的法律有《中华人民共和国国家安全法》《中华人民共和国保守国家秘密法》《中华人民共和国反恐怖主义法》《中华人民共和国反间谍法》《中华人民共和国刑法修正案（十）》《中华人民共和国治安管理处罚法》《中华人民共和国电子签名法》等。这些法律与《网络安全法》不是上位法和下位法的关系，而是同属同一法律位阶。《网络安全法》是我国网络安全管理的基础法律，与其他相关法律在相关条款和规定上互相衔接、互为呼应，共同构成了我国网络安全管理的综合法律体系。同时，《网络安全法》也是在现行的一些制度的基础上（如《全国人民代表大会常务委员会关于加强网络信息保护的决定》《中华人民共和国计算机信息系统安全保护条例》《互联网信息服务管理办法》等）上升和完善的成果，为更好地开展网络安全工作提供了法律保障。

作为我国的网络安全基本法，《网络安全法》是网络安全领域依法治国的重要体现，对保障我国网络安全有着重大意义。

2. 立法背景

网络安全已经成为关系国家安全和发展、关系广大人民群众切身利益的重大问题。在信息化时代，网络已经深刻地融入了经济社会生活的各个方面，网络安全威胁也随之向经济社会的各个层面渗透，网络安全的重要性随之不断提高。一方面，党的十八大以来，以习近平同志为核心的党中央从总体国家安全观出发对加强国家网络安全工作做出了重要的部署，对加强网络安全法制建设提出了明确的要求，制定《网络安全法》是适应我们国家网络安全工作新形势、新任务，落实中央决策部署，保障网络安全和发展利益的重大举措，是落实国家总体安全观的重要举措。另一方面，中国是网络大国，也是面临网络安全威胁最严重的国家之一，迫切需要建立和完善网络安全的法律制度，提高全社会的网络安全意识和网络安全保障水平，使我们的网络更加安全、更加开放、更加便利，也更加充满活力。在这样的形势下，制定《网络安全法》是维护国家广大人民群众切身利益的需要，是维护网络安全的客观需要，是落实国家总体安全观的重要举措。

3. 立法意义

《网络安全法》是国家安全法律制度体系中的又一部重要法律，是网络安全领域的基本大法，与之前出台的《中华人民共和国国家安全法》《中华人民共和国反恐怖主义法》等属同一位阶。《网络安全法》对于确立国家网络安全基本管理制度具有里程碑式的重要意义，具体表现为6个方面：一是服务于国家网络安全战略和网络强国战略；二是助力网络空间治理，护航"互联网+"；三是构建我国首部网络空间管辖基本法；四是提供维护国家网络主权的法律依据；五是利于在网络空间领域贯彻落实依法治国精神；六是为网络参与者提供普遍法律准则和依据。《网络安全法》明确了网络安全的内涵和工作体制，反映了中央对国家网络安全工作的总体布局，标志着网络强国制度保障建设迈出了坚实的一步。

4. 内容解读

《网络安全法》的调整范围包括网络空间主权，关键信息基础设施保护，网络运营者、网络产品和服务提供者义务等内容，各条款覆盖全面，规定明晰，显示了较高的立法水平。

（1）内容框架

《网络安全法》全文共7章79条，包括总则、网络安全支持与促进、网络运行安全、网络信息安全、监测预警与应急处置、法律责任及附则。除法律责任及附则外，根据适用对象，可将各条款分为六大类。

第一类是国家承担的责任和义务，共计13条，主要条款包括第三条"网络安全保护的原则和方针"、第四条"顶层设计"、第二十一条"网络安全等级保护制度"等。

第二类是有关部门和各级政府职责划分，共计11条，主要条款包括第八条"网络安全监管职责划分"、第十六条"加大网络安全技术投入和扶持"等。

第三类是网络运营者责任与义务，共计12条，主要条款包括第九、二十四、二十五、二十八、四十二、四十七和五十六条"网络运营者承担的义务"，第四十条"用户信息保护"，第四十四条"禁止非法获取及出售个人信息"等。

第四类是网络产品和服务提供者责任与义务，共计 5 条，主要条款包括第二十二、二十七条"网络产品和服务提供者的义务"，第二十三条"网络安全产品的检测与认证"等。

第五类是关键信息基础设施网络安全相关条款，共计 9 条，主要条款包括第三十三条"三同步原则"、第三十四条"关键信息基础设施运营者安全义务"、第三十五条"网络产品和服务的国家安全审查"、第三十七条"个人信息和重要数据境内存储"等。

第六类是其他，共计 8 条，主要条款包括第一条"立法目的"、第二条"适用范围"、第四十六条"打击网络犯罪"等。

（2）重点分析

《网络安全法》内容主要涵盖了关键信息基础设施保护、网络数据和用户信息保护、网络安全应急与监测等领域，与网络空间国内形势、行业发展和社会民生紧密的主要有以下三大重点。

一是确立了网络空间主权原则，将网络安全顶层设计法制化。网络空间主权是一国开展网络空间治理、维护网络安全的核心基石，离开了网络空间主权，维护公民、组织等在网络空间的合法利益将沦为一纸空谈。《网络安全法》第一条明确提出要"维护网络空间主权"，为网络空间主权提供了基本法依据。此外，在总则部分，《网络安全法》还规定了国家网络安全工作的基本原则、主要任务和重大指导思想、理念，厘清了部门职责划分，在顶层设计层面体现了依法行政、依法治国要求。

二是对关键信息基础设施实行重点保护，将关键信息基础设施安全保护制度确立为国家网络空间基本制度。当前，关键信息基础设施已成为网络攻击、网络威慑乃至网络战的首要打击目标，我国对关键信息基础设施安全保护已上升至前所未有的高度。《网络安全法》第三章第二节"关键信息基础设施的运行安全"中用大量篇幅规定了关键信息基础设施保护的具体要求，解决了关键信息基础设施范畴、保护职责划分等重大问题，为不同行业、领域关键信息基础设施应对网络安全风险提供了支撑和指导。此外，《网络安全法》提出建立关键信息基础设施运营者采购网络产品、服务的安全审查制度，与国家安全审查制度相互呼应，为提高我国关键信息基础设施安全可控水平提出了法律要求。

三是加强个人信息保护要求，加大对网络诈骗等不法行为的打击力度。近年来，公民个人信息数据泄露日趋严重，"徐玉玉案"等一系列的电信网络诈骗案引发社会焦点关注。《网络安全法》从立法伊始就将个人信息保护列为需重点解决的问题之一，《网络安全法》第四章"网络信息安全"用较大的篇幅专章规定了公民个人信息保护的基本法律制度，特别是其中"对个人信息立法保护"和"对网络诈骗严厉打击"的相关内容，切中了个人信息泄露乱象的要害，充分体现了保护公民合法权利的立法原则，为今后保护个人信息、打击相关违法犯罪行为奠定了坚实的上位法基础。

14.2 信息安全中的法律问题

14.2.1 何为犯罪

1. 犯罪的概念

《中华人民共和国刑法》第二章第十三条对犯罪做了如下定义：一切危害国家主权、领土完整和安全，分裂国家、颠覆人民民主专政的政权和推翻社会主义制度，破坏社会秩序和经济秩序，侵犯国有财产或者劳动群众集体所有的财产，侵犯公民私人所有的财产，侵犯公民的人身权利、民主权利和其他权利，以及其他危害社会的行为，依照法律应当受刑罚处罚的，都是犯罪。但是，刑法又规定下列两种情况不认为是犯罪。

1）情节显著轻微且危害不大的，不认为是犯罪（刑法第十三条）。

2）行为在客观上虽然造成了损害结果，但是不是出于故意或者过失，而是由于不能抗拒或者不能预见的原因所引起的，不是犯罪（刑法第十六条）。

2. 犯罪的基本特征

犯罪具有以下 3 个基本特征。

1）犯罪是危害社会的行为，即具有社会危害性，这是犯罪的本质特性。

2）犯罪是触犯刑法的行为，即具有刑事违法性。

3）犯罪是应当受刑罚处罚的行为，即具有应受刑罚处罚性。

3. 犯罪的构成要件

根据刑法规定，犯罪构成应具备以下 4 个要件。

1）犯罪客体，即指我国刑法所保护的而被犯罪侵犯的社会主义社会关系。

2）犯罪客观方面，即指我国刑法规定的犯罪活动的客观外在表现，包括危害行为、危害结果、危害行为与危害结果之间的因果关系等，其中危害行为是一切犯罪不可缺少的要件。

3）犯罪主体，即指达到法定刑事责任年龄、具有刑事责任能力、实施了犯罪行为的自然人和法律规定的犯罪单位。

4）犯罪主观方面，即指犯罪主体对自己实施的犯罪行为造成危害社会结果所持的心理态度，如故意、过失。

4. 犯罪的分类

犯罪有故意犯罪和过失犯罪两种类型。另外，刑法分则根据犯罪的性质又将犯罪划分为如下十大类。

1）危害我国安全罪。

2）危害公共安全罪。

3）破坏社会主义市场经济秩序罪。

4）侵犯公民人身权利、民主权利罪。

5）侵犯财产罪。

6）妨害社会管理秩序罪。

7）危害国防利益罪。

8）贪污贿赂罪。

9）渎职罪。

10）军人违反职责罪。

5. 计算机犯罪的概念

计算机犯罪（Computer Crime）是指行为人通过计算机操作所实施的危害计算机信息系统（包括内存数据及程序）安全及其他严重危害社会的并应当处以刑罚的行为。计算机犯罪产生于 20 世纪 60 年代，随着计算机技术的发展和计算机应用的日益普及，到 21 世纪初，计算机犯罪已呈猖獗之势，并受到各国的重视。

6. 刑法中关于计算机犯罪的规定

《中华人民共和国刑法》中关于计算机犯罪的规定有 3 个条款。

1)违反国家规定,侵入国家事务、国防建设、尖端科学技术领域的计算机信息系统的,处三年以下有期徒刑或者拘役(第二百八十五条)。

2)违反国家规定,对计算机信息系统功能进行删除、修改、增加、干扰,造成计算机信息系统不能正常运行,后果严重的,处五年以下有期徒刑或者拘役;后果特别严重的,处五年以上有期徒刑。

违反国家规定,对计算机信息系统中存储、处理或者传输的数据和应用程序进行删除、修改、增加的操作,后果严重的,依照前款的规定处罚。

故意制作、传播计算机病毒等破坏性程序,影响计算机系统正常运行,后果严重的,依照第一款的规定处罚(第二百八十六条)。

3)利用计算机实施金融诈骗、盗窃、贪污、挪用公款、窃取国家秘密或者其他犯罪的,依照本法有关规定定罪处罚(第二百八十七条)。

以上3条分别对应非法侵入计算机信息系统罪、破坏计算机信息系统罪和利用计算机犯罪3种计算机犯罪的表现形式。其中,第二百八十五条、二百八十六条采用列举式,是1997年新刑法新增加的罪名,并规定了相应的刑罚。而第二百八十七条是对以计算机为犯罪工具的原则性规定,是指那些以计算机为犯罪工具,通过计算机操作而获取非法利益或机密的犯罪行为,其刑罚由其他的相关条款规定。

从大的犯罪分类来看,计算机犯罪属于妨害社会管理秩序罪中的扰乱公共秩序罪。

7. 计算机犯罪的实质特征

从犯罪的实质含义上看,刑法第二百八十五、二百八十六条所规定的犯罪可以称为狭义的计算机犯罪或单纯的计算机犯罪,加上第二百八十七条则称为广义的计算机犯罪。

单纯的计算机犯罪区别于其他犯罪具有以下3个实质特征。

1)计算机本身的不可或缺性和不可替代性。

2)明确了计算机犯罪侵害的客体(计算机信息系统)。

3)在某种意义上计算机作为犯罪对象出现的特性。

8. 计算机犯罪的常用方法

计算机犯罪的常用方法主要有以下几种。

1)以合法手段为掩护,查询信息系统中不允许访问的文件,或者侵入重要领域的计算机信息系统。

2)利用技术手段(包括利用网页与电子邮件,破解账号和密码,设置木马程序,使用病毒程序,利用系统漏洞、程序缺陷和网络缺陷等),非法侵入重要的计算机信息系统,破坏或窃取计算机信息系统中的重要数据或程序文件,甚至删除数据文件或者破坏系统功能,直至使整个系统处于瘫痪。

3)在数据传输或者输入过程中,对数据的内容进行修改,干扰计算机信息系统。

4)未经计算机软件著作权人授权,复制、发行他人的软件作品,或制作、传播计算机病毒,或制作传播有害信息等。

14.2.2 民事问题

在计算机及网络的使用等方面,不仅存在犯罪问题,也存在民事诉讼问题。人们在使用计算机和网络时有意或无意地侵权,都有可能被提起民事诉讼。下面通过案例来了解有关民事问题。

案例 1　宋祖德用个人博客侵害导演谢晋名誉

导演谢晋 2008 年因心源性猝死去世后不久，宋祖德向其博客上传多篇文章，称谢晋因性猝死而亡、谢晋与刘某某在海外育有一个重度脑瘫的私生子等，并向媒体表示文章确有依据。

2009 年 2 月，谢晋遗孀徐大雯女士以名誉侵权为由，将宋祖德、刘信达告入法院，除要求两人立刻停止侵权、撤下相关博客文章、说明事实真相并对外道歉外，还提出包括精神损害抚慰金等在内总额 50 万元的各项索赔。

法院认为，博客注册使用人对博客文章的真实性负有法律责任，有避免使他人遭受不法侵害的义务。法院判决宋祖德、刘信达停止侵害，在多家平面和网络媒体醒目位置刊登向徐大雯公开赔礼道歉的声明，消除影响；并赔偿徐大雯经济损失近 9 万元、精神损害抚慰金人民币 20 万元。宋祖德、刘信达不服上诉，二审法院维持原判。

14.2.3　刑事问题

隐私问题是信息安全和保密中所涉及的一个非常重要的问题，隐私问题在个人、组织中都存在。利用法律手段有效地保护组织和个人的隐私具有非常重要的意义。

案例 2　徐玉玉被电信诈骗致死案

2016 年 4 月初，年仅 19 岁的被告人杜天禹通过植入木马等方式，非法入侵了山东省 2016 年普通高等学校招生考试信息平台网站，从该平台直接窃取了 64 万余条 2016 年山东省高考考生个人信息，并通过腾讯 QQ、支付宝等工具，对外出售牟利。

杜天禹向陈文辉出售了 10 万余条考生相关信息，共获利 14 100 余元。而后陈文辉等人通过获取到的考生信息实施电信诈骗，经调查取证发现共拨打诈骗电话 1 万余次，直接骗取他人钱款高达 20 余万元，这其中就包括徐玉玉被骗的九千余元的大学学费，徐玉玉并因此郁结于心，抢救无效身亡。

"徐玉玉被电信诈骗致死案"的关联案件——杜天禹侵犯公民个人信息案于 2017 年 8 月 24 日上午 9 时在山东省临沂市罗庄区人民法院一审公开开庭审理。审理过程中，公诉机关认为，被告人杜天禹非法获取公民个人信息，并向他人出售，情节特别严重，应当以侵犯公民个人信息罪追究其刑事责任。被告人杜天禹当庭认罪，对案情经过和所造成的严重后果供认不讳，最终被依法判处有期徒刑 6 年，处罚金人民币 6 万元整。

14.3　案例分析

熟悉有关互联网运营、信息管理等方面的法律法规，对职场人士、经营者或未来的职业人是非常重要的，也是比较容易做到的，然而如何利用这些知识剖析一些生活中的案例就不是一件容易的事了，需要经过长期的、科学的训练。本节列举出的案例，希望同学们通过刑法、民法等法律法规来解读。

案例 3　世界杯赌球钓鱼网站诈骗

据 2018 年 7 月 21 日中国中央电视台中文国际频道（CCTV-4）报道，在俄罗斯举行的第 21 届世界杯期间，博彩钓鱼网站数量直线上升，每天点击量超过 800 万，每天 45 万人访问，让不少球迷损失惨重。

据公安部官网介绍，针对世界杯足球赛期间赌球活动多发情况，公安部高度重视，指挥部署各地公安机关提前研判、缜密侦查，对各类赌球活动强化精准打击。世界杯开赛后，各地侦破赌球刑事案件 300 余起，打掉赌球团伙 100 多个，涉案金额逾 10 亿元。

其中，上海市公安机关成功打掉一个以民间借贷公司为掩护的网络赌球犯罪团伙，抓获涉案人员 14 名。经查，该团伙充当境外赌博网站代理人，组织下线人员赌球押注，从中抽头渔利，涉赌资金逾千万元。辽宁省沈阳市公安机关成功侦破黄某团伙利用境外赌博网站开设赌场案，抓获涉案人员 18 名。经查，该团伙充当境外赌博网站代理人，组织赌客通过 APP 对世界杯比赛押注，从中抽头渔利，涉赌资金逾千万元。贵州省贵阳市公安机关成功侦破邹某团伙利用境外赌博网站开设赌场案，抓获涉案人员 70 名。经查，该团伙充当境外赌博网站代理人，组织赌客对世界杯比赛押注，从中抽头渔利，涉赌资金逾亿元。北京市公安机关成功侦破张某团伙利用境外赌博网站开设赌场案，抓获涉案人员 46 名。经查，该团伙充当境外赌博网站代理人，组织赌客对世界杯比赛押注，从中抽头渔利，涉赌资金逾亿元。广东省公安机关成功打掉广州、佛山的 7 个网络赌球团伙，抓获涉案人员 107 名。经查，该系列团伙充当境外赌博网站代理人，组织赌客对世界杯比赛押注，从中抽头渔利，涉赌资金逾亿元。

公安机关将持续依法深入打击惩治各类赌博违法犯罪，突出打击犯罪活动的组织者、经营者、获利者和幕后"保护伞"，坚决斩断跨境跨区域赌博犯罪的"人员链"、"资金链"、"技术链"和"利益链"，切实维护良好社会治安环境和国家经济安全。（公安部官网）

案例 4　Google 侵权门

自 2004 年开始对图书进行大规模数字化以来，Google 已经将全球尚存有著作权的近千万种图书收入其数字图书馆，而没有通报著作权所有者本人。Google 此举，激起了欧洲各国的反应，2005 年 4 月 27 日，由法国国家图书馆牵头的欧洲 19 所国家图书馆负责人，在巴黎发表联合共建欧洲数字图书馆的声明，以对抗 Google 的"文化入侵"。

2008 年 10 月，Google 公布其与美国作家协会和美国出版商协会达成的和解协议。根据该协议，Google 将其通过合法途径获得的图书进行数字化制作，建立数字图书馆，进行多功能开发利用，包括团体订阅、个人用户购买、公众免费查阅，以及对有关数据进行技术研究和开发等使用方式。根据美国民事诉讼法规定，该协议一旦生效，也会对中国的著作权人产生法律效力。

2009 年 10 月 13 日，中央电视台《朝闻天下》栏目报道称，Google 数字图书馆涉嫌大范围侵权中文图书，从中国文字著作权协会获悉，570 位权利人 17 922 部作品在未经授权的情况下已被 Google 扫描上网。Google 公司将面临中国权利人的侵权指控。

中国文字著作权协会相关负责人表示，这 570 位包括国家领导人、政府官员和作家在内的权利人对此毫不知情，且没有证据表明 Google 取得了权利人的授权。法学专家认为，Google 的这种未经许可的复制和网络转载的行为均涉嫌侵犯著作权。

2009 年 10 月 16 日，中国文字著作权协会通过中国作家网发出《就谷歌侵权致著作权人》，呼吁"中国权利人应该有组织地与谷歌交涉，维护中国权利人的正当权利"。

参 考 文 献

[1] 又在圣诞节前夕停电了 乌克兰电力疑又遭黑客攻击[OL]. https://www.sohu.com/a/122273861_583123.

[2] GSM 通信密钥被破解[OL].http://www.360doc.com/content/16/0226/23/30824275 _537668183.shtml.2016.

[3] 震荡波诞生无心插柳 嫌疑人最多判 5 年监禁[OL]. http://news.chinabyte.com/429/1795429_all.shtml, 2004.

[4] BAUER F L. Decrepted Secrete: Method and Maxims of Cryptoloty[M]. 2nd ed. Berlin: Springer, 2000.

[5] BISHOP M. 计算机安全 艺术与科学[M]. 北京：清华大学出版社，2004.

[6] SHANNON C E. Communication Theory of Secrecy System[J]. Bell System Technical Journal, 1949, 28(4): 656-715.

[7] 李剑，张然. 信息安全概论[M]. 北京：机械工业出版社，2009.

[8] DIFFIE W, HELLMAN M. New Directions in Cryptography[J]. IEEE Trans. On Information Theory, 1976, 22(6): 644-654.

[9] RIVEST R L, SHAMIR A, ADLEMAN L. A Method for Obtaining Digital Signatures and Public-Key Cryptosystems[J]. Communications of the ACM, 1978, 21(2): 120-126.

[10] 冯登国，赵险峰. 信息安全技术概论[M]. 北京：电子工业出版社，2009.

[11] 胡国胜. 信息安全基础[M]. 北京：电子工业出版社，2011.

[12] SIMMONS G J. Authentication Theory/Coding Theory [C]. Computer Science, 1985, 196: 411-431.

[13] DOLVE D, YAO A C. on the Security of Public Key Protocols [C]. Information Theory IEEE Transactionson, 1981: 350-357.

[14] 全国信息技术标准化技术委员会. 计算机场地安全要求：GB/T 9361—2011 [S]. 北京：中国标准出版社，2012.

[15] 石淑华，池瑞楠. 计算机网络安全技术[M]. 北京：人民邮电出版社，2008.

[16] 全国信息技术标准化技术委员会. 计算机场地通用规范：GB/T 2887—2011 [S]. 北京：中国标准出版社，2011.

[17] 全国电力电子学标准化技术委员会. 不间断电源设备（UPS） 第 2 部分：电磁兼容性（EMC）要求：GB 7260.2—2009 [S]. 北京：中国标准出版社，2010.

[18] TEMPEST（一系列构成信息安全保密领域的总称）[OL]. https://baike.baidu.com/item/TEMPEST/ 10503722 ?fr=Aladdin.

[19] 常用的信息安全风险评估自动化工具介绍[OL]. https://blog.csdn.net /purpleforest/ article/ details/1332792?locationNum=15.

[20] ISO-17799/BS 7799 信息安全管理体系[OL]. http://www.venustech.com.cn/NewsInfo/

227/456.Html.

[21] Cost of Risk Analysis[OL]. https://www.huntington.com/insurance/business/risk_management/cost_of_risk_analysis.htm.

[22] CRAMM (CCTA Risk Analysis and Management Method)[OL]. http://en.wikipedia.org/wiki/CRAMM.

[23] BS7799 信息安全管理标准[OL]. http://www.zzwljc.com/News_View.asp?NewsID=26.

[24] 赵战生，谢宗晓. 信息安全风险评估：概论、方法和实践[M]. 北京：中国标准出版社，2007.

[25] HAIMES Y Y. 风险建模、评估和管理[M]. 2 版. 胡平，等译. 西安：西安交通大学出版社，2007.

[26] Disaster Recovery Plan [OL]. https://en.wikipedia.org/wiki/Disaster_recovery_plan.

[27] Incident Response Policy, NUREG-0728, Rev. 4, 2015.

[28] 付忠勇. 网络安全管理与维护[M]，北京：清华大学出版社，2009.

[29] Scytale [OL]. http://en.wikipedia.org/wiki/Scytale.

[30] 冯登国，裴定一. 密码学导引[M]. 北京：科学出版社，1999.

[31] 冯登国. 密码分析学[M]. 北京：清华大学出版社，2000.

[32] KERCKHOFFS A. La Cryptographie Miletaire[J]. Journal des Sciences Militaires, 1883, 9(2): 161-191.

[33] MOLLIN R A. An Introduction to Cryptography [J]. pp.100. Chapman & Hall/CRC，2001.

[34] 王新昌. 信息安全技术实验[M]. 北京：清华大学出版社，2007.

[35] Internet RFCs 1321——MD5 [OL]. https://blog.csdn.net/qyee16/article/details/6841087.

[36] WoSign 时间戳服务 [OL]. https://www.wosign.com/basic/timestamp.htm.

[37] 趣味密码学之一:从福尔摩斯的小人说起 [OL]. http://blog.csdn.net/SuperLoaf/archive/2004/08/21/80606.aspx.

[38] SCHOTT G. Schola Steganographica: In Classes Octo Distributa (Whipple Collection). Cambridge, U.K.: Cambridge Univ., 1680.

[39] SCHYNDEL R G, TIRKEL A Z, OSBORNE C F. A Digital Watermark[C]. Proceedings of IEEE International Conference of Image Processing. Austin, Texas. 1994, 2:86~90.

[40] 董吉文. 计算机网络技术与应用[M]. 3 版. 北京：电子工业出版社，2017.

[41] 福尔. 凯文 R，史蒂文斯 W 理查德. TCP/IP 详解 卷 1：协议（原书第 2 版）[M]. 吴英，张玉，许昱玮，译. 北京：机械工业出版社，2016.

[42] 贾德. 苏菲的世界[M]. 萧宝森，译. 北京：作家出版社，2007.

[43] 关于 Nmap 所有参数[OL]. https://blog.csdn.net/ski_12/article/details/61651960.

[44] ONE Aleph. Smashing the Stack for Fun and Profit [J]. Phrack,1996, 7(49): 14-16.

[45] 源 IP 地址欺骗攻击[OL]. http://nc.mofcom.gov.cn/news/3825215.html.

[46] 局域网 ARP 欺骗：原理、实例、工具[OL]. http://techlife.blog.51cto.com/212583/38737.

[47] 灰鸽子病毒[OL]. https://baike.baidu.com/item/.

[48] 赵骏. 电脑病毒的养成史[J]. 世界博览. 2008（1）：52-55.

[49] The Robert Morris Internet Worm [OL]. http://groups.csail.mit.edu/mac/classes/6.805/articles/morris-worm.html.

[50] 国家计算机网络应急技术处理协调中心. 2016年中国互联网网络安全报告[R]. 北京：人民邮电出版社，2017.

[51] 惠志斌，覃庆玲. 中国网络空间安全发展报告[R]. 北京：社会科学文献出版社，2017.

[52] 中国移动互联网发展状况及其安全报告（2017）[R/OL]. http://www.xinhuanet.com/info/ttgg/2017-05/17/c_136291536.htm.

[53] 安天移动安全关于 Dvmap 安卓恶意软件分析报告[R/OL]. http://www.freebuf.com/articles/terminal/ 137015.html.

[54] 恶意软件[OL]. http://baike.baidu.com/view/362867.htm?fr=ala0_1_1.

[55] Sonicwall 无线局域网解决方案[OL]. http://www.hzbaolai.net /cn/shownews.asp?ID=183.

[56] Heartbleed 心脏出血漏洞原理分析[OL]. https://blog.csdn.net/yaofeiNO1/article/details/54428021.

[57] ERL T, MAHOOD Z, PUTTINI R. 云计算：概念、技术与架构[M]. 龚奕利，贺莲，胡创，译. 北京：机械工业出版社，2014.

反侵权盗版声明

电子工业出版社依法对本作品享有专有出版权。任何未经权利人书面许可，复制、销售或通过信息网络传播本作品的行为，歪曲、篡改、剽窃本作品的行为，均违反《中华人民共和国著作权法》，其行为人应承担相应的民事责任和行政责任，构成犯罪的，将被依法追究刑事责任。

为了维护市场秩序，保护权利人的合法权益，我社将依法查处和打击侵权盗版的单位和个人。欢迎社会各界人士积极举报侵权盗版行为，本社将奖励举报有功人员，并保证举报人的信息不被泄露。

举报电话：（010）88254396；（010）88258888
传　　真：（010）88254397
E-mail：　dbqq@phei.com.cn
通信地址：北京市海淀区万寿路173信箱
　　　　　电子工业出版社总编办公室
邮　　编：100036